CARTON ROUGE !

Les dessous troublants de la FIFA

Andrew Jennings

CARTON ROUGE !

Les dessous troublants de la FIFA

Document

Traduit de l'anglais
par Philippe Safavi et Thierry Arson

PRESSES DE LA CITÉ

Titre original : *Foul !*

Les Presses de la Cité remercient vivement Éric Wattez pour son aimable et très efficace collaboration.

ISBN 2-258-06841-X

Pour les ours et pour les fans

Préface

Clic, clic, clic.

Clichés volés à l'intérieur de la forteresse du football mondial.

Mais non, stop !

Les photos sont interdites là-haut, dans la maison sur Sonnenberg, la colline ensoleillée !

On dit que c'est le sport du peuple.

Ne demande pas combien se paye le boss.

Ni qui a reçu une enveloppe.

Qui a décroché le contrat ?

Ne demande pas où sont passés tous ces billets pour la Coupe du monde.

Ils sont basés en Suisse, où tirer la sonnette d'alarme est un délit. Leurs documents sont cachés à jamais.

Personne ne voit jamais les preuves.

Ceci n'est pas l'histoire de la FIFA, juste un aperçu de ce qui s'y passe.

Des instantanés de la situation telle qu'elle est réellement, et ce depuis un quart de siècle.

Pour le bien du jeu.

Andrew Jennings,
février 2006

Introduction

Quand des enfants me demandent ce que je fais exactement dans la vie, je leur explique que je la consacre à pourchasser les méchants.

J'ai enquêté sur des officiers de police corrompus, des gouvernements qui ne l'étaient pas moins, des criminels de profession. J'ai été distingué pour mon travail sur le rôle – jusqu'alors tenu secret – des Britanniques dans le scandale Iran/Contras. Et, la quarantaine venue, j'ai commencé à m'intéresser au monde du sport.

Du sport ? Certains de mes collègues journalistes d'investigation m'ont demandé si je m'amollissais.

En aucune façon. Le sport appartient au peuple. Il fait partie de notre culture, de ce ciment qui fait une société. Et de la même façon que la malhonnêteté au sein du gouvernement et chez les officiers de police est un sujet de préoccupation pour le grand public, il n'est pas moins grave que des méchants prennent le contrôle des sports populaires et en usent pour leurs fins personnelles.

Je me suis donc jeté dans les eaux troubles de la politique du sport et en ai retiré un gigantesque poisson pourrissant depuis la tête : les jeux Olympiques.

J'ai révélé que Juan Antonio Samaranch, grand maître

des Olympiades, avait été un fasciste professionnel, et compté au rang des ministres du dictateur espagnol Francisco Franco, aux mains rougies de sang.

J'ai également découvert que, parmi les hommes qui se tenaient à ses côtés au sein du Comité international olympique, certains auraient dû se trouver derrière les barreaux (depuis lors, quelques-uns ont d'ailleurs passé quelque temps en prison), et que d'autres, plus nombreux, considéraient l'olympisme non comme un moyen de servir le peuple, mais comme un outil pour se servir eux-mêmes, à temps plein et dans les grandes largeurs.

Les journalistes d'investigation ont rarement l'occasion de voir les méchants cloués au pilori, mais le monde entier découvrit la corruption du monde olympique en 1998, à l'occasion des JO d'Atlanta. Et quand le Sénat des Etats-Unis ouvrit une enquête sur le scandale, ses membres m'invitèrent à venir témoigner à Washington.

J'aurais pu en rester là. Mais c'est alors que je reçus un coup de fil de Colin Gibson, rédacteur en chef chargé des sports au *Daily Mail*. Il me demanda si j'étais prêt à m'intéresser aux gens qui géraient les intérêts du football international. « Allons, Colin, répondis-je, le football, c'est une très grosse affaire. Il me faudrait des années pour découvrir ce qui se passe à l'intérieur de la FIFA. »

De fait, cela m'a pris des années. Ce que j'y ai découvert a choqué même quelqu'un comme moi. Certains « méchants » s'y étaient installés pour faire main basse sur tout ce qu'ils pouvaient. Le football est toujours « le beau jeu », bien sûr. Ça au moins, ils ne peuvent pas nous le retirer. Mais, comme vous allez pouvoir le constater en lisant les pages qui suivent, il se passe dans ce monde de bien vilaines choses. J'aimerais bien voir « le beau jeu » avoir les responsables qu'il mérite. C'est dans cet esprit que je dédie ce livre aux amoureux du football.

Andrew Jennings
février 2006

1

Le tic-tac de la bombe à retardement de Blatter. Une enveloppe atterrit sur le bureau de « Sepp »

Zurich, siège de la FIFA, hiver 1998

Il est sept heures tapantes dans l'hôtel particulier aux murs blancs et aux tuiles rouges perché tout là-haut au-dessus de la ville sur Sonnenberg, « la colline ensoleillée ». Dans la salle bien chauffée du courrier, au sous-sol, les secrétaires viennent chercher les lettres, les télex et les fax arrivés pendant la nuit. Les résultats des matchs, les informations sur les transferts de joueurs et les tournois, les plannings de voyage, les demandes de subvention des fédérations nationales, les rendez-vous avec des chefs d'Etat... bref, une journée de travail ordinaire au quartier général de l'une des plus grandes organisations sportives du monde.

Les chefs de département y font un saut, cherchant à glaner quelques potins qu'ils pourront ensuite rapporter en personne là-haut au boss, en échange d'une petite remarque favorable ou d'un simple signe d'approbation. Voici justement Erwin Schmid, le directeur financier, bâti comme un défenseur central particulièrement velu, de plus en plus hirsute à mesure que les heures passent, les pans de sa chemise sortis de son pantalon en fin de journée. Erwin salue tout le monde, avec sa bonne humeur habituelle.

Il prend une enveloppe en provenance de l'Union des banques suisses, les banquiers de la FIFA (pour « Fédération internationale de football association », l'organe international du football). Erwin l'ouvre et lit le document qu'elle contient. Un avis de paiement. Son visage joufflu pâlit. Il le relit. Quelque chose cloche. Ça cloche même sérieusement. Il quitte la salle du courrier et se dirige vers l'ascenseur, serrant l'enveloppe dans sa main crispée.

Deux étages plus haut, le secrétaire général Joseph S. Blatter, universellement appelé « Sepp », est assis derrière son bureau tapissé de cuir, enfoncé dans son grand fauteuil noir, en cuir lui aussi, occupé à son rituel matinal, la lecture du *Neue Zurcher Zeitung*. Le grand poste de télévision JVC est éteint ; il est encore trop tôt pour les matchs de tennis qu'il aime tant regarder.

A soixante et un ans, Blatter a l'air d'un homme responsable. Visage rond, corps rond, plutôt petit, dégarni. Mais son costume impeccable, sa chemise bicolore, ses boutons de manchette en or massif, sa lourde montre de luxe et ce regard « ne-me-faites-pas-perdre-mon-temps » sont autant de signes qui crient : « Ici, c'est moi le boss, et depuis dix-sept ans ! En quoi pouvez-vous m'être utile ? » Le président João Havelange possède un bureau juste au-dessus du sien mais, aujourd'hui, un océan les sépare. Il est chez lui, au Brésil. Sepp est aux commandes.

Blatter jouit des plus belles vues offertes par l'hôtel particulier. Face à lui, une immense fenêtre panoramique encadre les Alpes au loin. Elle ouvre sur une crête boisée et, tout en bas, sur le lac et la vieille ville, avec ses clochers coincés entre les flancs de la vallée. De l'autre fenêtre, sur le côté, il peut contempler un vignoble accroché à un flanc de colline escarpé, et des villas isolées dont les hauts portails s'ouvrent de temps à autre pour laisser passer de longues Mercedes noires qui emmènent leurs propriétaires en ville.

Mais ce n'est peut-être plus le moment d'admirer la vue. Erwin Schmid, son directeur financier, est en route, porteur de mauvaises nouvelles pour son patron, qui est aussi un bon ami, peut-être même son meilleur ami. Il le dit volontiers à ses collègues : « Je n'ai qu'un ami dans la vie, JSB. » Eh bien, voilà qu'Erwin est chargé du genre de message propre à faire voler en éclats même les plus belles amitiés. Dans l'ascenseur qui l'emmène vers les hautes sphères, son moral est en chute libre.

Au cours des trois dernières années, Blatter s'est chargé lui-même de superviser la vente des droits pour les Coupes du monde 2002 et 2006. Les droits de retransmettre les matchs à la télévision dans tous les pays de la planète, les droits d'associer l'emblème de la FIFA et la formule magique « Coupe du monde » à des boissons gazeuses, des bières, des hamburgers, des rasoirs, des baskets. Tous ces droits sont à la discrétion de la FIFA. Et à l'intérieur de l'organisation, les responsables les plus haut placés ont fait en sorte que tombent 2,3 milliards de dollars de contrats dans l'escarcelle de vieux amis réunis au sein d'une société écran basée quelques sommets alpins plus au sud, dans ce paradis fiscal qu'est la petite ville de Sarnen. Sise au 10 Marktstrasse, cette société a pour nom International Sport and Leisure, ou ISL.

Erwin sort de l'ascenseur. Le document qu'il serre dans sa main pourrait bien faire imploser la FIFA. Au fil des ans, les liens entre la FIFA et ISL n'ont pas manqué d'être critiqués. Des rumeurs de commissions occultes et de pots-de-vin ont circulé. Les employés loyaux comme Erwin ne s'en sont pas inquiétés. Les relations privilégiées n'ont-elles pas toujours attiré les commérages ? Les mauvais perdants râlent toujours. En outre, personne n'a jamais avancé la moindre preuve de malversation. Sauf que, maintenant, il y a ce bout de papier. Un paiement a atterri là où il n'aurait pas dû.

Erwin avance à pas de loup sur la moquette. Il arrive devant la porte de Blatter, frappe, attend l'invitation à entrer. Il entre. Là, il ne perd pas de temps. Il tend le document au secrétaire général. Un formulaire standard de l'Union des banques suisses, attestant qu'ISL a viré 1 million de francs suisses (près de 650 000 euros) sur le compte de la FIFA. C'est le nom du bénéficiaire qui lui a fait dresser les cheveux sur la tête. Il s'agit d'un responsable haut placé du football. Un « merci » pour le moins généreux. Un procédé tout à fait incorrect mais pas illégal en Suisse pour peu que son montant soit déclaré au percepteur.

Blatter se lève en grognant : « On a un problème, cet argent ne nous appartient pas. »

Erwin le sait, mais que faire ? Prévenir la police ? Informer le comité exécutif de la FIFA, la commission des finances ? Ce serait le moins.

Mais non, l'argent est simplement retiré du compte de la FIFA et envoyé à l'homme dont le nom est indiqué sur l'ordre de virement. La loi stipule que l'acte doit être conservé jusqu'à l'hiver 2008. Alors il restera là, une vraie bombe à retardement, prête à exploser.

Tic-tac, tic-tac, tic-tac…

Tunis, hôtel Abou Nawas, 23 janvier 2004

Les journalistes sont venus du Caire, du Cap, de Yaoundé ou de Nairobi. Certains en costume, d'autres en djellaba blanche du désert, d'autres encore en boubou coloré d'Afrique de l'Ouest. Ils sont tous assis en rangs ordonnés, bloc-notes et crayon à la main, attendant les paroles de l'homme le plus puissant du football mondial.

Au-dessus de l'estrade, dans la salle de réception puissamment éclairée, il est difficile d'échapper au portrait qui domine tous les bâtiments publics, les restaurants et les boutiques du pays. Le président Zine el-Abidine Ben Ali se tient le dos droit, l'air sévère, coiffé d'un casque de cheveux d'une noirceur improbable, en habit, la poitrine bardée de médailles. Dans la Tunisie qu'il dirige, depuis 1987, aucune opposition politique sérieuse n'est autorisée, aucune opinion critique ne peut se faire entendre, et des centaines de personnes croupissent en prison sans avoir eu droit à un procès équitable. Certes, on y organise des élections : Ben Ali les remporte systématiquement avec 99 % des voix.

Mais ce pays présente un visage souriant aux touristes et, particulièrement cette semaine, aux milliers de supporters du Rwanda, du Bénin, du Mali, du Zimbabwe et d'ailleurs venus prendre d'assaut les stades de la côte méditerranéenne pour hurler, battre des mains et des pieds, acclamer la phase finale de la Coupe d'Afrique des nations 2004.

Sepp Blatter fait son apparition, vient s'asseoir au centre de l'estrade, sous le portrait de Ben Ali. Le secrétaire général de la FIFA est devenu président six ans plus tôt. M. Blatter admire Ben Ali, qui, selon lui, mérite « beaucoup de respect ». Il loue la Tunisie, un pays « totalement ouvert ».

A sa droite est assis notre hôte, le Camerounais Issa Hayatou, président de la CAF (Confédération africaine du football) depuis seize ans. Cet homme à la carrure impressionnante, ex-champion du 800 mètres, paraît aujourd'hui bien fatigué. Il salue néanmoins et sourit aux hommes avec lesquels il a ri et bataillé pendant toutes ces années. Dix-huit mois plus tôt, il était candidat à la présidence de la FIFA, donc rival de Blatter. Il avait promis de restaurer « l'intégrité et la responsabilité financière » de l'organisation. Avec d'autres, il avait cosigné une lettre au procureur de Zurich, accusant Blatter de corruption et exigeant l'ouverture d'une enquête. Mais sa campagne basée sur l'intégrité n'a pas fait le poids face au charisme de Blatter, qui a remporté un second mandat. Le procureur a conclu que l'enquête ne déboucherait pas sur des poursuites, par insuffisance de preuves, et l'affaire n'est pas allée plus loin.

Tout le monde savait que Blatter se vengerait. C'est son style : « Si tu te mets en travers de mon chemin, tu en subiras les conséquences. » Hier, Hayatou s'est présenté à l'élection pour la présidence de la CAF. Blatter et ses sous-fifres zurichois ont fortement soutenu son challenger, le Botswanais Ismail Bhamjee. Mais Hayatou n'est pas du genre à se laisser abattre si facilement. Il a pris soin d'assurer ses bases dans les pays francophones, tout le long de la côte ouest de l'Afrique, du Maroc au Congo. Bhamjee, qui n'a jamais pu refaire son handicap, a perdu, 46 voix contre 6. Toutefois, Blatter est un pro. Il n'y a pas la moindre trace d'amertume sur son visage. Il pose une main sur le bras d'Hayatou d'un geste qu'on pourrait interpréter ainsi : « Nous sommes tous amis, à nouveau. » Pour ceux qui savent décoder, le message est, clairement : « Tu ne perds rien pour attendre. »

A la gauche de Blatter est assis le secrétaire général de la FIFA, Urs Linsi, qui, à l'instar de son président, porte une cravate avec des rayures obliques, une chemise bleue et un costume sombre. Comme Blatter, il vient de la partie germanophone de la Suisse. Comme Blatter, il se dégarnit. Une mèche solitaire se dresse au-dessus de son front.

Depuis son arrivée à la FIFA, Linsi a toujours été un homme de Blatter. Ce dernier l'a débauché en 1999 du Crédit suisse pour en faire son directeur financier. Alors que le secrétaire général de l'époque, Michel Zen-Ruffinen, a soutenu la candidature d'Hayatou à la présidence, Linsi, lui, est resté loyal. Après le décompte des voix à Séoul, en mai 2002, Blatter a déclaré avec hargne à un journaliste suisse : « Demain, nous nous occuperons de Monsieur Propre. » Michel « Monsieur Propre » Zen-Ruffinen a laissé sa place sur le terrain. Urs Linsi est donc désormais en pleine ascension. A l'âge de cinquante-quatre ans, il occupe deux postes, celui de directeur financier et celui de secrétaire général de la FIFA. Autant dire que c'est un homme très puissant.

Une question dans l'auditoire, à l'hôtel Abou Nawas. Que pense le président de la FIFA du football africain ? Blatter sourit et répond d'un air convaincu : « L'Afrique est l'avenir du football. » (C'est une bonne formule, qu'il accommode à toutes les sauces. Le football féminin ? La même voix ferme : « L'avenir du football. » L'Asie ? « L'avenir du football. ») Blatter est en forme, affichant son sourire le plus chaleureux, le plus charismatique. C'est une très belle journée.

Mais voici que se lève le rabat-joie de service. Votre serviteur. J'ai réussi à m'emparer du micro baladeur. « Une question pour le président Blatter ! » Son sourire s'efface. Il pose son menton sur son poing fermé. Je ne suis pas exactement son journaliste préféré. Je suis au courant, au sujet de la bombe à retardement. Je me lance : « Après la signature avec ISL du dernier contrat marketing et télé pour 2002 et 2006, ISL a effectué un virement secret de 1 million de francs suisses qui est arrivé par erreur sur le compte bancaire de la FIFA... »

Je reprends mon souffle. Les yeux de Sepp se plissent légèrement. Je poursuis : « Il paraît que vous, qui étiez alors secrétaire général, avez ordonné qu'il soit transféré immédiatement sur le compte privé d'un responsable de la FIFA ? » Et je conclus par la question : « A qui était-il destiné ? »

Les épaules de Blatter s'affaissent. Il baisse les yeux vers la table devant lui et marmonne quelque chose à propos d'ISL, à présent entre les mains d'un liquidateur. Puis il déclare, glacial : « Je ne vais pas entrer dans cette discussion ici, au cours de cette conférence de presse. Elle n'a aucun rapport avec le développement du football en Afrique, le sujet dont nous souhaitons parler ici avec les journalistes africains. Je suis désolé, acceptez la situation telle qu'elle est. Je suis sûr que vos collègues de la presse africaine et internationale seront d'accord avec moi. »

Dehors, dans l'atrium orné de hauts palmiers en pot, je m'enfonce dans un canapé en cuir, buvant un café fort et sucré, et bavarde avec de vieilles connaissances que je n'avais pas revues depuis la salle de presse de la dernière Coupe du monde. Un reporter sud-africain, un grand gaillard blanc, se pressant pour se rendre à une interview, s'arrête en m'apercevant. Il me fait joyeusement signe et me lance : « Merci pour le spectacle ! C'est toujours un plaisir ! » Le rédacteur en chef d'un magazine d'un pays du Golfe, mince, avec un col ouvert et une veste de sport déboutonnée, s'émerveille : « Blatter est devenu vert ! » Un ami du quotidien kenyan *Daily Nation* intervient : « Non, il a viré au jaune ! »

Tic-tac, tic-tac, tic-tac…

2

Adieu sir Stanley,
bienvenue dans le nouveau monde du sport

Francfort, 10 juin 1974

Les électeurs descendant à travers les nuages pouvaient voir au loin le fleuve Main serpentant sous les ponts et autour des gratte-ciel miniatures de la ville. La modeste tour de verre de leur hôtel se dressait au-dessus d'une forêt de pins, près de l'aéroport. Là, depuis sa suite, leur président, sir Stanley Rous, regardait les avions négocier leur approche, en provenance d'autres villes d'Europe ou de continents lointains. Le bruit des pneus rebondissant en crissant sur le tarmac parvenait jusqu'à lui.

Rous était un homme grand, raide, avec une moustache grise autoritaire qui lui donnait un air de maître d'école. Frisant les quatre-vingts ans, il était aussi réservé qu'un Anglais de sa génération pouvait l'être. Cet avion-ci apportait-il des hommes d'une loyauté inébranlable ? Des indécis ? De ceux qu'on pouvait acheter ? Des ennemis résolus à le voir prendre sa retraite et disparaître ? Des hommes souhaitant le balayer, tout changer et apporter un style de vie nouveau et radicalement différent ?

Sir Stanley s'éloigna de la fenêtre et revint vers la table ronde dominant son salon. Il n'y en avait plus pour longtemps. Le soir : une grande réception donnée par le play-boy Gunther Sachs, l'un des ex-maris de Brigitte Bardot. Le lendemain : le congrès et l'élection, la menace représentée par le Brésilien João Havelange (qui se faisait appeler Jow). Comment sir Stanley, qui avait réformé d'une main ferme les règles de son cher sport et était déterminé à le protéger contre les chevaliers d'industrie prêts à placarder leurs logos tous azimuts, pourrait-il être battu par le challenger ?

Sir Stanley sentait que le football tenait la forme. Depuis son accession à la présidence, treize ans plus tôt, en 1961, il avait su maintenir le cap, évitant les eaux bourbeuses de la politique. Il n'y avait aucune urgence à reconnaître les communistes chinois et il avait eu raison d'interdire au club anglais Arsenal d'aller jouer chez Mao. Il n'avait pas l'intention de bannir Taïwan. Si, dans des lieux comme Sharpeville, en Afrique du Sud, les autochtones se battaient contre la police, ce genre de tragédie était inévitable. Il avait ses sources de renseignement et savait que ce Mandela était un coco. Le football n'avait rien à gagner à prendre parti pour des détenus. Sa mission, telle qu'il la comprenait, était de rassembler les hommes, pas d'exclure du jeu de vieux amis. En outre, la loi était la loi. Si le gouvernement élu d'Afrique du Sud adoptait des lois spécifiant que Noirs et Blancs ne devaient pas vivre ensemble, la FIFA n'avait pas à intervenir. Il était consternant qu'ici, à Francfort, cette semaine, tant de gens se refusent encore à comprendre que ce point de vue intelligent était le plus à même de préserver leur sport.

Ses hommes à la fédération anglaise de football avaient distribué son programme électoral. Il n'y avait plus grand-chose à faire. La Coupe du monde allemande commençait dans quelques jours et il avait avant tout l'obligation de concentrer toute son attention sur cette échéance-là. Une organisation méticuleuse était essentielle. C'était cette dernière qui lui avait valu d'être anobli après avoir monté des jeux Olympiques joyeux à Londres, en 1948. La reine l'avait même fait commandeur de l'Empire britannique.

Tant d'histoires pour des élections ! Et pourquoi ? La FIFA s'en était bien passée, jusque-là. Rous avait succédé à Arthur Drewry, soit un total de dix-huit années de règne britannique à la fédération, une époque merveilleuse. Alors, pourquoi changer maintenant ? Certains journalistes de la presse londonienne émettaient des réserves. C'était écrit, là, dans le journal posé sur son bureau. N'était-ce pas déloyal ? On le disait carré, franc, inflexible, même si ce dernier point n'était pas juste, il écoutait tout le monde. On rabâchait son âge, mais soixante-dix-neuf ans, ce n'est quand même pas si vieux ! Il pouvait facilement tenir encore quatre ans. Il était l'ambassadeur du football dans le monde. Plus de cent vingt délégués de fédérations s'étaient déplacés à Francfort pour l'élection et une bonne majorité d'entre eux se soucieraient probablement peu du fait que sa campagne avait été décrite à Londres comme étant d'une « médiocrité pesante » (quand bien même ils auraient été au courant !). Ces braves petits gars s'étaient débrouillés pour trouver eux-mêmes l'argent de leur voyage. Et avait-on déjà vu un culot pareil ? Havelange, son adversaire, lui proposait une généreuse pension de retraite !

On frappa à la porte :

« M. Myers, de United Press International, demande à vous voir, monsieur. »

Morley Myers entra, poli, plutôt petit, costume sombre à rayures, cheveux crépus, lunettes. Il était toujours en train de courir pour expédier une nouvelle dépêche. Il apportait des informations que sir Stanley ne voulait pas entendre, des informations que personne d'autre n'aurait osé lui donner : « Votre rival a le vent en poupe. Il est partout. De votre côté, on ne sent pas beaucoup de combativité ni de lobbying. Qu'est-ce que vous en pensez ? Et votre programme politique ? »

Et Rous de répondre : « Mes réalisations passées parlent pour moi. »

João Havelange n'avait jamais raté une occasion de se faire mousser. Pendant quatre ans, il avait tiré des ficelles, fait des promesses, conclu des accords. A quatre heures de l'élection, il n'allait sûrement pas perdre la moindre seconde à attendre dans sa suite. Toutes les heures, des avions atterrissaient, transportant de nouveaux électeurs, de nouvelles oreilles dans lesquelles chuchoter. L'aéroport Steigenberger était un bâtiment moderne et spacieux et, trente ans plus tard, le journaliste Myers m'a raconté : « Il y avait un tas de planques où ils se réunissaient tous en douce ; ça complotait dans tous les coins et on ne savait pas qui était avec qui. C'était là que se déroulaient les vraies élections. Ceux qui avaient des antennes sentaient que la FIFA était à l'aube d'un bouleversement sismique, que c'était la fin d'une époque. Il y avait des vibrations dans l'air, ça se sentait. »

Le rival de sir Stanley était lui aussi un chevalier, plus encore peut-être : trois gouvernements différents lui avaient accordé cette distinction. Il était chevalier du sport portugais, chevalier de l'ordre de l'infant dom Enrique et chevalier de Vefa. En outre, bien que cela ne fût écrit nulle part, il était le chouchou des généraux qui dirigeaient alors son pays natal, le Brésil. En effet, Havelange promettait de faire diversion, d'apporter un peu de prestige à leur régime discrédité, et les généraux étaient prêts à faire tout leur possible pour l'aider dans sa quête.

Havelange avait indéniablement l'allure présidentielle. Son nez aristocratique fendait telle une proue les flots des êtres inférieurs et, sous ses paupières tombantes, ses yeux noirs pénétraient jusqu'au plus profond des portefeuilles. Son physique athlétique, sa grande taille, son front luisant, ses cheveux lissés en arrière laissant échapper quelques mèches canailles, ses costumes impeccablement taillés, tout chez lui en imposait. Il avait l'air vorace d'un prédateur dont les babines retroussées laissaient deviner une forte sensualité.

Rous avait été un grand arbitre. Il était infatigable, courant toute la journée, et c'était un homme à qui vous auriez confié votre montre et vos clefs les yeux fermés, mais il n'avait rien d'une gravure de mode. Nulle groupie hurlante ne s'était jamais ruée sur lui pour arracher un lambeau souvenir de son polo et de son short noirs. Havelange avait concouru pour le Brésil dans les épreuves de natation aux jeux Olympiques de 1936, puis dans le tournoi de water-polo aux jeux de 1952, à Helsinki. Il avait de l'allure. Au-delà des médailles, il avait de la grâce et de l'ambition. Lorsqu'il agrippa les barreaux de l'échelle pour sortir du grand bain pour la dernière fois, il ne cessa plus de monter. En 1956, aux jeux de Melbourne, il était chef de mission pour le Brésil, deux ans plus tard il s'était hissé à la tête de la confédération sportive brésilienne – incluant le football – et en 1963 il rejoignait les rangs sélects du Comité international olympique (CIO). Là, il apprit à nouer des contacts au niveau international. Il impressionnait tant ses collègues que, plusieurs décennies plus tard, en 1999, le CIO le nomma dans sa commission anticorruption.

Pour l'heure, âgé de cinquante-neuf ans, Havelange en avait vingt de moins que sir Stanley et débordait d'énergie et d'idées. Contrairement à l'Anglais qui ne parlait que la langue de Shakespeare, il pouvait vous expliquer dans quatre langues pourquoi il vous fallait absolument voter pour lui. Il pouvait se targuer d'une carrière réussie dans les affaires. Il dirigeait la plus grande entreprise brésilienne de transport par bus, avait des intérêts dans l'industrie chimique et les assurances. Il promettait, grâce à son dynamisme de chef d'entreprise, que l'argent coulerait à flots et permettrait de créer de nouvelles compétitions et de nouveaux et formidables stages de formation.

Bon nombre des officiels qui débarquaient à l'hôtel Steigenberger avaient déjà rencontré Havelange et l'appréciaient. Il avait souvent emmené l'équipe brésilienne, championne du monde en titre, jouer dans des pays amis, laissant judicieusement la recette des matchs à ses hôtes reconnaissants.

Il avait écouté leurs doléances. Dans toute l'Afrique, les gens étaient furieux qu'il soit si difficile de se qualifier pour la Coupe du monde. Sur les seize places en phase finale, neuf étaient réservées à l'Europe, quatre à l'Amérique du Sud : le reste de la planète se partageait les trois dernières.

Havelange allait corriger cela. Il avait promis que dans les huit prochaines années il y aurait vingt-quatre places de finalistes, parmi lesquelles, affirmait-il haut et fort, huit seraient réservées à des équipes de pays en voie de développement. La FIFA de Rous, dominée par les Européens depuis sa création, soixante-dix ans plus tôt, n'écoutait pas l'Afrique. C'était comme si elle n'entendait pas les voix n'émanant pas d'Europe. Plus tôt cette année-là, réuni à Edimbourg, le congrès de l'UEFA (l'Union des fédérations européennes de football) avait lancé une menace : « Si vous augmentez le nombre de finalistes, l'Europe se retirera de la compétition. On reprendra nos billes et notre ballon et on montera notre Coupe du monde européenne, à laquelle on invitera quelques nations sud-américaines. » Sir Stanley, sourd aux voix des électeurs affluant vers Havelange, ne voyait pas en quoi une coupe mondiale européenne pourrait poser le moindre problème.

Havelange déclara à la presse qu'il l'emporterait, qu'il disposait de plus de 70 intentions de vote.

« Ce ne sera pas au premier tour, précisa-t-il. En outre, il y a toujours des surprises aux élections et, comme tout le monde, je devrai patienter. »

L'homme qu'Havelange et Rous attendaient, espérant chacun qu'il leur ferait gagner l'élection, après avoir quitté ses bureaux français deux heures plus tôt, avait rejoint en voiture l'hôtel de l'aéroport et s'était changé dans sa chambre, enfilant un costume couleur prune avant de se mêler aux électeurs. Les deux adversaires ignoraient qu'ils avaient tous les deux demandé son aide à cet homme timide mais déterminé, qui, épaulé par une équipe de supermagouilleurs, était en train de devenir le personnage le plus puissant du sport mondial. Morley Myers me l'a ainsi dépeint : « Horst Dassler était comme l'homme invisible, se fondant dans le décor, très riche mais discret. On le voyait, mais sans savoir ce qu'il faisait exactement. On ne se rendait pas compte à l'époque à quel point il était impliqué. »

L'activité principale de Dassler consistait à diriger Adidas, l'entreprise familiale de vêtements de sport. Il voulait que les fédérations sportives signent des contrats les engageant à faire porter à leurs équipes des tenues Adidas. Il voulait que les stars portent de l'Adidas. Et, surtout, que le monde entier regarde la télévision et suive leur exemple. Pour décrocher ces contrats, il fallait que les dirigeants sportifs lui soient redevables. Quelle meilleure manière pour cela que de les emmener directement au pouvoir ?

Il examinait les candidats potentiels, négociait en privé, les aidait à obtenir des victoires avec l'argent d'Adidas. Il en faisait des présidents et ne leur laissait jamais oublier – d'une manière charmante, bien sûr – qu'il ne tenait qu'à lui de les maintenir au pouvoir ou de les faire retomber. Tout ce qu'ils avaient à faire, c'était jouer le jeu, à savoir veiller aux intérêts d'Adidas. A présent, la présidence de la FIFA était à pourvoir. Le football était un sport honteusement mal mis en valeur auprès du public, et Dassler avait des plans pour y remédier. Mais avant, il fallait s'occuper des élections.

Dans cette compétition entre Rous et Havelange, sa stratégie fut de miser sur... les deux chevaux, dans un premier temps du moins. Le linguiste Christian Jannette, un petit brun à l'air grave, alors membre de la discrète mais performante équipe de relations internationales d'Adidas, a raconté plus tard : « Je devais me rapprocher le plus possible d'Havelange. » Jannette avait rejoint Dassler après avoir travaillé pour l'équipe de France aux jeux Olympiques de Munich, deux ans plus tôt : « Je connaissais Havelange du fait de mes liens avec le CIO. »

Au Steigenberger, sir Stanley, lui, était marqué à la culotte par un autre membre de l'escadron de Dassler, John Boulter, ex-coureur britannique de 800 mètres, professeur de langues étrangères. Boulter, grand, mince, une mèche blonde retombant au-dessus d'un nez aquilin, m'a paru pris de court quand je lui ai demandé quel avait été son rôle dans cette grande guerre de succession à la FIFA. « Ça fait trente ans, je ne me souviens plus très bien. J'étais juste sympa avec Rous. On donne un coup de main et on est amical, pourquoi pas ? Quoi qu'ait pu raconter Christian Jannette, je n'ai aucun souvenir précis d'avoir été particulièrement gentil avec sir Stanley. Ce qui est sûr, c'est que je n'ai pas été méchant avec lui. C'était il y a longtemps. »

La mémoire de Jannette est plus vive : « Boulter devait rester le plus près possible de Stanley Rous, Dassler ne prenait pas de risques ! A trente-huit ans, Dassler était très sportif, en pleine forme. Tous les matins, il faisait son footing avec Boulter. Pour moi, c'était nouveau. J'étais toujours loin à la traîne ! »

Une responsable sportive m'a confié un jour que, la première fois qu'elle avait rencontré Dassler, elle avait été plus qu'impressionnée : fascinée. Ce n'était pas tant le fait qu'il était grand et très bien bâti, ce n'était pas non plus son nez, imposant. « C'était son regard. Il vous maintenait suspendue dans les airs. » Dassler savait inspirer une grande dévotion et Boulter, qui a derrière lui trente ans d'expérience en matière de politique, d'élections et de contrats sportifs, m'a confié qu'il n'imaginait pas écrire une biographie de Dassler « parce que ce serait une hagiographie ».

Jannette, le joggeur malgré lui, se souvient avec

affection de cet homme charismatique et complexe. « Pour Horst, ce qui comptait, c'était le pouvoir et les affaires. Je ne pense pas qu'il attachait de l'importance à l'argent. Il aurait pu s'offrir une Rolls-Royce avec chauffeur, mais ça ne l'intéressait pas. Une fois, nous étions invités dans une grande réception en Allemagne et il n'avait même pas de tenue de soirée, il a dû en louer une. Il n'avait pas beaucoup de goût et se fichait pas mal de ce genre de choses. Son pouvoir dans le monde du sport était tel qu'il pouvait placer ses gens n'importe où. » Etait-il sympathique ? « Pas toujours. Il pouvait se montrer très, très charmant, mais il pouvait aussi être très, très méchant. Terrible. »

Un quatrième membre de l'équipe de Dassler arriva à l'hôtel, chargé lui aussi d'une mission précise. Le colonel Hassine Hamouda, un athlète tunisien qui avait concouru pour la France à Berlin en 1936 pendant qu'Havelange nageait pour le Brésil, publiait un magazine sportif dans les pays francophones. *Champion d'Afrique* était financé par Dassler. Adidas ne vendrait jamais beaucoup d'articles en Afrique, mais Dassler en distribuait gratuitement pour s'attirer le soutien des officiels dont les voix pouvaient être décisives lors d'élections. Le rôle d'Hamouda consistait à attirer l'attention sur son généreux patron et ses désirs. Morley Myers explique ainsi leur stratégie : « Rous rechignait à commercialiser le foot, ce n'était pas son monde. Il ne se rendait pas compte de l'influence de Horst Dassler et d'Havelange. A l'époque, Horst avait de bons contacts en Afrique. Il donnait gratuitement beaucoup d'équipements, offrant un soutien dont les pays africains ne pouvaient se passer. Il semblait à peu près évident que, si Havelange ne passait pas, ils pourraient faire une croix sur ce matériel. »

Sir Stanley ne pouvait s'adresser directement aux

votants des pays francophones, contrairement à Havelange. Le français était la première langue de ce dernier, celle qu'il parlait avec ses parents, qui avaient immigré au Brésil depuis la Belgique. Non seulement il parlait leur langue mais il comprenait les angoisses des Français. C'est à Paris que la FIFA avait été fondée, en 1904, et c'était le Français Jules Rimet qui avait donné son nom à la Coupe du monde. Cependant, le pouvoir était en train de leur glisser entre les doigts. Jannette explique : « Il était clair que la France ne soutenait pas Rous. Son candidat, c'était Havelange. A l'époque, les Français voyaient leur pouvoir péricliter. Lors de l'élection à la présidence du CIO, lord Killanin avait battu le comte Jean de Beaumont. Entre les francophones et les anglophones, le combat était âpre. Le français avait été la première langue au CIO et l'anglais la seconde. A présent, cela s'était inversé. »

Le journaliste américain Keith Botsford, qui parlait couramment le français, se trouvait à Francfort pour l'hebdomadaire londonien *The Sunday Times*. Selon lui, il n'y avait pas que la Fédération française de football qui soutenait Havelange. Les diplomates français avaient vanté ses mérites dans l'ancien empire colonial. « J'ai vu de nombreux diplomates africains à Francfort, parmi lesquels des membres du gratin issus du système éducatif français. Certains n'avaient aucun rapport avec le foot, n'étaient pas nécessairement là pour voter, mais pour influencer leurs délégations. »

Dassler conserva prudemment un pied dans chaque camp jusqu'à ce que le cinquième membre de son équipe arrive et l'entraîne au bar. « Rous ne gagnera pas. Il a perdu beaucoup de voix en Afrique. » L'homme le savait pour avoir assisté au congrès de la Confédération africaine de football, où Havelange avait ses gens. « Il [Havelange] gagne rapidement du terrain et je crois qu'il pourrait l'emporter. Il faut que vous lui parliez maintenant. »

Dassler se contenta de distribuer une liasse de billets aux délégués encore indécis ou susceptibles de rabattre d'autres voix afin de les encourager à soutenir Havelange. Rien ne prouve que ce dernier ait été au courant des manœuvres de Dassler. Chacun reçut quelques milliers de dollars. Ceux qui n'étaient pas dans leur chambre y trouvèrent une enveloppe à leur retour.

Dassler ne misait plus désormais que sur un cheval, au doux nom d'Havelange. Jannette redoubla de charme. « J'étais là pour me montrer le plus amical possible avec Havelange et l'accompagner à la réception officielle. Je n'ai même pas assisté au congrès ! dit-il en riant. J'ai même failli rater la finale de la Coupe du monde ! Ce jour-là, à Munich, je déjeunais très agréablement avec Monique Berlioux, directrice du CIO, et Leni Riefenstahl, la cinéaste allemande qui avait filmé les jeux Olympiques de 1936 à Berlin. On bavardait, on bavardait... quand, soudain, je me suis souvenu que je devais être au stade. Je suis arrivé au début de la seconde mi-temps. Adidas avait de bonnes places dans la tribune VIP. Dassler n'était pas content de moi. »

Après un petit déjeuner matinal, le mardi 11 juin 1974, les représentants de cent vingt-deux fédérations nationales de football, leurs poissons pilotes, des magouilleurs et des journalistes grimpèrent dans des autocars et parcoururent les dix kilomètres qui les séparaient du centre-ville. On les débarqua devant l'ancien et grandiose Kongresshalle de Francfort, sur les berges du Main aux eaux grises. Ils ne remplissaient que les premières rangées de l'auditorium.

Dans leurs mains ils tenaient le programme électoral en huit points d'Havelange. Au diable les Européens, la Coupe du monde serait élargie et il créerait un championnat du monde junior. Il irait débusquer des sponsors, dont l'argent servirait à distribuer du cash aux fédérations nationales, à financer des stages avec des entraîneurs, des médecins et des arbitres invités, à construire de nouveaux stades, à créer plus de compétitions dans les pays en développement. Les quartiers généraux de Zurich seraient agrandis.

S'il avait ouvert les portes de la FIFA à la Chine, ce matin-là, Rous aurait peut-être divisé l'Afrique et attiré dans son camp le puissant secrétaire général du Conseil supérieur du sport en Afrique, le Congolais Jean-Claude Ganga. Cela aurait peut-être suffi à le maintenir quatre années supplémentaires au pouvoir. Au lieu de cela, Ganga, d'habitude bienveillant, se mit à aller et venir dans les travées, haranguant les votants qui se dirigeaient vers les urnes. Havelange avait vu juste : il y eut un second tour. Il lui aurait fallu 79 voix pour obtenir une victoire franche au premier tour, mais il n'en obtint que 62, contre 56 pour sir Stanley. Avant l'heure du déjeuner, le second tour avait définitivement confié les rênes du football mondial à Havelange, à 68 voix contre 52.

Quelques jours plus tard, Keith Botsford expliqua aux lecteurs du *Sunday Times* ce qui s'était passé au Steigenberger et au Kongresshalle. Il décrivit « une forte odeur d'argent, tandis que résonnaient les accords trop familiers de *Rule Britannia*, ce chant patriotique que les Anglais entonnent généralement quand le navire sombre ». Il parla également de « petites enveloppes en papier bulle qui circulaient, accompagnées de messages fraternels du genre "Si ça ne suffit pas, n'hésitez pas à me le dire" »... Selon lui, la situation ne pouvait qu'empirer. « Sir Stanley était un rempart protégeant le football de ce double fléau : trop d'argent et trop de politique. Havelange est une créature du "trop". »

Le Steigenberger se vida et les plus chanceux enchaînèrent avec la Coupe du monde.

Morley Myers raconte : « Le lendemain, je suis allé demander un rendez-vous avec Rous. On m'a répondu : "Vous pouvez le voir tout de suite." En temps normal, il était entouré de ses alliés. Quand je suis monté dans sa suite, je l'ai trouvé assis tout seul derrière son immense table ronde, abasourdi. Il était en état de choc. Il m'a dit : "Je n'arrive pas à le croire. J'ai traité Havelange comme mon fils et il m'a poignardé dans le dos." Je lui ai répondu : "Non, en politique, il y a des vainqueurs et des perdants." Il était très déprimé et seul. J'ai intitulé mon article : *Le chevalier solitaire de la table ronde*. C'était comme de voir un champion vaincu. A mon avis, Rous n'a rien vu venir. Il vivait sur ses acquis et ne s'attendait pas à ce que les Français, les Grecs et les Africains se retournent contre lui. Il y avait parmi eux des gens qu'il avait crus ses amis et qui ne l'étaient pas. »

Sir Stanley reçut en lot de consolation le titre de président honoraire. Il vécut encore une douzaine d'années, assez pour assister à la Coupe du monde 1986 au Mexique. Il mourut deux semaines après que l'Argentine eut vaincu l'Allemagne, par 3 buts à 2. Entretemps, le football mondial était tombé entre les mains des filous qu'il s'était efforcé de maintenir à distance durant tout son règne.

3

Sepp Blatter, un produit Adidas. La chaîne de fabrication de Horst Dassler crache un nouveau leader

S'il ne parvenait pas à tenir ses extravagantes promesses électorales, à savoir élargir la Coupe du monde avec huit équipes supplémentaires dans les phases finales, Havelange incarnerait à jamais le personnage du raté sur la scène du football et serait renvoyé, au bout d'un unique mandat, quatre ans plus tard, quand il retrouverait ses électeurs à Buenos Aires, à la veille de la Coupe du monde 1978. Il lui fallait de l'argent, beaucoup d'argent, et il comptait sur Horst Dassler pour le lui procurer.

Pour Dassler, cela signifiait des affaires autrement plus juteuses que la simple vente de matériel sportif. Le football ne le savait pas encore, mais il était sur le point d'être transformé en marchandise. Dassler envoya John Boulter à Londres pour observer à l'œuvre un petit nouveau, le « supervendeur » Patrick Nally, qui était en train de se faire un nom en persuadant des entreprises d'investir dans le sport en échange d'une bonne publicité.

Dassler invita Nally dans ses quartiers généraux, à Landersheim en Alsace. « Laisse tomber l'Angleterre, c'est trop petit pour toi, lui dit-il. Rejoins-moi et tu travailleras pour la planète entière. »

Ensemble, ils montèrent une société à Monte-Carlo pour revendre les droits de marketing qu'ils avaient achetés aux fédérations sportives, FIFA comprise. Le beau parleur Nally et le charismatique Dassler réussirent un fameux coup en convainquant une des plus grandes marques au monde, Coca-Cola, d'investir lourdement dans les projets de développement d'Havelange. En subventionnant des formations d'entraîneurs, de nouveaux tournois, des stages d'arbitrage et toutes sortes d'événements du même tonneau, Coca-Cola obtenait le droit de placarder son logo sur toute la Coupe du monde.

Une fois que Coca-Cola eut signé, tout le monde voulut être de la partie. Les sponsors rivalisèrent dans la surenchère pour obtenir le droit d'utiliser l'emblème de la FIFA et accoler les mots « Coupe du monde » à leurs produits. Ils récoltèrent de nombreux billets gratuits pour inviter leurs partenaires commerciaux et remercier leurs employés les plus loyaux. Ils purent également côtoyer les officiels du football et ses stars. Pouvoir se faire mousser en déclarant nonchalamment qu'on a dîné la veille avec Pelé, ça n'a pas de prix.

Le succès des manœuvres de Horst Dassler dans les couloirs de l'hôtel Steigenberger fut accueilli avec circonspection dans les permanences des fédérations sportives du monde entier. L'ère des bénévoles sacrifiant leurs vacances, week-ends et soirées pour s'occuper d'organisations internationales touchait à sa fin. Si le brillant Dassler pouvait mettre le patricien sir Stanley à la retraite, que pouvait-il accomplir d'autre ?

Faire entrer de l'argent, comme vous n'en avez jamais

vu, répondait-il au cours de longs déjeuners. Autrefois, il voulait juste que les athlètes arborent les trois bandes et le trèfle. Désormais, il voulait tout le sport. Un nouveau mot entra dans le vocabulaire sportif : « soutien ». Dassler déploya ses troupes pour « soutenir » ses candidats. Une fois qu'ils avaient gagné, ces derniers lui renvoyaient l'ascenseur en lui vendant le droit de commercialiser leurs logos, leurs disciplines, les prouesses de leurs athlètes, auprès de parrains commerciaux. Les nouveaux leaders des fédérations reçurent des fonds pour développer leur sport grâce à davantage de manifestations, de personnel qualifié et d'équipements. Dans des brochures internes, dont la presse se fit rapidement l'écho, on vantait les mérites de ces dirigeants avisés qui avaient su brillamment insuffler de l'argent nouveau dans leurs sports respectifs.

Le langage du sport fut réécrit, et le terme « sponsor » mis de côté pour céder la place à celui, plus amical, de « partenaire ». Nally passait le plus clair de son temps dans les airs pour aller courtiser de nouveaux partenaires, de Tokyo à New York. Des athlètes grassement rémunérés vantaient les mérites de boissons sucrées et de hamburgers bien gras, alors que leurs propres régimes alimentaires étaient savamment équilibrés pour assurer leur forme et leur santé. Les administrateurs, même ceux arrivés seconds aux élections, étaient consolés avec des billets d'avion en première classe, des hôtels cinq étoiles, des défraiements, des pensions et des honoraires généreux, le tout payé par de grandes corporations. Dassler apporta un mode de vie nouveau – et tout plein de gros sous – à l'Assemblée générale des fédérations internationales sportives (AGFIS), un forum pour les dirigeants de fédérations sportives. Il leur donna également un toit, sous la forme d'une villa cossue à Monte-Carlo.

Dassler, inconnu des supporters et du grand public, commençait à tirer toutes les ficelles, contrôlant les dirigeants du monde sportif. Les plus ambitieux d'entre eux le suppliaient d'envoyer ses hommes s'occuper d'eux, organiser leurs campagnes, les faire réélire. Le boss d'Adidas avait une génération d'avance sur ses concurrents. Lors de chaque congrès ou réunion de comité de la plupart des sports olympiques, le clou de la manifestation était le dîner Adidas organisé dans la salle de banquet de l'hôtel, où les magouilleurs frayaient avec les officiels. Chaque fois qu'approchaient des élections dans un sport très populaire, la question sur toutes les lèvres était : « Qui Dassler soutient-il ? » Une fois en place, et tant qu'ils étaient sages, les vainqueurs bénéficiaient de la protection de Dassler. Seul un très grand âge – ou la mort – pouvait les détrôner. Au bout du compte, au CIO comme à la FIFA, il n'y eut plus d'élections présidentielles pendant plusieurs décennies.

L'équipe de magouilleurs s'agrandit, employant des salariés à plein temps et des agents à temps partiel placés un peu partout dans les fédérations internationales. Certains étaient chargés de continents ou de groupes classés selon la langue ou l'ethnie, d'autres veillaient sur les intérêts de leur patron dans des sports spécifiques. Dassler recruta l'escrimeur allemand Thomas Bach, qui gravit les échelons jusqu'à devenir un membre éminent du CIO. Il alla chercher à Karachi l'imposant et fanfaron Anwar Chowdhry, qui sillonnerait l'Asie pour inciter les athlètes à endosser des tenues Adidas. Avec le « soutien » de Dassler, ledit Chowdhry prit le contrôle de la Fédération internationale de boxe amateur, à Bangkok, en 1986. La boxe olympique ne tarda pas à dégénérer au gré de matchs truqués et de pots-de-vin, mais Chowdhry s'en sortit car, comme il s'en vanta un jour devant moi tout en avalant un yaourt dans sa chambre d'hôtel à Houston : « Je sais beaucoup de choses... »

Les agents de Dassler œuvraient pour déterminer quelles villes organiseraient les jeux Olympiques. Au cœur de ce réseau se trouvait le principal conseiller du président du CIO, Arthur Takac. Depuis son bureau à Lausanne, le Yougoslave aux cheveux argent huilait les relations de Dassler avec les membres du CIO tandis que son fils, Goran, collectait les dessous-de-table des villes désireuses d'être choisies. Goran entra en affaires avec un autre membre éminent du CIO, l'ex-ministre russe Vitaly Smirnov.

En 2004, des journalistes de l'émission télévisée de la BBC *Panorama* se firent passer pour des hommes d'affaires soucieux d'aider Londres à obtenir les jeux Olympiques de 2012. Ils rencontrèrent Goran Takac qui, devant la caméra, leur expliqua comment procéder. « Donnez-moi l'argent et je vous obtiendrai les voix... » Ce fut la fin d'une belle carrière olympique.

Visionnaire, Dassler avait compris qu'il valait mieux avoir la presse de son côté. Il finança le bulletin bimensuel *Sport Intern*, basé à Munich. Son éditeur, Karl-Heinz Huba, y établissait gracieusement l'ordre du jour des médias, remplissant ses pages d'« informations exclusives » qui libéraient les journalistes de la corvée de devoir chercher eux-mêmes leurs sujets. Huba faisait du matraquage pour les entreprises de Dassler. Ses critiques et ses concurrents, ainsi que les rares voix du sport qui ne voulaient pas de l'argent de Coca-Cola, y étaient vilipendés. Longtemps après la mort de Dassler, *Sport Intern* est toujours là, en pleine forme. Le bulletin a, entre autres, pris la défense de Kim Un Yong, un millionnaire coréen membre du CIO et accessoirement agent des services secrets, emprisonné en 2004 pour fraude.

1974 fut une année décisive. Tandis qu'Havelange rentrait à Rio avec la présidence de la FIFA dans sa poche, le plus haut responsable sportif de la dictature agonisante de Franco en Espagne lança un appel à Dassler. Tout petit, les traits fins, Juan Antonio Samaranch avait rencontré Christian Jannette lors des jeux Olympiques de Munich. « Samaranch était chef du protocole au CIO. Nous avons été amenés à beaucoup travailler ensemble et nous sommes devenus très bons amis, m'a raconté Jannette. En 1974, Samaranch a appris que je travaillais avec Horst et m'a dit qu'il aimerait le rencontrer. Il nous a invités chez lui à Barcelone, où nous avons passé deux ou trois jours. On dit souvent que le chef du protocole au CIO en est le prochain président. Je savais qu'il en avait très envie. »

Devenu cette année-là vice-président du CIO, Samaranch apparut le 18 juillet à Barcelone aux premiers rangs de la parade organisée tous les ans par ses vieux camarades franquistes pour célébrer leur victoire à l'issue de la guerre civile espagnole, en 1939. C'est la dernière fois qu'il fit en public le salut fasciste. Le général-dictateur Francisco Franco, son mentor et bienfaiteur, passa de vie à trépas l'année suivante.

Samaranch effectua le pèlerinage à Landersheim, le QG de Dassler, où il joua au tennis avec le patron d'Adidas. Le pacte fut scellé et le « soutien » mis en place.

Après quoi, Dassler s'attaqua à l'athlétisme. Il vendait de l'équipement pour cette discipline dans le monde entier. A présent, il voulait les droits télévisuels et commerciaux de cette branche du sport. Il chercha autour de lui l'homme adéquat et le trouva en la personne du Turinois Primo Nebiolo, malléable, avide et ambitieux à souhait. Les deux hommes se plurent aussitôt, et Dassler lui apporta son « soutien ».

Parfois, les précieux droits des fédérations sportives, de leurs championnats et de leurs emblèmes, en route pour les services marketing de Coca-Cola, McDonald's et autres partenaires chargés de les mettre au goût du jour, prenaient des chemins détournés. Après avoir dit adieu à leurs propriétaires à Zurich, Lausanne ou Londres, ces contrats virevoltaient au-dessus des Alpes suisses pendant quelques semaines, faisaient une brève halte dans quelques cabinets juridiques, puis atterrissaient au centre du pays, dans la ravissante petite ville de Sarnen, neuf mille habitants, au bord du lac du même nom et au pied des montagnes. Pendant un temps, Dassler confia les droits commerciaux de la FIFA, d'une valeur de plusieurs millions de dollars, à une obscure société baptisée Rofa, propriété du directeur du Bayern de Munich Robert Schwan et de la plus grande star du club, Franz Beckenbauer. Beckenbauer se lança ensuite dans d'autres activités commerciales en Suisse, et les droits du football traversèrent la rue pour s'installer chez une autre société de Dassler, également basée à Sarnen.

Les affaires s'épanouissant, Dassler avait besoin d'argent pour s'agrandir. Un homme en avait : André Guelfi.

Patrick Nally, le supervendeur anglais, a raconté : « Je me souviens d'être monté sur un yacht à Monte-Carlo et d'avoir filé à la vitesse de la lumière en direction de Saint-Tropez, où vivait André Guelfi. Certains se demandaient d'où il tenait tout son argent, mais Horst trouvait très utile d'avoir un grand yacht et de belles voitures, parce qu'il pouvait recevoir en grande pompe. »

Svelte et athlétique, André Guelfi vivait à toute allure, sur la terre comme sur l'eau. Il pilotait également ses propres jets. L'arnaqueur le plus élégant du XXe siècle. Aujourd'hui, à quatre-vingts ans passés, il a le regard et l'esprit toujours aussi vifs et continue à négocier des accords commerciaux avec la même rapidité. Des décennies avant de rencontrer Dassler, le jeune Guelfi gagna ses premiers sous en pêchant la sardine dans l'Atlantique ; il conduisit des bolides de Grand Prix, participa aux Vingt-Quatre Heures du Mans en 1953. Il fréquenta la famille royale du Maroc puis – une de ses rares boulettes – ses peu recommandables opposants. Il se lia d'amitié avec l'acteur Jean-Paul Belmondo, investit dans l'immobilier à Paris. On chuchotait que si on le contrariait, on était obligé de raser les murs pour le restant de ses jours. Après tout, il était au mieux avec le chef des services secrets français.

A la fin des années soixante-dix, Guelfi racheta la moitié de la société de vêtements sportifs Le Coq sportif et sponsorisa le vainqueur du Tour de France Bernard Hinault, ainsi que le tennisman Arthur Ashe. Dassler, souhaitant élargir sa base au-delà de la marque Adidas, acquit l'autre moitié du Coq sportif, découvrant ainsi une âme sœur ayant de l'argent à investir. Ensemble, ils achetèrent aux communistes russes les droits commerciaux des jeux Olympiques de Moscou en 1980 pour les revendre aux capitalistes. Guelfi avait engrangé une fortune considérable dont il refusait de révéler la source. Elle leur fut très utile quand ils durent allonger 45 millions de francs suisses pour les droits marketing de la Coupe du monde 1986 au Mexique.

Dassler monta une nouvelle société spécialisée dans la vente des droits. Il la baptisa International Sport and Leisure, connue à jamais sous le sigle ISL.

Le soutien énergique que lui fournirent Dassler et Guelfi porta Juan Antonio Samaranch à la présidence du CIO en 1980. Il se montra immédiatement reconnaissant, attribuant à Dassler l'ordre olympique, version or, et les contrats commerciaux des jeux Olympiques pour plus d'une décennie. L'année suivante, Dassler et son équipe installèrent Primo Nebiolo à la tête de la Fédération internationale d'athlétisme (IAAF) sans passer par les affres et l'incertitude d'une élection. Primo s'empressa de truquer les résultats lors de championnats du monde, d'acheter des stéroïdes en gros pour les athlètes italiens et de vendre les droits commerciaux de son sport à ISL. Le nouveau président du CIO emménagea à Lausanne, tout comme Guelfi, qui s'offrit une villa au bord de l'eau avec vue sublime par-dessus le lac Léman jusqu'au dôme du casino d'Evian. Samaranch la convoitait et, pour quelque 4,4 millions de dollars puisés dans les caisses du CIO, il en fit l'acquisition pour la transformer en un monument à sa gloire : le musée de l'Olympisme.

Tandis qu'il agrandissait son empire olympique, intégrant les nouvelles nations post-soviétiques d'Asie centrale, Samaranch se déplaçait en jet privé, propriété de Guelfi, qui le pilotait lui-même. Ils firent quelques escales en Ouzbékistan, et des affaires à Pékin. « Nous étions les maîtres de l'univers », a rapporté Guelfi à un journaliste.

Dassler avait construit une belle et rutilante machine à influences. D'un côté entraient de l'argent liquide, des faveurs, et des hommes ayant en commun d'avoir plus d'ambition que de scrupules. De l'autre sortaient des dirigeants sportifs dûment estampillés Adidas. Au fil du temps, dans les halls tout en marbre et dorures des hôtels chics où les affaires du sport se jouaient désormais, des gens commencèrent à s'interroger : ces hommes étaient-ils vraiment les leaders de leur sport, représentant les intérêts des athlètes et des supporters ? Ou n'étaient-ils que des agents d'influence, des présidents pantins, devant allégeance avant tout à Dassler ?

Mais Dassler n'avait pas encore un contrôle total sur l'hôtel particulier perché sur la « colline ensoleillée » dominant Zurich. Le secrétaire général de longue date de la FIFA, Helmut Käser, lui bloquait la route, tatillon et intransigeant pour tout ce qui touchait au respect des conventions et du protocole. En 1980, Dassler lança une campagne de coups bas pour l'inciter à partir. Des lettres anonymes truffées d'allégations écœurantes et des rumeurs de corruption circulèrent. Cette opération d'élimination fut suspendue quand un rapport commandé par les conspirateurs à un détective privé fut envoyé accidentellement à Käser.

Käser demanda des explications à Dassler, avec le même résultat. Six mois plus tard, Dassler fit courir le bruit que le secrétaire général ne resterait plus très longtemps à son poste. Cette fois, Käser alla trouver Havelange qui, sans sourciller mais dissimulant une lame derrière son dos, lui assura qu'il ne risquait rien. Il aurait dû ajouter : « Du moins pendant quelques semaines... » Fin 1980, Havelange lui envoya une lettre de quatre pages avec une liste d'instructions. Si Käser échouait à accomplir une seule d'entre elles, il était viré.

Joseph « Sepp » Blatter avait rejoint la FIFA en 1975 pour prendre la direction des nouveaux projets financés par Coca-Cola visant à produire davantage d'entraîneurs, d'arbitres et de spécialistes en médecine sportive. Il avait fait la une quatre ans plus tôt en acceptant la présidence de... l'Association mondiale des amis du porte-jarretelles, un groupe de cent vingt hommes de seize pays différents, qui regrettaient que les femmes aient « abandonné le porte-jarretelles en faveur du collant ».

L'accord juteux avec Coca-Cola fut signé en mai 1976. Sur la photo officielle, on voit un Käser, l'air malheureux, assis aux côtés d'un Havelange aux paupières tombantes et d'un des responsables du marketing de Coca-Cola. Blatter se tient debout derrière eux, l'allure juvénile dans un blazer croisé beige avec un grand revers à la mode, une chemise sombre et une large cravate ornée d'un grand motif géométrique criard. Le pantalon est évasé à la base comme il se devait vers le milieu des années soixante-dix et, même si Sepp commençait à se dégarnir, une longue mèche soigneusement lissée en travers du front lui donne un petit air fringant.

Diplômé en gestion, il montrait un véritable talent en matière de relations publiques. En 1964, il avait décroché le poste de ses rêves dans son sport favori : secrétaire général de la fédération suisse de hockey sur glace. Depuis, il conserve une crosse de hockey fétiche à la place d'honneur dans son bureau. Dassler, cherchant un directeur du développement, le repéra huit ans plus tard, alors qu'il travaillait pour la société de montres et de chronomètres Longines. Agé de trente-neuf ans, le séduisant Blatter au grand sourire chaleureux fut aussitôt engagé. Le secrétaire général Helmut Käser ne fut pas consulté sur ce recrutement et, au cours des six premiers mois, vit à peine son employé. Patrick Nally se souvient : « Blatter a été formé dans le quartier général d'Adidas, à Landersheim, avant d'être envoyé à la FIFA. Il y a passé son temps auprès de Horst, se familiarisant avec l'organisation Adidas. Horst et Blatter sont devenus très proches au cours des mois où il a vécu à Landersheim. Ça a cimenté leur relation. »

En 2004, André Guelfi a raconté : « Horst Dassler voulait coûte que coûte se défaire de Helmut Käser. Il m'a demandé : "Tu ne pourrais pas organiser quelque chose pour nous en débarrasser ? L'éliminer, mais pas physiquement..." Je lui ai répondu : "Je m'en occupe." » Guelfi ne décolère pas qu'on ait suggéré qu'il ait pu s'abaisser à recourir à la violence. « Contrairement à ce que vous avez pu entendre, je ne suis pas un tueur. Je suis parvenu à convaincre Käser de démissionner. Je lui ai dit : "Si vous ne partez pas de vous-même, ils vont vous rendre la vie impossible et tout sera très dur. Ils essaieront de vous faire commettre une faute, chercheront des erreurs dans tout ce que vous faites, vous mettront dans une position intenable, et au final vous serez viré." »

Guelfi expliqua à Käser qu'il n'avait pas d'avenir au sein de la FIFA : « "Vous savez que quand un patron veut se débarrasser d'un employé, il y arrive toujours. Aussi, je vous conseille de négocier une sortie en beauté avec une belle prime de départ." Ecœuré, il a accepté. Je ne me souviens plus combien il a touché, mais ça représentait une belle somme. »

L'argent n'est pas la seule raison pour laquelle Käser a jugé plus sage de partir. Quelque chose de plus sinistre se tramait, tapi dans les ombres zurichoises.

Selon Guelfi : « Käser m'a dit : "Je suis suivi." J'ai répondu : "Je ne sais pas si c'est vrai, mais si on vous fait suivre, c'est pour chercher à vous faire trébucher. Ils vous auront, d'une manière ou d'une autre, alors à quoi bon ? Vous feriez mieux de partir en conservant votre dignité intacte, et de négocier votre sécurité. Parce que, au bout du compte, ce qui est important c'est qu'à votre âge vous n'allez pas chercher un autre job, n'est-ce pas ?" C'est comme ça que j'ai fini par le convaincre et j'ai négocié pour lui. Dassler était contre, mais il a obtenu le maximum. »

Guelfi a marqué une pause avant d'ajouter : « S'il était vraiment suivi, c'était le fait de Horst Dassler. »

Guelfi avait fait le plus dur. Harry Cavan se fit un plaisir de régler la paperasse. Le malléable Cavan fut vice-président de la FIFA pendant près de trente ans. Originaire d'Irlande du Nord, il représentait les quatre fédérations britanniques [1] au comité exécutif de la FIFA. Si quelqu'un avait pu tenir tête à Havelange, ç'aurait dû être Cavan, fort du poids moral des inventeurs du football. Mais Cavan était trop occupé à compter l'argent qu'il recevait de Dassler en tant que « conseiller chaussures ». Selon Brian Glanville, doyen britannique des commentateurs de football, Cavan « rampait » littéralement devant Havelange. Derek Dougan, ex-capitaine de l'équipe d'Irlande du Nord, remarqua un jour que Cavan, qui n'était autrefois qu'un syndicaliste mal payé, « s'en mettait plein les poches grâce au sport et menait grand train ».

Le 3 septembre 1981, Cavan écrivit à un des avocats suisses de la FIFA en joignant deux chèques d'un montant total de 1 597 000 francs suisses pour se débarrasser de Käser. « Si vous souhaitez davantage d'informations, veuillez contacter M. J. S. Blatter », ajoutait-il. Le CIO décora Cavan de l'Ordre olympique. Havelange, sans consulter son comité exécutif, annonça l'arrivée du remplaçant de Käser. Adidas présenta alors son dernier rejeton : Sepp Blatter, nouveau secrétaire général de la FIFA.

Selon Guelfi : « M. Blatter fut nommé secrétaire

---

1. Mère patrie du football, la Grande-Bretagne compte quatre fédérations « nationales » : Angleterre, Ecosse, pays de Galles et Irlande du Nord. (*N.d.T.*)

général, tout simplement, grâce à Dassler. Dassler m'a confié : "On va installer ce type dans la place, il est bien, il est des nôtres." Autant vous dire que Blatter était son laquais. Je le trouvais parfaitement insignifiant, surtout à côté d'Havelange. Pour moi, ce n'était ni plus ni moins qu'un balayeur. Blatter peut dire ce qu'il veut, vous faire croire qu'il a réussi tout seul, la vérité c'est qu'il doit son poste à Dassler. Blatter était complètement intimidé par lui, ça crevait les yeux, pas besoin d'avoir un diplôme en psychologie pour s'en rendre compte. Il n'y avait qu'à voir la manière dont il lui parlait, comment il se comportait avec lui. On se retrouvait souvent pour déjeuner à Landersheim, et c'était comme si Blatter était en présence de Dieu. »

A la fin des années quatre-vingt-dix, une magistrate française, Eva Joly, enquêtait sur une affaire de corruption au sein de la compagnie nationale pétrolière Elf. Elle convoqua Guelfi pour l'interroger au sujet d'allégations selon lesquelles il aurait blanchi 40 millions de dollars pour acheter des politiciens en France, en Europe et en Afrique.

Comme il affirmait ne se souvenir de rien, elle l'envoya derrière les barreaux pendant cinq semaines. A cette époque, il approchait de son quatre-vingtième anniversaire et l'expérience lui rafraîchit la mémoire. Il aurait parlé de blanchiment d'argent transitant par les comptes bancaires olympiques, affirmé avoir dépensé 138 000 dollars en billets d'avion pour Jacques Chirac (avant qu'il ne devienne président de la République française) et soutenu que tout ce qu'il avait fait, il l'avait fait « au service de la France ». Cela incita le vice-président du CIO, Vitaly Smirnov, à écrire à Mme Joly sur son papier à en-tête du CIO, pour exiger la libération de son ami. A la Santé, Guelfi n'était qu'à quelques cellules de

Bernard Tapie, le propriétaire de l'Olympique de Marseille, emprisonné pour escroquerie et évasion fiscale, qui avait racheté la société Adidas à la famille Dassler. En 2003, le tribunal condamna Guelfi à une lourde amende et à trois ans de prison avec sursis. A quatre-vingt-quatre ans, l'incorrigible Guelfi fila aussitôt à Moscou discuter d'investissements dans le système ferroviaire russe. La cour d'appel de Paris augmenta par la suite son amende et alourdit sa peine de prison.

La veuve de Käser a raconté plus tard que la seule fois où elle avait vu son mari pleurer, c'était deux ans après son départ de la FIFA : il avait rencontré dans la rue un ami qui avait été invité au mariage de leur fille Barbara. Elle avait négligé d'informer ses parents de son union. L'heureux élu ? Sepp Blatter.

Dassler mourut d'un cancer en 1987, à l'âge de cinquante et un ans, et ses affaires furent réparties entre son fils, sa fille et ses quatre sœurs. Les officiels du sport qu'il avait promus firent de leur mieux pour le gommer de leur histoire. Dassler, autrefois l'homme le plus puissant et le plus influent du monde du sport, était désormais une source de gêne. Une fois mort, il ne figura plus sur leurs CV, car son nom leur rappellerait toujours leur indignité.

Adidas changea de mains – et de pratiques – à deux reprises après la disparition de Dassler.

Havelange, lui, ne devait jamais oublier que son secrétaire général avait été choisi par Dassler et placé là pour servir les intérêts de ses sociétés. Pas plus que Sepp Blatter, le responsable dont les valeurs étaient marquées, comme au fer rouge, des trois bandes d'Adidas.

4

Sepp tente de s'attaquer à Havelange… et survit à l'affront

Buenos Aires, Estadio Monumental, 25 juin 1978

Les amis d'Havelange, ces amiraux et généraux galonnés d'or et bardés de décorations assis avec lui dans la tribune VIP, étaient aux anges. Le bouillant attaquant Mario Kempes avait déjà frappé une première fois, dans le temps réglementaire de la finale, lorsqu'il marqua à nouveau, pendant les prolongations. L'Argentine battit les Pays-Bas par 3 buts à 1, s'emparant de la Coupe du monde devant une foule qui avait enfin un prétexte pour se réjouir. C'était le premier tournoi mondial du président depuis qu'il avait expédié sir Stanley à la retraite ; un triomphe, pour lui et pour la dictature militaire argentine. Sous le regard menaçant des soldats encerclant le terrain, patrouillant dans les gradins, surveillant tous les accès au stade, Havelange sourit et déclara : « Le monde a vu le vrai visage de l'Argentine. »

En tout cas le visage que le gouvernement sanguinaire argentin voulait montrer au monde. La Coupe du monde eut pour lui l'effet que les jeux Olympiques de 1936 eurent pour Adolf Hitler. Un autre régime meurtrier récupérait le sport et les sportifs, en détournant leurs exploits à son profit.

Le vrai visage de l'Argentine était plus sûrement celui, courageux et opiniâtre, des mères de disparus, qui risquaient l'arrestation et bien pire en défilant autour de la place de Mai chaque jour de la Coupe du monde, brandissant des photos de leurs enfants victimes de la sale guerre menée par la junte contre son propre peuple.

Les manifestations des défenseurs des droits de l'homme organisées un peu partout dans le monde avaient échoué à faire déplacer le tournoi de 1978 dans un autre pays, quel qu'il soit, dont le gouvernement aurait été démocratiquement élu. Quand, deux ans plus tôt, les généraux s'étaient emparés du pouvoir, la seule préoccupation de la FIFA avait été : cela interférera-t-il avec l'organisation du Mondial ? Havelange se sentait peut-être personnellement concerné, une de ses sociétés au Brésil souhaitant assurer le tournoi.

Dans les jours qui suivirent la finale, la presse mondiale rapporta que les généraux, résolus à éliminer toute contestation, avaient fait en sorte que tous les opposants soient mis hors d'état de... s'opposer. Pour beaucoup de leurs victimes, cela signifia se retrouver ligotés, lestés avec des poids, entassés dans des avions de l'armée puis précipités en plein vol, hurlant sous leurs bâillons, dans l'estuaire du Río de la Plata, au bord de l'Atlantique. Havelange n'accorda aucun intérêt à ces informations. En quoi cela concernait-il la FIFA ?

Ils venaient de vivre vingt-cinq jours de football fabuleux et, à présent que l'Argentine l'avait remporté de manière convaincante, cela ferait taire les rumeurs sur les six buts hallucinants, soit deux de plus que nécessaire pour accéder en finale, marqués contre une équipe péruvienne soudain bien mollassonne, celle-là même qui, dans un match du premier tour, avait tenu tête aux Pays-Bas en obtenant le match nul. Pourquoi le général argentin Videla n'aurait-il pas eu le droit de visiter les vestiaires péruviens juste avant le match ? Le fait que la junte argentine ait soudain offert à la junte péruvienne d'énormes cargaisons de céréales et 50 millions de dollars de prêts ne pouvait en aucun cas avoir influencé la vérité du terrain, n'est-ce pas ? Et ces liasses de billets distribuées aux joueurs adverses ? Pure médisance !

Et un grand bravo à l'amiral Lacoste, « Carlos Alberto » pour son ami Havelange. Du jour où il avait remplacé le général Omar Actis à la tête du comité d'organisation, l'argent avait coulé à flots. Actis, avec ses discours sur les restrictions budgétaires et sa Coupe du monde au rabais, n'était clairement pas l'homme de la situation. Quant aux allégations selon lesquelles son bon ami Carlos Alberto était derrière l'attentat qui lui avait coûté la vie dans une rue de Buenos Aires... Des ragots malveillants !

Le président Havelange était effectivement un bon ami de l'amiral et il avait applaudi quand Lacoste avait accédé à la présidence de l'Argentine, en décembre 1981, même s'il n'y était resté que onze jours. L'année suivante, l'amiral Lacoste devint un des vice-présidents de la FIFA, une position qu'il conserva quatre ans. Quand la démocratie revint et que Lacoste fit l'objet d'une enquête concernant son enrichissement soudain et l'achat d'une luxueuse résidence dans la station balnéaire de Punta del Este en Uruguay pendant les années de terreur, Havelange intervint pour le tirer d'affaire, expliquant qu'il lui avait prêté 90 000 dollars à titre personnel.

Pour Havelange, la vie au sommet était une succession d'acclamations tous les quatre ans lors des congrès de la FIFA. Ayant eu la chance d'accéder au pouvoir dans les années soixante-dix, au moment où le monde des affaires commençait à s'intéresser sérieusement au sport, aidé par Dassler et plus tard par l'ISL, il put tenir les promesses lancées à tous les vents. Sepp Blatter mit efficacement en place des stages d'entraîneurs et de nouveaux tournois de jeunes. Les Européens, intimidés par le regard glacial du Brésilien et l'argent qu'il dépensait dans les pays les plus pauvres, n'osèrent pas lui opposer un candidat lors du congrès de 1982 à l'occasion de la Coupe du monde en Espagne, ni en 1986 au Mexique, pas plus qu'en 1990 en Italie. Sitôt cette dernière Coupe du monde achevée, Havelange déclara à un journaliste sud-américain qu'il s'offrirait un nouveau triomphe lorsqu'il se présenterait pour un sixième mandat lors du congrès suivant de la FIFA, à Chicago en juin 1994.

Mais alors pourquoi, à Tunis en janvier 1994, sous les portraits sévères du président Zine el-Abidine Ben Ali, le secrétaire général Sepp Blatter arpentait-il les couloirs du congrès du football africain, chuchotant dans les oreilles des délégués que le vieil homme avait fait un beau parcours, réalisé un excellent travail, mais que indéniablement, à présent, à l'âge de soixante-dix-huit ans, il était temps pour lui de passer la main ? Après treize ans dans l'ombre, Sepp en avait sa claque. Il ne pouvait plus attendre. Sepp rêvait d'être président à son tour.

Havelange promettait une chose et en faisait une autre. Il avait ainsi déclaré : « J'aimerais prendre ma retraite et je vois bien Blatter me succéder ; on peut l'y préparer. » Sepp s'apprêtait donc à lancer sa campagne pour une transition sans heurts quand il entendit la voix familière se rétracter : « Je passe trois cents jours par an en voyage. Je me sacrifie pour la jeunesse. » Et, apparemment, Havelange avait bien l'intention de continuer à se sacrifier le plus longtemps possible.

C'était peut-être vrai, ce qu'on racontait dans les cuisines de l'hôtel particulier de Sonnenberg : le vieux se faisait injecter des cellules vivantes de fœtus de vache dans sa quête de la vie éternelle. En attendant, il se faisait entretenir somptueusement par la FIFA. Un moment, l'avenir sembla sourire à Sepp quand Havelange fut pris d'étourdissements à Barcelone, en 1992. Mais, après un peu de repos, João reprit la route.

Puis, un jour, il dépassa les bornes. Ils se trouvaient à Las Vegas, en décembre 1993, pour le tirage au sort des groupes du premier tour de la phase finale de la Coupe du monde à venir. Coca-Cola produisit une bouteille souvenir ; Daryll Hall chanta l'hymne du tournoi ; le Caesars Palace annonça que Pelé, le seul footballeur dont les Américains aient jamais entendu parler, serait la star du tirage au sort. Enfin, la FIFA se décidait à lancer le foot en grande pompe sur le plus grand marché du monde... Alors, Havelange s'empara de la liste des invités et raya le nom de Pelé.

Tout cela parce que Pelé avait attaqué publiquement la CBF (confédération brésilienne de football), dirigée depuis trois ans par le gendre d'Havelange, Ricardo Teixeira. Mais on ne peut pas rayer le nom de Pelé d'un trait de plume. Son éviction donna au magazine *Playboy* l'occasion de s'intéresser au territoire jusque-là inexploré des origines d'Havelange. Ses reporters fouillèrent dans le passé du président de la FIFA et se penchèrent sur le rôle de son père dans le commerce des armes. Les généraux déchus depuis longtemps, *Playboy* se sentit en sécurité pour enquêter sur les finances plus qu'opaques de la confédération sportive brésilienne en 1974, quand elle était dirigée par Havelange.

Voici pourquoi Blatter souriait et faisait des ronds de jambe devant les Africains réunis à Tunis, exhibant ses multiples talents. Ses aides venus de Zurich avaient reçu leurs instructions : « Faites passer le message : je ferai un grand président. » Il rentra ensuite en Suisse, rangea son costume léger dans le placard, en sortit son épais manteau et s'envola pour Nordwijk, dans les dunes de sable, au sud d'Amsterdam, où les huiles du football européen se retrouvaient pour leur réunion exécutive. Ils avaient la mémoire longue et n'avaient jamais pardonné à Havelange d'avoir vaincu Rous, leur homme, en 1974. Ils espéraient voir émerger un bon candidat européen. Et voilà justement qu'apparaissait Sepp Blatter !

Sepp leur dit : « Si vous voulez vous débarrasser d'Havelange, je suis prêt à me présenter contre lui. Avec votre soutien, je peux le faire tomber. » Cela ne se passa pas exactement comme il l'avait espéré. L'Islandais Ellert Schramm quitta la réunion et résuma la chose ainsi devant les journalistes : « Blatter s'est porté candidat à la présidence. Il a dit : “Si vous me soutenez, je serai candidat”... Tout le monde a été sidéré. Sa candidature a été rejetée. J'ai proposé qu'on discute de la déloyauté du secrétaire général plutôt que de celle du président. »

Blatter tenta par la suite de présenter la chose sous un jour plus favorable. Il expliqua aux journalistes qu'il avait abordé la question de sa candidature avec l'UEFA, si celle-ci estimait qu'il était l'homme idoine pour le football... mais que par la suite cette idée s'était perdue dans les sables mouvants.

N'ayant pas perdu tout espoir, Blatter sauta dans sa Mercedes et fila à l'aéroport, d'où il s'envola pour New

York. Le secrétaire général assistait toujours aux congrès des confédérations continentales et, en ce printemps de 1994, l'ordre du jour programmait un séjour à l'hôtel Plaza. Y seraient présents les délégués de trente-cinq pays des Caraïbes et d'Amérique centrale, ainsi que ceux des Etats-Unis et du Canada, représentant la CONCACAF. A eux tous, ils pouvaient faire basculer une élection. Blatter était prêt à faire campagne. Havelange s'y trouvait aussi, et ses yeux de braise auraient pu forer un trou béant dans le dos du secrétaire général. Havelange mit un point d'honneur à montrer qu'il était toujours aux commandes.

De retour à Zurich, lors d'une réunion avec les présidents des six confédérations [1] plus un secrétaire général manifestement déconfit, il fit sortir le rapporteur avant de déclarer : « Il y a une chose que je tenais à vous dire depuis quelque temps. J'ai décidé que lorsque nous irons en France, dans quatre ans, il y aurait trente-deux équipes dans le tableau final. » C'était ce que l'Afrique, l'Asie et les Caraïbes souhaitaient entendre depuis longtemps. Davantage de créneaux pour les pays en développement, plus d'argent car plus de télévision et plus de marketing. Alors qu'ils le félicitaient pour les huit places supplémentaires, il ajouta : « Vous vouliez vraiment ma peau à cause de Pelé ? »

Ça, c'était en avril, et, deux mois avant le congrès de Chicago et le Mondial américain de 1994, les ambitions de Blatter étaient réduites à néant. Allait-il survivre à la

1. UEFA (Europe), AFC (Asie), CAF (Afrique), CONCACAF (Amérique du Nord, Amérique centrale et Caraïbes), COMEBOL (Amérique du Sud) et OFC (Océanie).

colère du vieux ? Déjà on chuchotait une brève liste de candidats potentiels pour son poste. Pourrait-il même retravailler un jour ? Qui engagerait un homme connu pour avoir essayé de piquer sa place à son boss ?

Ce fut peut-être la secrétaire de Sepp qui le sauva. Les employés de Zurich, à savoir l'équipe du secrétaire général, dans leurs uniformes classe, se retrouvèrent à Los Angeles tandis que débutait la Coupe du monde. Helen Petermann, grande, cheveux courts, épaisses lunettes, se désigna elle-même déléguée syndicale : « S'il touche à un cheveu du patron, on se mettra tous en grève ici, aux Etats-Unis, sous le regard des médias. » Havelange comprit le message et préféra concentrer toute son attention à chouchouter les deux cents personnalités brésiliennes qu'il avait invitées.

Mais ce n'était qu'une question de temps. Le vieux attendait, savourant sans doute la peur qu'il lisait tous les jours dans le regard du traître. Blatter serait le plat qui se mange froid.

En attendant, Havelange exerçait ses prérogatives présidentielles et purgeait ses comités. Il prit un plaisir particulier à éliminer les Allemands Gerhard Aigner et Horst R. Schmidt, venus de l'UEFA. Ils n'avaient pas voulu de Blatter, mais ils avaient souhaité le départ du président et à présent ils allaient le payer. Havelange accorda une promotion spéciale à son gendre Ricardo Teixeira, qu'il nomma vice-président de la commission des arbitres et fit entrer dans la commission d'organisation de la prochaine Coupe du monde, en France.

Blatter errait tel un zombie dans les couloirs de l'hôtel particulier de Sonnenberg. Aussitôt après la victoire en finale du Brésil sur l'Italie à Los Angeles, il était rentré directement en Suisse. Le temps allait être long... Un matin maussade du 10 janvier, tandis que Blatter boudait derrière son grand bureau tapissé de cuir, Erwin Schmid, agissant sous les ordres d'Havelange, congédia l'attaché de presse de la FIFA, Guido Tognoni, et le directeur de la division compétitions, le Chilien Miguel Galan. Havelange annonça qu'ils n'avaient plus sa confiance. Blatter défendit sa peau en déclarant qu'il n'avait jamais cherché à détrôner son chef, que ce n'était qu'un ramassis d'inepties inventées par les journalistes.

5

Havelange veut s'en mettre plein les poches… Peut-il transformer la FIFA en officine de bookmaker ?

João Havelange dirigeait le sport le plus lucratif du monde mais, après vingt ans de règne, celui-ci ne l'avait toujours pas rendu aussi riche qu'il l'avait espéré. Des monarques et des dictateurs le flattaient, lui offraient les plus belles places dans leurs stades nationaux, des magnats signaient avec lui des contrats avec autant de zéros qu'un numéro de téléphone a de chiffres, eux tous gagnaient des millions… mais lui ? Quand rejoindrait-il enfin la liste des supernababs ?

Au début des années quatre-vingt-dix, Havelange était membre du CIO depuis trente ans, président de la FIFA depuis près de deux décennies, et, quelles que soient les sommes qu'il avait engrangées, il s'estimait encore bien loin du compte. Comment le sport pouvait-il le rendre aussi riche qu'il le désirait ? Il regarda autour de lui, cherchant la Grande Idée.

Première chose, il lui fallait de l'aide. Le grand et angulaire Jean-Marie Weber, ancien secrétaire particulier de feu Horst Dassler, était désormais le principal opérateur et visage public d'ISL. On racontait qu'il vénérait Horst et que des photos du Grand Innovateur ornaient les murs de son bureau dominant le lac de Lucerne. Weber avait été de tous les coups, il connaissait les recoins les plus obscurs du foot business. Il savait comment rendre Havelange riche.

Certains des supervendeurs du monde en expansion constante du marketing sportif n'étaient guère impressionnés par Weber. « Jean-Marie n'est pas créatif », disaient-ils. Ils riaient de lui dans son dos parce qu'il n'inventait pas des « offres groupées » ni de nouvelles manifestations nécessitant des sponsors et pouvant être vendues à la télévision. Mais ce n'était pas l'objectif de Jean-Marie. Il voulait faire rentrer le business dans la maison. Et c'est ce qu'il fit.

Ses collègues remarquèrent que, partout où il allait, il portait deux gros attachés-cases. Les supputations allaient bon train : « Sûrement ses accords confidentiels. Jean-Marie ne confierait jamais ses documents à un coffre-fort. »

Courtois, amateur d'opéra et de bons vins, Jean-Marie savait cultiver de bonnes relations. Il « sympathisait » avec tous dans les halls d'hôtel et les salles de congrès, serrait toutes les mains, baisait toutes les joues offertes, étreignait chaleureusement les vieux amis. On remarquait facilement sa silhouette longue et pâle d'échassier avançant d'un pas rapide, toujours en costume gris, sa crinière bouffante de cheveux blancs et ses lunettes à monture fine, dépassant d'une tête les autres dans une réception ou remontant une allée entre les gradins.

Qu'ils rient donc ! Il contrôlait les droits de trois des plus grands événements sportifs au monde : les jeux Olympiques, les championnats du monde d'athlétisme et la Coupe du monde de football. Chaque année, pendant quelques jours, toutes les télévisions du monde diffusaient ses programmes. Mais il devait encore faire la queue au portillon, son billet à la main, pour embarquer sur des vols réguliers. Il n'avait pas encore trouvé le filon.

Tout comme João, Jean-Marie cherchait la Grande Idée.

Ercilio Malburg, lui, pensait l'avoir trouvée. L'homme d'affaires brésilien alla d'abord trouver Helio Viana, l'homme qui en coulisses gérait les affaires de Pelé. Ercilio avait eu la plus belle des idées : si on parvenait à convaincre la FIFA, on pourrait mettre sur pied grâce à la Coupe du monde l'opération de paris la plus colossale qui ait jamais existé ! Des matchs de qualification jusqu'à la finale. Il ne resterait plus qu'à enregistrer la société aux Caraïbes et par ici la monnaie. Des milliards de dollars chaque année !

Viana lui répondit à peu près en ces termes : « Vous êtes dingue ! Vous ne pourrez jamais faire accepter ça par tant de pays aux législations différentes. Ils vont vous matraquer de règlements jusqu'à ce que vous mettiez la clef sous la porte. Pelé n'est pas intéressé. Au revoir. »

Pelé avait un autre directeur commercial personnel, Celso Grellet. Ercilio Malburg alla le trouver.

« J'ai les relations qu'il faut, lui dit-il en substance. Je connais Canedo au Mexique, c'est le plus ancien membre du comité exécutif de la FIFA. C'est une grosse légume de Televisa [une société de télévision privée mexicaine], il sait comment faire du fric avec le football. Et ici, au Brésil, on a son bon copain Havelange. Qu'est-ce qu'il nous faut de plus ? »

Grellet se montra vaguement intéressé mais il ne voyait

pas comment faire fonctionner le projet dans tant de juridictions différentes.

Toutefois, il y avait un autre Brésilien qui adorait parier. L'idée le séduisit immédiatement.

Venus de Russie, les parents de Matias Machline s'étaient installés à Bagé, une ville d'éleveurs de bétail tout au sud dans la pampa, près de la frontière avec l'Uruguay. En 1961, à l'âge de vingt-huit ans, Machline monta la branche brésilienne de Sharp, le géant japonais de l'électronique. Il noua des liens avec les généraux qui prirent le pouvoir en 1964, et les affaires fleurirent. Quand le régime militaire s'effondra, en 1985, son bon ami José Sarney, qui avait servi de façade aux généraux, devint le premier président civil en l'espace de vingt ans.

En 1990, l'entreprise familiale de Machline affichait un chiffre d'affaires de plus de un milliard de dollars par an. Entre-temps, Matias était devenu l'un des plus grands propriétaires de chevaux du Brésil… et l'un de ses plus grands parieurs. Quand l'économie battit de l'aile et que les affaires ralentirent, au début des années quatre-vingt-dix, il se mit à la recherche d'une nouvelle Grande Idée.

Son ami Antonio Carlos Coelho avait créé la prospère Banco Vega. Coelho et Machline étaient également des amis de Johnny Figueiredo, dont le père avait été le dernier militaire président. Johnny adorait le « futevolei », un nouveau sport combinant le football et le volley-ball de plage. Une chose en entraînant une autre, les trois amis se retrouvèrent bientôt à discuter avec Ricardo Teixeira du plan d'Ercilio Malburg pour faire fortune grâce à la FIFA.

Le président Havelange déclarait fièrement : « Nous avons eu une fille, Lucia, qui nous a fait la joie de nous donner trois petits-enfants, Ricardo, Joana et Roberto. »

Leur père était Ricardo Teixeira. Le beau-père et son gendre étaient faits pour s'entendre. En 1989, bien que le couple se soit séparé, João installa Ricardo à la présidence de la confédération brésilienne de football, la CBF. Ricardo était lui aussi très intéressé par le plan de Malburg.

João, Jean-Marie, Matias et Antonio se réunirent dans un hôtel quatre étoiles au nord de Miami Beach, à la mi-juillet 1993. Ricardo n'avait pu les rejoindre. En mai 2001, Richard Herson, un vice-président américain du groupe Matias Machline, écrivit dans une note top secret à Sepp Blatter : « Après des mois de discussions informelles, ce projet fut officiellement lancé, le 27 juillet, lors d'une réunion dans une suite du Sheraton Bal Harbor Hotel. » Herson expliqua que Machline lui avait confié « les premières phases de la coordination du projet en tant que son adjoint de direction ». Il définit ce projet comme « l'organisation à l'échelle mondiale d'un club d'adhérents et d'un système de loterie approuvés par la FIFA et surnommés FIFA Club, qui gérerait des loteries de football dans le monde entier, liées à des événements parrainés par la FIFA et sous la marque déposée FIFA » et ajoutait : « Un protocole d'entente a été rédigé et signé par toutes les parties présentes, à l'exception de M. Havelange, qui a souhaité que son nom ne soit pas mentionné. Toutes les négociations ont donc été officiellement conduites par M. Jean-Marie Weber. »

Quelques mois plus tard, Herson vendait déjà la peau de l'ours : « En résumé, les prévisions les plus pessimistes ont annoncé des bénéfices de 8,75 milliards de dollars avant impôts au bout de trois ans, ce qui en ferait la plus grande opération de paris/loterie au monde. »

La voilà, la Grande Idée que João et Jean-Marie attendaient depuis si longtemps. Quelque chose comme

8 milliards de dollars par an au bas mot, pour commencer. Songez aux petits pourcentages, aux commissions, aux bonus, aux honoraires de conseillers... Même les défraiements seraient grandioses.

Herson écrivit à Blatter : « J'ai enregistré tous les documents ainsi que toutes les discussions liés au projet dans des mémorandums de plusieurs mégaoctets ; ceci afin de suivre régulièrement son avancement et d'enregistrer tous les liens et la participation des différentes personnes et entités. »

L'Américain avait de surprenantes révélations à faire sur les agissements de Jean-Marie au nom de la FIFA. « Pendant la première moitié de 1994, avec l'accord informé d'ISL, ces plans ont été présentés et discutés avec un certain nombre d'organisations comme Caesars World et VISA International, dans un effort pour les intéresser au projet et obtenir leur soutien. D'importantes négociations ont eu lieu à Dallas, Londres et Zurich, généralement au centre-ville, dans l'hôtel où séjournait M. Havelange. » Ils élaborèrent une franchise qu'ISL confierait exclusivement au groupe Machline. Matias serait autorisé à exploiter le logo FIFA et ses droits commerciaux pour « le développement et l'exploration des activités choisies ».

La Coupe du monde 1994 arriva aux Etats-Unis et, le 16 juin à Chicago, Havelange fut réélu pour quatre ans sous les acclamations. Le lendemain, l'Allemagne inaugura le tournoi contre la Bolivie. Quelques semaines plus tard, les hommes d'affaires se retrouvaient à nouveau, pour « une réunion de travail concluante », dans un luxueux palace de Dallas, The Mansion on Turtle Creek Hotel. Une dernière mouture du contrat fut rédigée et signée par Weber, Coelho, Machline et Herson. Le même jour, le 3 juillet, toujours à Dallas, la Suède battait l'Arabie saoudite 3 à 1.

Ils se réunirent à nouveau à la Mansion on Turtle Creek, pour « une séance préparatoire additionnelle », le 17 juillet. La finale de la Coupe débuta sans eux, à l'heure du déjeuner, à plus de deux mille kilomètres de là, à Pasadena en Californie (le Brésil battit l'Italie après prolongations, par 3 tirs au but à 2). Mais les affaires sont les affaires. Il y avait des fortunes colossales à gagner. Au pays, Matias Machline accueillit les vainqueurs en grande pompe. Lors d'une réception organisée avec Ricardo Teixeira, ils offrirent un téléviseur à chaque joueur et mirent plusieurs milliers de dollars dans la cagnotte prévue pour leur offrir un beau cadeau.

Un mois plus tard, ils se retrouvèrent dans un hôtel à New York. Ils furent rejoints par un nouveau collègue, un businessman aux dents longues qui avait quitté son poste tout en haut de la hiérarchie à American Express Brazil pour devenir directeur général de FIFA Club. C'était le 12 août et tout le monde signa le contrat définitif. Herson raconte : « Les opérations devaient débuter peu après. Il était prévu que plusieurs grandes organisations bancaires et de jeu rejoignent bientôt le projet. »

Matias Machline, soixante et un ans, et son épouse Maria Araújo, trente ans, dirent au revoir à leurs nouveaux partenaires de jeu et se rendirent à l'héliport de la 34e Rue. A vingt heures trente, le couple embarquait dans un hélicoptère privé pour se rendre à Atlantic City, où Matias comptait prendre un peu de bon temps dans les casinos.

Le pilote Doug Roesch avait passé tous les tests pour voler dans des conditions normales de visibilité. Mais il manquait d'expérience pour faire face à une situation imprévue nécessitant de voler uniquement aux instruments de bord. Au bout de quinze minutes de vol, il contacta sa base. Il déclara que les conditions météorologiques le préoccupaient. Il hésitait à poursuivre le voyage.

Puis il établit un contact radio avec son collègue Eric Mansell, qui effectuait un vol panoramique au-dessus de la ville. Roesch lui annonça qu'il allait faire demi-tour, puis il se ravisa et décida de tenter une dernière fois d'atteindre l'aéroport d'Atlantic City. Ils se parlèrent à nouveau cinq minutes plus tard. Mansell a déclaré après les faits : « Roesch, d'abord inquiet et tendu, était devenu calme et confiant. » Cependant, il faisait très noir et il grimpa à deux mille pieds pour tenter d'éviter les nuages bas sur sa trajectoire de vol.

Dix minutes plus tard, Mansell appela Roesch pour savoir où il en était. Le magnéto dans le cockpit de Mansell enregistra le bref échange suivant :

ROESCH : Eric, je ne vois plus rien ! *(voix angoissée)*

MANSELL : Doug, tu plaisantes ?

ROESCH : Eric, je ne contrôle plus le moteur… *(voix paniquée)*

MANSELL : Doug, tu plaisantes ? Tu plaisantes ? Ça va ?

ROESCH : Eric ! *(voix paniquée)*

Une femme qui se tenait devant sa maison dans une zone boisée près de Whiting dans le New Jersey entendit l'hélicoptère au-dessus d'elle. Elle a raconté aux enquêteurs : « Tout à coup, le ronflement du moteur a ralenti, devenant crachotant. Tandis que j'essayais de suivre le bruit des yeux, j'ai vu une grande lueur orange remplir le ciel. »

L'appareil s'écrasa au sol à la verticale, creusant un cratère de quatre mètres de diamètre et de deux mètres de profondeur. Les patins étaient plantés dans le sol. L'enquête imputa l'accident à la « désorientation spatiale » de Doug Roesch.

Un ex-président, d'éminents politiciens, une poignée de magnats et ses quatre enfants assistèrent à la cérémonie funèbre en l'honneur de Matias Machline. Sans lui à la barre, le groupe Machline vacilla. La famille attaqua la compagnie d'hélicoptères et réclama un milliard de dollars de compensation. La décision reste confidentielle, mais une source proche du dossier a raconté : « La famille a affirmé que s'il n'avait pas été tué dans cet accident il aurait fait une fortune colossale avec la loterie de la FIFA. »

Entre-temps, Antonio Coelho avait eu une autre de ses grandes idées. Il investit lourdement dans le traitement de l'alcool pour en faire du carburant pour automobiles, y perdit une véritable fortune et tenta de sauver les meubles avec l'argent de sa Banco Vega. La banque centrale du Brésil intervint le 15 mai 1997, l'obligeant à déposer le bilan.

Quand le Sénat brésilien demanda l'ouverture d'une enquête sur la corruption dans les milieux du football brésilien, le rapport final comporta six pages sur les magouilles entre la Banco Vega, la confédération du football brésilien et Ricardo Teixeira. Ce veinard de Ricardo avait eu droit à un taux d'intérêt près de deux fois plus élevé que celui de sa fédération et avait fait montre d'un flair extraordinaire en retirant tout son argent huit jours avant que la banque ne s'effondre. En dépit des problèmes d'Antonio Coelho, Ricardo devait estimer qu'il avait vraiment un sens aigu des affaires puisqu'il le nomma à la commission des finances de sa fédération.

Quelques jours après l'accident d'hélicoptère fatal, Richard Herson apprenait qu'il avait un lymphome malin en phase avancée. Moins d'un mois plus tard, à la demande des héritiers de Matias Machline, il retourna au Brésil. Dans un mémo, Herson raconta à Blatter ce qui s'était passé. « J'ai rencontré Antonio Carlos Coelho et Ricardo Teixeira dans une suite du Holiday Inn Crowne Plaza, à São Paolo. Ce fut une réunion très difficile et acerbe, au cours de laquelle M. Teixeira m'a fait savoir sans la moindre ambiguïté possible que M. Coelho et lui entendaient poursuivre le projet de M. Machline, indépendamment de tous accords préalables, au détriment des héritiers légitimes de M. Machline. »

Il poursuivait : « Sur le moment, en dépit de notre indignation devant cette manière sans scrupules de nous forcer la main, nous ne pouvions rien faire, compte tenu des liens de M. Teixeira avec M. Havelange, de l'état avancé du projet, du combat à l'issue incertaine que je m'apprêtais à mener pour sauver ma propre vie et du fait que les fils de M. Machline devaient reprendre en main un empire en difficulté. »

Herson subit une chimiothérapie intensive et recouvra la santé. Il dit avoir entendu des rumeurs selon lesquelles Teixeira et Coelho avaient tenté de lancer leur société de jeu en France mais sans succès.

Herson achevait ainsi son rapport à Blatter : « La presse brésilienne, qui n'attend que d'épingler M. Teixeira, mêlé à une suite sans fin d'accusations de malversations, était très désireuse d'apprendre les détails de cet immense projet, mais je n'ai jamais voulu partager avec elle cette incroyable saga, par égard pour la mémoire de M. Machline. »

Au cours de l'enquête sénatoriale sur la corruption, Havelange fut appelé à témoigner. On lui demanda s'il faisait partie de ces hommes qui avaient « gagné des millions grâce au football ».

« Je vous mets au défi d'en apporter la moindre preuve, rétorqua-t-il. Toute ma vie, je n'ai fait que travailler dans la dignité et le respect. »

6

Les boys de Dassler perdent les jeux Olympiques… et ont plus que jamais besoin du football

Après la mort de Horst Dassler, en 1987, la famille nomma le mari de sa sœur Sigrid, Christoph Malms, président de l'empire. Assez petit, mince, les cheveux noirs coupés ras, il avait fait ses études à la Harvard Business School, puis avait été recruté par McKinsey, cabinet de conseil en gestion rempli de jeunes diplômés brillants conditionnés à ce credo : « Tout ce que vous pouvez faire, on peut le faire en mieux. » Mais Harvard et McKinsey offraient-ils la meilleure formation pour ce secteur d'activité ? Chez ISL, bon nombre des employés avaient des doutes. Le marketing sportif était un business à part, compliqué par des ego démesurés, la corruption et les pots-de-vin. Christoph était-il vraiment l'homme qu'il fallait ?

Malms décida que l'avenir était dans l'expansion. ISL se répandit à travers le monde. L'organigramme confidentiel du groupe s'élargit pour inclure soixante nouvelles sociétés, dont certaines basées à Grand Cayman et dans les îles Vierges britanniques. Le Liechtenstein, principauté coincée entre la Suisse et l'Autriche, accueillit deux autres compagnies, Lofa Football Establishment et Lofa Establishment. Toute investigation sur ces sociétés s'arrêtait net devant la plaque en cuivre de leurs avocats à Vaduz, la capitale.

Malms avait peut-être le titre le plus élevé, mais Jean-Marie Weber, lui, était là à l'époque où Horst Dassler était un intime d'Havelange et de Blatter. L'intitulé de son poste était « acquisition de droits et relations sportives ». Il faisait les yeux doux aux dirigeants sportifs et les persuadait de confier leurs précieux droits commerciaux à ISL, à présent basée au bord du lac de Lucerne. Les bureaux se trouvaient au-dessus de la gare, dans un charmant désordre de ruelles bordées de vieilles façades peintes, de caves à bière et d'églises se reflétant dans l'eau.

Tout au long de l'année 1995, les agents commerciaux d'ISL examinèrent le football sous toutes ses coutures en faisant et refaisant leurs calculs, encore et encore : comment extirper le plus d'argent possible de ce sport ? Ils avaient déjà soutiré aux sponsors autant que le marché pouvait supporter. Jean-Marie Weber et la famille Dassler en voulaient plus. Mais où le trouver ?

Dans le passé, la FIFA avait vendu les droits télévisuels de la Coupe du monde à un consortium mondial regroupant des chaînes de service public, les négociations étant menées par l'Union européenne de radio-télévision (UER). Après la Coupe du monde américaine de 1994, ISL éplucha les bilans de tous les diffuseurs qui avaient acheté les droits de retransmission des matchs. Ils calculèrent combien chacun avait gagné grâce à la vente de plages publicitaires. Ils déduisirent ce qu'ils avaient payé à la FIFA… et en restèrent comme deux ronds de flan.

La marge était énorme. Les chaînes de télévision achetaient les droits à bas prix et vendaient très cher leurs plages de pub, réalisant d'immenses profits grâce à la Coupe du monde. Jean-Marie Weber se rendit compte que la FIFA bradait son tournoi. Elle aurait pu demander tellement plus ! Voilà un travail pour ISL.

Bien sûr, ce serait un réel coup dur pour des chaînes du service public, comme la BBC, en Grande-Bretagne, qui ne vendait pas de plages publicitaires, ne réalisait pas de profits et estimait avoir un devoir vis-à-vis du public, mais c'était une nouvelle merveilleuse pour Jean-Marie Weber et João Havelange, ainsi qu'un grand réconfort après la désillusion engendrée par l'accident d'hélicoptère fatal dans le New Jersey.

Au début de l'hiver 1995, pendant que les employés d'ISL passaient les chiffres de la FIFA au crible, le grand Jean-Marie Weber et le petit Christoph Malms s'envolèrent pour le Japon pour une réunion de routine avec le CIO sur les droits olympiques. Cet aspect des affaires était une autre facette de l'héritage de Dassler, le cadeau de remerciement de Juan Antonio Samaranch pour l'avoir placé à la présidence du CIO en 1980.

La famille Dassler avait traité ce droit exclusif de commercialiser les jeux Olympiques comme un investissement à long terme. Ils démarrèrent avec les jeux de Séoul en 1988, juste après la mort de Horst, et perdirent de l'argent. Ils furent dans le rouge à nouveau à Barcelone en 1992 mais, vers le milieu des années quatre-vingt-dix, ils semblaient sur le point de commencer à engranger les profits. En décembre 1995,

Weber et Malms s'apprêtaient à annoncer au CIO qu'ils avaient signé pour 90 millions de dollars de contrats avec Coca-Cola et McDonald's et qu'ils étaient sur le point de conclure un accord avec Motorola et Shell. Le CIO ne serait-il pas ravi de tout cet argent qui allait entrer dans les caisses, moins, naturellement, les 25 % de commission d'ISL ?

Eh bien, le CIO ne fut pas ravi. Ses hommes de main, le directeur général suisse François Carrard, le Canadien Dick Pound, alors responsable des relations avec les sponsors, et Michael Payne, l'ex-skieur britannique qui avait travaillé pour ISL avant d'intégrer l'équipe du CIO, se réunirent avec Weber et Malms dans une chambre d'hôtel. Ils n'y allèrent pas par quatre chemins. Ils déclarèrent : « Nous n'avons plus besoin de vous. Nous prenons nos propres affaires en main. Adieu et merci. »

Malms rentra à Zurich et le conseil d'administration fut réuni d'urgence, le 7 décembre 1995, dans une salle sur Badenerstrasse prêtée par le cabinet d'audit KPMG. Les décorations de Noël étincelaient dans les vitrines, les haut-parleurs diffusaient des chants dans les rues, mais les cinq directeurs n'avaient pas le cœur à se réjouir. Virés. Par le CIO.

La plus angoissée était sans doute Suzanne Dassler, qui avait quitté précipitamment sa résidence au bord du lac près de Lausanne, à l'autre bout du pays. Petite, brune, timide, les épaules aussi carrées que celles de son père, Suzanne était fière de l'héritage de Horst et ne supportait pas qu'on tente de s'y attaquer. Persuadée que son père avait été un grand innovateur, elle se méfiait de ces hommes qui gagnaient si bien leur vie grâce à papa.

Jean-Marie Weber n'assista pas à cette réunion extraordinaire. Depuis des années, il se vantait devant la famille d'avoir, depuis la mort de Horst, tissé d'étroits et admirables liens personnels avec le CIO. A l'entendre, le contrat olympique était en sécurité entre ses mains. Cet après-midi-là, il eut la chance d'échapper à la fureur de la famille Dassler.

Même derrière le langage guindé du compte rendu confidentiel de la réunion, on sent le malaise extrême. « Il est de notre devoir d'écrire à M. Samaranch et de lui dire que nous n'apprécions pas ce qu'il nous fait ! » insistait Suzanne. Les autres la firent taire. Pas d'actions individuelles, par pitié ! Tout devait rester confidentiel. Ce qu'il fallait, c'était mettre en place une stratégie coordonnée.

Mais ils savaient où le bât blessait. Dassler avait découvert un petit Catalan en bottes de cuir et chemise bleue de fasciste et l'avait reconditionné en homme de la paix à la tête du CIO. Quand, dans les années quatre-vingt, Horst avait arrangé son élection, Samaranch lui avait docilement offert sur un plateau les nouveaux contrats commerciaux. Où était sa loyauté, à présent ? Quelle sale journée ! Il ne s'agissait pas uniquement d'un contrat. Les jeux Olympiques étaient l'image de marque d'ISL, faisant d'elle la plus propre, la plus « olympienne » de toutes les sociétés de marketing du monde sportif. Pendant des mois, ils tentèrent d'empêcher la mauvaise nouvelle de filtrer.

Ils détenaient toujours les droits des Championnats du monde d'athlétisme, qui rapportaient des bénéfices importants. Mais le meilleur contrat du monde, le plus gros, le plus juteux, et appelé à le devenir bien plus encore, c'était celui des droits exclusifs commerciaux et télévisuels du football. Celui-là, ils ne pouvaient se permettre de le perdre. Toute la pression se reporta sur les épaules de Jean-Marie Weber.

Les cadres de la FIFA racontent qu'Havelange et Blatter furent sincèrement épatés quand Jean-Marie Weber débarqua dans l'hôtel particulier de Sonnenberg et leur déclara : « Ecoutez-moi bien, peu importe que vous perdiez l'argent des paris, il n'était pas pour vous de toute façon, faites-vous une raison. Mais qu'est-ce que vous diriez de doubler l'argent que vous gagnez avec la Coupe du monde ? De le tripler ? Et si je vous disais que vous pouvez faire dix fois plus ? On ne parle plus de millions, le foot, c'est désormais une affaire qui brasse des milliards ! »

Une fois que les cadres de la FIFA eurent compris la valeur potentielle des droits télévisuels, ils se rendirent compte du pouvoir que ce déluge d'argent pouvait leur apporter. Avec un compte en banque copieusement garni, la FIFA pouvait promettre à toutes les fédérations nationales et de l'argent, et de nouvelles structures. Le sport le plus populaire de la planète en serait transformé, renforçant du même coup la position de ceux qui étaient à l'origine de cette croissance sans précédent. Mais les contrôles financiers que l'on met d'ordinaire en place dans une structure avec un compte d'exploitation de ce genre seraient-ils imposés par les responsables de la FIFA ?

Weber se sentait nerveux. Pendant près de vingt ans, grâce à la relation spéciale unissant Horst Dassler et Havelange, ISL avait reçu les droits exclusifs de toutes les Coupes du monde, jusqu'à celle de 1998 en France. Mais pas au-delà. La FIFA allait devoir lancer un appel d'offres pour les droits commerciaux et télévisuels de la Coupe du monde 2002. Les concurrents feraient leurs calculs et ne seraient pas longs à comprendre à quel point le tournoi était devenu intéressant. ISL risquait de ne pas pouvoir tenir les enchères. Au mieux, de remporter les droits de 2002 mais de perdre les suivants.

Il y avait peut-être une solution pour sauver la peau d'ISL et conclure un accord pour plusieurs Coupes du monde d'affilée. Mais cette possibilité devrait rester secrète au maximum.

Il fallait faire en sorte que les rivaux avancent leurs pions sur la base d'informations incomplètes. Qu'ils négocient des garanties bancaires insuffisantes. Qu'ils restent dans le noir le plus longtemps possible. Mais non, c'était sûrement impossible. On ne pouvait tout simplement pas procéder de cette façon à un appel d'offres ouvert et loyal. Vraiment ?

7

Un étrange combat pour la Coupe du monde… Arbitre : Sepp Blatter

Quelqu'un d'autre convoitait très fort la Coupe du monde et pensait savoir comment l'obtenir : le Belge Eric Drossart, l'élégant président de la division européenne d'IMG (International Management Group), la société de marketing américaine créée en 1960 par Mark McCormack pour exploiter le swing et le charme du golfeur Arnold Palmer.

D'autres golfeurs, puis des tennismen, des pilotes automobiles, des skieurs, des rockstars et des mannequins avaient rejoint la liste de ses clients. IMG signait des contrats dans le base-ball, le basket-ball, le cricket et le rugby. Il avait acheté les droits télévisuels de Wimbledon, veillait sur l'université d'Oxford, la Fondation Nobel, des clubs de football… et Pelé. Les boys de Mark McCormack obtenaient généralement ce qu'ils voulaient, pratiquant la surenchère sur leurs concurrents. A présent, ils voulaient la Coupe du monde.

Eric Drossart négocia à cet effet un partenariat entre IMG et UFA, la filiale télé de Bertelsmann, le plus grand conglomérat de médias au monde. Ils se rendirent chacun dans leur banque et obtinrent les lettres de garantie nécessaires lorsqu'il est question d'une offre avec beaucoup de zéros.

Drossart lança sa campagne le 18 août 1995 avec une offre sidérante. « Cher Sepp, écrivit-il par fax, nous offrons 1 milliard de dollars pour les droits de la Coupe du monde 2002. » Connaissant les liens privilégiés de Sepp avec ISL, il prit soin d'envoyer une copie de son offre à tous les membres du comité exécutif de la FIFA.

On aurait pu croire qu'une telle offre de la part de deux sociétés en béton aurait rendu Blatter extatique. Bien au contraire. Il était furieux. Il répondit à Drossart : « Permettez-nous d'exprimer notre surprise devant le fait que vous qualifiiez de "strictement confidentielle" votre lettre au secrétaire général de la FIFA alors que des copies ont été télécopiées à tous les membres du comité exécutif de notre organisation. Nous ne sommes pas convaincus que ce soit là la méthode la plus appropriée pour communiquer un message confidentiel. Il aurait été plus correct d'effacer ce terme impropre. »

Trois semaines plus tard, Blatter écrivit à nouveau à Drossart, à Londres. Il réclamait les détails de l'offre pour 2002 uniquement. On notera, à la lueur des événements subséquents, qu'il ne faisait aucune allusion à 2006. Il déclara également qu'il voulait ces informations dans les trente jours, soit avant la mi-octobre. Il assura à Drossart : « La FIFA planche dès à présent sur le calendrier de la procédure des soumissions. »

Un mois après cette échéance d'octobre 1995, Blatter annonça à Drossart que son milliard de dollars et lui devraient attendre quelques mois encore, Jean-Marie

Weber ayant des droits exclusifs de négociation jusqu'au 29 février 1996. « Nous devons respecter les droits de priorité », expliqua le secrétaire général de la FIFA.

Drossart et son équipe à IMG ne restèrent pas inactifs pendant qu'on tentait de les mener en bateau. Au Sheraton de l'aéroport de Francfort, ils rencontrèrent en privé un des vice-présidents de la FIFA, le Coréen Chung Mong-Joon, fils du fondateur de l'empire Hyundai. Quelques jours plus tard, à Paris, ils s'entretinrent avec un autre vice-président, Issa Hayatou, président de la CAF. Ils apprirent que les cinq présidents continentaux pressaient Havelange d'organiser un comité exceptionnel afin de savoir quelles étaient les offres et de les forcer, Blatter et lui, à partager les informations. Mais il ne se passait rien.

Drossart fit alors une autre offre faramineuse : « Sachez que IMG/UFA est prête à faire à la FIFA l'offre la plus attrayante pour les droits commerciaux de la Coupe du monde 2002, et ce quelles que soient les autres propositions. »

Autrement dit, une offre pour balayer hors du terrain toute la concurrence. Datée du 7 décembre 1995, le jour même où la famille Dassler en état de choc se réunissait en cellule de crise, se demandant comment ISL allait surmonter la perte des droits olympiques. Ils avaient grand besoin de l'aide de Blatter. La leur accorderait-il ?

Juste avant les vacances, Blatter écrivit à Drossart : « Joyeux Noël et meilleurs vœux pour la nouvelle année. » Puis plus rien. Les mois passèrent et le 15 mars 1996, deux semaines après l'expiration de la période de négociation exclusive avec ISL, Blatter écrivit à nouveau à Drossart qu'ils étaient toujours en pourparlers avec ISL et que, concernant les droits télévisuels, ils n'avaient que récemment reçu une « offre définitive pour 2002 et au-delà ». « Et au-delà » ? Au-delà de quoi ? Toutes les discussions au cours de ces dernières années n'avaient concerné qu'un accord pour 2002 et rien d'autre. Qu'y avait-il d'autre en jeu ? Blatter promettait « la transparence dans la commercialisation des Coupes du monde »... Les « Coupes » ? Quelles « Coupes » ? D'où venait ce pluriel soudain ? Une faute de frappe ? Drossart ignorait toujours quand la FIFA lui parlerait de son offre.

Il en apprit davantage en lisant les journaux, quelques jours plus tard. Le 19 mars 1996, Blatter fit publier un communiqué de presse révélant que non seulement il continuait de discuter en privé avec ISL mais qu'il négociait également avec un consortium international regroupant des chaînes de télévision publiques, connu dans le milieu sous le sigle CCC. Il avait été un gros client de la FIFA pour 1990, 1994 et le tournoi à venir de 1998 en France. Il paraissait difficile qu'il puisse concurrencer le milliard de Drossart. Plus étonnant encore : l'affirmation de Blatter selon laquelle la FIFA examinait « les offres soumises par d'autres parties intéressées ». Là encore, la référence, comme si de rien n'était, à des offres pour la Coupe du monde de 2002 et « au-delà ». Mais toujours pas de référence claire à 2006.

Le 29 mars, Drossart envoya un autre fax à Blatter : « Nous n'avons pas l'impression que la question de la représentation de la Coupe du monde soit traitée avec équité par la FIFA. Vous nous avez annoncé [il y a six mois] que vous planchiez sur l'organisation d'un calendrier pour la procédure des soumissions. Personne ne nous a jamais dit en quoi consisterait cette procédure. » Il poursuivait : « Aucune négociation, aucun dialogue n'a été établi avec nous ; cette exclusion est-elle délibérée ? » Et à quoi rimait cette histoire de droits pour plus d'une Coupe du monde ? « Nous présumons que nous jouons tous selon les mêmes règles et que tous les soumissionnaires recevront les mêmes informations, le même dossier d'appel d'offres, les mêmes opportunités de présentation, de négociations, etc. » Drossart conclut : « Soyez assurés que nous explorerons toutes les options pour nous assurer que, dans ce processus, tout le monde est traité sur un pied d'égalité. »

Le secrétaire général de la FIFA attendit près de trois semaines avant de lui répondre, le 18 avril. Les droits des Coupes du monde 2002 et 2006 étaient disponibles sous forme de contrat global et, si Drossart était intéressé, il avait intérêt à faire fissa et à soumettre une offre avant le 15 mai. Cela laissait tout juste vingt-sept jours à IMG pour réévaluer son offre et la garantir.

Le 26 avril, alors même que ses comptables étaient plongés dans des calculs frénétiques pour couvrir deux tournois et rassembler un autre milliard, voire plus, en garanties bancaires, Drossart écrivit à Sepp : « Je dois reconnaître que votre courrier du 18 avril m'a laissé perplexe. Bien que j'accueille l'invitation apparente de la FIFA à participer à l'appel d'offres pour les droits de la Coupe du monde, j'observe des incohérences frappantes dans les lettres que vous nous avez adressées concernant la base sur laquelle ces droits sont offerts et le traitement manifestement préférentiel accordé à d'autres parties telles que la CCC et ISL. Au point qu'il nous est difficile aujourd'hui de croire que la FIFA souhaite sincèrement considérer notre offre sur une base strictement concurrentielle. »

Vers la fin de sa longue lettre, Drossart déclarait carrément : « Sepp, il est très difficile de ne pas en conclure qu'il y a là deux poids et deux mesures… et vos réponses à nos efforts ne sont qu'un exercice cosmétique pour protéger la FIFA d'accusations futures de comportement concurrentiel non équitable et abusif. »

Les négociations parvinrent dans leur phase finale. ISL avait des difficultés à persuader ses banques de garantir son offre. A contrecœur, elle fit appel au reclus Leo Kirch, le magnat de l'audiovisuel allemand qui avait bâti une des plus grandes filmothèques en dehors de Hollywood et détenait les droits de retransmission des plus grands matchs du championnat allemand de football.

Les banques aimaient Leo et lui prêtaient tout ce qu'il voulait. Il n'émit qu'une seule condition : « Je veux les droits de la Coupe du monde pour l'Allemagne. » Bien que ce fût là un des territoires les plus prisés, Jean-Marie Weber n'avait d'autre choix que d'accepter. Leo réfléchit à leur requête pendant quelques minutes, puis, faisant montre, une fois de plus, des nerfs d'acier qui avaient fait de lui un milliardaire, le magnat munichois donna son accord. ISL était de nouveau en lice.

Toutes les offres furent soumises le 15 mai, et Blatter les enferma dans son coffre. Les soumissions révisées furent déposées un mois plus tard, puis le comité exécutif dut décider à qui il attribuerait l'affaire. Mais certains membres ne semblaient pas savoir quand aurait lieu la réunion cruciale. Le président de l'UEFA, le Suédois Lennart Johansson, insistait pour que les contrôleurs financiers de la FIFA supervisent les débats.

Le comité se réunit le 5 juillet 1996 et, selon l'ordre du jour, il ne devait s'agir pour les membres que d'une mise à jour de routine sur les droits commerciaux et télévisuels. Le point 3.1 indiquait simplement : « Rapport du comité financier sur l'attribution des droits télévisuels ».

Le président Havelange proposa que les droits pour 2002 et 2006 soient attribués à ISL et au consortium de Leo Kirch. Il exigea des membres qu'ils prennent leur décision sur-le-champ. Il se tourna d'abord vers Viacheslav Koloskov, le représentant de la Russie : « Vous n'êtes pas d'avis que nous devrions accepter cette offre, mon ami ? » Le Russe acquiesça aussitôt.

Tandis qu'Havelange faisait un tour de table, regardant fixement chacun dans le blanc des yeux, Blatter tenait les comptes. Neuf membres se rangèrent à l'avis du président, six votèrent contre et trois s'abstinrent. Henry Fok, un milliardaire âgé représentant Hong Kong, et le représentant allemand Gerhard Mayer-Vorfelder étaient absents. L'Allemand raconta plus tard qu'il ignorait qu'un point aussi crucial était inscrit à l'ordre du jour.

Si Mayer-Vorfelder avait été là et avait voté contre Jean-Marie Weber et Leo Kirch, leur offre aurait été rejetée. Sept voix contre et trois abstentions auraient eu raison des neuf voix pour.

En juillet 1996, après réception de toutes les offres, on annonça que les termes financiers de l'offre ISL/Kirch étaient supérieurs à ceux proposés par tous les autres soumissionnaires. Il y eut encore dix-huit mois de négociations sur les droits commerciaux. Début septembre 1997, Jean-Marie Weber rapporta à son conseil d'administration que, en raison de « la situation politique délicate » et pour éviter une scission au sein du comité exécutif de la FIFA, l'annonce de la nouvelle qu'ISL avait définitivement remporté le contrat de marketing serait retardée afin que les membres puissent poser toutes les questions qu'ils souhaitaient. Il n'y avait aucune inquiétude à avoir. « Les membres du comité exécutif de la FIFA peuvent poser des questions, mais pas empêcher la signature du contrat avec ISL », rapporta-t-il avec jubilation. Dans le compte rendu de la réunion, Christoph Malms félicitait Weber et son équipe.

L'avis de virement dévastateur qui arriva dans la salle du courrier du QG de la FIFA à Sonnenberg par ce glacial matin d'hiver 1998, révélant un transfert de 1 million de francs suisses à un haut cadre du football, provoqua plus qu'une brève consternation dans le bureau d'angle du secrétaire général. Tout le monde au département des finances l'apprit le jour même. C'était une bourde colossale. Mais comment était-ce arrivé ?

Une source proche de la transaction m'expliqua plus tard : « C'était une erreur commise par un employé d'ISL à qui on avait demandé de faire un paiement au noir à un haut responsable du football qui avait aidé à décrocher le contrat. Au lieu de lui envoyer directement l'argent, il avait été accidentellement envoyé à la FIFA. Avant la fin de la journée, l'argent avait été retransféré à son destinataire. »

Cinq ans plus tard, Eric Drossart a déclaré au magazine *BusinessWeek* : « La manière dont ils ont procédé ne nous a jamais été expliquée et, quand j'ai fait mon offre, je n'ai reçu que des réponses vagues. »

Pour ce livre, j'ai demandé à Drossart s'il accepterait d'en dire plus.

« Comme vous le savez, le timing est d'une importance capitale dans la vie et, à mon avis, le moment où j'aurais été prêt à parler des questions que vous soulevez est passé… » Il resta songeur un moment avant d'ajouter : « Comme on dit en français, ce serait considéré comme *de la moutarde après le dîner*[1]. Désormais, je cherche plutôt à aider ma société à décrocher de nouveaux contrats substantiels (et plus accessibles !) à travers tout l'éventail des sports. »

1. En français dans le texte.

8

Exit Havelange, la queue entre les jambes. Blatter se positionne

Nigeria, 8 novembre 1995

Le président Havelange prenait le thé avec le président Sani Abacha dans son palais d'Abuja. Havelange avait un problème diplomatique. Les championnats du monde juniors devaient bientôt se dérouler au Nigeria, ce qui remplissait d'aise Sani Abacha. Mais on venait de signaler des cas de choléra et de méningite. Il était impossible à la FIFA d'envoyer au Nigeria des équipes d'adolescents, ce qui allait à coup sûr attrister Sani Abacha. Havelange tenait absolument à lui rendre le sourire. Il était donc venu en personne pour quatre jours, afin de faire son numéro de charme au dictateur assassin et voleur.

Le monde, à l'extérieur du palais et de l'Etat policier que le Nigeria était devenu, était préoccupé par quelque chose de plus grave que la déception de Sani Abacha à propos d'un tournoi de football. Dans la prison de Port Harcourt, sur la côte nigériane, les bourreaux préparaient l'échafaud. Tout devrait être parfaitement au point pour l'exécution de Ken Saro-Wiwa, l'homme qui avait eu l'audace d'accuser la compagnie pétrolière Shell de mener une « guerre écologique » dans le delta du Niger, terre de son peuple, les Ogoni. Il avait mené des manifestations non violentes contre Shell et dénoncé le vol par Abacha de la richesse pétrolière du pays. Saro-Wiwa allait mourir pour son courage, ainsi que huit autres dissidents, à moins que quelqu'un ne parvienne à faire changer d'avis Sani Abacha.

Partout dans le monde, des gens réclamaient à cor et à cri l'annulation de la condamnation à mort de ceux qu'on appelait désormais les Neuf Ogoni. Au fil d'une parodie de justice, les procès avaient été truqués, les accusés tabassés. C'était un meurtre organisé. Nelson Mandela menait les protestations depuis des mois. Des pays rappelèrent leurs ambassadeurs. Des plans furent annoncés pour suspendre la participation du Nigeria au Commonwealth. On prépara des sanctions économiques. Des appels à la clémence furent lancés par des écrivains, des artistes, des célébrités et des gens ordinaires dans le monde entier. Indifférents, les bourreaux admiraient leur travail. L'échafaudage semblait prêt.

A l'intérieur du palais d'Abuja, le président Havelange et Sani Abacha buvaient le thé en échangeant des sourires. Havelange déclara que le Nigeria pourrait accueillir les prochains championnats du monde juniors, en 1997. Sani Abacha était de nouveau content. Si content qu'il nomma Havelange chef de tribu honoraire. En sortant de l'entretien, Havelange déclara à la presse : « Je suis honoré d'avoir été reçu par Son Excellence et par le fait qu'il ait réitéré son désir de voir la compétition de 1997 se dérouler au Nigeria. »

Deux jours plus tard, les bourreaux se levèrent de bonne heure. Agissant sur les ordres de Sani Abacha, ils lièrent les mains de Ken Saro-Wiwa dans son dos et resserrèrent le nœud autour de son cou. Puis ils cafouillèrent. Ils durent s'y reprendre à cinq fois avant de parvenir à actionner convenablement la trappe pour que le corps de Ken Saro-Wiwa tombe et rebondisse enfin au bout de sa corde, la nuque brisée. Une voix de la dissidence était définitivement étouffée. Au suivant. Assassiner les Neuf Ogoni nécessita toute une longue et dure matinée de travail.

Au cours de l'une de ses dernières et émouvantes déclarations, Ken Saro-Wiwa a dit à ses juges : « Je ne suis pas de ceux qui se résignent face à l'injustice et l'oppression sous prétexte qu'elles sont inévitables sous un régime militaire. Les militaires n'agissent pas seuls. Ils sont soutenus par une horde de politiciens, d'avocats, de magistrats, d'universitaires et d'hommes d'affaires, qui se cachent tous derrière l'affirmation qu'ils ne font que leur devoir. »

Il aurait pu également mentionner le président de la FIFA.

Mis au pied du mur à Prague, deux jours après les exécutions, Havelange répondit sur un ton de défi : « Je ne laisserai pas la politique influer sur ma promesse d'accorder le championnat du monde juniors de football de 1997 au Nigeria. Il ne faut pas mélanger le sport et la politique. »

A Londres, le *Sunday Times* l'accusa de « mener campagne à lui seul pour jeter le discrédit sur le football mondial… alors que les pendaisons suscitaient partout la stupeur et la colère, le président de la FIFA léchait les bottes des militaires ».

Deux mois plus tard, lors de la Coupe d'Afrique des nations, des supporters en colère brandirent des pancartes dénonçant la mort des Neuf Ogoni et vouant Abacha aux gémonies. Leur fureur ne trouva aucun écho au sein de la FIFA. Il faut dire que celle-ci vivait sur la planète Havelange. Un monde qu'il avait créé à son image, avec sa propre échelle de valeurs. Cependant, il avait fait là un faux pas, et la preuve d'un manque de jugement certain. Tout était question de présentation. Il avait terni l'image de la FIFA en la jouant copain-copain avec Abacha. Sa position s'en trouva affaiblie. Il devrait veiller à ne pas trébucher à nouveau.

Malheureusement pour lui, il allait à nouveau laisser le ballon lui passer entre les jambes. Cette fois, les conséquences seraient considérables pour le football mondial.

Havelange avait autorisé le Japon et la Corée à entrer en concurrence pour l'organisation de la Coupe du monde 2002. N'avait-il pas pris la mesure du ressentiment des Coréens vis-à-vis du Japon, qui avait occupé leur pays pendant la première moitié du XXe siècle ? Au printemps 1996, les chamailleries entre les deux pays commençaient à tourner au vinaigre. On rejeta le blâme sur la FIFA. Comment pouvait-elle avoir été assez stupide pour mettre en compétition ces deux nations aussi fières l'une que l'autre, en sachant que l'une d'elles allait forcément perdre la face ?

Avec son arrogance coutumière, Havelange avait assuré aux Japonais qu'il pourrait faire pencher en leur faveur le vote du comité exécutif de la FIFA. Mais la Corée était résolue à l'emporter et jouissait d'un fort soutien au sein dudit comité. La guère de la surenchère grimpa encore d'un cran, prenant un tour agressif. L'été venu, des rumeurs de corruption commencèrent à se répandre quand David Will, un vice-président de la

FIFA, déclara qu'il ne voulait plus qu'on lui offre d'autres cadeaux. Will, un juriste réservé originaire du nord-est de l'Ecosse, raconta qu'on lui avait offert pratiquement tout sauf de l'argent. On n'offre pas de liquide à David Will. Ce qui ne voulait pas dire que d'autres membres du comité ne se trouvèrent pas plus riches à la fin de la campagne. L'un d'eux a dit d'un collègue : « Je sais qu'il accepte des pots-de-vin. J'ai même dû lui en remettre un moi-même. »

Havelange fut le dernier à se rendre à l'évidence. La FIFA ne pouvait pas faire marche arrière. La seule solution pour éviter que des missiles ne se mettent à voler au-dessus de la mer du Japon était de confier le tournoi aux deux pays, autorisant ce que la FIFA avait toujours déclaré qu'elle refuserait, à savoir la co-organisation. Ce serait un cauchemar logistique. En outre, sa bévue allait coûter une vraie fortune : il faudrait tout payer deux fois.

Ça n'allait plus très fort pour Havelange. En outre, une certaine amertume régnait au sein du comité exécutif, notamment parmi les Européens, concernant la manière dont lui et Blatter géraient les droits des Coupes du monde 2002 et 2006. Eric Drossart, d'IMG, avait envoyé à tous les membres du comité des copies de ses lettres à Blatter.

Havelange et Blatter avaient fait la sourde oreille à Drossart et battirent froid aux membres européens qui les critiquaient. Ces derniers, mécontents, se vengèrent. Le Danois Poul Hyldgaard était un homme d'Havelange siégeant à la commission des finances. Il travaillait avec Blatter à la supervision des contrats. Lors de leur congrès régional, les membres européens éjectèrent sans façon Hyldgaard de son siège. Cette éviction était un message fort adressé à Havelange.

Intouchable pendant vingt ans, le règne dictatorial

d'Havelange se désintégrait. Il avait pris l'habitude de prendre seul ses décisions, puis de les faire entériner par le comité. A présent, celui-ci regimbait. Le 29 mai 1996, Havelange fêta son quatre-vingtième anniversaire. Il savait que l'heure du retrait était arrivée.

Un siège au comité exécutif de la FIFA est l'un des postes les plus convoités et les mieux rémunérés du monde sportif et certains administrateurs de football seraient prêts à faire n'importe quoi pour le privilège de poser leur auguste derrière sur l'un d'eux. Ce club en or ne compte que vingt-quatre membres.

Ce ne sont pas uniquement les défraiements généreux, le salaire, les voyages en première classe et les palaces dont les gentils membres pourront bénéficier jusqu'à la fin de leurs jours (même après leur départ, ils restent membres honoraires, siègent dans divers comités et ont droit à des billets pour les Coupes du monde, le tout garanti jusque dans la tombe). Faire partie du club vous confère le pouvoir. Des pays riches s'agenouillent devant vous, implorant qu'on leur donne la Coupe du monde, des tournois de jeunes ou des championnats féminins. Il y a tellement de gens qui n'ont pas d'autre but dans l'existence que de vous être agréables !

Comme une décision de la FIFA dépend souvent de quelques votes indécis, vous êtes invité à chaque grand match dans la loge royale ou la tribune présidentielle. Une grosse Mercedes vient vous chercher pour vous faire traverser l'océan houleux des supporters qui se bousculent autour du stade. On a beaucoup parlé des extraordinaires largesses internes du CIO, mais personne ne semble remarquer les voyages, les cadeaux et tous les autres avantages accordés aux vingt-quatre gros bonnets de la FIFA.

En juillet 1996, la FIFA tint son congrès bisannuel

à Zurich. A l'ordre du jour figurait la proposition d'augmenter la taille du comité. Une excitation fébrile régnait dans les rangs. Davantage de sièges signifiait davantage de pouvoir. Or, un homme en particulier en était avide.

On peut difficilement shooter dans un ballon entre Georgetown, à la Guyana, et le cercle Arctique sans la permission de Jack Warner. Il exigera en outre un pourcentage sur le billet d'entrée et les ventes de droits télévisuels. C'est un homme petit, musclé, avec une drôle de voix haut perchée et un cheveu sur la langue. Pourtant, dès qu'il parle, tout le monde est attentif.

Depuis Port of Spain, sur l'île de Trinité, dans son bureau dont il est propriétaire et qu'il loue à la CONCACAF (Confédération de football d'Amérique du Nord, d'Amérique centrale et des Caraïbes), l'organisme régional de football qu'il dirige, Warner veille jalousement sur son épaisse part de gâteau du football mondial, s'étirant de l'Atlantique au Pacifique. Elle lui vaut, automatiquement, un siège dans le club en or de la FIFA, le comité exécutif.

La plupart de ses membres viennent d'îles minuscules dans les Caraïbes, où le seul football professionnel provient d'Europe, diffusée par satellite. Ces îles sont si nombreuses que la CONCACAF bénéficie à elle seule de trois sièges au comité exécutif.

Zurich, Kongresshaus, 4 juillet 1996

Ce ne fut pas facile d'obtenir la communication depuis Port-au-Prince mais, enfin, le docteur Jean-Marie Kyss, président de la fédération de football haïtienne, parvint à contacter les responsables du football caribéen qui étaient déjà arrivés à Zurich pour le congrès. « Je ne peux pas venir. La poste est trop lente et mon invitation vient tout juste d'arriver. Nous sommes à court d'argent et nous avons une équipe cubaine en visite. Entre une chose et l'autre, ce sera pour une prochaine fois. »

Maudit docteur Kyss ! Une voix précieuse en moins. Pour voter, le délégué doit être physiquement présent. Mais, au fond, qui connaît le docteur Kyss ? Ce n'est qu'un médecin des bidonvilles de Port-au-Prince. Personne, en dehors de membres de la docile confédération continentale de Jack Warner, ne le reconnaîtra. Il n'y a qu'à trouver quelqu'un d'autre pour voter à sa place.

Ce ne pouvait être ni un Européen, ni un Asiatique, ni un Arabe. Et tous les Africains disponibles portaient déjà leur badge d'accréditation. Jack Warner n'avait pas amené avec lui suffisamment d'hommes des Caraïbes. Les présents étaient déjà tous inscrits. Il pouvait difficilement renvoyer un de ses sous-fifres dans le hall, balbutiant : « Désolé, j'étais ivre en arrivant, je me suis trompé de nom. En fait, je suis un officiel d'Haïti, *bonjour*[1], puis-je avoir mon accréditation, s'il vous plaît ? » Le personnel de Blatter chargé de distribuer leur badge aux délégués ne pourrait pas laisser passer ça.

Soudain, *clic*, *clic*, *clic*, la peau brune requise, perchée sur de hauts talons et sans accréditation, pas exactement le bon sexe mais qu'importe, la solution apparut, se frayant un chemin dans la foule en ondulant des hanches. Elle ferait l'affaire. Vincy Jalal, la petite amie du président de la fédération jamaïcaine de football Horace Burrell. Elle l'avait accompagné pour s'offrir quelques vacances en Europe, quelques nuits de jambes en l'air dans un lit cinq étoiles, un peu de shopping, et admirer la

1. En français dans le texte.

vue sur les Alpes. Horace était surnommé « le capitaine » parce qu'il avait été officier de l'armée jamaïcaine. Il aimait son rang et l'image qui allait avec. Oui, la petite amie du capitaine serait parfaite.

Un bref coup de fil au chef du service des accréditations de la FIFA l'informa que le docteur Kyss s'était rangé des voitures depuis belle lurette et qu'Haïti avait envoyé une remplaçante, Jalal. Jack avait récupéré la voix manquante. Quelle importance qu'elle appartienne à l'une des très rares femmes perdues au milieu d'un millier d'hommes ? Le secrétaire général Blatter n'avait-il pas déclaré que les femmes étaient l'avenir du football ? Elle prit place près du centre de la salle, à la table réservée à Haïti, juste à temps pour l'appel. La FIFA dispose ses délégations par ordre alphabétique, l'Albanie et l'Angola devant, l'Ukraine au fond. Juste à côté de Vincy Jalal était assis Colin Klass, représentant de la Guyana et proche allié de Jack. Quelques tables plus loin se trouvait la table de la Jamaïque, d'où son beau capitaine pouvait lui envoyer des billets doux, lui souffler des baisers, des conseils également, indispensables pour une novice en matière de procédure FIFA.

Dans la salle, il y avait quarante-quatre délégués de la CONCACAF, venant de la région de Jack et d'Horace. Ils s'étaient tous retrouvés trois mois plus tôt, à Guadalajara, au Mexique, pour leur propre congrès. La plupart connaissaient le représentant d'Haïti, mais personne ne demanda à voix haute comment le docteur Kyss, cet homme tranquille et réservé, aux cheveux gris et portant lunettes, s'était métamorphosé en une si jolie fille.

Le secrétaire général Sepp Blatter commença l'appel. Vincy est anglophone, mais quand retentit « Haïti ? », elle fit de son mieux pour répondre un ferme « oui » en français. Puis les électeurs eurent droit à quelques mots de bienvenue prononcés par Marcel Mathier, président de la fédération suisse de football et du comité disciplinaire de la FIFA, gardien de la moralité du football.

Quand la résolution susceptible de valoir à Jack un siège supplémentaire pour son continent fut ouverte au débat, on procéda au vote.

Vincy se leva de son siège, ondula jusqu'au devant de la salle, montra son badge d'accréditation, le bulletin de vote d'Haïti, s'enferma dans l'isoloir et vota conformément aux instructions de Burrell. Ce fut peine perdue. Jack n'obtint pas son siège supplémentaire.

L'invité d'honneur et président du CIO, Juan Antonio Samaranch, accepta ensuite gracieusement la médaille d'or du congrès de la FIFA et félicita ses hôtes : « L'exemple que vous donnez par vos délibérations devrait être attentivement observé et suivi par d'autres fédérations… »

L'ordre du mérite de la FIFA fut octroyé à l'homme d'affaires Robert Louis-Dreyfus, qui avait racheté Adidas, à Doug Ivester (représentant l'autre sponsor, Coca-Cola) et à Henry Kissinger.

A la fin de son discours, presque entièrement consacré à retracer ses vingt-deux glorieuses années au pouvoir, Havelange lâcha sa grande surprise. Des jours heureux attendaient les fédérations de football. A partir de 1999, chaque fédération nationale recevrait 1 million de dollars tous les quatre ans, grâce à ISL, « notre partenaire et ami ».

D'où tomberait cette manne ? Les chaînes de télévision allaient payer plus que jamais pour retransmettre la Coupe du monde. Tout le monde allait devenir riche.

Le compte rendu de la réunion fut visé et approuvé par cinq pays membres de la FIFA, parmi lesquels la Jamaïque et la Suisse. Ce rapport officiel montrera à jamais, en bas à droite de la page six, que, bien que le docteur Kyss soit resté chez lui, Haïti avait bel et bien eu un délégué, dont le nom, mal orthographié, était « Julal Vincy ». Quand le capitaine et sa dame se furent retirés pour la nuit dans leur suite et que le rhum commença à couler à flots, quelques-uns parmi les plus courageux des délégués caribéens échangèrent quelques plaisanteries sur la belle. Depuis, mais uniquement quand Jack et Horace sont à bonne distance, Mlle Vincy Jalal est désignée par le sobriquet « Mlle Oui ».

Fin 1996, au cours de la première semaine de décembre, Havelange écrivit à chaque membre du comité, rappelant le dîner d'anniversaire organisé pour lui et sa femme Anna Marie. « Cette soirée restera pour moi inoubliable, car elle symbolise la chaleur de votre amitié. » La FIFA et ses continents, expliquait-il, se trouvaient dans un état béni d'unité, aussi, « convaincu d'avoir accompli ma mission », il ne se représenterait pas en 1998.

Qui allait le remplacer ?

Lennart Johansson a commencé tout en bas de l'échelle, dans une grande entreprise de revêtement de sol, dont il a gravi tous les échelons jusqu'au sommet. De la même façon, il se fraya un chemin de la base du football suédois jusqu'à la tête de la fédération nationale. Il grimpa ensuite au sein de l'UEFA, et quand il y fut élu président, en 1990, il hérita automatiquement d'un siège de vice-président de la FIFA. Du fait de sa culture évangélique scandinave, il vouait un réel attachement à la démocratie et à la franchise, et s'intéressait plus au sport qu'à la politique, ce qui le distinguait fortement des politicards marqués des trois bandes Adidas, tels Havelange et Blatter.

Quand Havelange annonça son départ à la retraite, Johansson attendit poliment neuf mois puis, à Helsinki, en septembre 1997, entouré d'officiels du football européens, il annonça qu'il se portait candidat à la présidence. Cela laissait neuf mois avant le congrès de juin 1998 à Paris, juste avant le début de la Coupe du monde française.

Johansson, grand gaillard grisonnant à bajoues âgé de soixante-neuf ans, entreprit donc de faire connaître son programme de réformes. Il promit de la démocratie, de la solidarité et de la transparence. Evidemment, pour certains, ce n'étaient pas franchement des bonnes nouvelles. A sa manière solide, réfléchie, pesant chacun de ses mots, Johansson déclara que s'il était élu il insisterait « pour qu'un comptable indépendant examine les pratiques commerciales de la FIFA ».

Johansson publia une brochure de campagne dans laquelle il affirmait avoir le soutien du président du CIO, Juan Antonio Samaranch, de Pelé, de sir Bobby Charlton et de Franz Beckenbauer. Tout cela était très impressionnant, mais aucun de ces gens-là n'avait de voix au congrès de la FIFA.

La campagne de Johansson énervait passablement Havelange. Comment osait-il demander des enquêtes indépendantes ? Le président sortant n'avait pas la moindre affection pour Blatter. Ce dernier n'avait-il pas déjà essayé de le détrôner ? Mais un point jouait en faveur de Sepp. Il pouvait toujours clamer qu'il voulait la transparence, lui aussi, il y avait peu de risques qu'il ouvre vraiment les volets pour laisser entrer un peu de lumière. Les secrets d'Havelange seraient bien mieux gardés dans une FIFA présidée par Blatter.

Pendant ce temps, Sepp s'affairait sur la colline ensoleillée, parlant, téléphonant à des officiels du football partout dans le monde. Il aurait pu se montrer ferme avec plus de la moitié des fédérations nationales et exiger qu'elles remboursent leurs emprunts à Zurich, mais il n'en fit rien. En temps voulu, les fédérations en question ne laisseraient pas passer l'occasion de l'en remercier. Elles voyaient bien quel président sympa il ferait.

Début décembre, la FIFA, les entraîneurs et les journalistes des trente-deux pays qualifiés pour la Coupe du monde en France se réunirent à Marseille pour l'ultime tirage au sort. Havelange mentionna négligemment au passage que Blatter avait « toutes les qualités d'un président ». Bien, mais Blatter n'était pas candidat, du moins pas officiellement.

Noël passa, l'année électorale commença. Blatter quittait rarement son bureau. Après dix-sept années passées à Zurich en tant que bureaucrate en chef, il savait quand les anciennes amitiés pouvaient être réactivées avec profit et quand il convenait de se faire de nouveaux amis. Le début d'une année de Coupe du monde était toujours un moment de frénésie. En 1998, la date magique était le 15 janvier, le dernier jour où les employés de la FIFA pouvaient passer leurs commandes de billets avant que ceux-ci ne soient mis en vente officiellement.

C'était l'époque où les plus vénaux passaient des commandes massives de billets pour les revendre aux vendeurs du marché noir, aux courtiers et aux tour-opérateurs. Ces escrocs croyaient peut-être que Blatter n'aurait pas envie de dire non à qui que ce soit cette année-là. Certains secrétaires généraux de fédérations nationales commandèrent en tout cas des tombereaux de billets.

Chet Greene, de la minuscule Antigua, faxa ses desiderata directement au « Secrétaire général, maison de la FIFA, Suisse ». On ignore si le secrétaire général vit personnellement cette commande, passée au nom de la fédération d'Antigua-et-Barbuda. Il joignit à sa lettre une liste de trois pages avec les soixante-quatre matchs prévus entre le premier tour et la finale. Il voulait par exemple 47 billets pour le match d'ouverture Brésil-Ecosse, des centaines d'autres pour diverses rencontres... et 147 pour la finale ! Sa commande totale était de 2 964 billets !

Dans son discours de Marseille, Havelange fit encore une allusion aux qualités de Blatter, à un moment opportun, déclarant qu'il ferait un président « remarquable ».

Blatter n'avait rien à gagner en annonçant publiquement sa candidature. Plus il attendait, plus il pouvait, en tant que secrétaire général, contrôler l'organisation tentaculaire, manipulant le pouvoir et le soutien à sa disposition. Johansson était un challenger, Blatter l'héritier désigné.

Il fit courir le bruit qu'il n'avait pas encore pris sa décision. « Toutefois, si une ou plusieurs fédérations souhaitent ma nomination, alors j'y réfléchirai. » Le vice-président italien Antonio Matarrese, premier lieutenant de Johansson et chef de meute de l'UEFA, s'empressa de lui faire connaître son opinion : « Vous n'êtes pas crédible ! »

En dépit du trafic de billets et de la remise des dettes, cadeaux de Blatter, Johansson progressait sérieusement. En février, il présenta ses projets de réforme lors d'une réunion des dirigeants de la confédération africaine au Burkina, petit pays pris en sandwich entre le Mali et le Ghana. Ils lui promirent les voix des quarante-quatre nations africaines. En tant que président de l'UEFA, il était pratiquement assuré de rafler la quasi-totalité des cinquante voix européennes, et avec l'Afrique et les promesses de l'Asie de l'Est il pouvait compter sur plus de la moitié des quelque deux cents fédérations nationales.

L'élection approchait et Blatter ne s'était toujours pas présenté. Les semaines passaient et, sans annonce officielle, sans campagne et sans programme rival à combattre, Johansson se sentait frustré. Ses alliés au sein du comité exécutif exigèrent la tenue d'une réunion à la mi-mars à Zurich, avec une seule question à l'ordre du jour : quelles étaient les intentions de Blatter ?

Ils ne pouvaient tout simplement pas le laisser rester le candidat non officiellement déclaré et utiliser son pouvoir et son influence de secrétaire général pour ramasser des voix. Cette fois, ils pensaient l'avoir coincé. « Voici les options : vous annoncez votre candidature et démissionnez de votre poste. Ou vous confirmez que vous ne vous présentez pas. Si vous usez de faux-fuyants, nous vous suspendrons. »

Quand la réunion débuta, le matin du 13 mars, sous les ors et les lustres d'un salon du Dolder Grand Hotel, Blatter pouvait s'attendre à ce que quatorze des vingt-quatre votants lui soient hostiles. Havelange tenta de prendre l'initiative en proposant que Blatter conserve son poste de secrétaire général tant qu'il respectait certaines contraintes non spécifiées.

L'un après l'autre, les membres tentèrent d'arracher à Blatter une déclaration d'intention claire. « Parlez ! Assez tergiversé ! Etes-vous candidat, oui ou non ? » Chaque fois, Blatter examinait ses ongles, tripotait ses stylos, ajustait sa cravate, regardait par la fenêtre. Chaque fois, Havelange rabrouait le questionneur. Après quatre heures épuisantes, les Européens en eurent assez.

« Votons », déclarèrent-ils. Pour la première fois depuis vingt-quatre ans qu'il présidait le comité exécutif de la FIFA, Havelange allait essuyer une défaite. Il n'avait encore jamais été mis en minorité. Qu'allait-il faire ?

Plus tard, dans le hall de l'hôtel, l'Ecossais David Will a raconté, la colère perceptible sous le ton sec de ce juriste pourtant modéré : « Tout le monde en a eu le souffle coupé. Une majorité du comité exécutif réclamait la démission de Blatter. Du coup, MM. Havelange et Blatter ont tout simplement quitté la réunion, nous empêchant de voter ! »

Havelange aggrava encore la colère des Européens en convoquant la presse et en expliquant qu'il avait ajourné la réunion parce qu'ils ne parvenaient pas à se mettre d'accord. « Je dois respecter les lois de ce pays, déclara-t-il énigmatiquement. Or, dans la mesure où il y avait un doute, il ne servait à rien de procéder au vote. » Après avoir intimidé, déboussolé et embobiné, il passa au numéro de charme : « On a souvent vu les secrétaires généraux succéder à leurs présidents, pourquoi en irait-il différemment à la FIFA ? »

9

Le roi est mort, vive le roi !
Blatter allonge la monnaie

Paris, 30 mars 1998

Blatter attendit encore deux semaines, hors de vue et de portée de l'artillerie de Johansson, puis choisit Paris, un lundi, pour annoncer que plusieurs fédérations, dont l'Australie, le Brésil, l'Arabie saoudite, la Jamaïque, Trinité-et-Tobago, les Etats-Unis et la France, l'avaient supplié de se porter candidat. « Je suis un serviteur du football et je m'efforcerai de continuer à le servir aussi bien à l'avenir », déclara-t-il à la presse. A ses côtés se tenait Michel Platini, désormais aussi avide de réussite en politique footballistique qu'il l'avait été de buts pour la France et la Juventus. Tout en boucles et en charisme, Platini avait été choisi par Blatter pour occuper un nouveau poste à la FIFA, celui de directeur du sport. Blatter comptait être président tout en restant le chef de l'exécutif.

Platini, qui s'était mis en congé de son travail principal pour s'occuper de l'organisation de la Coupe du monde qui allait débuter d'ici à quelques semaines, déclara à la presse qu'il ne pensait pas que la FIFA était dirigée de manière démocratique et qu'il craignait que rien ne change une fois Johansson élu. Il ajouta : « Je n'ai là-dedans aucun intérêt personnel. Je suis un homme de conviction et si je fais ça, c'est parce que je pense être le seul qui puisse faire changer la FIFA de cap, ayant été moi-même joueur et entraîneur. »

Blatter promit d'élargir le comité exécutif. Des sièges seraient réservés aux femmes ! Aux arbitres ! Aux joueurs ! A n'importe qui, pourvu que ça fasse la une ! Quand il aurait gagné, il percevrait naturellement un salaire mais celui-ci serait « transparent », terme qui apparut ici pour la première fois et qui reviendrait souvent dans sa bouche.

Dans la plus parfaite transparence, donc, Blatter allait protéger le football de « l'exploitation par des forces commerciales et politiques ». Un aide de camp afficha sur le site Internet de Blatter : « La réussite et le standing du football dans le monde aujourd'hui peuvent en grande partie être attribués à Joseph Blatter. »

Johansson rassembla ses forces, pressentant une campagne de coups bas. Il déclara : « J'ai bien peur que tout ce qu'on a pu entrevoir jusqu'ici ne continue et qu'il ne faille s'attendre à des choses inacceptables d'un point de vue éthique, moral et légal. »

Kigali, 5 avril 1998

Havelange atterrit au Rwanda, officiellement pour honorer la mémoire du million de personnes massacrées lors du génocide quatre ans plus tôt. Une fois cette formalité accomplie, il en vint aux choses sérieuses. Il s'agissait de prendre à part les délégués des dix-sept fédérations d'Afrique de l'Est et du Centre venus participer aux cérémonies. Le message crucial à faire passer était le suivant : Blatter est l'homme que vous devez soutenir.

De retour à Zurich, il ne perdit pas de temps. Il dicta une lettre à sa secrétaire, Marie-Madeleine Urlacher. Le destinataire : un responsable somalien. « J'aimerais vous dire à quel point j'ai été heureux de vous voir à Kigali, où vous m'avez exposé le point de vue de votre fédération... » Il poursuivait en déclarant qu'il se réjouissait d'accueillir bientôt deux délégués somaliens lors du prochain congrès à Paris : pour l'un, le voyage était financé par la FIFA, « et l'autre, comme je vous l'ai promis, sera de ma responsabilité, tout comme ses frais d'hébergement ». Le football en Afrique de l'Est lui tenait tant à cœur que, « en ce qui concerne votre fédération nationale, j'ai rencontré le secrétaire général adjoint de la FIFA, Michel Zen-Ruffinen, pour lui parler de votre développement ». Il promit des séminaires techniques pour les arbitres, les médecins et les administrateurs. Et des billets d'avion pour deux heureux officiels qui se rendraient au Brésil pour suivre d'autres formations.

Coïncidence, les postiers et les coursiers à Nairobi, à Khartoum et à Kampala se retrouvèrent soudain surchargés de cadeaux pour les décideurs footballistiques de la région, envoyés, avec l'expression de ses sentiments les plus chaleureux, par leur cher ami João. Des télécopieurs et des photocopieuses furent emballés et envoyés dans des bureaux un peu partout en Afrique. Tous les pays représentés à Kigali reçurent un paquet. Au cas où cela ne suffirait pas à faire basculer les voix de la région, Havelange ordonna au directeur financier Erwin Schmid d'envoyer à un responsable régional un chèque de 50 000 dollars. Tout ce dont Erwin avait besoin était le nom du récipiendaire et le numéro de son compte bancaire. Havelange ne se donna même pas la peine de demander l'approbation de sa commission des finances. Pour quoi faire ? C'était lui le président.

Une autre lettre fut envoyée à la formidable famille Fok, à Hong Kong. Elle était adressée au milliardaire Timothy, président de la fédération de football locale, un homme jouissant d'une grande influence dans le sport asiatique et sur le point de rejoindre le Comité olympique international. Son père, Henry, qui avait acquis une partie de sa fortune dans le jeu à Macao, devait recevoir l'ordre du mérite de la FIFA à Paris. « Monsieur le président Fok, mon cher Timothy, roucoula le président de la FIFA, je viens vous demander votre soutien pour M. Blatter. » Timothy pouvait-il obtenir les voix de Hong Kong, Macao, de la Chine et de la Corée du Nord ? Havelange était particulièrement préoccupé, car il savait que Johansson était, au même moment, en train de faire du lobbying en Chine. Or les fabuleux Fok, qui avaient d'excellentes relations à Pékin, étaient son meilleur espoir de lui couper l'herbe sous le pied.

Dublin, 30 avril 1998

Havelange était dans le camp ennemi. La saison des congrès continentaux avait commencé et les Européens s'étaient réunis au Jury Hotel. La journée fut consacrée à faire du battage pour Johansson. Blatter, le candidat rival, ne s'était pas déplacé. Ce n'était ni le moment ni le lieu pour tenter de diviser l'Europe. Havelange était assis au premier rang de l'amphithéâtre, maussade, observant la scène brillamment éclairée où l'on célébrait Lennart Johansson, l'homme qu'ils espéraient voir prendre sa place dans six semaines au sommet du football mondial. Les hommages succédaient aux hommages.

Enfin on appela Havelange sur l'estrade, et un officiel de l'UEFA accrocha la broche en diamant de l'ordre du mérite au revers de son veston. On déclara qu'il lui était décerné pour services rendus au football, mais en vérité il s'agissait d'un cadeau d'adieu auquel ne manquait que la mention « Bon vent et bon débarras ».

L'aimable Allemand Egidius Braun était le trésorier européen. Gazouillant comme un moineau en rut à la tribune, il rappela à tout le monde l'aide financière apportée par l'UEFA à l'Europe de l'Est (genre : « Et vous là-bas, au fond, vous écoutez bien ? Rappelez-vous ce bon M. Johansson quand vous irez voter à Paris ! »). Havelange ruminait son chewing-gum. Quand les deux écrans géants au-dessus de la scène s'animèrent avec le rapport financier de M. Braun montrant tout plein de jolis francs suisses, Havelange se ragaillardit. Pas pour longtemps. Etant enfin parvenu à retenir l'attention du vieil homme, M. Braun en profita pour déclarer que, dans le nouveau monde d'honnêteté qui suivrait le congrès de la FIFA, il ne devrait pas « y avoir une seconde caisse, comme on dit en Suisse ! »...

Ce n'était pas la seule couleuvre à avaler prévue au programme. Les grands écrans montrèrent ensuite le visage de Pelé, le plus grand supporter de Johansson et l'ennemi juré d'Havelange. Il fit un discours politique tout en sourires. « J'ai rencontré des rois et des reines, des présidents et des stars au cours de mes voyages à travers le monde. Mais je n'ai encore jamais rencontré quelqu'un qui ait plus à cœur l'honnêteté et la transparence du football que mon ami Johansson. J'espère de tout mon cœur qu'il sera le prochain président de la FIFA. »

Le congrès s'acheva sur une ovation pour Johansson. Havelange bondit de son siège et, plus leste que jamais pour un homme de quatre-vingt-deux ans, se fraya un chemin entre les délégués en direction de la sortie. Il aperçut un vieil ami, s'arrêta. Ils échangèrent quelques messes basses, puis il s'éloigna dans le couloir, avançant inexorablement à travers la foule. Hors d'haleine, je jouai des coudes dans la mêlée. Je faillis le rattraper dans le hall de l'hôtel, mais il était déjà dans le parking, grimpant dans la plus grosse Mercedes de location de Dublin et démarrant en trombe dans Pembroke Road, avant de disparaître dans la lumière printanière de cette fin d'après-midi.

Les deux rivaux firent le tour du globe, se frôlant du bout des ailes, chacun tentant de chiper les voix de l'autre. Deux semaines plus tard, ils se retrouvèrent à Kuala Lumpur pour le congrès asiatique. Blatter déclara que l'Europe et l'Afrique étaient divisées et qu'il allait l'emporter. Johansson annonça qu'il avait reçu par écrit les promesses de vote de cinquante des cinquante et une fédérations européennes, d'au moins soixante autres ailleurs dans le monde et que l'affirmation de Blatter ne tenait pas la route.

Blatter a l'énergie brute et l'instinct d'un professionnel de la survie. Il sait balayer une salle du regard en quelques secondes, décochant de larges sourires amicaux aux visages connus, alors même que leurs relations sont plutôt glaciales. Johansson tient plus du gentleman : le football est une grande famille et on ne dit pas du mal d'un cousin, même s'il a passé les six derniers mois à tenter de vous faire la peau.

A Kuala Lumpur, il fut pourtant à deux doigts de se

lâcher : « Havelange n'est pas neutre. Il me fait dire des choses que je n'ai pas dites, ce qui est mal. Il ne se fonde pas sur la vérité, ce que je trouve alarmant. » Puis il se ressaisit, légèrement honteux : « J'ai essayé de ne rien dire mais, parfois, trop c'est trop. » Ce fut peut-être là, pour la première fois, que ses aides entrevirent la possibilité d'une défaite, le soupçon se faisant jour en eux que Lennart n'était pas assez impitoyable... Etait-il naïf au point de croire que les promesses écrites se traduiraient forcément par des voix ?

Nairobi, 20 mai 1998

Au début, ce n'était qu'un point noir dans le ciel, puis il prit la forme d'un petit jet privé venant du sud, de Golden City. Les responsables du football ne tenaient pas en place, leur main en visière pour se protéger du soleil matinal de ce mai africain. Ils avancèrent sur le tarmac tandis que le jet roulait vers le terminal de Nairobi. Les moteurs s'arrêtèrent, la porte s'ouvrit et M. Blatter apparut, en provenance de Johannesburg, agitant la main, un grand sourire aux lèvres, certain de parvenir à se souvenir des noms de ceux dont ses conseillers à bord lui avaient dit qu'ils seraient là pour l'accueillir. Il fallait leur serrer la main, leur donner l'accolade, leur glisser un mot ou deux, pour faire en sorte qu'ils changent d'avis et renoncent à donner leurs voix à son rival.

Blatter arrivait le cœur joyeux. Il avait rencontré les responsables d'Afrique du Sud, du Mozambique, de l'Angola, du Lesotho et de la Namibie, soit cinq voix. Il leur avait promis qu'avec son soutien l'Afrique du Sud hériterait de la Coupe du monde en 2006. S'il gagnait, il injecterait encore plus d'argent dans le continent noir. Son auditoire apprécia la teneur de ses discours, en public aussi bien qu'en privé. Cinq voix arrachées à Johansson, qui, lui, soutenait la candidature de l'Allemagne pour 2006. A Kigali, Havelange avait commencé à mettre en pièces le vote groupé promis au Suédois par les dirigeants du football africain en février. Blatter poursuivait le travail. L'Afrique se craquelait.

Blatter n'était pas venu seul, sa garde rapprochée l'accompagnait dans ce périple, une petite équipe soudée et impitoyable, déterminée à faire changer les Africains d'avis. Juste derrière Blatter se tenait Corinne, sa fille. Puis venait Emmanuel Maradas, un grand gaillard au crâne rasé originaire du Tchad qui servait à l'occasion de porte-parole de Blatter pour la presse. Habitant dans le nord de Londres, il était marié à Nim Caswell, rédactrice sportive au *Financial Times*, et, ensemble, ils éditaient le mensuel *African Soccer Magazine*.

La société ISL dirigée par Jean-Marie Weber achetait au prix fort des pages entières de publicité dans ce magazine, et le couple était régulièrement invité aux manifestations et soirées de la FIFA. Blatter et Havelange étaient fréquemment la cible d'attaques dans la presse un peu partout dans le monde, mais Nim et Emmanuel adoptaient une vision nettement plus bienveillante. Dans ses valises, Emmanuel transportait des exemplaires du numéro de mai d'*African Soccer Magazine*, dont l'éditorial, « Loyautés divisées », caressait dans le sens du poil ceux qui auraient envie de voter pour Blatter.

Le dernier à descendre de l'avion fut le jeune avocat suisse Flavio Battaini. Etrange... N'aurait-il pas dû être à Zurich, derrière son bureau à la FIFA ? Que faisait-il là, risquant sa réputation de neutralité juridique en se faisant voir dans l'un des deux camps rivaux ? Quand

Blatter s'était enfin décidé à déclarer sa candidature, il avait été contraint de quitter l'hôtel particulier de Sonnenberg pour prendre ses quartiers de campagne dans son spacieux appartement au dernier étage d'un immeuble de Zollikon, avec vue sur le lac. Il avait donné sa parole qu'il ne profiterait ni des fonds, ni de l'équipement, ni du personnel de l'organisation. Pourtant, c'était sa fidèle secrétaire Helen Petermann, depuis son bureau voisin de celui, à présent vide, de Blatter, au premier étage de la FIFA, qui avait rédigé et envoyé le fax convoquant la réunion de Nairobi.

On avait accusé Blatter de détourner l'argent et les ressources de la FIFA pour sa propre campagne, un mensonge qu'il tenait à dénoncer de toute urgence, sur-le-champ, ici même à Nairobi ! Blatter rassembla les journalistes locaux venus l'attendre à l'aéroport et, regardant chacun dans le blanc des yeux, déclara, en « insistant avec véhémence » comme l'écrivit l'un d'eux : « Aucun frais de déplacement, aucun fax, aucune lettre, aucun coup de téléphone, rien. Pas un sou ! Tout ce que me donne la FIFA, c'est son soutien moral ! »

Il était temps désormais de travailler au corps les responsables du Kenya, de l'Ouganda, de la Tanzanie, de Zanzibar, de la Somalie, de l'Ethiopie et du Soudan, soit la région centrale et orientale de l'Afrique.

Les officiels africains étaient trop malins pour soutenir Blatter sur-le-champ. Ils voulaient voir ce que Johansson pourrait leur offrir de plus. Même ainsi, Blatter déclara : « Je me sens terriblement optimiste. » Une douzaine d'heures après avoir atterri à l'aéroport Jomo Kenyatta, il repartait vers Sonnenberg. Le lendemain, la une de l'*East African Standard* résumait sa visite : « Promesse de gros sous. »

Comment M. Blatter, désormais sans emploi, finançait-il donc sa dispendieuse campagne, louant des jets privés pour sillonner le monde, recevant dans des hôtels de luxe, promettant des voyages gratuits à Paris, toujours accroché à son téléphone portable ? Son rival Johansson, qui avait reçu 534 000 dollars de l'UEFA, déclara aux journalistes : « Le comité exécutif a approuvé cela. Tous les détails sont disponibles, tout est public. Il n'y a rien à cacher. »

Blatter dit à un journaliste qu'il n'avait que 135 000 dollars à dépenser, puis à un autre que son budget était en fait de 300 000 dollars. Plus tard, il confierait en passant qu'il avait « quelques petits sponsors », dont le richissime Mohamed Bin Hammam, de l'émirat du Qatar, petit Etat du golfe Persique regorgeant de gaz et de pétrole. Quelques jours avant l'élection, il déclara : « Je suis presque à court de fonds. Michel Platini a gentiment proposé de régler la note des boissons et des rafraîchissements que nous prendrons ce matin. »

Platini prit la relève : « Que signifie la FIFA pour les joueurs d'aujourd'hui ? Rien. Les gens qu'ils voient sont des chefs de file, logeant dans des cinq étoiles et déjeunant dans les restaurants les plus chers. Nous voulons changer tout ça. » Platini s'adressait à un journaliste de l'Associated Press qui nota, imperturbable : « Le comité organisateur de Platini a payé pour la conférence de presse, tenue dans la salle de réunion d'un hôtel quatre étoiles, puis nous a offert champagne et canapés. »

« Ils m'ont offert 100 000 dollars pour que je change d'avis et vote pour Blatter ! La moitié en liquide et le reste en équipement de football pour mon pays ! » Une fois lancé sur le sujet de l'élection de 1998, l'homme svelte en casquette blanche et lunettes dorées se montra intarissable. Il s'appelait Farah Addo, vice-président du football africain. « Quand je leur ai répondu non, ils ont dit : "D'accord, mais on veut quand même que vous influenciez les autres"... Ils me prenaient pour un idiot. »

Tout à coup, avoir attendu deux jours dans la chaleur et la poussière rose du Mali, en observant, dans la nuit plus fraîche, les camions passer avec fracas en direction de Tombouctou semblait en valoir la peine. En janvier 2002, tous les officiels de la Coupe d'Afrique des nations semblaient vouloir un rendez-vous avec Farah Addo, ancien arbitre international à présent politicien influent du football, et je me trouvais tout au bout de la file. Addo tenait audience dans un bureau dépouillé aux murs blanchis à la chaux, dans un petit immeuble de deux étages à Bamako, juste en face du large et lent fleuve Niger.

Flanqué de représentants vêtus d'amples boubous et venus de tout le continent, Addo racontait son histoire avec vigueur, sa fine moustache sursautant entre deux phrases. Une histoire troublante. Dans son bureau du Caire, il avait reçu un coup de fil d'un ex-ambassadeur somalien, appelant d'un pays du Golfe. Agissant à titre d'intermédiaire, il lui offrait un pot-de-vin de 100 000 dollars en échange de son vote pour Blatter. Ses commanditaires tenaient particulièrement à avoir Addo dans leur camp parce qu'il était également président de la confédération d'Afrique du Centre et de l'Est et qu'il pouvait influencer plus d'une douzaine de votants.

Addo les envoya balader et n'y pensa plus jusqu'à ce qu'il ait un choc en arrivant à Paris. « Quand je me suis présenté à l'hôtel à Montparnasse, mon nom n'était pas inscrit au registre. Il n'y était pas non plus au comptoir où l'on retirait son badge d'accréditation. Heureusement, j'avais avec moi une copie de ma demande de légitimation en tant que président de la fédération de football somalienne. » Addo fit pression sur les dirigeants du football africain et européen. « Ils sont allés trouver la direction de la FIFA, lui disant qu'ils feraient un scandale si on ne me rendait pas mon droit de vote. » Tout rentra dans l'ordre.

Addo a toujours été clair sur le fait qu'il n'existait aucune preuve que Blatter ait eu connaissance d'une quelconque tentative de corruption à son encontre, ou d'un éventuel escamotage de son vote. Les affirmations d'Addo selon lesquelles on lui avait offert un dessous-de-table substantiel pour qu'il vote en faveur de Blatter furent amplifiées par d'ex-officiels somaliens qui confirmèrent qu'on leur avait offert un mélange d'argent en liquide, de billets d'avion et de défraiements pour se rendre à Paris. Certains déclarèrent que l'homme derrière ces pots-de-vin était Mohamed Bin Hammam.

Bin Hammam est un petit homme mince d'une cinquantaine d'années, avec un front dégarni et des frisettes noires. Il a le sourire facile, et quand il vous reçoit, il commande du café avant même de débuter l'entretien ; mais que survienne un point de désaccord et ses yeux se plissent, sa fine moustache se tord et il fronce les lèvres dans une moue de dédain. Il n'a sans doute pas l'habitude d'être contredit, étant plutôt habitué au respect d'un entourage chargé de porter ses bagages et de régler ses notes, toujours un pas derrière lui et ne le regardant jamais dans les yeux. Ses tenues sont classiques et, qu'il porte un costume cintré ou une longue djellabah en soie blanche, on devine que son tailleur y a consacré des mois de travail.

Il n'est pas simplement riche. Il fait partie de la bande sélecte des trente-cinq hommes siégeant au Conseil consultatif du Qatar, triés sur le volet par le monarque absolu, l'émir Hamad Bin Khalifa al-Thani. Membre exécutif de la FIFA depuis 1996, Bin Hammam est l'un des favoris de l'émir. Sa position éminente dans la politique mondiale du football confère un statut sportif à un pays minuscule qui paie très cher des vedettes étrangères venues finir leur carrière dans le championnat local. Accessoirement, le Qatar verse des fortunes à de jeunes coureurs africains pour qu'ils changent de nationalité et remportent des médailles pour leur nouveau pays.

Quand les allégations de corruption commencèrent à se répandre, Bin Hammam publia un long démenti. Il estimait qu'il ne s'était rien passé d'anormal en 1998. « Il est regrettable de voir que ce que nous considérions comme un duel équitable entre chevaliers s'est désormais transformé en sale guerre. J'ai immensément aidé M. Blatter dans sa campagne pour les élections de 1998 et certains ont même affirmé que j'étais le principal artisan de sa victoire, non pas parce que j'aurais soudoyé des gens mais simplement parce que nous avons planifié le combat. Nous étions sur le terrain pendant que d'autres étaient assis derrière leur bureau. »

Bin Hammam révéla le coût personnel de son soutien à Blatter. « Nous nous trouvions à Paris et projetions un voyage en Afrique du Sud sur un vol commercial, n'appartenant pas à Son Altesse l'émir du Qatar. La veille de notre départ, j'ai reçu un appel affolé de ma femme, m'apprenant une terrible nouvelle : mon fils âgé de vingt-deux ans avait eu un très grave accident ; dans le coma, il luttait entre la vie et la mort, penchant davantage vers cette dernière, dans une unité de soins intensifs. Elle voulait que je rentre immédiatement à Doha. Je lui déclarai que je regrettais et m'excusai auprès d'elle, mais mon fils n'avait pas besoin de moi, il lui fallait la bénédiction de Dieu et l'aide de ses médecins, tandis que M. Blatter, lui, avait vraiment besoin de mon aide. Ainsi, j'ai sacrifié ce qui était peut-être l'occasion de voir mon fils pour la dernière fois. »

Lennart Johansson et Michel Zen-Ruffinen, alors secrétaire général de la FIFA, m'ont confirmé que les documents d'inscription d'Addo au congrès de 1998 avaient été falsifiés pour l'exclure du vote, sans qu'ils me disent par qui. Selon eux, ils durent insister pour qu'on lui restitue son accréditation. Addo a plus tard soutenu que dix-huit officiels africains, pas moins, tout en s'étant officiellement engagés à soutenir Johansson, avaient vendu leurs voix aux partisans de Blatter. Cela suffisait pour modifier l'issue du scrutin. Si ce que disent Addo et d'autres est vrai, Blatter est un président illégitime et Johansson a été spolié.

Fin 1998, un journaliste suisse a demandé à Blatter s'il était vrai que sa coûteuse campagne avait été financée par le Qatar. Il a nié, répliquant : « L'émir m'a prêté son avion une seule fois, pour un vol de Paris à Dakar. » Et il ajouta qu'il avait payé de sa poche la totalité de ses frais de campagne.

Quand, en 2003, j'ai interrogé Bin Hammam sur ces allégations, il m'a invité à un séjour au Qatar tous frais payés en tant que son invité personnel. Il m'a écrit ceci : « J'espère que vous accepterez mon invitation. Dites oui et je vous enverrai le billet d'avion à votre adresse. »

L'espace d'un instant, je me suis surpris à imaginer la vie d'un fantassin dans le monde politique de la FIFA. J'ai la cote avec un homme richissime et célèbre, qui veut m'emmener en voyage. Il va m'envoyer les billets chez moi. Luxueuse hospitalité. Hôtels somptueux. Peut-être qu'il me donnera de l'argent de poche ? Je me pinçai et pris ma plus belle plume pour décliner poliment son invitation.

10

Encore un vol au nez et à la barbe de tous !
Comment ils ont truqué le scrutin à Paris

Le docteur Jean-Marie Kyss achève ses consultations d'obstétrique du matin pour les femmes de milieux défavorisés qui fréquentent le centre médical O. Durand, un bâtiment de plain-pied dans une rue aux odeurs âcres du centre de Port-au-Prince. Puis, derrière son bureau jonché de dossiers de patientes, il me raconte les problèmes qu'il a rencontrés pour assister aux congrès de la FIFA. « Le football, c'est important en Haïti, m'explique-t-il. Dans les années quatre-vingt-dix, la vente des billets de notre stade national a généré beaucoup d'argent. D'abord, le gouvernement a essayé de le voler en imposant ses propres agents à notre fédération. Ça n'a pas marché, alors ils ont tenté de saisir le stade lui-même. Le ministre des Sports avait même envoyé la police et des hommes de la sécurité. Venez vous rendre compte par vous-même. »

Quatre ans plus tôt, en juin 1998, tandis que la FIFA s'acheminait vers son congrès, l'argent s'était remis à couler à flots dans les caisses du stade Sylvio Cator.

Fermé cinq années durant, pendant une période de violents soulèvements, il venait de rouvrir sur une victoire revigorante pour le moral : Haïti avait battu la Martinique 3 buts à 0. Pour la nation la plus pauvre de l'hémisphère occidental, toute victoire était magnifique. Tout comme le bruit des tiroirs-caisses l'était aux oreilles des escrocs du gouvernement.

En ce printemps 2002, le docteur Kyss, dans son costume sombre soigneusement repassé mais usé, n'était plus président de la fédération haïtienne. Il ignorait toujours ce qui s'était passé lors du congrès de la FIFA en 1996, à Zurich. Personne n'avait eu le courage de lui dire que sa voix lui avait été volée par une belle remplaçante. En revanche, il pensait savoir ce qui s'était passé en 1998.

Nous avons parcouru une demi-douzaine de rues brûlantes et grouillantes, zigzaguant entre les marchands, les motos et les tas de détritus, franchi les portes du stade, emprunté le tunnel pour ressortir sur le terrain brun. Le docteur Kyss est un homme très apprécié. Les employés lui souriaient et le saluaient de la main. « En 1998, j'avais le soutien des clubs. Quant aux escrocs au gouvernement, nous avions fini par les battre au Parlement et dans les tribunaux. Aussi, cela paraissait le bon moment pour assister au congrès à Paris. » Mais les voleurs ne relâchèrent pas la pression.

« Ma femme Nicole et moi sommes allés à l'aéroport, mais, une fois devant le bureau de contrôle de l'immigration, quelqu'un a dit : "Le docteur n'a pas le droit de sortir du pays." J'ai demandé : "Pourquoi, j'ai commis un crime, enfreint une loi ?" Ils ont répondu que c'étaient les ordres du ministre des Sports. On a dû rester à Haïti parce qu'ils ne nous ont pas laissés monter dans l'avion. »

Kyss avait livré une bataille courageuse pour protéger

le football dans son pays, mais il ne pouvait rien contre des hommes armés. Il remit son passeport dans sa poche et rentra chez lui.

De retour dans son cabinet de consultation, il téléphona à Paris, essayant de joindre des responsables de la CONCACAF. « J'ai parlé à son secrétaire général, Chuck Blazer, et à son président, Jack Warner. J'ai expliqué à M. Warner ce qui s'était passé et lui ai dit que Haïti ne serait pas représenté au congrès de la FIFA. Le règlement de la FIFA n'autorise pas le vote par procuration mais, de toute façon, je ne voulais pas mandater quelqu'un pour occuper notre siège à Paris. Mon siège vide symboliserait l'ingérence de notre gouvernement dans notre sport. C'était un geste de défi. Ce signe visible de mon absence enverrait un message puissant au reste du monde. »

Malheureusement pour Kyss, Jack Warner avait d'autres plans.

Paris, 8 juin 1998

Le parlement du football, le congrès, se réunit pour élire son nouveau président. C'était la journée la plus importante de la FIFA depuis vingt-quatre ans, la première élection présidentielle depuis qu'Havelange s'était montré plus rusé que Rous au Kongresshalle de Francfort. Par cette belle matinée ensoleillée, Lennart Johansson, accompagné d'une demi-douzaine de personnes, descendit une allée bordée d'arbres, se frayant un chemin entre une foule de journalistes, en direction de la salle Equinoxe, une salle de réunion austère entièrement tapissée de métal au milieu d'un sinistre parc d'expositions. Les journalistes criaient son nom et

Johansson leur souriait. Il semblait s'être remis de la trahison de dernière heure des Anglais. Ces derniers venaient en effet de retourner leur veste et de promettre leurs voix à Blatter dans l'espoir de se voir attribuer l'organisation de la Coupe du monde 2006.

Blatter, ravi, avait déclaré : « Le fait que l'Angleterre, mère patrie du football, m'ait apporté un soutien si marqué est ce qui m'a touché le plus au cours de ma campagne. » Johansson, sombre, expliqua : « Il y a une semaine, le président de la fédération britannique, M. Wiseman, m'a annoncé qu'ils voteraient pour moi. De toute évidence, on ne peut pas leur faire confiance. » Après la catastrophe du stade du Heysel, où trente-neuf supporters de la Juventus avaient trouvé la mort, l'Angleterre avait été bannie de l'Europe du football. C'était Johansson qui l'y avait fait revenir. Les dirigeants anglais avaient la mémoire courte.

Johansson s'inquiétait sûrement de savoir qui d'autre changerait d'avis en Europe, son principal soutien politique. D'abord les Français, maintenant les Anglais. Sa prédiction d'une nette avancée au premier tour suivie d'une victoire au second semblait de moins en moins réaliste.

Quelqu'un d'important est en train d'arriver, semble-t-il. Une Mercedes interminable s'avance devant l'entrée, flanquée d'hommes en costume qui trottent à ses côtés. Ils ont des coupes de cheveux militaires, un fil vrillé leur sort de l'oreille et une grosse bosse déforme leur veston.

On entr'aperçoit un éclat de longue robe blanche à l'arrière. Le prince Fayçal d'Arabie saoudite. Il est membre du Comité international olympique mais se déplace rarement pour les réunions ou les Jeux. Tout autre membre du CIO aurait reçu un avertissement pour absentéisme avant de se faire expulser. Pas un prince saoudien. Mais pourquoi donc Son Altesse et ses gardes du corps ont-ils fait le voyage jusqu'ici en ce lundi matin ?

Le prince était venu voter, ce que pourtant personne n'est autorisé à faire dans son pays. Il suffit d'aborder le sujet de la démocratie en sirotant un thé à la menthe dans un souk de Riyad pour se retrouver avec la tête sur le billot au milieu de la place publique. Mais le richissime prince, ardent supporter de Blatter, était ravi de pouvoir l'aider à accéder au pouvoir. Quiconque tentait de l'approcher pour lui poser une question risquait d'être criblé de balles. Un délégué africain, M. « Bomba » Mthethwa, avait déclaré au *Swaziland Times* que ses frais avaient été payés par quelqu'un du Moyen-Orient. Il avait refusé de nommer son généreux donateur, expliquant que cela pourrait avoir « un effet négatif ».

Havelange présida son dernier congrès avec sa grâce habituelle. Le charisme qui lui avait permis de séduire les électeurs et d'évincer sir Stanley Rous vingt-quatre ans plus tôt, loin d'avoir diminué, s'était bonifié. Il avait toujours sa prestance aristocratique. Son regard était toujours aussi pénétrant, mais ses yeux étaient plus creusés, plus sombres aussi. Vu sous certains angles, il y avait quelque chose de la nuit en lui. Henry Fok monta à la tribune pour recevoir son ordre du mérite, suivi d'un diplomate sud-africain représentant Nelson Mandela puis de l'Anglais sir Bert Millichip. Après quoi Havelange, passé maître en discours d'adieu pour en avoir prononcé bon nombre au cours des dernières années, se décrivit comme « un idéaliste et un visionnaire » et s'attribua le mérite d'avoir eu l'idée de vendre les droits commerciaux et audiovisuels de son sport.

Il évoqua avec mélancolie ses parrains, ces braves gens qui avaient fait de lui ce qu'il était aujourd'hui :

« La collaboration de Coca-Cola et d'Adidas dans le programme de développement pour la jeunesse et dans les compétitions de jeunes est née uniquement d'un désir mutuel d'investir dans la jeunesse, de créer des contacts personnels et d'échanger des idées bénéfiques à la "planète football". »

Havelange se rassit sous les applaudissements espérés, puis le congrès attaqua quelques points de procédure avant de passer à l'élection. La tension monta d'un cran. Les candidats, conformément au protocole, sortirent de la salle avant le scrutin. Johansson paraissait confiant. En dépit des fanfaronnades de Sepp, il avait suffisamment d'électeurs, notamment les Africains, qui lui avaient assuré en le regardant droit dans les yeux qu'ils voteraient pour lui. Peu importaient les transfuges, il avait toujours une dizaine de voix d'avance. L'un après l'autre, les délégués déposèrent leur bulletin, l'Albanie en premier, puis l'Algérie, et ainsi de suite jusqu'à l'électeur numéro 191, le Zimbabwéen Leo Mugabe, neveu du président du même nom.

Au final, il aurait dû n'y avoir que cent quatre-vingt-dix bulletins dans l'urne. En effet, un pays ne votait pas. Or, personne n'avait remarqué l'éloquent geste de défi de Kyss. Personne ne s'était interrogé sur le siège vide d'Haïti. Et pour cause : Jack Warner avait installé quelqu'un dans le fauteuil du docteur Kyss. Pas une femme, cette fois. C'était trop risqué. Une femme est une denrée rare au parlement du football. La salle était bondée de journalistes qui auraient risqué de la remarquer. Non, il fallait que ce soit un homme. Un homme noir sur lequel on pouvait compter pour ne pas vendre la mèche. Warner connaissait l'homme idoine.

Neville Ferguson était un ami de Warner depuis les années soixante, quand ils étudiaient ensemble à l'institut de formation des maîtres Mausica, à Trinité. Neville était un de ses admirateurs. Quand on l'interrogeait sur son illustre ami, Neville répondait que Jack « aimait se payer du bon temps avec les dames », ajoutant : « J'ai toujours été sidéré qu'il trouve encore l'énergie d'aller à la messe tous les dimanches matin. Il savait que sa vie était dirigée par une force bien plus puissante et qu'il ne pouvait contrôler. »

En outre, Neville était salarié. Jack l'avait fait nommer secrétaire général adjoint de l'Union caribéenne de football (UFC), un poste impliquant quantité de voyages à l'étranger aux frais du football. Sans compter que Neville était également redevable à Jack pour les honoraires qu'il touchait en tant que superviseur de matchs internationaux. Il était venu à Paris comme assistant personnel de Warner. Soudain, il se retrouva promu délégué, avec une accréditation en règle autour du cou. Enfin, presque en règle. Neville était un délégué bidon, et même pas citoyen haïtien.

Donc, Neville Ferguson occupait le siège de Kyss.

Personne ne sembla s'en étonner.

Et surtout pas Colin Klass, de la Guyana, qui n'avait déjà rien remarqué lors de l'épisode Vincy Jalal, la fois précédente. Et pas davantage le capitaine Horace Burrell, de la Jamaïque, ou son secrétaire général Horace Reid, ou les dizaines de représentants des quelque trente fédérations nationales de l'Union caribéenne de football, tous assis presque à toucher Ferguson. La FIFA devrait peut-être leur prendre un rendez-vous de groupe chez un ophtalmologiste.

Et peut-être aussi un rendez-vous chez un ORL car, au moment de l'appel, le représentant d'Haïti ne répondit pas « présent » en français mais bien « *present* » dans un indubitable anglais des Caraïbes. Quand Neville déposa

« son » bulletin (on peut encore le voir le faire sur la vidéo officielle de la FIFA), un scrutateur le dévisagea d'un air suspicieux, le regarda à nouveau, puis le doute passa. Le vote de Neville fut comptabilisé parmi les autres.

Johansson était estomaqué. Il n'avait pas remporté le premier round, loin de là. Il obtenait 80 voix et Blatter 111, pas tout à fait assez cependant pour l'emporter d'emblée par la majorité requise des deux tiers, si bien qu'il fallut organiser un second tour. Mais Johansson savait qu'il avait perdu. Toute sa campagne, toute cette retenue, tous ces efforts pour faire comme s'il s'agissait d'une compétition entre gentlemen, d'une simple question de détail dans la grande famille du foot. Toute cette confiance réduite en miettes. Il interrompit le scrutin et, les larmes aux yeux, leva la main de Blatter.

Plus tard, il déclara, pesant lourdement ses mots : « J'ai été stupéfait que des gens à qui j'avais parlé en personne et qui m'avaient promis leur voix n'aient pas voté pour moi. J'ai appris la leçon. »

Corinne Blatter disait vrai quand elle laissa échapper : « C'est en Afrique que l'élection s'est jouée. » Warner clama triomphalement : « Nous avons joué un rôle déterminant dans la victoire de Blatter et nous en verrons les bénéfices très bientôt, sur les plans aussi bien financier que technique. »

Au cours de la conférence de presse qui suivit la victoire de Blatter, un journaliste allemand, Jens Weinreich, lui demanda s'il était vrai, comme le disaient certains, que sa campagne avait été financée par des pays du Golfe. Blatter répliqua : « Le match est terminé, les joueurs sont déjà sous la douche. Je ne reviendrai pas là-dessus. »

Selon la rumeur, à l'hôtel Méridien où ils étaient logés, des liasses de 50 000 dollars auraient été distribuées aux délégués africains, apparemment des avances pour des projets de développement dans leurs pays mais qui, pour d'autres, auraient pu apparaître comme des « incitations ». On parlait de sacs de cash arrivant du Golfe. Pour répondre à ces bruits, un porte-parole de Blatter déclara : « M. Blatter dément énergiquement ces allégations. Il diligentera une enquête sur la source de ces bruits malveillants... Il affirme avec force qu'il se réserve le droit d'attaquer en justice les personnes qui profèrent ces diffamations. »

Graham Kelly, directeur de la fédération anglaise, affirma, après la victoire de Blatter : « Nous sommes ravis qu'il ait gagné, c'était lui le meilleur pour ce poste. » Alec McGivan, responsable de la campagne en faveur de la Coupe du monde en Angleterre, déclara : « Si j'étais allemand, je m'inquiéterais. L'année dernière, leur campagne a été inefficace. » En vérité, c'étaient les Anglais qui avaient de quoi s'inquiéter car, une semaine plus tard, Blatter annonça que le tournoi 2006 aurait lieu en Afrique. Et deux ans plus tard, il fut attribué à... l'Allemagne.

En avril 2002, j'ai raconté à Lennart Johansson l'histoire du vol de la voix d'Haïti. Il a été outré. Il a écrit à Blatter : « Je trouve cette révélation très troublante et vous demande d'ouvrir une enquête de toute urgence. » Blatter n'en fit rien.

J'ai interrogé Chuck Blazer, le secrétaire de la CONCACAF, sur cette question. Il m'a répondu par un courriel d'une ligne : « Je ne suis pas au courant de ces allégations. » J'ai également interrogé Alan Rothenberg, vice-président de la CONCACAF, qui se trouvait à l'époque au fond de la salle, avec la délégation américaine. Il m'a répondu : « Je ne vois aucun intérêt à parler à un homme de main partial. Si vous aviez une once d'objectivité, vous reconnaîtriez l'incroyable contribution apportée au développement du football sur et en dehors du terrain par Sepp Blatter, Jack Warner et Chuck Blazer. »

J'ai téléphoné à Neville Ferguson. Il n'a pas voulu discuter de cette journée où il est devenu délégué d'un pays étranger dans la salle Equinoxe. Il a raccroché et a branché son répondeur téléphonique.

J'ai tenté ma chance avec Jack Warner. Il a soumis mes questions à Karen Piper, de Trinité, un de ses nombreux avocats. Elle m'a répondu de cesser de « harceler » son client, ou elle se verrait dans l'obligation de « prendre les mesures qui s'imposaient ». J'ai interrogé Blatter et ses anges gardiens du bureau de presse de la FIFA. Ils n'ont pas répondu à mes questions mais m'ont accidentellement envoyé une copie d'un courriel que Blatter avait adressé à son allié caribéen : « Cher Jack, cela fait partie d'une histoire qui ne finira pas tant que nous ne serons pas tous les deux réélus. Bonne chance et, surtout, patience. Sepp. »

Je me suis rendu à Miami en avril 2002 pour assister au congrès régional de Warner, espérant poser quelques questions lors de la conférence de presse. Je suis tombé sur lui dans le hall merveilleusement Art déco de l'hôtel Loews, à South Beach. Je lui ai dit bonjour et lui ai tendu la main. Il a refusé de la serrer et, avec cette voix haut perchée et ce zézaiement caractéristiques, s'est écrié haut et fort : « Vous puez ! » Il était tellement séduit par son propre effet qu'il l'a répété chaque fois que nous nous sommes croisés.

En voulant entrer dans la salle de presse du Loews, j'ai été, à ma grande surprise, arrêté par un monsieur beaucoup plus grand que moi. Il m'a demandé :

« Vous êtes bien Andrew Jennings ?

— Oui, pourquoi ?

— M. Blazer a dit que vous n'étiez pas autorisé à assister à la conférence de presse. Vous ne pouvez pas entrer. »

J'ai regardé la carte d'accréditation pendue à son cou et j'ai dit :

« Vous êtes Melvin Brennan, du bureau new-yorkais de Jack et de Chuck. Vous êtes citoyen américain et vous êtes contre la liberté d'expression ? »

Melvin, aussi large et presque aussi grand qu'une porte de hangar, a eu l'air légèrement embarrassé. Mais il ne m'a pas laissé entrer pour autant.

Ainsi, Jack n'aimait pas mon parfum et Chuck n'appréciait pas mon attitude. J'étais un peu déconfit. Je ne pourrais pas poser ma question à Warner sur le truquage des élections. Je dus me contenter de sa déclaration non contestée qui parut dans les dépêches de presse un peu plus tard : « Les délégués n'ont pas compris la raison de ce tintouin. Il n'y a pas de problème haïtien. Le délégué qui n'a pas pu voter en personne a donné son autorisation pour que son vote soit mandaté. »

Quatre ans plus tard, quand j'ai raconté à Kyss ce qui s'était passé avec sa voix, il en fut abasourdi. « C'est la première fois que j'en entends parler. On ne m'a jamais envoyé la moindre information sur ce qui s'était passé à Paris. Je suis atterré. » Il en avait vraiment l'air.

11

Le président Blatter et la poule aux œufs d'or…
Un coup d'œil sur les dépenses de Sepp

Sonnenberg, 9 juin 1998

Dring… dring…

Allô, ici la FIFA… Oh oui, bonjour, monsieur Blatter.

Je suis désolée, pardonnez-moi, oui, j'ai appris la nouvelle à la télévision hier soir. Félicitations et bonjour, monsieur le président. Quel temps fait-il à Paris ?

Vous voulez que le panneau indiquant « PRÉSIDENT » soit déplacé immédiatement pour qu'il pointe vers votre bureau ? Mais certainement.

Excusez-moi, monsieur le président, vous avez bien dit de jeter votre papier à lettres à en-tête ?… Quoi, tous les papiers ?… Bien sûr, immédiatement.

Commander un nouveau papier à lettres avec l'en-tête « Président Joseph S. Blatter »… Tout de suite, monsieur.

Et une liasse de formulaires de notes de frais vierges à déposer sur votre bureau… Oui, monsieur le président… Ce sera tout ?

Allô ?

Sonnenberg, 13 juillet 1998

Le nouveau président détourna son regard des Alpes au loin, chatoyantes dans la chaleur estivale, et se concentra sur les piles de reçus, de factures et de notes d'honoraires jonchant son bureau. Faire campagne pour devenir président de la FIFA coûtait cher, surtout quand il fallait travailler depuis chez soi et qu'on n'était pas censé utiliser l'équipement du bureau. Voyons voir ce que nous avons là... Une facture de la messagerie DHL.

C'est vrai qu'il y avait des colis très précieux à envoyer aux quatre coins du monde. Des télécopieurs. Oui. Des téléphones portables, aussi. Ça coûtait bonbon, regardez-moi un peu ces tarifs ! Scandaleux. Il remplit le formulaire. « Campagne présidentielle : Natel, télécopieur, DHL. » Près de 13 000 francs suisses, 12 527,70 pour être précis.

Maintenant, les frais de déplacement. Les détailler allait prendre des jours. Le mieux était encore d'inscrire le montant total et de faire passer le tout en une seule fois. « Frais de voyage, campagne présidentielle »... 56 032 francs suisses.

S'il voyait ça, Johansson allait faire une attaque. Mais il n'en saurait jamais rien. Les dépenses de Blatter ne le regardaient pas. De fait, elles ne regardaient personne. Il n'avait pas besoin de les faire approuver par qui que ce soit.

Chaque membre de la direction de la FIFA possède un compte privé discrètement géré par le département des finances. Leurs frais de voyage et d'accueil ainsi que parfois leurs dépenses personnelles, leurs achats de billets de Coupe du monde, tout cela pouvait atterrir sur leur compte doté d'un numéro secret. Celui de Sepp Blatter n'est pas tout à fait aussi secret qu'il pourrait l'être. Les livres montrent que ce compte était sa poule aux œufs d'or.

La lecture des pages couvrant la période allant de décembre 1997, quand Blatter était encore secrétaire général, à décembre 1999, après dix-huit mois de présidence, laisse perplexe. Un jour, Blatter fait passer une note de frais pour du champagne, le lendemain il fait ses courses à la coopérative, puis il s'achète une paire de basket chez Adidas (avec une remise en tant que membre de la FIFA) et règle ses frais de blanchisserie. La poule continue de pondre des œufs, parfois en or, parfois incrustés de gemmes, comme sur des montres Cartier et Longines. La poule aux œufs d'or dépose dans son nid une poignée de billets pour un match Angleterre/Pologne. A Séoul, elle pond une masse imposante de vêtements, probablement des costumes sur mesure, et un gros, un très gros œuf… un généreux achat chez le « bijoutier des stars », Harry Winston, à Genève.

La poule aux œufs d'or picorait également dans les jambes des parents et des amis de Sepp. Quand le frère de Sepp a logé au Dolder Grand Hotel, qui a payé la note ? La poule aux œufs d'or de Sepp. Quand la fille de Sepp, Corinne, est partie s'installer dans le luxueux appartement de Chuck Blazer dans la Trump Tower, sur la Cinquième Avenue à Manhattan, les factures de la compagnie de transport new-yorkaise Precision Limousine ont atterri chez la poule aux œufs d'or de papa. Pour qu'elle n'ait pas trop le mal du pays, ladite poule abonna Fifille au journal local lu par la famille, le *Walliser Bote*, et lui envoya quelques autres paires d'Adidas. Un vrai conte de fées. Tout ça grâce à l'accès de papa à la tirelire sans fond de la FIFA.

Les petites amies de Sepp, quand on leur demandait comment elles voyageaient, auraient pu répondre en chœur : « Je vole sur Air FIFA ! » La poule aux œufs d'or pondait aussi pour elles, faisant preuve de tact et d'un don réel pour la logistique. Elle pondait des billets pour que mesdames puissent passer un peu de temps avec lui un peu partout dans le monde, mais les vols étaient soigneusement orchestrés pour éviter des rencontres inopinées entres maîtresses rivales.

Mais la poule aux œufs d'or a parfois besoin d'être alimentée, fût-ce par celui qui se croit l'homme le plus important du football mondial. Le président Blatter avait fait quelques remboursements occasionnels à la FIFA pour des dépenses personnelles mais, au 30 décembre 1999, il n'avait toujours pas remboursé tout ce qu'il aurait dû. Le cabinet d'audit comptable KPMG reprit l'audit des comptes de la FIFA. Sur le bureau du président se trouvait une lettre du département des finances lui réclamant 44 751,95 francs suisses. Il sortit son carnet de chèques, inscrivit le montant demandé sur un chèque tiré sur son compte personnel et le tendit au commis à la comptabilité, Guy-Philippe Mathieu.

Avant de l'envoyer à la banque, Guy-Philippe fit une chose curieuse. Il photocopia le chèque sur une feuille de format A4, puis griffonna des calculs sous l'image. Il arrondit le paiement de Blatter à la somme plus gérable de 44 000 francs suisses puis la convertit en dollars : 27 500 dollars.

Puis Guy-Philippe fit un second calcul : il divisa les 27 500 dollars par 500 dollars, l'indemnité que le président est autorisé à réclamer pour chaque journée passée hors de Suisse au service de la FIFA. Il écrivit le résultat en allemand : *55 tags*, soit cinquante-cinq jours. Pour bien signaler l'importance de ces cinquante-cinq jours, il encadra le chiffre de gros traits noirs. Ainsi, les 44 751,95 francs suisses que Blatter devait à la FIFA s'étaient apparemment convertis en un nombre de jours qu'il pourrait revendiquer sous forme de frais afin d'apurer sa dette. J'ai écrit à Guy-Philippe pour lui demander pourquoi il avait fait cette chose curieuse et griffonné « 55 jours » sur une photocopie d'un chèque de Blatter. Il ne m'a pas répondu. Mais, dans une déposition devant un juge d'instruction de Zurich chargé d'étudier ces transactions et ces documents, faite en juillet 2002, il confirma qu'il avait bien fait ce calcul par écrit, ajoutant : « Il n'y a eu ni retrait en espèces ni avance de cette somme. »

J'ai posé la même question à Blatter, qui m'a répondu très brièvement : « La note manuscrite n'a rien à voir avec ce remboursement et n'a pas d'importance. » Il insistait sur le fait que, dans les deux ans ayant suivi la réception du relevé, il avait remboursé à la FIFA les sommes qu'il lui devait. Peu après que le magistrat zurichois chargé de l'enquête eut rendu ses conclusions, « toutes les allégations avancées ont été réfutées », affirmait-il.

Sepp tapota sa poche, en sortit la précieuse enveloppe qu'il conservait depuis son dernier entretien, plutôt tendu, avec Havelange à Paris, et décrocha son téléphone.

« Oui, Sepp ? répondit Helen dans la pièce à côté.

— Envoyez-moi Erwin », dit le boss.

Le cœur du directeur financier devait battre un peu plus fort tandis qu'il suivait le couloir en direction de ce que, comme tous ses collègues, il devait désormais apprendre à appeler « le bureau du président ». C'était leur premier entretien formel depuis Paris. Avait-il encore la confiance du patron ? L'homme qu'il appelait son meilleur ami, JSB, était-il encore son ami ? Qu'est-ce qu'il voulait ? Helen n'avait donné aucune précision. Erwin frappa.

« Entrez.

— Sepp ? »

Blatter l'accueillit, les bras ouverts. Il n'était pas viré, pas aujourd'hui en tout cas.

Il tendit l'enveloppe à Erwin. Erwin retourna dans son bureau, ferma la porte qui l'isolait de Guy-Philippe et des secrétaires, ouvrit l'enveloppe. C'était un mémo émanant du bureau de João Havelange, le tout dernier qu'il avait rédigé avant de quitter la présidence. Au-dessus de sa signature, on pouvait lire l'ordre de payer à Joseph S. Blatter un bonus à six chiffres, une *prime de fidélité*[1], à lui verser chaque 1er juillet. Pour faire bonne mesure, il était antidaté de juillet 1997. Si bien que Sepp allait toucher deux ans de primes. Plus une jolie manne tous les mois de juillet pour le restant de ses années au sommet. Erwin plaça l'ordre d'Havelange dans le dossier rouge des salaires confidentiels auquel il était le seul à avoir accès.

Trois hommes formaient la troïka qui savait tout et en divulguait le moins possible sur les finances de la FIFA. Sepp Blatter, Erwin Schmid et Julio Grondona. Grondona avait l'assurance d'un homme qui a tenu plus de deux décennies à la tête du football argentin. Havelange le connaissait bien, depuis leurs années communes en Amérique latine, et lui avait confié la commission des finances de la FIFA en 1996.

Grondona était à présent le vice-président le plus ancien de Blatter et le second homme le plus important du football mondial. Toutefois, il avait l'art de paraître

1. En français dans le texte.

insignifiant en dépit de sa grande taille et de sa corpulence. Lors des conférences de presse auxquelles ils assistaient tous les deux, tous les yeux étaient tournés vers l'éloquent et gesticulant Blatter. Grondona, assis en silence à ses côtés, écoutait la traduction des questions des journalistes dans ses écouteurs, s'affaissait lentement, les yeux baissés, fixait la table en évitant de croiser les regards.

Grondona avait fait son possible pour que Blatter soit élu. A présent, alors que la FIFA, croulant sous l'argent, entrait dans une ère nouvelle, il était temps pour le nouveau président d'améliorer l'ordinaire des gens au sommet. Il commença par offrir un beau salaire annuel de 50 000 dollars aux vingt-trois membres bénévoles du comité exécutif, le gouvernement de la FIFA. Lorsqu'il l'annonça à la presse, en septembre 1998, le président remercia Grondona, roucoulant : « La commission des finances s'est montrée très bienveillante et généreuse. » Mais ce n'était pas tout. Le reste, ils ne l'annoncèrent pas.

Sepp et Grondona demandèrent aux avocats de la FIFA, Niederer, Kraft & Frey, de négocier un accord fiscal favorable avec les autorités suisses, et en mars 2000 lesdits avocats les prévinrent que c'était chose faite : les membres exécutifs de la FIFA étant étrangers, les autorités cantonales de Zurich ne pouvaient leur accorder qu'une modeste déduction de 10 %, au lieu des 25 % habituels pour les résidents...

Mieux encore, la FIFA payait l'impôt pour eux, si bien que, tous les six mois, chaque membre recevait un chèque de 25 000 dollars et une note pour prouver à leur inspecteur du fisc local que cet impôt avait bien été acquitté.

Naturellement, lorsque les membres du comité se

déplacent, tous leurs frais sont payés. La FIFA prend en charge les trains, les taxis, les avions, les hôtels et les restaurants. Ces hommes ont généralement des goûts de luxe, à moins de cinq étoiles un hôtel n'est pas un hôtel. Et pour tout, la FIFA règle la facture.

Par-dessus le marché, chaque membre est encouragé à réclamer une « indemnité journalière » supplémentaire de 500 dollars chaque fois qu'il se déplace pour la FIFA. Comme les déplacements durent rarement une seule journée, ces « indemnités » s'accumulent rapidement.

Les billets affluèrent également dans les poches d'autres personnes à mesure que Blatter créait de nouvelles commissions. Il a désormais à sa discrétion plus de trois cents sièges dans divers comités, tous s'accompagnant de défraiements et de provisions. Ses mandataires doivent passer devant le comité exécutif pour être approuvés, et le bruit sourd des tampons officiels sur les lettres d'accréditation résonne dans toutes les Alpes.

Tout comme le président a sa poule aux œufs d'or, chaque membre du comité exécutif peut avoir sa poule aux œufs d'argent, un compte de frais de représentation où il peut faire verser les divers remboursements. Selon les registres que j'ai vus, un membre au moins a ainsi mis de côté des dizaines de milliers de dollars à Zurich. De temps en temps, l'argent est retiré en liquide et envoyé à la maison. Quand les autorités ont commencé à sévir contre les voyageurs qui transportaient sur eux plus de 10 000 dollars en espèces, un membre au moins a envoyé ses petites amies équipées de valises en Suisse aux frais de la FIFA pour rapatrier une partie de l'argent.

Sonnenberg, 18 décembre 2001

« Je m'excuse de vous déranger pour la troisième fois avec cette affaire », écrivit le comptable Guy-Philippe Mathieu au secrétaire général, Michel Zen-Ruffinen. Pour souligner sa préoccupation, son désir d'être soulagé d'un fardeau déplaisant, il envoya une copie au nouveau directeur de la division finances de la FIFA, Urs Linsi. Parmi ses diverses tâches, Guy-Philippe avait la corvée peu enviable de traiter les notes de frais soumises par ses employeurs, les membres du comité exécutif.

Les huiles de la FIFA se sont octroyé le droit inouï de soumettre des notes de frais sans avoir à joindre le moindre justificatif. Ces gens-là n'ont pas besoin de s'embarrasser de reçus, de notes d'hôtel, d'additions de restaurant, de fiches de taxi, de factures de carte de crédit, de billets d'avion. Ils peuvent, s'ils le désirent, faire une demande de remboursement pour n'importe quelle somme à partir du moment où ils pensent qu'elle pourra passer.

Les membres honnêtes justifient scrupuleusement la moindre requête. Ce n'est pas le cas de tous, et c'est à Guy-Philippe de trancher. Cette fois, il en avait plus qu'assez. Un membre avait récemment empoché 44 000 dollars pour sa participation à un modeste tournoi de la FIFA. A présent, le même membre réclamait 27 420 dollars « en dédommagement de sa mission la semaine précédente à Acapulco ».

Ce n'était pas tout. Il voulait encore 13 717 dollars supplémentaires pour un déplacement de chez lui à Zurich. Il avait transité par Londres, où il avait passé deux nuits dans un hôtel à 700 dollars. Circuler en ville lui avait coûté 150 dollars. Il ne présentait pas le moindre bout de papier pour justifier sa demande.

Dans son bureau aux murs gris donnant sur le parking, Guy-Philippe, un homme au tempérament doux, péta un plomb. Il écrivit sur la demande de remboursement : « L'année dernière, il nous a escroqués ! » Au cas où cela n'aurait pas été assez clair, il ajouta : « Arnaqués ! »

J'ai voulu donner à Blatter une occasion de raconter sa version des faits. Je lui ai envoyé mes questions détaillées sur la manière dont était dépensé l'argent de la FIFA. Il ne lui a pas fallu longtemps pour comprendre que j'avais pu lire les copies de ses documents internes. Il m'a interdit de séjour dans ses conférences de presse. Pourquoi ? Etait-ce une punition ? Craignait-il que, devant la presse mondiale, je ne me mette à agiter des documents qui auraient pu jeter quelque lumière sur la réalité ?

Malheureusement, je ne pouvais donc pas l'interroger en face sur la poule aux œufs d'or, ni sur tout ce qu'elle avait déjà pondu pour lui. Un collègue, pour me rendre service, assista à une conférence de presse en avril 2003 et lui demanda s'il s'était fait rembourser certaines de ses dépenses pour sa campagne présidentielle par la FIFA. « Pures inepties ! » s'est-il écrié. Après ses démentis véhéments de 1998, il pouvait difficilement dire le contraire.

Un autre collègue a envoyé un courriel au nouveau porte-parole de Blatter, le jeune Markus Siegler, lui demandant d'expliquer pourquoi Blatter avait demandé le remboursement de près de 70 000 francs suisses qu'il avait dépensés en messageries, télécopieurs et téléphones portables pendant sa campagne présidentielle.

Markus répondit : « De toute évidence, dans l'exercice de votre statut autoproclamé de gardien du bien-être de la FIFA, vous commencez à être à court de matériel pertinent, au point d'en être réduit à vous reposer sur des fragments d'informations sans queue ni tête et obtenus illégalement, qu'il s'agisse d'un vol commis par des tiers ou par d'autres moyens qui jettent une lumière encore plus douteuse sur certaines de vos sources et/ou contributeurs. »

Il poursuivait rageusement : « Mais ne vous gênez pas pour publier un nouveau mensonge, une autre invention que nous ajouterons simplement à la liste de plaintes que nous sommes en train de préparer. » Tout ceci était plutôt illogique. Je n'estimai pas nécessaire de l'expliquer à Markus, il est suffisamment intelligent pour s'en être rendu compte par lui-même. Si ces fragments d'informations étaient effectivement authentiques, quelle que soit la façon dont ils ont été obtenus, alors ils étaient la base non d'un mensonge, mais de la vérité.

Je suppose que Markus dut regretter son mouvement d'humeur car, quand je lui adressai un courriel demandant pourquoi les membres n'ont pas besoin de présenter de justificatifs avec leurs notes de frais, il fut tout miel, sans pour autant m'éclairer davantage : « Par principe, une absence de documentation n'est pas fatale à une demande de remboursement de frais valide, dans la mesure où les procédures correctes ont été suivies, comme il est d'usage à la FIFA. » Mais comment une procédure peut-elle être jugée « correcte » sans reçus ?

Je demandai à Markus : « Est-il vrai qu'il y a des problèmes avec les notes de frais de certains membres ? » Il m'a répondu : « Cette question est impertinente. »

En mai 2000, avant leur départ pour les jeux Olympiques de Sydney, les membres de l'exécutif de la FIFA reçurent une mauvaise nouvelle. Le secrétaire général Michel Zen-Ruffinen leur envoya un mémo disant : « Nous ferons notre possible pour vous héberger conformément à nos critères habituels, mais le nombre de mini-suites a été restreint au strict minimum et ne peut être garanti. »

Pire : « Malheureusement, il ne nous sera pas possible d'affecter à chacun un véhicule personnel. » Pour compenser la déception, le président Blatter autorisa une nouvelle catégorie de frais qui n'avaient pas besoin d'être justifiés ni documentés. « Concernant la personne qui vous accompagnera (conjointe/compagne) nous avons le plaisir de vous informer qu'elle recevra une indemnité journalière de 200 dollars et que ses frais de voyages seront remboursés. » Cela s'ajoutait aux 500 dollars quotidiens que chaque membre recevait pour assister aux jeux Olympiques, tous frais payés.

12

— Monsieur le Président,
combien la FIFA vous paie-t-elle ?
— Euh…

Dans le monde des entreprises, il est d'usage que les rapports des sociétés incluent des détails sur les salaires des directeurs, les avantages indirects et les prestations de retraite. C'est une question de transparence, afin que les actionnaires sachent ce qu'on fait avec leur argent.

Que se passe-t-il quand on interroge la FIFA sur les rétributions versées à ses administrateurs ? Les parties prenantes et les supporters peuvent-ils savoir quelle part des millions de dollars générés par la Coupe du monde est empochée par les hauts responsables ? Combien Sepp Blatter touche-t-il ?

Urs Linsi, le directeur de la division finances, est l'homme à interroger. Il ne cesse de clamer son attachement à la transparence. En janvier 2003, il a accordé une interview du type « Je ne cacherai rien, vous pouvez me demander n'importe quoi » à un agent de presse… qu'il emploie lui-même sur le site fifa.com. Le titre : « Nous nous devons d'être aussi transparents que possible. »

Il y insistait sur le fait que la FIFA était « un organisme sain, propre et transparent, qui n'a rien à cacher ». Puis, sur un ton plus méditatif, il ajoutait : « Il faut absolument que les médias et le public sachent à tout moment ce que nous faisons. L'intérêt public est énorme à l'égard de la FIFA, ce qui nous oblige à être aussi transparents que possible. Nous allons nous efforcer de communiquer de façon plus ouverte sur les affaires afférentes au football, de telle façon que le monde nous croie et que les gens soient fiers de la FIFA. »

J'ai envoyé à M. Linsi un courriel lui demandant s'il acceptait de me dire quel était le salaire du président, ses contributions de retraite, ses voitures de fonction, ses primes et tout autre à-côté.

Il n'a pas répondu.

En revanche, le porte-parole de la FIFA, Markus Siegler, m'a écrit : « Monsieur Jennings, nous pouvons vous répondre de la manière suivante : la question des compensations (et non du salaire !) de notre président pour son mandat a été réglée et décidée à l'unanimité par la commission des finances (en présence de tous ses membres) au cours de sa réunion du 15 décembre 2002 à Madrid. Les minutes de cette dernière ont été ratifiées par le comité exécutif lors de sa dernière réunion, les 6 et 7 mars 2003, ici même à Zurich. Merci de votre compréhension. »

Je renvoyai un courriel à Siegler. En fait, non, je ne comprenais pas.

Pourquoi Linsi et lui refusaient-ils de révéler ne serait-ce qu'un seul fait, un montant, de donner ne serait-ce qu'un simple indice sur l'ensemble des rémunérations de Blatter ? « Nous devons respecter les règles internes et les traditions culturelles, expliqua Siegler. En Suisse, les salaires et les revenus ne sont pas publiés. En outre, vous ne pouvez mettre en doute le dévouement de la FIFA à la transparence. »

Markus, ex-journaliste, me demanda, à moi, journaliste : « A titre de curiosité, qui le salaire de M. Blatter peut-il bien intéresser ? »

Eh bien, le public, monsieur Siegler, vous vous souvenez de lui ?

Le Coréen Chung Mong-Joon, l'un des sept vice-présidents de la FIFA, a tenté de le découvrir en 2002. Il a écrit à Jack Warner, en indiquant que lorsque Lennart Johansson, autre vice-président, avait demandé combien Blatter était payé, on lui avait répondu : « La rémunération du président a été fixée par la commission des finances au moment où l'indemnité du comité exécutif a été ratifiée. »

M. Chung ajoutait : « C'est bien là un exemple de l'arrogance du président de la FIFA. A votre avis, pourquoi je ne peux pas obtenir une réponse simple à cette question légitime : combien Blatter est-il payé ? »

Warner a répondu à Chung, son collègue du comité : « Cher MJ, j'ai longuement hésité en me demandant si je devais m'abaisser à répondre à votre lettre. Puis, aujourd'hui, j'ai décidé de vous répondre ne serait-ce que parce que je ne voulais pas vous laisser avec la fausse impression que votre lettre perfide valait le papier sur laquelle elle avait été écrite. » Il concluait : « Je me juge moi-même selon des vertus aussi universelles que l'honnêteté, l'intégrité, la loyauté et l'amitié. »

Le salaire de Blatter reste un secret. A l'intérieur de la FIFA, on dit qu'il tournerait autour de 4 millions de francs suisses (plus de 2,5 millions d'euros). En outre, son contrat secret comporterait une clause dissuasive : si la FIFA le vire, elle doit lui verser 24 millions de francs suisses. Soit plus de 15,5 millions d'euros ! Par ailleurs, la provision versée pour son appartement au dernier étage à Zollikon coûterait à la FIFA 8 000 francs suisses par mois, et n'oublions pas la Mercedes dernier cri.

Et la retraite ? Un autre secret bien gardé. A tout cela viennent s'ajouter les bonus. Mais combien ? Il touche une prime depuis ses premières années en tant que secrétaire général. Le cadeau d'adieu antidaté d'Havelange en était-il une autre ? Pourrait-il y en avoir d'autres encore, provenant de ses autres responsabilités au sein de la FIFA ?

Quelles que soient les sommes allouées par ses amis du comité, ce n'est pas assez. Ça ne peut pas l'être, puisque Blatter éprouve encore le besoin de réclamer 500 dollars d'argent de poche par jour !

Chaque fois qu'il est en voyage, qu'il prononce un discours ou qu'il reçoit un prix quelque part hors de Suisse, il perçoit 500 dollars par jour, ce qu'a confirmé Guy-Philippe Mathieu en traitant le remboursement des dépenses de Blatter. Il passe au moins cent cinquante jours par an en déplacement, ce qui revient à 75 000 dollars. Les années les plus pleines, il peut prétendre à 125 000 dollars d'indemnités en plus de son salaire et de ses autres avantages. Rien que pour se rendre au travail, en première classe, avec le tapis rouge déroulé pour lui à l'aéroport.

Le président honoraire, un titre qu'Havelange a accepté lors de son dernier congrès à Paris en 1998, reçoit une pension, mais la FIFA reste très discrète sur son montant. Elle ne dit rien non plus sur ce que le Brésilien a empoché par le passé et continue de toucher. On estime qu'à partir de 1994 il était payé 125 000 dollars par an. Il voyage beaucoup et à grands frais, ceux de la FIFA. Il peut également demander le remboursement des frais de la personne de son choix qui l'accompagne.

Un chauffeur se présente sur demande au volant d'une Mercedes, n'importe où dans le monde, de Bamako à Salt Lake City. Havelange conserve sa carte de crédit de la FIFA.

Sepp Blatter vit à Zurich depuis 1975, mais ses affaires sont déclarées à l'autre bout du pays, dans le Valais, le canton où il a grandi et où les impôts sont le moins élevés.

Puis il découvrit un paradis fiscal. A quatre-vingts kilomètres à l'est de Zurich se trouve le minuscule canton d'Appenzell, qui ne compte que quinze mille habitants répartis dans six villages. Communauté rurale où il n'y a pas grand-chose à imposer, le canton s'est lancé dans les marchés fiscaux avec des gens riches. Les politiciens locaux se sont dit qu'un peu d'argent valait mieux que pas d'argent du tout et tant pis si c'était au détriment d'autres cantons. Ils commercialisent leur canton comme un produit. Leur centre des impôts est un bureau de vente qui accueille les intéressés et négocie des accords secrets. Ils disent aux riches Suisses et aux étrangers : « Vous ne serez jamais seuls ; vous trouverez toujours des amis qui sont dans votre camp et qui vous soutiendront. »

Les citoyens d'Appenzell sont réputés dans la Suisse des nantis pour ne pas être des adeptes de la transparence dans les affaires. Le terme par lequel ils se désignent, en dialecte local, « *heimlichfeiss* », qui se traduit grosso modo par « clandestin », résume leur opposition à l'ouverture. Blatter déclara ses revenus à Appenzell et affirma aux autorités zurichoises qu'il était un « *Wochenaufenthalter* », qu'il n'habitait à Zurich que pendant la semaine.

La vie était un long fleuve tranquille. Puis, à l'automne

1995, le tabloïd suisse *Blick* vint frapper à la porte de son domicile à Zurich avec quelques questions. Pouvait-il leur indiquer l'adresse à laquelle il était inscrit à Appenzell ? Blatter essaya et se trompa. Il essaya à nouveau, se trompa encore. Finalement, ce furent les journalistes de *Blick* qui lui apprirent où il était censé habiter. Ils estimèrent que Blatter épargnait au moins 250 000 francs suisses par an sur ses impôts et, dans le plus pur style du tabloïd, ils remirent leur dossier aux inspecteurs des impôts du canton de Zurich.

Blatter donna sa version des faits à un journal local du Valais, son canton d'origine, le *Walliser Bote*. Pour commencer, il demanda à ses vieux amis et voisins de le croire, ce n'était qu'un coup monté. Quand un homme réussissait comme lui, il était toujours la cible des jaloux et de la presse à scandale. Ce n'étaient là que les préjugés de la bourgeoisie citadine de Zurich, qui méprisait un garçon de la campagne comme lui qui s'en était si bien sorti. Il était aussi possible qu'on cherche, à travers lui, à atteindre Havelange de façon détournée. Il affirma que parler d'une enquête des autorités zurichoises sur ses déclarations fiscales était erroné. Certes, quelques vérifications étaient en cours, mais il s'agissait d'une clarification de son adresse. Il déclara qu'il ne pouvait révéler aucune information, ayant transféré son adresse fiscale à Appenzell pour des raisons intimes liées à sa vie sentimentale.

Ce que Blatter omit de dire aux journalistes du Valais et de *Blick*, ou à qui que ce soit d'autre en dehors du bureau financier de la FIFA, c'est qu'il ne payait pas d'impôts sur ses revenus. De fait, c'est la FIFA qui les paye pour lui.

A la fin du printemps 2000, les inspecteurs du fisc zurichois ont donné à la FIFA un mois pour se préparer avant qu'ils ne viennent procéder à une vérification de ses dossiers fiscaux.

L'équipe d'audit de KPMG chargée de démêler les affaires de la FIFA était dirigée par Fredy Luthiger, un associé de l'antenne zurichoise. Fredy, grand, longiligne, avec des cheveux blancs qu'il lisse régulièrement de ses doigts délicats, ne semble jamais aussi heureux que quand il passe des journées entières à lire des tableaux de ventilation.

Interrogés sur certaines des procédures financières plus qu'opaques de la FIFA, son président, ses porte-parole et ses avocats chantent en chœur la même partition : « Tous les comptes ont été vérifiés par KPMG ! », comme si cela constituait une justification absolue pour refuser de répondre à d'autres questions.

J'ai écrit à Fredy en lui demandant pourquoi certains membres peuvent soumettre des notes de frais sans justificatifs. Il m'a répondu que son code de déontologie professionnel l'empêchait de discuter des affaires de son client. Un des points spécifiques dont il ne pouvait parler était la « lettre de recommandations » qu'il a adressée à la FIFA en 2000 et sa mise en garde selon laquelle la FIFA ne respectait pas ses obligations concernant la législation fiscale.

Fredy mit les points sur les *i*. « Il y a un risque d'être tenu responsable pour non-respect de la loi. » S'il avait utilisé le langage des voyous des rues, il aurait dit : « Si vous ne réglez pas ce problème dare-dare, boss, vous finirez en taule. »

Dans sa « lettre de recommandations » pour 2001,

soumise à la FIFA l'année suivante, Fredy dut souligner des problèmes plus gênants encore. Il s'était penché sur les comptes individuels de chacune des quelque deux cents fédérations nationales et des six confédérations continentales affiliées à la FIFA. On y trouve la liste des paiements, des dettes, des emprunts, des fonds de développement, et des mentions d'achats secrets d'énormes quantités de billets de la Coupe du monde. Le tout dans une pagaille inouïe.

Au cours des années où Blatter était secrétaire général, la FIFA n'a pas toujours réclamé le remboursement de ses prêts. 75 % des comptes, à savoir environ cent cinquante fédérations sur deux cents, avaient des dettes.

Pourquoi la FIFA n'avait-elle pas exigé des fédérations qu'elles remboursent leurs dettes ? Pas de réponse. Fredy déclara que ce n'était pas « satisfaisant ». Puis il durcit le ton, adoptant le style de la plupart des comptables qui viennent juste d'être chargés d'une grosse affaire prestigieuse. « Nous recommandons de prendre des mesures contre les fédérations en question. »

13

A la carotte et au bâton...
Blatter construit sa citadelle

La vie des puissants n'est pas toujours rose. Il faut parfois savoir sacrifier ses amis sur l'autel de son ambition. En tant que nouveau président, Blatter se mit à considérer sous un nouveau jour son ami Michel Zen-Ruffinen. Pendant des années, alors qu'il était secrétaire général, Sepp avait fièrement appelé son adjoint « mon protégé ». Ils avaient tous les deux grandi dans le canton du Valais, au sud du pays. Blatter avait fait ses études à Lausanne, Michel Zen-Ruffinen était diplômé en droit de la faculté de Genève, un peu plus loin sur le lac.

Sepp engagea Zen-Ruffinen en 1986 pour le charger de tout ce qui touchait à l'arbitrage et le fit entrer au département juridique de la FIFA. Grand, brun, mince et séduisant, il fut le plus jeune arbitre de football suisse. En 1993, il réussit ses examens pour devenir arbitre international. Il laissa tomber son violon d'Ingres, en 1995, quand Blatter le nomma secrétaire général adjoint. Puis, quand Sepp dut démissionner afin de faire campagne pour le poste de président, Michel le remplaça. Pour l'heure, âgé de trente-neuf ans, Zen-Ruffinen était prêt à recevoir la bénédiction de son mentor et à devenir le nouveau secrétaire général.

Mais Blatter était bien placé pour savoir que les secrétaires généraux peuvent être dangereux. N'avait-il pas lui-même tenté d'évincer Havelange ? Un secrétaire général puissant pouvait lui mettre des bâtons dans les roues, saper ses ambitions. Il avait vécu suffisamment longtemps dans le milieu de la politique sportive pour en connaître les règles de survie. Il n'y avait qu'à regarder cet autre admirable survivant : Juan Antonio Samaranch. Il avait congédié son directeur général, s'était nommé président exécutif et gérait lui-même tous les aspects de son organisation.

Primo Nebiolo, un autre poulain placé en son temps par Dassler, en avait fait autant pour l'athlétisme. Ces gars-là ne se laissaient jamais abattre, ils prenaient toujours les choses en main. Sepp Blatter ferait de même ; il tirerait toutes les ficelles du sport le plus populaire au monde.

Blatter mit en branle son plan pour prendre le contrôle total de la FIFA. Certains employés, là-haut sur Sonnenberg, pensaient savoir pourquoi. Ce n'était pas uniquement pour l'argent, les rémunérations avec remboursements d'impôts, et les à-côtés. Certains racontaient que son emprise sur la FIFA et son empire international lui apportaient un sentiment de sécurité que lui refusait une vie privée marquée par l'échec de plusieurs mariages et d'innombrables liaisons insignifiantes.

Blatter s'arrangea donc pour mettre Michel Zen-Ruffinen sur la touche. Il y avait un autre Michel dans la vie de Sepp, le Français Michel Platini avec trois Coupes du monde à son actif. Il n'avait rien perdu de son pouvoir de séduction, et son charisme pouvait illuminer une salle.

Fabuleux marqueur de buts, élu trois fois consécutivement meilleur footballeur européen de l'année, meilleur footballeur mondial de l'année 1985, Platini était passé du poste de sélectionneur de l'équipe de France à la présidence du comité organisateur de la Coupe du monde de 1998 en France. Lui aussi ambitionnait de s'élever au sein de la FIFA.

Le plan de Blatter était de reformater la FIFA de façon à en devenir le président exécutif. Dans son bureau, dès sept heures tous les matins, il recevrait les rapports de ses deux principaux lieutenants. Michel Platini prendrait en charge les affaires footballistiques – Blatter le surnommait déjà « ma conscience sportive – et Michel Zen-Ruffinen serait à la tête de l'administration, chargé de la paperasse, un poste dépourvu de tout réel pouvoir. Blatter s'investirait plus particulièrement dans le marketing et l'argent, les domaines de son empire où résidait la vraie puissance.

Mais le comité exécutif de la FIFA, dont plus de la moitié des membres n'avaient pas encore digéré les manipulations de Sepp durant sa campagne, n'était pas d'humeur à accepter un superprésident. Réuni à Zurich le 3 décembre 1998, il décida que le poste de secrétaire général devait être maintenu. Grinçant des dents, le président salua la promotion de Zen-Ruffinen.

Cependant, il était encore tôt dans le règne de Blatter. Construire une citadelle prend du temps. Soit, Blatter devait accepter Zen-Ruffinen comme secrétaire général. Et après ? Il pouvait manœuvrer pour le dépouiller de ses pouvoirs. Quand le comité exécutif se réunit à nouveau, le 11 mars 1999, autour de la table du conseil dans le nouveau bâtiment en béton et verre érigé près de l'hôtel particulier sur Sonnenberg, Blatter se tourna avec un large sourire vers le personnage le plus célèbre de la salle, le seul présent qui ait eu un lien direct avec le ballon rond.

« Je vous prie d'accueillir chaleureusement Michel Platini, bien connu dans la maison et qui n'a pas besoin d'être présenté. Il sera conseiller du président. Je vous présente également Jérôme Champagne, que beaucoup d'entre vous ont déjà rencontré l'année dernière, et qui m'assistera en tant que conseiller personnel. Son expérience en tant que chef du protocole pour le Mondial 98 dans le corps diplomatique français le qualifie amplement pour ce poste. » Quelqu'un dans l'assistance pressentit-il d'emblée qu'il assistait là à la naissance de l'administration parallèle de Blatter, une équipe qui allait détruire l'âme même de la FIFA ?

Blatter passa mentalement en revue le comité exécutif, un mélange d'hommes parmi lesquels certains lui étaient redevables, d'autres pouvaient être achetés, d'autres encore avaient été fermement remis à leur place ou, pour l'un d'entre eux, battu à plate couture. Et puis il y avait ceux qui attendaient leur heure, consolidant leurs propres bases, susceptibles de le pousser un jour hors du champ de jeu si l'occasion leur en était donnée. Un rapide tour de table montrait clairement qu'il n'était pas question ici de football, mais de pouvoir. Certains de ces hommes avaient été placés là par des fédérations continentales et ils ne voyaient pas tous les choses du même œil que Blatter. Mais il pouvait les faire changer d'avis. Pour le moment, il devait occuper tout ce petit monde, ses amis comme ses ennemis, autour de cette table comme un peu partout dans le monde du football. Heureusement, il avait le pouvoir de nommer plus de trois cents bienheureux officiels dans les diverses commissions. Ils s'y familiariseraient avec un type de dépenses et d'avantages dont, une fois qu'on y a pris goût, on ne peut plus se passer.

A quelques mètres du président se tenait le vice-président Lennart Johansson. Au cours des heures qui avaient suivi le vote de Paris, ses adjoints à l'UEFA avaient discrètement informé les journalistes qu'ils contesteraient le résultat. Puis ils se rendirent compte qu'ils ne pouvaient rien y faire. Havelange et Blatter avaient été plus malins qu'eux. Johansson, quand on lui demanda si le camp de Blatter avait soudoyé des délégués, avait répondu sèchement : « Je n'en ai pas la preuve et je refuse de spéculer là-dessus. Je ne veux pas avoir l'air d'un mauvais perdant et je félicite M. Blatter pour sa réussite. »

Le Suédois était reparti panser ses plaies au quartier général du football européen, dans le sud de la Suisse, présidant aux destinées de la Coupe de l'UEFA et de la Ligue des champions. Johansson était un oiseau rare. Il n'était pas là pour l'argent, ce qui lui valait le respect de certains. Il était également compétent. Blatter lui montra donc quelques égards, ainsi qu'aux nations d'Europe qu'il représentait, en le plaçant à la tête du comité d'organisation de la Coupe du monde à venir, celle de 2002. Cela détournerait son attention des rumeurs de pots-de-vin africains. Il aurait du pain sur la planche avec l'organisation du tournoi coréen, dans un pays qui avait passé la première moitié du siècle précédent sous la botte de l'autre pays hôte, le Japon. Johansson était donc occupé pour un bout de temps. En outre, ces temps-ci, sa santé laissait à désirer. Néanmoins, juste au cas où il se mettrait en tête de lui causer à nouveau des problèmes, Blatter lui imposa comme adjoint un homme à lui, le loyal Grondona.

Grondona était plus que le vice-président le plus ancien, il présidait également la commission des finances, celle qui comptait le plus pour Blatter, ainsi que la division marketing et télévision. L'adjoint de Grondona à la commission des finances n'était autre que Jack Warner. A eux deux, ils prenaient les décisions clefs concernant l'argent. Les comptes rendus de leurs réunions n'étaient jamais rendus publics. Grondona émettait des opinions déplaisantes – il n'avait pas une grande sympathie pour les Juifs, entre autres –, mais cela n'affecta en rien sa carrière à la FIFA.

Jack Warner était un homme formidable à avoir à ses côtés, un partisan d'une loyauté acharnée. Protégé de Havelange, son association avec la FIFA avait fait sa fortune. Etre dans la commission d'organisation de la Coupe du monde était une question de prestige, et aucun vice-président ne voulait être en reste. Il contrôlait également deux des commissions les plus potentiellement lucratives du football international, celles qui s'occupaient de l'organisation des tournois de jeunes.

Jack était l'homme qui pouvait donner le feu vert – ou rouge – aux pays rivalisant pour accueillir le tournoi mondial juniors organisé tous les deux ans. Certes, ce n'était pas « le » grand tournoi, mais certains pays, comme les potentats du Golfe riches en pétrole et en gaz, qui ne pouvaient que rêver d'accueillir un jour la Coupe du monde, étaient très intéressés.

Warner se plaignait toujours d'affronts, réels ou imaginaires, mais il avait assurément la belle vie. Il déclara un jour à un journaliste de Trinité que le football l'avait rendu multimillionnaire. L'ancien maître d'école adorait afficher sa richesse, montrant à tout un chacun le coupe-papier en or massif que lui avait offert le roi Fahd d'Arabie saoudite.

L'acolyte de Jack, Chuck Blazer, son secrétaire général qui dirigeait la CONCACAF depuis leur bureau à New York, était le seul membre du comité exécutif à ne pas avoir été élu par la base. Nommé personnellement par Jack ! Quand celui-ci, fixant les membres de sa confédération régionale dans les yeux, leur avait annoncé que Chuck occuperait le siège à la FIFA, personne n'avait pipé mot.

Chuck était aussi porté sur l'argent que Jack et surveillait de près les marchés boursiers. Comme plusieurs autres Américains qui se sont hissés au sommet du football mondial, il n'a jamais pratiqué ce sport. Il est tombé dessus par hasard, flairant aussitôt le bon filon.

On comprend facilement pourquoi Blatter avait choisi Chuck pour diriger la commission des médias. Chuck savait comment baisser le rideau face aux questions déplacées et il avait un talent inouï pour dégager de l'hostilité sans que cela semble lui demander le moindre effort, comme par sa seule transpiration. Il pouvait aussi faire un numéro de charme quand il le fallait. Chuck était bien vu à Zurich, tout comme sa talentueuse fille, Marci Blazer, qui obtint un siège à la commission des questions juridiques. Peu d'avocats dans le monde peuvent se targuer d'être membres de la « commission des questions juridiques » du football mondial.

Mohamed Bin Hammam, du Qatar, paraissait plus jeune que ses cinquante-cinq ans. Il siégeait à la grande table depuis deux ans et méritait assurément une superprime pour son magnifique travail durant la campagne électorale qui avait laissé Johansson en larmes. Blatter lui octroya la présidence d'une toute nouvelle instance baptisée « Goal ». Celle-ci disposait d'un colossal budget de 100 millions de dollars, à dépenser à la discrétion de Bin Hammam, et cela sans compter le million de dollars que chaque fédération nationale obtiendrait grâce aux nouvelles rentrées dues à la télévision.

Le Goal de Bin Hammam gérerait les demandes de fédérations nationales qui souhaitaient de nouveaux bureaux, terrains et équipements. Son président appelait ça des « solutions sur mesure ». Il voyagerait sans cesse aux quatre coins du monde pendant les trois années suivantes, jouant le rôle du grand bienfaiteur.

Bin Hammam accompagnait parfois Blatter à des inaugurations officielles, mais il voyageait le plus possible seul – avec son entourage –, descendant du ciel pour écouter avec bienveillance des discours fleuris de gratitude. En effet, qui ne traiterait pas avec déférence un homme ayant le pouvoir d'influencer un émir, un souverain possédant de riches dépôts de gaz naturel, un des hommes les plus riches de la planète ?

L'homme disposant de l'argent du Qatar était une étoile montante, surgissant partout dans les commissions importantes. Il aidait Grondona et Jack Warner à la commission des finances ; il présidait la commission technique ; son siège à la commission des fédérations nationales lui permettait de multiplier les contacts avec la base, distribuant l'argent à tour de bras aux plus méritants. Bin Hammam était en train de consolider sa propre troupe d'officiels, des hommes qui lui étaient personnellement loyaux, pas encore un empire parallèle mais une entité qui, avec le temps, risquait de menacer le président. Bin Hammam avait aidé à asseoir Blatter tout là-haut mais, le moment venu, il serait le mieux placé pour l'en faire tomber.

Blatter récompensa le Russe aux cheveux argent, Viacheslav Koloskov, avec la présidence de la commission des fédérations nationales. Autrefois, à l'ère soviétique, il avait solidement maintenu les pays de l'Est alignés sur les positions de Zurich. Quand ce bloc en désintégration perdit sa vice-présidence, Koloskov se retrouva fort démuni, d'autant qu'après l'accession de Blatter à la présidence il eut la malchance de devoir quitter le comité exécutif juste au moment où ses membres se voyaient octroyer 50 000 dollars par an exonérés d'impôts !

Qu'à cela ne tienne ! Blatter lui fit virer 100 000 dollars en guise de compensation. Quand ce paiement fut révélé au grand jour, en 2002, Blatter déclara qu'il aurait peut-être dû informer d'abord la commission des finances, mais il insista également sur le fait que Koloskov avait fait un travail formidable pour le football en Europe de l'Est. « Il n'y a jamais eu d'acte de corruption de ma part, affirma-t-il. Le prétendre serait de la diffamation. »

Havelange ne se trouvait pas dans la salle de conseil de Blatter, mais c'était tout comme. Son mandataire y était, lui : son gendre, Ricardo Teixeira, dont les magouilles au Brésil avaient fait la une des journaux, et pour l'heure il était nettement boudeur. Havelange n'avait jamais voulu partir et son entourage brésilien digérait mal la perte de pouvoir sur l'argent de la FIFA. Dans ses rêves, Ricardo imaginait, si son équipe nationale continuait à remporter la Coupe du monde, pouvoir un jour évincer Blatter. Né en 1947, il était l'un des benjamins assis à la table, de onze ans plus jeune que le nouveau président, plus jeune aussi – de deux ans – que Bin Hammam. Le temps jouait en faveur de Ricardo.

Blatter, désireux de refiler à Ricardo un poste dépourvu de la moindre influence, l'intronisa président de la commission du futsal, le football en salle ! Blatter lui chercha un autre poste générant aussi peu de pouvoir politique et d'influence et le catapulta vice-président de la commission des arbitres. Un poste surprenant pour un homme ayant à répondre d'une accusation de corruption chez lui au Brésil !

Un peu plus loin autour de la table, l'Ecossais David Will. Le vice-président nommé par les quatre fédérations britanniques, même s'il n'y avait aucun risque de le voir fomenter une révolution, était du genre à pinailler sur des questions de principes. Aussi Blatter lui donna-t-il la commission des questions juridiques à présider et la billetterie de la Coupe du monde à gérer. Cela représentait presque deux postes à temps plein. Avec les billets, il y avait toujours quelque chose qui allait de travers, si bien qu'il serait submergé par les plaintes et les vociférations au moment même où la campagne de réélection du président atteindrait son paroxysme, juste avant le début de la Coupe du Monde.

Très clairement, la plus grande menace potentielle du moment était représentée par le Coréen Chung Mong-Joon. Membre de la famille Hyundai, il était probablement l'homme le plus riche dans la salle. Vice-président asiatique, il n'appréciait guère le peu de cas que l'on faisait de lui au sein de la FIFA et entendait bien prendre de l'importance quand la Coupe du monde 2002 se tiendrait dans son pays. Il parlait anglais et allemand, était membre du conseil de la Johns Hopkins University à Baltimore et l'un des jeunots de la FIFA, étant né en 1951. A moins qu'il ne décide de se présenter aux élections présidentielles en Corée, il risquait fort de briguer bientôt le plus haut poste de la FIFA. Du point de vue de Blatter, Chung était dangereux. Très intelligent, il était également terriblement séduisant, avec son sourire juvénile.

Heureusement, il était très pris à Séoul et accepta l'offre de Blatter de présider le comité quasi invisible du protocole.

L'autre menace évidente se nommait Issa Hayatou, du Cameroun, un des vice-présidents de la FIFA et le président de la CAF. Hayatou et son vaste continent devaient être traités avec un certain respect. Aussi Blatter lui donna-t-il deux commissions, celle du football olympique, qui représentait beaucoup de travail, et celle de l'organisation de la Coupe des confédérations, qui paraît importante et coûte beaucoup d'argent, mais que personne ne prend au sérieux.

Pourvoir les centaines de postes de la liste en expansion constante des commissions n'était pas une mince affaire. Il fallait tout prendre en compte, savoir qui était soutenu par quelqu'un de puissant, qui visait les primes et les défraiements, qui serait disposé à échanger sa voix contre un siège. Puis il fallait faire preuve de délicatesse lors des nominations à la commission du football, où des légendes vivantes telles que Franz Beckenbauer, sir Bobby Charlton, Pelé, Eusebio ou George Weah émettaient sur l'avenir du sport des suggestions qui étaient ensuite largement rapportées dans la presse avant d'être, le plus souvent, remisées au fond d'un tiroir. Ces légendes étaient autant de trophées que l'on pouvait disposer en fonction des besoins autour d'un Blatter tout sourire, le temps d'une photo vite affichée sur le site web de la FIFA.

Et qu'étaient censés faire tous ces hommes importants réunis à grands frais ? Prendre des décisions vitales pour le bien du football ? En fait non, ces dernières étant prises en privé par la clique réduite de Blatter.

Sur la table du comité exécutif se trouvaient des piles de rapports, notamment sur la Coupe des confédérations et le championnat du monde juniors. Ces deux tournois perdaient de l'argent mais donnaient aux nations les moins puissantes sur le plan du football l'occasion de participer à des tournois internationaux et à davantage d'administrateurs la possibilité de bénéficier des largesses de Sepp Blatter.

Le comité exécutif écouta poliment pendant que le président se préparait à présenter ses excuses : un peu plus tôt, rêvant à voix haute, il avait lâché à un journaliste qu'il envisageait d'organiser la Coupe du monde tous les deux ans.

La presse footballistique fut atterrée. Ce serait la mort du sport le plus populaire de la planète. Les meilleurs joueurs seraient en permanence monopolisés par des matchs de qualification. Ce serait la fin des championnats nationaux. Les clubs et les supporters ne verraient pratiquement plus jamais leurs idoles, toujours en voyage, s'entraînant, jouant, accumulant les blessures pour leurs équipes nationales. Il leur faudrait se satisfaire de matchs avec des équipes réserves faisant de leur mieux. Si l'idée était de détruire le football, c'était indéniablement une stratégie brillante.

En revanche, une Coupe du monde tous les deux ans signifiait deux fois plus d'argent ! Le double de rentrées télévisuelles, deux fois plus de la part de McDonald's et Coca-Cola.

Les membres du comité exécutif fulminaient. Une opinion aussi surprenante aurait dû être discutée avec eux avant que la presse en entende parler. Blatter déclara aux membres : « Je pense que je vous dois une explication. J'ai involontairement mentionné l'idée d'une Coupe du monde bisannuelle lors d'une interview, ne me doutant pas une seconde qu'elle serait interprétée comme révolutionnaire et déclencherait une telle émotion. Ce n'est que lorsque certains membres m'ont exprimé leur agacement de l'avoir appris par la presse que je me suis rendu compte que j'aurais dû les en informer avant de me laisser emporter par mon enthousiasme. Je vous prie donc d'accepter mes excuses et, à l'avenir, j'éviterai que ce genre de situation se reproduise. Merci. »

Le même baratin que les puissants partout dans le monde, Premiers ministres, présidents, chefs d'entreprise, vous servent quand ils ont oublié, l'espace d'un instant, qu'ils ont une obligation – même infime – envers la multitude qui grouille à leurs pieds. Et Blatter était largement aussi sincère que les autres.

14

Diviser pour mieux régner...
Guerre civile à la FIFA

Il ne fallut pas longtemps au personnel de la FIFA pour comprendre que Jérôme Champagne était plus qu'un conseiller pour Blatter. Michel Zen-Ruffinen avait peut-être le titre de secrétaire général, mais c'était le sombre Jérôme qui remplissait effectivement cette fonction. Il avait également une Mercedes flambant neuve, un salaire mensuel de 23 000 francs suisses, le plus haut à Sonnenberg après celui de Blatter, plus un appartement, tout là-haut sur la colline, près de l'hôtel particulier de la FIFA. Son recrutement s'était déroulé dans la plus grande discrétion et à son arrivée, en janvier 1999, il adopta un profil bas, décrivant son nouveau poste en ces termes : « un peu comme un premier secrétaire particulier : j'organise l'agenda, les communications et les voyages du président ».

La manière dont il se décrivait lui-même était conforme au type de modestie que l'on attend de la part d'un homme versé dans les sciences occultes de la diplomatie. Deux décennies plus tôt, il avait passé trop de son temps d'étudiant à éditer en free-lance un magazine de football français, négligeant ses études et échouant à terminer son cursus à l'Ecole nationale d'administration, qui n'admet que la crème de l'élite. Cela ne l'arrêta pas dans son élan. Champagne a étudié les langues orientales (il parle l'anglais, l'espagnol, l'allemand, le portugais, le chinois et l'arabe), puis les sciences politiques. Il a travaillé au ministère des Affaires étrangères et, à l'âge de vingt-cinq ans, a été nommé attaché culturel à Oman. Après un passage par Cuba, il devint consul général à Los Angeles, où il rencontra sa future épouse, une Américaine.

En juillet 1994, trois jours avant Italie-Brésil, la finale de la Coupe du monde au Rose Bowl de Los Angeles, le consul général Champagne organisa une garden-party à Beverly Hills pour les membres du comité d'organisation du Mondial 98 en France. Trois ans plus tard, Champagne était le numéro deux de l'ambassade à Brasilia, renouvelant ses liens avec Michel Platini, qui accompagnait le président Jacques Chirac alors en visite en Amérique latine. En 1998, le gouvernement français rapatria Jérôme et le chargea du protocole d'Etat de la Coupe du monde. C'est à cette occasion qu'il noua des relations avec Sepp Blatter.

Le Suisse vit aussitôt en lui un homme qui pourrait lui être utile, un collaborateur, un garde du corps, un directeur de campagne pour les élections présidentielles de la FIFA qui auraient lieu trois ans plus tard, et surtout un homme qui saurait rester à sa place. Le parfait secrétaire général fantôme. Et un superbe organisateur, dont l'éloquence rejaillissait sur son patron. Jérôme déclara à *France Football* : « Nous vivons dans un monde individualiste et inégal, où le court terme devient la règle. Il est nécessaire de restaurer des valeurs telles que la solidarité et l'universalité. Je ne serais pas où je suis aujourd'hui si je ne partageais pas ces idéaux avec Joseph Blatter. »

Après que le comité exécutif eut bloqué les projets de réorganisation du président, Michel Platini établit son propre bureau à Paris, avec sa secrétaire, Odile Lanceau, et son attaché de presse, Alain Leiblang. Les membres de l'équipe de Platini étaient payés près de 18 000 francs suisses (12 000 €) par mois, soit plus que la grande majorité des salariés de Sonnenberg.

Tandis que la nouvelle équipe de direction parallèle se mettait en place, les gens qui croyaient diriger la FIFA se retrouvèrent en disgrâce, parfois même remerciés. Ainsi Blatter évinça-t-il son vieil ami Erwin Schmid au milieu de 1999, se débarrassant par là même d'une encyclopédie vivante et sans égale sur les années Blatter. Erwin savait tout des comptes bancaires de la FIFA, des dépenses et des primes mises à la disposition de Blatter et Havelange. Il intenta un procès pour obtenir une indemnité plus importante et gagna.

Blatter pouvait désormais choisir le financier qu'il voulait pour son nouveau régime. A Sonnenberg, personne ne doutait que celui-là serait recommandé par quelqu'un de haut placé dans la société de marketing ISL.

Urs Linsi venait tout juste d'avoir cinquante ans et avait passé le plus clair de sa carrière dans le service du crédit-bail du Crédit suisse. Impeccablement habillé, crâne en dôme et air circonspect, Linsi avait l'air d'un banquier mais cachait un cœur en béton sous ses tenues conservatrices. Triathlète de niveau mondial, il se lança dans la course d'endurance de la FIFA en tant que directeur financier. Dès ses premiers mois d'activité, ses collègues furent impressionnés par son rythme de travail, l'amplitude de ses horaires, jusque tard dans la nuit.

Quand Blatter le confirma dans son poste, un collègue commenta sur un ton aigre : « On dirait qu'il a trouvé ce qu'il cherchait. »

« Il ressemble à Tom Cruise », gloussèrent les secrétaires quand le séduisant Flavio Battaini monta à bord, en 1996, en tant qu'avocat débutant. Il s'était trouvé dans l'avion de Blatter pendant sa campagne en Afrique, et son nom figurait sur la liste des nouvelles recrues en janvier 1999, en tant que directeur du marketing. Flavio n'avait pas d'antécédents en marketing, mis à part la lecture de contrats au département juridique de la FIFA. Sans doute sa nomination, du fait de son expérience limitée, permettait-elle à Blatter de poursuivre ses affaires avec Jean-Marie Weber sans risquer d'interférences.

Le président recruta personnellement son nouveau chef du personnel, un personnage clef dans la réorganisation de la FIFA. Michael Schallhart, pas encore quarante ans. Arbitre international de hockey sur glace, il avait travaillé pour les Samaritans, l'équivalent suisse de notre SOS-Suicide. Il engagea également son propre chef de la propagande, en la personne de Markus Siegler, se créant ainsi un lien direct avec les médias qui lui permettrait de contourner le bureau de la communication dirigé par l'Anglais Keith Cooper. Le grand et séduisant Siegler, ancien journaliste local, travaillait en free-lance pour la FIFA. Son charme juvénile et son sourire chaleureux l'aidaient à vendre les messages du président.

Le plan de Blatter, visant à diviser pour régner, était en place. La FIFA avait une administration dirigée en théorie par le secrétaire général Michel Zen-Ruffinen et une autre, parallèle et concurrente, dirigée par le secrétaire général fantôme Jérôme Champagne. La maison était scindée en deux. L'amertume et la méfiance couvaient. Ceux qui effectuaient tout le travail se sentaient trahis. Leurs patrons ne semblaient plus responsables de rien. Pour qui travaillaient-ils ? Blatter et sa petite équipe parfaitement soudée semblaient prendre toutes les décisions. Parfois, Zen-Ruffinen assistait aux réunions du petit cercle restreint, mais il n'y était pas le bienvenu. Ils grignotaient son pouvoir sous ses yeux.

Blatter avait un nom pour cette nouvelle administration parallèle, le *Führungscrew*, l'« équipe de direction ». Les employés de la FIFA estimaient que c'était une insulte à Zen-Ruffinen et, par extension, à eux. Blatter affirmait : « Le F-crew est un corps consultatif qui vise à promouvoir la communication interne et à accélérer la résolution des problèmes. »

C'était plutôt l'inverse. Le moral du personnel était au plus bas.

Même Blatter pouvait constater que tout n'allait pas comme prévu. Il s'adressa alors au Norvégien Bjorn Johansson, qui dirige un petit cabinet-conseil des plus sélects, spécialisé dans le recrutement de cadres supérieurs, dont les bureaux au dernier étage d'un immeuble de Zurich dominent le lac. Bjorn lui expliqua qu'il fallait s'atteler à panser les plaies de la FIFA. Il s'y connaissait en organisations dans la détresse et pensait qu'une brève séparation était parfois bénéfique. Aussi, en février 2000, il emmena les membres de la direction, sans Sepp et sa clique, au bord du lac de Constance, à Bad Ragaz, un havre de paix, tout en thermes et pistes de ski, dont la publicité promet « des caresses toute l'année pour les âmes et les corps ». Après tant d'acrimonie, les gens de la FIFA avaient bien besoin de tendresse. Bjorn les encouragea à parler, les écouta.

Les cadres supérieurs implorèrent qu'on améliore les communications internes. Ils voulaient que les problèmes soient résolus, et des discussions ouvertes, honnêtes et équitables. Ils désiraient une collaboration plus étroite avec le président et voulaient savoir où allait la FIFA.

Ils se plaignirent que l'organisation était sens dessus dessous. La mission la plus importante de la FIFA, sa raison d'être, était d'organiser la Coupe du monde, ainsi que les compétitions féminines et juniors. Or, à dix-huit mois de la Coupe du monde, il n'y avait même pas de directeur des compétitions. Et trop de jeunes cadres ne savaient pas ce qu'ils faisaient là.

Ils n'étaient pas convaincus que les décisions soient prises pour le bien du jeu et se plaignaient que le service de développement ne soit pas consulté sur la manière dont l'argent était dépensé.

La série de réunions de groupe venait de se terminer. Sepp Blatter arriva de Zurich pour un dîner formel, tel l'époux volage débarquant en retard pour la psychothérapie familiale et espérant qu'une belle boîte de chocolats remettra tout en ordre. Il distribua sa brochure, *La Maison FIFA, vision et aspirations*. Il assura à ses interlocuteurs que son cœur et son âme étaient tout entiers consacrés au football et à la FIFA, et que sa vision consistait à améliorer ce sport et à le diffuser dans le monde. Il ajouta que leurs priorités devaient être désormais le prochain congrès, la Coupe du Monde... et sa réélection !

Quand sa limousine fut repartie, les membres de l'équipe se remirent à parler librement. Ils convinrent que l'atmosphère ouverte et franche de leurs réunions s'était dissipée au cours du dîner avec le président. Ils estimèrent qu'ils avaient bien fait d'exclure le président de leurs discussions. On ne pouvait pas s'exprimer librement en présence de Blatter.

Même Blatter pouvait voir que son plan d'une *Führungscrew* ne marchait pas. Monter une administration parallèle avait eu pour but de déstabiliser le secrétaire général Zen-Ruffinen, pas de rendre furieux ou de démoraliser les cadres dirigeants. Blatter réfléchit au problème… et trouva la solution.

Ils devaient être rééduqués. Il fit ce que les autocrates partout dans le monde des affaires ont fait avant lui. Il fit appel à McKinsey, le cabinet de conseil en management. Par pure coïncidence, le directeur du département Pratique du sport en Europe de McKinsey n'était autre que Philippe Blatter, neveu du président de la FIFA. Selon Andreas Herren, porte-parole de l'organisation, Philippe « aidait l'équipe de McKinsey à titre d'expert… mais n'avait pas la charge du travail à la FIFA ».

Les employés de la FIFA qui n'avaient pas une photo de Philippe dans leur album de famille pouvaient le contempler sur le site web de McKinsey. Il est séduisant, athlétique, et, à côté de son portrait, il y a une de ces professions de foi comme McKinsey les aime tant : « A quoi bon vous lever tous les matins si vous ne croyez pas que quelque chose d'extraordinaire va vous arriver ? »

Philippe participait à des triathlons, jouait au tennis, avait traversé les déserts du Yémen en voiture. Il avait récemment travaillé en Argentine et au Brésil, et s'apprêtait à chapeauter une équipe chargée d'une « mission de service à la clientèle » pour encourager les cadres supérieurs de tonton à atteindre de nouveaux sommets d'efficacité. Philippe ne passait pas beaucoup de temps sur le terrain, mais on donna à son équipe de cinq personnes des bureaux dans le « poulailler », un bâtiment qui avait autrefois accueilli un zoo miniature appartenant à la ville de Zurich. Selon McKinsey, il s'agissait de facilités souvent mises à disposition dans les locaux du client afin d'optimiser l'efficacité du travail. Le personnel mécontent de la FIFA les surnomma immédiatement les « blancs-becs ».

Tout d'abord, ils s'intéressèrent de près au projet de Blatter d'investir 100 millions de dollars dans la construction d'équipements (bureaux, terrains d'entraînement...) pour les fédérations nationales les plus pauvres, qui avait abouti à la création de Goal, présidé par le Qatari Mohamed Bin Hammam. Les blancs-becs se mirent au travail, à grand renfort de jargon « managérial » dont les échos retentirent bientôt dans les couloirs de Sonnenberg et les bars avoisinants tandis que les membres du personnel essayaient de comprendre quelque chose à ce qui était en train de se passer.

Tout cela était plutôt comique. La FIFA était déchirée par l'amertume, les conspirations et les coups de couteau dans le dos. Il y avait une lutte de pouvoir sismique entre son président et le directeur exécutif, et les blancs-becs, résolument sourds, depuis leur poulailler, aux grincements tectoniques sous leurs pieds, s'enthousiasmaient pour des « ateliers créateurs d'aspiration ».

A la fin de chaque mois, le docteur Jens Abend, patron du bureau zurichois de McKinsey, envoyait sa facture.

A la Noël 2000, il transmit une note d'honoraires pour deux mois de consultations, plus 20 % de frais, la ligne du montant total annonçant 903 000 francs suisses (environ 587 000 euros). C'était beaucoup d'argent, même pour la FIFA. Beaucoup plus en tout cas que la subvention la plus élevée accordée aux pays les plus pauvres que la FIFA était censée aider.

Mois après mois, le poulailler déversait son jargon et le docteur Abend ses monstrueuses notes d'honoraires.

Pour payer les factures croissantes de l'étude McKinsey, la FIFA dut serrer quelques ceintures. Mais pas celle de Sepp. Les employés virent la prime qu'ils touchaient pour travailler loin de chez eux réduite de moitié et ramenée à 100 dollars par jour. Puis les blancs-becs firent sauter 5 millions de francs suisses du budget de l'arbitrage et diminuèrent les dons caritatifs de la FIFA de 550 000 francs suisses.

Les employés de la FIFA, qui avaient regardé mettre à jour leurs outils de travail, affiner leurs aspirations et réduire leurs primes, s'interrogeaient sur les efforts acharnés des blancs-becs et leurs résultats pour le moins douteux. Ils avaient matière à estimer qu'on utilisait McKinsey (à son insu) pour briser Zen-Ruffinen en lui montrant à quel point il aurait dû être créatif. Si tout ce charabia voulait dire quelque chose, ce devait être : « Vous n'avez pas bien géré cette maison, Michel. Vous êtes inefficace, incapable, dépassé par les méthodes modernes de gestion. Nous sommes à la pointe de la science des affaires, nous formons les rangs serrés des diplômés de McKinsey. Nous savons ! »

Par une soirée glaciale, les blancs-becs de McKinsey firent sortir les employés de la FIFA des locaux de Sonnenberg et les traînèrent jusque sur la patinoire de curling de Ruti. Là, ils les séparèrent en deux équipes et leur demandèrent d'enfiler des chaussures spéciales. Puis ils leur firent lancer des morceaux de granit sur la glace et zigzaguer derrière eux avec des balais-brosses. Les blancs-becs prirent des notes sur la performance de chacun. Zen-Ruffinen fut traîné à son tour sur la glace, et les personnes présentes remarquèrent qu'il semblait particulièrement sensible au froid.

Les malheureux employés ne s'étaient pas encore débarrassés de leurs courbatures qu'on les entraînait dans un hôtel de campagne, à une vingtaine de kilomètres de Zurich. On les sépara à nouveau en deux équipes, avant de les conduire dans deux salles identiques où on leur donna deux minutes pour examiner une pile de poutres et de planches, un peu comme un jeu de Lego pour géants.

Un blanc-bec déclara aux administrateurs du football, perplexes : « Vous avez vu les matériaux. A présent, vous devez désigner parmi vous un directeur de projet. Vous avez quinze minutes pour concevoir un pont avec ce que nous vous avons montré. Puis vous devrez le construire. » L'équipe dirigée par Zen-Ruffinen s'en sortit bien, pas l'autre. Les blancs-becs prirent encore des notes et le docteur Abend envoya une nouvelle note d'honoraires pour le bien du jeu. Peu de temps après, le président Blatter les félicita pour leur travail, affirmant qu'il était « de grande qualité » et « d'un grand profit » pour la FIFA. Les services de McKinsey ne sont pas donnés et, au total, la FIFA versa au cabinet au moins 3 millions d'euros.

McKinsey se targue de ne pas avoir peur de confronter ses clients à des vérités qui font mal. Si le boss conduit sa barque dans la mauvaise direction, McKinsey le lui dira. Ils affirment qu'ils ont même conseillé à certains patrons de démissionner, pour le bien de leur société !

J'ai demandé au bureau londonien de McKinsey si Philippe Blatter travaillait pour Sepp ou pour la FIFA. Avait-il touché une prime pour avoir fait rentrer plus de 3 millions d'euros d'honoraires ? Le porte-parole de McKinsey, Tony Danker, s'est exclamé : « Je suis ravi qu'on ait pu collaborer sur ce dossier ! » Puis il m'a dit que ce travail était confidentiel et qu'il ne pouvait pas faire davantage de commentaires.

15

Un messie pour Trinité. L'ascension de Jack Warner... plus haut, toujours plus haut !

« Jack Warner est un ami merveilleux et loyal. Il est très compétent et c'est l'une des grandes sommités du monde du football. »

Si vous interrogez les habitants des îles de Trinité-et-Tobago, vous n'en trouverez pas beaucoup qui partagent l'opinion de Sepp sur Jack. Beaucoup disent que c'est un dictateur, qui a construit son pouvoir en piétinant les autres, un homme qui s'est enrichi en gravissant les échelons de la FIFA.

Mais pourquoi tant de haine ? Pourquoi les gens réagissent-ils avec autant de passion quand on mentionne le fidèle ami de Sepp ? Un homme qui a pris le thé avec la reine dans son palais de Buckingham et l'a grondée parce que les entreprises britanniques ne dépensaient pas leurs fonds de parrainage dans le football à Trinité-et-Tobago ne peut pas être si mauvais !

Nous avons déjà croisé Jack à Zurich, en 1996, poussant une jolie femme dans le siège du docteur Kyss pour récupérer le vote d'Haïti et accroître ainsi son pouvoir. Nous l'avons retrouvé en 1998, plaçant son ami Neville Ferguson dans le siège de ce pauvre docteur Kyss afin de gratter un vote pour Sepp Blatter. Warner est un homme qui manœuvre, s'affaire, magouille ; c'est un manipulateur dont l'audace et le culot en disent long sur la FIFA de Blatter. C'est également l'homme qui, si personne ne l'arrête, pourrait se retrouver président de la FIFA avant la fin de la décennie.

Chez lui, à Trinité-et-Tobago, il affirme posséder des centres commerciaux, des hôtels, des bureaux, des entrepôts. Il déclare avoir « quelques affaires » aux Etats-Unis, achetées, a-t-il expliqué à un journaliste, « avec le salaire et les provisions reçus de la FIFA », ce qui lui a permis de « réussir un ou deux bons coups ». Selon ses propres dires, en tant que vice-président de la FIFA, il touche des « chèques de salaire proprement fantastiques ». Sa fortune est estimée entre 15 et 30 millions d'euros.

Quand il n'est pas le centre de l'attention générale, Warner devient boudeur. Il tend à s'avachir dans son fauteuil, à étendre ses jambes courtes devant lui et à renverser la tête en arrière. Il porte des cravates fleuries et colorées, des chemises blanches immaculées, des costumes bleus et des souliers impeccablement cirés. Avec ses grandes lunettes dorées, il a l'air studieux. A un poignet il arbore une maxi gourmette en or, à l'autre une montre en or du même tonnage. Il exhibe également une, deux, trois grosses bagues, en or naturellement. Pour les occasions plus décontractées, Jack aime bien les chemises à motifs vivement colorés, son col ouvert révélant une chaîne en or maousse.

Il a été l'un des chouchous du parti UNC de Trinité, connu pour sa corruption et dirigé par Basdeo Panday.

En 2001, exhibant ses muscles devant des subalternes de la FIFA, il a fait cette déclaration étonnante : « Je suis un membre haut placé du gouvernement de Trinité-et-Tobago et, à compter de ce mercredi 15 août, le président des autorités aéroportuaires. » Ni l'une ni l'autre de ces affirmations n'était vraie, même s'il a effectivement largement soutenu le régime discrédité de Panday, notamment en lui donnant beaucoup d'argent, provenant en grande partie du football.

Quand le gouvernement de Panday est tombé, Warner a fait campagne pour l'UNC, qualifiant ses opposants politiques de « talibans ». Il a déclaré aux électeurs de la circonscription de La Brea que lors d'un récent voyage à New York il avait obtenu 2,5 millions de TTD (dollars de Trinité-et-Tobago) de la part de la FIFA pour construire un centre sportif à La Brea. Il y avait une condition. Ils devaient élire l'homme de l'UNC, Norris Ferguson. « S'il n'est pas élu, pas de sport, c'est aussi simple que ça », a-t-il prévenu. Dans le Parlement sans majorité qui est sorti des élections, Panday a remercié Warner en le nommant au poste de président, bien qu'il n'en soit pas membre. Sa nomination fut rejetée. Même certains des partisans de Panday le fuyaient.

L'histoire de Jack Warner commence en janvier 1943. Warner est né à Rio Claro, dans le sud de l'île de Trinité. Il était, pour reprendre ses propres termes, « un pauvre petit Noir ». Enfant, il aimait aller à l'église et adorait le cinéma ; c'était un garçon sans amis, qui n'était pas heureux à l'école. Ses camarades le rejetaient, lui salissaient son uniforme d'écolier.

En 1961, Jack et quelques autres adolescents dégingandés firent la queue devant les casernes de St James pour s'enrôler dans le corps d'élèves policiers. Quelle vie différente il aurait eue ! Une vie de satisfaction à soutirer des poignées de billets froissés à des automobilistes roulant trop vite et à menacer les citoyens de sa matraque la nuit après l'heure de fermeture des bars.

Mais tel n'était pas son destin. La maman de Jack et le prêtre de la paroisse le rattrapèrent par le col et le ramenèrent à la maison. Non, Jack serait enseignant. Un point, c'est tout.

Jack suivit une formation d'enseignant, mais dès que sa mère eut le dos tourné, il s'inscrivit dans la réserve spéciale de la police, surnommée par les plaisantins de l'île « le truc qui ressemble à la police ». Là, il ne fut pas long à découvrir que le pouvoir lui plaisait. Il milita brièvement dans le mouvement Black Power de Trinité, puis repéra une plus sérieuse opportunité : le football.

Le premier Noir à diriger le football à Trinité fut Eric James, qui prit le poste de secrétaire en 1942. Pendant près de trente ans, James se tailla la réputation d'un homme intègre, un homme de principes qui, à l'instar de son frère C.L.R. James, le célèbre penseur politique et spécialiste du cricket, servait son peuple et son sport avec abnégation tandis que Trinité tentait de s'extraire de l'ère postcoloniale.

S'enrichir grâce au sport ne leur serait pas venu à l'esprit. Quelques mois après que James eut pris sa retraite, Warner s'était déjà emparé de la fédération et la dirigeait d'une manière tout à fait nouvelle. Il créa de nouvelles organisations qui semblaient ne pas avoir d'objectifs bien définis mais pouvaient exercer leur droit de vote au cas où sa position serait menacée. Selon Jack, ses amis et lui prêtaient de grosses sommes d'argent à la fédération, sans toujours en faire état. Modestie louable.

La presse l'attaqua, l'accusant d'être un dictateur. Jack

rétorqua sur le ton de la plaisanterie qu'il avait « un jeu de registres pour les clubs, un autre pour le public et un autre encore pour le ministre des Sports ».

Jack est, selon ses propres dires, proche de Dieu. Dans sa biographie, qu'il a commandée en 1998 à Tino Singh, rédacteur sportif du *Gardian* de Trinité, sa sœur raconte qu'enfant il faisait déjà preuve d'une intelligence supérieure, la battant toujours aux échecs. Il adorait les dimanches car « il y avait toujours quelque chose à apprendre des sermons ». Il apprit entre autres « à ne jamais essayer de tromper Dieu ».

« Mon mari n'aurait jamais accompli tout ce qu'il a accompli s'il était malhonnête... Il est proche de son Créateur », explique sa femme Maureen, qui est réputée pour posséder la carte de crédit ayant la plus forte latitude de dépenses autorisées de Trinité.

Jack avait prévu d'intituler sa biographie *Un prophète sans honneur*, afin de suggérer ses qualités messianiques dans un pays où il est largement détesté. Mais il a fini par trouver un meilleur titre, *Grimpant à travers la nuit*, inspiré du poète Henry Longfellow : « Les grands hommes n'atteignent pas les sommets et ne s'y maintiennent pas par un essor soudain mais parce que pendant la nuit, alors que leurs compagnons dormaient, ils travaillaient dur pour se hisser plus haut. »

Il est vrai qu'à Trinité, où les gens s'étaient habitués à des administrateurs sportifs dans la lignée des frères James, on s'était un peu endormi, et la vigilance s'était singulièrement relâchée.

L'une des réalisations d'Eric James fut la création de l'Union caribéenne de football, mais ce fut Warner qui comprit qu'elle pouvait être un tremplin pour plus de pouvoir. En 1983, il en fut élu président, ce qui lui donna automatiquement un siège au comité exécutif de la

FIFA. Son biographe Tino Singh observe que « cette étape lui ouvrit de grandes possibilités de nouveaux revenus ».

Le président Havelange, au pouvoir depuis neuf ans, reconnut ses qualités et le promut. Au cours des six années suivantes, Warner apprit à dire ce que les milliardaires du Golfe voulaient entendre, assista aux jeux Olympiques en tant qu'invité d'honneur et mena le train de vie dont il avait toujours rêvé.

Peu de choses peuvent unir un peuple comme un succès sportif à l'échelle mondiale. Les rues de Trinité-et-Tobago étaient en liesse. Les bars et les camionnettes équipées de haut-parleurs déversaient du calypso tonitruant. Les gens marchaient le dos droit et souriaient. Trinité n'était plus qu'à un match de la qualification pour la Coupe du monde ! La petite Trinité ! Ils étaient pratiquement à Rome ! Il leur suffisait de faire match nul contre les Etats-Unis dans le stade national, le 19 novembre 1989, et ils étaient bons pour le Mondial italien.

L'entraîneur Gally Cummings, l'un des anciens footballeurs les plus respectés de Trinité, ex-joueur des New York Cosmos, emmena son équipe loin des tambours incessants, des messes œcuméniques et des bars où le rhum coulait à flots, et la prépara dans le calme du camp de Fyzabad, près des puits de pétrole de Trinité, à quatre-vingts kilomètres au sud de Port of Spain.

Ce furent des jours fantastiques pour l'équipe. Toute la nation était derrière elle. Et elle, elle avait l'impression d'être soutenue par le monde entier. Qui ne se laisserait pas enthousiasmer par le miracle joyeux de cette petite île terrassant une superpuissance ?

Pendant que les footballeurs de Trinité s'entraînaient, Jack Warner, toujours secrétaire de la fédération, ne chômait pas. Il fit imprimer des milliers de billets supplémentaires et annula purement et simplement les règles qui interdisaient de vendre de l'alcool dans les stades.

De proche de Dieu, Jack semblait être devenu Dieu en personne : Laissez la multitude venir à moi ! Que les supporters boivent ! Que le jus d'orange se transforme en bière ! Que les bénefs coulent à flots !

Le jour J, l'ambiance à Trinité était explosive. C'était à croire que tout le pays se rendait au match. C'était surtout grâce à la décision de Jack de distribuer tous ces billets supplémentaires. Des dizaines de milliers de supporters drapés de rouge et agitant les précieux billets se pressaient autour du stade, beaucoup plus nombreux que ce qu'il pouvait accueillir. Les organisateurs, craignant pour la sécurité des fans, ouvrirent les portes en avance. Bientôt, toutes les allées des gradins étaient bondées de supporters debout. Le stade était plein à craquer. Le bar ouvrit. Les gens commencèrent à boire. Pendant ce temps, à l'extérieur, des milliers de gens qui avaient dépensé leur argent durement gagné pour assister au match le plus important de Trinité de mémoire d'homme se rendaient compte qu'ils ne pourraient jamais accéder aux gradins. Et ils n'étaient pas contents.

Pendant que Jack Warner sirotait son apéritif avant le match dans la loge VIP en compagnie d'Horace Burrell, de la Jamaïque, et de Colin Klass, de la Guyana, les supporters scandaient des insultes à son égard. Le luxueux autocar avec air conditionné qui transportait l'équipe américaine se fraya un chemin dans la mêlée. Le petit minibus de l'équipe locale, lui, ne parvenait pas à passer. Finalement, les membres de la fine fleur du football de Trinité durent être portés un à un à bout de bras par-dessus la foule pour accéder au stade.

Ce n'était sans doute pas la préparation idéale pour un match capital. Les Américains marquèrent un unique but, qui les qualifiait pour l'Italie. Trinité tout entière prit le deuil.

Selon la biographie de Warner, Havelange et Blatter étaient eux aussi inconsolables. Ils avaient pris fait et cause – en secret, bien sûr – pour les perdants et furent si navrés de leur défaite qu'ils remirent à Trinité le prix du fair-play en guise de consolation. Quant à Warner lui-même, il était si bouleversé qu'il en pleura. Il songea même au suicide. Il se jeta sur le canapé de sa secrétaire et se laissa emporter par les sanglots.

La presse locale accusa Jack de « fraude massive ». Selon le *Guardian* de Trinité, 45 000 billets avaient été imprimés pour l'occasion, alors que le stade ne pouvait contenir que 28 500 supporters. Et l'article précisait : « 35 000 spectateurs avaient envahi le stade peu avant midi, quand on referma les portes. La foule était si dense que plusieurs personnes furent prises de malaise du fait de la chaleur et durent être soignées. Les chefs des pompiers déclarèrent qu'on était en présence d'une situation à haut risque. » Warner fit la sourde oreille. Les journalistes ne baissèrent pas les bras et, quatre jours plus tard, il décida au bout du compte de donner une conférence de presse. Le président de la fédération nationale, Peter O'Connor, était assis sur le côté, les bras croisés sur la table. A sa mine, on aurait dit que la seule proximité de Warner lui donnait des hémorroïdes. Le secrétaire général, lui, était enflammé, les deux mains pressées à plat contre sa poitrine, penché en avant, implorant les journalistes de le croire. Warner avait d'abord informé la FIFA qu'il avait vendu en tout 43 000 billets – 10 000 pour les officiels de Trinité-et-Tobago afin de permettre à la fédération de rembourser ses dettes (bien qu'il n'ait pas soufflé mot de ce plan à ses collègues), 28 000 mis à la disposition du public, et enfin 5 000 réservés aux « urgences ».

Au cours de cette conférence de presse, il affirma que la fédération avait imprimé et vendu 28 500 billets en tout et pour tout. Le chiffre de 34 834 billets annoncé par les responsables du stade n'était pas le bon. *Au moins 6 000 billets étaient des faux !*

Le gouvernement désigna un avocat de la Couronne à la retraite pour enquêter sur le scandale. Lionel Seemungal, parcourant des documents relatifs aux violations des règles de sécurité, s'interrogea à voix haute : « Warner se prenait-il pour Dieu ou s'imaginait-il simplement qu'il dirigeait le pays ? » Warner bondit sur l'occasion pour porter plainte et demander au tribunal que Seemungal soit dessaisi de l'affaire. Sa requête fut rejetée mais l'enquête n'alla pas plus loin, permettant ainsi à Warner de clamer qu'il n'avait pas été en mesure de donner sa version des faits.

Il eut largement l'occasion de le faire dans sa biographie autorisée, précédée d'une préface flamboyante d'Havelange, disponible au prix modique de 20 dollars dans ses bureaux de Port of Spain. L'impression de billets supplémentaires et ses dénégations initiales concernant cette accusation méritaient une explication. Selon Tino Singh, son biographe : « Cette affaire allait miner durablement à elle seule la crédibilité de Warner. » Ce qui se résumait en fait à une série de graves erreurs de jugement – vendre plus de places que le stade n'en contenait, conserver en outre des billets supplémentaires pour répondre à des demandes « particulières » et, pire que tout, laisser ses adjoints dans une ignorance complète – était désormais aggravé par une affabulation, une dénégation et la tentative de créer un écran de fumée autour de ce qui s'était réellement passé. En ajoutant à son erreur initiale, Warner faisait de toute explication ou clarification ultérieure matière à insinuations, rumeurs et hostilité manifeste.

Singh poursuit : « Selon la perception du public, Warner aurait empoché personnellement les sommes provenant de la vente des billets supplémentaires. Ce qui était faux, bien sûr – l'audit réalisé sur les comptes après le match par le cabinet Ernst & Young révéla que tous les billets avaient été réglés dans les formes, y compris les 5 000 "supplémentaires" réservés par Warner. Mais quand les résultats de l'audit furent rendus publics, plus personne ne s'en souciait. Le nom de Warner avait été irrémédiablement sali. »

Rarement un prophète fut autant décrié dans son propre pays que Jack Warner. Sa désillusion fut telle qu'il démissionna peu après de son poste de secrétaire de la fédération. Mais de bonnes nouvelles l'attendaient. Selon sa biographie, le lendemain du match, il entendit frapper à sa porte. C'était Charles Gordon Blazer, immensément obèse, la chemise semblant toujours sur le point d'exploser, connu de tous comme « Chuck », un des vice-présidents de la fédération américaine de football, commissaire de la ligue du football américain, dont on racontait qu'il avait un McDonald's ouvert vingt-quatre heures sur vingt-quatre dans un placard de sa chambre. Ils s'étaient connus dans les réunions de la CONCACAF. Chuck venait lui faire une proposition.

« Jack, tu en as fait assez pour le football de ton pays. Ils ne t'ont jamais accepté. La CONCACAF bat sérieusement de l'aile. Avec tes compétences, tu pourrais la remettre sur pied. »

Le football ne serait plus jamais le même. A l'horizon se profilait la prochaine élection de la CONCACAF. Si Chuck et Jack parvenaient à arracher la présidence des griffes du Mexicain Joaquín Soria Terrazas, qui la détenait depuis longtemps et se faisait vieux, puis réussissaient à rassembler les trente-cinq voix de la région en un seul vote groupé à la FIFA, ils seraient parmi les hommes les plus puissants du football mondial.

Blazer disait que celui qui remplacerait Terrazas devrait réunir « les qualités d'un Gandhi ou d'un Martin Luther King ». Or, il en était convaincu, Warner possédait ces vertus en abondance. Jack le messie avait trouvé son saint Jean-Baptiste.

16

Voici mon messager...
Chuck le baptiste !

Jack et Chuck formaient une équipe du tonnerre. Chuck jouait les poissons pilotes de Jack, se faisant le héraut de sa grandeur. « S'il le veut, je suis sûr qu'il pourra diriger la FIFA un jour. S'il décide que c'est la voie qu'il souhaite emprunter, il jouira d'un formidable soutien. » Chuck prépara le terrain pour Jack en 1990, organisant sa campagne pour prendre le contrôle de la CONCACAF. Seul le vieux président sortant, Joaquín Soria Terrazas, se dressait en travers de leur chemin.

En examinant le nombre des votants, Jack et Chuck se rendirent compte qu'il y avait peu de risques de se gameller. Warner tenait les voix des îles de l'Union caribéenne de football, qui représentaient déjà la majorité. Ils savaient que beaucoup se sentaient lésés par Terrazas, lui reprochant de ne pas les avoir suffisamment consultés. Ils n'avaient pas les moyens de payer leurs déplacements pour assister à ses congrès et il avait laissé la confédération dépérir. Une paire de débrouillards inspirés pourrait stimuler le football, générant plus d'argent... et plus d'emplois.

Warner ratissa ses îles rocailleuses des Caraïbes et, en Amérique centrale, remporta le soutien crucial du riche Costaricain Isaac Sasso. En avril 1990, la « bande à Warner » descendit au Sheraton Conquistador, à Guatemala City, où les fédérations nationales constituant la CONCACAF s'apprêtaient à élire leur nouveau président. Havelange y assistait en tant qu'invité d'honneur et pour s'assurer que le congrès prenait les bonnes décisions. Il était flanqué d'un membre de l'équipe Adidas.

A en croire Blazer, l'atmosphère à Guatemala City était « effrayante ». « Des gardes armés de mitraillettes vérifiaient les accréditations... Les partisans de Warner étaient dans le collimateur... Jack recevait des appels le menaçant de mort et d'autres terribles éventualités. Il était déterminé à aller jusqu'au bout, au péril de sa vie. » Le congrès démarra à dix heures trente-cinq et s'acheva treize longues heures plus tard. Il avait débuté sur une note acide. Il y eut plusieurs tentatives visant à suspendre Warner, mais ses hommes réussirent à les contrecarrer et Trinité fut réintégrée.

Au moment de passer au vote, Terrazas, comprenant que Warner avait d'ores et déjà remporté le match, préféra jeter l'éponge. Les autres candidats se retirèrent à leur tour, laissant Jack seul sur le ring. Il y eut quand même un scrutin. Warner remporta la présidence avec 16 voix contre 10.

Warner nomma immédiatement Chuck Blazer nouveau secrétaire général de la CONCACAF. Puis il désigna l'inoffensif Isaac Sasso, âgé de soixante-quatre ans et connu pour manquer cruellement d'ambition, pour remplacer Terrazas au comité exécutif de la FIFA, au côté de lui-même et du magnat de la télévision mexicaine Guillermo Canedo.

Une semaine plus tard, il envoya un fax privé au secrétaire général de la FIFA à Zurich, Sepp Blatter, racontant : « L'ensemble de la procédure fut une affaire des plus sordides, certains des anciens officiels menant une campagne de diffamation contre moi... Quoi qu'il en soit, permettez-moi de vous remercier publiquement, vous et la FIFA, pour votre soutien et votre compréhension au cours de ces derniers mois. Je vous en serai éternellement reconnaissant et vous suis à jamais redevable. Je tiens à vous assurer que, dans toutes nos délibérations et actions, ma loyauté envers vous, envers notre président le docteur Havelange et envers l'organisation de la FIFA elle-même sera toujours primordiale. »

Là-dessus, Warner s'envola pour assister à la Coupe du monde à Rome, où il fut sans doute le seul citoyen de Trinité à se réjouir.

Chuck Blazer conclut un marché avec le magnat de l'immobilier new-yorkais Donald Trump, et la confédération installa son nouveau quartier général au dix-septième étage de la Trump Tower, sur la Cinquième Avenue à Manhattan, avec ses murs en marbre rose et sa fontaine intérieure. Une adresse qui en jette. Comment fit-il ? Il a son explication : « Je savais que Dieu avait Jack à la bonne. Nous n'avons pas obtenu la Trump Tower par accident... cela ne pouvait être que le fruit d'une intervention divine. De temps en temps, je me tournais vers Jack et lui disais qu'on était vraiment des as dans notre job. Mais je suis également conscient qu'une force spirituelle veillait sur nous. »

C'est donc probablement Dieu qui aida Chuck à obtenir un appartement au quarante-neuvième étage de la même tour. Les visiteurs racontent que son perroquet

Max règne en maître dans son bureau qui surplombe la Cinquième Avenue. Blazer aurait également une maison sur une plage de Paradise Island, dans les Bahamas. La confédération est immatriculée non loin, à Nassau.

En 2000, Chuck monta une nouvelle société dans la tour Center Point qui domine Oxford Street à Londres. Baptisée GIG, pour Global Interactive Gaming, l'ambition de cette entreprise était de générer plus de paris sur le sport à la télévision. « Avec nous, regardez un événement sportif devient une expérience plus enrichissante car nous y joignons une composante financière qui éveille l'intérêt du spectateur. [...] Notre approche révolutionnaire offre un modèle de changement d'amplitude dans ce marché en expansion. » Ce jargon, c'est du Chuck pur jus. Les supporters regardant leur sport favori sur une télévision interactive étaient invités à faire des paris : quelle équipe marquera le prochain but ? A qui la prochaine rentrée en touche ? Le gardien de but laissera-t-il passer un penalty ?

Ce n'était pas si révolutionnaire que ça. Comme dans toute forme de jeu d'argent, le seul vrai vainqueur était la société de jeu. J'ai téléphoné à un cadre de GIG et lui ai demandé s'ils prendraient des paris sur la Coupe du monde de 2002. Il m'a répondu : « Oui, c'est très probable. »

Blazer n'ébruita pas sa participation à ce nouveau projet. Il n'y eut aucune annonce sur le site de la FIFA. Son associé dans cette affaire était le groupe Kirch. Ce dernier, avec ISL, versait à la FIFA plus de un milliard de dollars pour les droits télévisuels des deux Coupes du monde à venir. Des manifestations pour lesquelles le nouveau bureau de paris planétaires de Chuck allait enregistrer des mises… et gagner de l'argent.

Blazer faisait partie des membres du bureau exécutif de la FIFA qui avaient voté pour le contrat avec Kirch. Il avait la responsabilité d'examiner de près les performances du groupe et pouvait à n'importe quel moment le pénaliser s'il ne tenait pas ses promesses. Or, voilà qu'il s'était associé avec lui, qu'il allait tirer personnellement profit d'activités qui impliqueraient très probablement le tournoi dont les droits étaient détenus par la FIFA et que Kirch avait achetés. Je lui envoyai un courriel : n'y avait-il pas là un conflit d'intérêts ?

« Il n'y a absolument aucun conflit d'intérêts, me répondit-il. Les membres individuels du comité exécutif n'ont aucun lien fonctionnel avec Kirch et ses filiales et ne sont pas tenus de les surveiller. »

Il poursuivit : « Je ne doute pas que, lorsque vous aurez un tableau complet de ce que nous avons accompli, vous l'applaudirez en tant que l'extension naturelle de personnes qui ont, par nature, l'esprit d'entreprise et ont trouvé un créneau unique où elles seront les premières à développer un plan pour faciliter le jeu interactif. »

Au lieu de cela, j'écrivis un article pour le *Daily Mail* sur « le patron de la FIFA qui veut prendre vos paris sur la Coupe du monde ». Le matin de sa publication, le 18 décembre 2001, Chuck était attendu à une réunion du comité exécutif mais il annula son vol et envoya ses excuses au président par courriel : « J'ai attrapé une laryngite qui me fait parler comme une grenouille. Ou un prince, qui parlerait comme une grenouille mais n'attendrait que d'être embrassé. »

Après la réunion, Blatter tint une conférence de presse. Il semblait ébranlé. « Nous avons besoin d'établir un code de conduite afin d'éviter que les membres du comité ne se retrouvent dans de telles situations. Il s'agit du sport du monde et de la jeunesse du monde, et nous ne pouvons nous permettre d'avoir dans notre comité des personnes qui ne mériteraient pas totalement une réputation d'éthique et de moralité. Donnez-moi un peu de temps. Je dois me renseigner plus avant. Je vous assure que ce sera fait. »

Il ajouta : « Blazer n'a rien à voir avec les droits de la Coupe du monde, il me l'a expliqué par téléphone. » Il déclara que Chuck l'avait appelé depuis New York tôt le matin avant que le comité ne se réunisse pendant quatre heures. Quand on l'interrogea sur les activités de Blazer, Sepp répondit : « Ça ne me plaît pas. Je n'ai pas apprécié d'être réveillé à trois heures du matin par Blazer. Je vais me pencher sur cette affaire, comme je vous l'ai dit, donnez-moi juste le temps de le faire. »

Blatter rappela à ses collègues que, dix-huit mois plus tôt, il avait écrit au secrétaire général Michel Zen-Ruffinen pour l'informer de son partenariat avec Kirch et lui assurer qu'en cas de besoin il était prêt à se récuser et à s'abstenir de voter sur ces questions.

Il s'était effectivement récusé. Plus tôt la même année, le comité exécutif s'était réuni à Buenos Aires et avait voté pour que Kirch reprenne les droits télévisuels de la Coupe du monde abandonnés par ISL après sa faillite [1]. Tous les membres du comité avaient voté, sauf Blazer, qui avait expliqué ses liens avec le groupe et s'était abstenu.

Blatter et l'ensemble du comité étaient donc au courant du plan d'enrichissement personnel de Blazer avec Kirch. Et cela ne leur avait pas posé le moindre problème ! Chuck n'avait pas eu à choisir entre servir la FIFA et se servir une autre part du gâteau de la FIFA.

---

1. Voir chapitres 18 et 19. (*N.d.T.*)

Jack Warner a déclaré un jour à un journal local : « Tout ce qui compte pour moi dans la vie, c'est de rendre à mes communautés, parce que j'estime leur être redevable. »

Si la première partie de cette déclaration a dû laisser perplexe plus d'un habitant de Trinité, personne ne remet en question la seconde. Jack Warner a été le bénéficiaire du football international et caribéen de la manière la plus époustouflante et audacieuse qui soit. On lui a même érigé un palais !

Il est baptisé « Centre d'Excellence Docteur João Havelange »... Pas moins ! Son but, selon Jack, est d'élever le niveau du football dans tous les pays membres de la CONCACAF.

Si la région avait vraiment eu besoin d'un centre de football et s'il y avait eu un processus de planification équitable, ouvert et responsable, on l'aurait sans doute placé près du milieu de la région, quelque part en Jamaïque ou à Cuba, afin que les joueurs et les officiels puissent s'y rendre facilement.

Mais il ne s'est rien passé de tout ça et, totalement excentré, c'est à Trinité, à l'extrême sud de la région footballistique de Jack, qu'il a été créé. Le Centre d'Excellence Docteur João Havelange est situé en retrait de la route, à Macoya, entre l'aéroport et Port of Spain. Il est composé d'un stade de football de six mille places, de trois terrains d'entraînement, d'une piscine, de bureaux, d'une salle de conférences et du Sportel Inn, qui abrite cinquante chambres pour les officiels en visite.

Revenons à la phase de planification. Warner avait estimé qu'il aurait besoin de 16 millions de dollars pour bâtir son centre. Le budget total de développement de la FIFA pour l'ensemble de la région, de 1999 à 2002, ne dépassait pas 10 millions. Alors 16 millions pour une petite île des Caraïbes, impossible !

Pas pour Jack. Il y avait des élections présidentielles à la FIFA à l'horizon, et Jack contrôlait trente-cinq voix. Personne, et surtout pas Blatter, ne voulait le décevoir. Et c'est ainsi que la totalité du budget de développement de la région, soit 10 millions de dollars, lui fut attribuée, plus un prêt de 6 millions de l'Union des banques suisses, garanti par la FIFA.

Une des dernières missions officielles du président Havelange fut d'inaugurer le centre, en mai 1998. Il déclara aux officiels de la région : « Votez Blatter. » Il parla de Jack en termes chaleureux, l'appelant « mon frère ».

Dix-huit mois après la grande cérémonie, Julio Grondona, président de la commission des finances, et le président Blatter envoyèrent une lettre formelle à Warner, lui rappelant qu'il n'avait pas encore remboursé un centime du prêt de 6 millions de dollars. De quelles terribles représailles le menaçaient-ils ? « La FIFA envisage de rembourser le prêt de 6 millions de dollars... à votre place, puisqu'il semble que votre confédération sera dans l'incapacité de le faire. »

Vers la même époque, Bin Hammam, responsable du bureau Goal de la FIFA, convint que Warner pourrait accueillir un projet de 400 000 dollars à Trinité. Que pensèrent les blancs-becs de l'équipe McKinsey enfermée dans son poulailler, eux pourtant si impitoyables avec des demandeurs de projets Goal moins puissants, de tout cet argent déversé dans l'empire Warner ? Là encore, secret professionnel.

Quand il se trouve à Zurich, Warner aime bien faire des petits sauts au service financier. Après une de ses visites, Hans Ulrich Schneider, qui contrôle les cordons de la bourse de la FIFA en ce qui concerne le budget du développement, accepta de lui accorder un délai pour le remboursement de dizaines de milliers de dollars de dettes.

Quelles que soient les sommes que la FIFA donnait à Warner, il en demandait toujours plus. Ils avaient payé pour le centre, à présent ils devaient payer pour l'utiliser. En août 2001, Warner vint taper Blatter directement, sans passer par des intermédiaires, exigeant 77 000 dollars pour deux séminaires d'arbitrage de quatre jours à Macoya et à Mexico, en octobre 2001.

Warner déclara qu'il pouvait contribuer à hauteur de 28 000 dollars puisés « dans nos maigres ressources » et joignit son devis pour le centre de Macoya. La FIFA devrait payer 3 000 dollars – soit 750 dollars par jour – pour louer la salle de conférences qu'elle avait entièrement financée. Les trente-deux participants allaient devoir manger, ce qui coûterait à la FIFA 15 000 dollars, soit 468 dollars par personne. Pour l'hébergement, Jack prévoyait 16 000 dollars, soit 500 dollars par stagiaire, dans l'hôtel que la FIFA avait construit.

La liste était longue. Location d'équipement audiovisuel ? Compter 12 000 dollars. D'autres équipements ? Ajouter 3 000 dollars. La publicité et la promotion du stage reviendraient à 2 500 dollars. Les certificats ? Ils étaient pratiquement donnés, à 50 dollars la pièce. Puis Jack rajouta 4 000 dollars dans une rubrique « divers » à la fin.

Le président Blatter transmit la requête de Warner à Bin Hammam. Ils ne pouvaient quand même pas accepter ce devis pour 77 000 dollars ! Non, il fallait lui donner plus ! Deux jours après que Warner eut faxé son « budget », Urs Zanitti, directeur du bureau Goal, lui répondit par fax qu'ils allaient lui donner l'intégralité des

105 500 dollars que coûterait le stage. Zanitti ajoutait : « Nous vous félicitons de prendre l'initiative d'organiser des cours aussi utiles. »

Sept mois plus tard, Warner revenait à la charge, déclarant à Zurich qu'il avait l'intention d'engager Pelé, sir Bobby Charlton, Carlos Alberto Parreira et Gérard Houllier pour des stages d'entraîneurs à l'automne 2002. Quelle superbe brochette de formateurs ! Il s'avéra qu'ils étaient pris ailleurs, tous sans exception. A leur place, Warner recruta le directeur du développement à la FIFA, Jean-Paul Brigger, et le Ghanéen Abedi Pelé, mais la FIFA cracha quand même les sous.

Urs Zanitti, du projet Goal, aurait peut-être été moins impressionné par Warner s'il avait su à quel point le centre financé par la FIFA servait peu à l'entraînement des joueurs de la région et au développement du football. En 2001, trente-six jours de l'année seulement leur furent consacrés. En 2002, trente-cinq jours. En 2003, il n'y eut que trois semaines de stages au centre. On avait du mal à imaginer tout le bien que ces millions de dollars faisaient à la grande famille planétaire du football.

Une famille au moins en bénéficiait. Daryan Warner (fils de Jack) gérait le coûteux restaurant qui nourrissait les footballeurs et autres visiteurs. Le centre n'était pas ouvert depuis un an que Warner décida que c'était l'endroit idéal pour accueillir le concours de Miss Univers 1999. « Les bureaux de Miss Univers sont dans le même building que les miens à New York », fut toute la justification qu'il donna.

Jack nourrissait un autre fantasme pour son palais du football. Il allait créer son propre club, qui participerait aux championnats du monde des clubs. Il gagnerait une fortune.

Voici comment il l'a expliqué sur son site web : « En 1996, alors que Trinité-et-Tobago pleurait le retrait précoce de notre équipe nationale du tournoi de qualification pour la Coupe du monde 1998, Austin Jack Warner, un patriote et serviteur dévoué, préparait déjà la phase suivante pour mener son pays jusqu'en finale de la Coupe 2002. Des entrailles de sa désillusion est né le Joe Public Football Club. »

Pour ce qui était de la direction du club, on restait en famille : elle était assurée par sa femme Maureen, son fils Daryan et son vieux copain d'université Harold Taylor, qui était régulièrement recyclé d'un poste à l'autre dans la fédération locale, l'Union caribéenne de football, ou dans la CONCACAF.

Warner espérait gagner de l'argent en vendant ses meilleurs joueurs à l'étranger. Un des ses fils deviendrait agent agréé et « aucun transfert ne pourrait avoir lieu sans son accord ».

Son équipe remporta le championnat des clubs caribéens en 1998 et Warner annonça : « Le Joe Public FC est en train de devenir rapidement le Manchester United des Caraïbes. » Il prédit que son club arriverait en finale du championnat du monde des clubs. Ce ne fut pas le cas. Joe Public descendit dans les classements et, en janvier 2004, Warner tira un trait sur son rêve.

17

Un ban pour la jeunesse sportive…
et pour la tirelire de la famille Warner !

Port of Spain, 12 juin 2001

Dans un courriel à Blatter, Jack Warner écrivit : « J'ai servi fidèlement et au mieux la FIFA au cours de ces dix-huit dernières années. J'ai vu bien des hommes avec moins de loyauté et de service ainsi que leur progéniture bénéficier des bienfaits de la FIFA. Alors qu'on m'avait promis que la firme de mon fils partagerait les fruits de la e-stratégie de la FIFA, voilà tout le résultat ! »

Jack n'obtenait pas ce qu'il voulait. Il avait intrigué à la FIFA pour que le championnat du monde des moins de dix-sept ans, la Coupe U-17, ait lieu dans son île, et voilà qu'un contrat juteux était en train d'échapper à son fils ! Warner avait promis à sa famille qu'ils obtiendraient leur part du butin, mais tout là-bas, au loin, ces maudits bureaucrates de Zurich, *ses* employés, traînaient les pieds.

« La famille FIFA ne peut survivre et rester indemne que si ses enfants sont sincèrement convaincus qu'il y a une place pour eux dans la Maison FIFA, poursuivit Warner. Mais, hélas, si dans la Maison FIFA il y a peut-être de la place pour tout le monde, je suppose que chacun doit savoir où est la sienne. Or, apparemment, ce n'est pas mon cas. Meilleurs souvenirs, Jack Warner. »

Warner était président de la commission d'organisation du championnat du monde des moins de dix-sept ans qui avait attribué à Trinité le tournoi de septembre 2001. Cela signifiait beaucoup de contrats, des millions de dollars de subventions du gouvernement et de la FIFA. Il y avait quatre nouveaux stades à construire, un ancien à rénover, de nombreuses infrastructures coûteuses et beaucoup de contrats associés à saisir.

Il monta un comité d'organisation avec son ami Ameer Edoo, futur directeur des autorités aéroportuaires de Trinité. Ils obtinrent des fonds du ministre des Travaux publics et des Transports, Sadiq Baksh, et du ministre des Finances, Brian Kuei Tung, tous deux membres du parti UNC que Warner avait soutenu par son influence et son argent. En mai 2004, avec six autres politiciens et hommes d'affaires, Edoo, Baksh et Tung furent arrêtés et inculpés pour corruption dans la construction du nouvel aéroport à Piarco. Le procès s'éternise encore dans les tribunaux de Trinité.

« Je n'ai pas à m'excuser pour ce que j'ai fait afin que nous remportions le marché, a déclaré Warner entre deux gloussements de rire en évoquant la manière dont il s'était montré plus malin que ses collègues de la FIFA pour décrocher le tournoi. Plusieurs autres pays, dont le Pérou, le Japon, la Finlande et l'Ecosse, étaient également candidats. A moi seul, je les ai combattus et j'ai gagné. Quand ils ont perdu, ils ont commencé à parler de délit d'initiés, de conflit d'intérêts et d'avantage indirect… »

Warner se nomma lui-même président de la commission d'organisation du championnat et dressa un budget. Celui-ci fut approuvé par les six hommes de la commission des finances (dont le vice-président n'est autre que Jack Warner) et visé par le comité exécutif (dont le vice-président est… Jack Warner).

La manière dont tous ces contrats de construction de stades étaient attribués ne fit pas que des heureux, loin de là. L'association locale des entreprises du bâtiment écrivit au Premier ministre Panday pour se plaindre de la manière dont 340 millions de TTD d'argent public avaient été dépensés. Selon elle, les procédures légales d'adjudication étaient « enfreintes ». Le processus, loin d'être transparent, était jugé « hautement irrégulier ».

En dépit de nombreuses requêtes, Warner a toujours refusé de répondre à ces obligations.

Il remercia Urs Linsi, directeur financier de la FIFA pour l'aide de l'organisation, et son assistance financière en vue du championnat du monde des moins de dix-sept ans, prévu pour 2001.

Début 2001, les chaînes de télévision envoyèrent une équipe technique pour faire un rapport sur l'avancée des travaux dans les nouveaux stades. Elle était dirigée par Keith Thomas. Quand celui-ci, effaré du retard accumulé et de certaines aberrations de construction, tenta de poser des questions, il fut « remis à sa place » par un bureaucrate de la FIFA, Walter Gagg : « Il est évident que les questions liées à la télévision ne peuvent être discutées sur place et que l'information doit être obtenue par moi qui suis en mesure d'interroger les fournisseurs et les ouvriers. La planification et l'organisation de cette inspection ont été mal faites. »

Il déclara sans autre commentaire que Warner et ses

partenaires commerciaux au sein du comité d'organisation s'occupaient de gérer la construction.

Le contrat de fast-foods et de débits de boissons des cinq stades alla à l'entreprise de restauration de son fils Daryan. Sandra Bachir, responsable du comité d'organisation, déclara à une radio locale : « Je crois qu'à certains moment, en effet, on doit s'inquiéter de ce genre de choses. Mais nous devons nous comporter en adultes, dépasser ce stade pour voir plus loin et plus grand. Nous gaspillons trop de temps à nous appesantir sur de menus détails que nous ne pouvons pas changer. »

Ce qui ne pouvait pas être changé non plus, c'était le pouvoir de Warner sur Blatter, lequel octroyait sans compter des contrats de la FIFA à des sociétés appartenant à la famille Warner. Parmi les quinze équipes étrangères, comprenant les joueurs, les entraîneurs, les médecins, le personnel d'encadrement et les officiels, il y en avait qui venaient d'Europe, d'Asie, d'Afrique et d'Australie. Cela représentait environ cinq cents billets d'avion à payer. En temps normal, ces voyages étaient gérés par l'agence de voyages de la FIFA à Zurich. Pas cette fois. Une belle affaire pour les heureuses agences de voyages qui l'emporteraient.

A la FIFA, Barbara Eggler fit circuler une note informant tout un chacun que « conformément aux souhaits de Jack Warner, et après accord du président de la FIFA, les déplacements pour le championnat U-17 seraient organisés par l'agence de voyages du comité organisateur local, Simpaul's Travel Service [une agence de voyages appartenant à la famille Warner] ».

Simpaul, basée à Port of Spain, fait partie de ce que Jack appelle le « groupe de sociétés Warner ». Elle fait ses choux gras du football, sur le plan régional et international. Warner lui-même, sillonnant constamment la planète, ne prend ses billets pour lui et son entourage que dans son agence.

Pour la Coupe du monde 2002, la FIFA investit lourdement dans les logiciels Internet et les systèmes intranet. Elle voulait que, dans les halls d'hôtel et les points de rencontre, les supporters puissent accéder immédiatement aux résultats des matchs et aux informations relatives au tournoi. Le championnat des moins de dix-sept ans à Trinité-et-Tobago leur permettrait de tester ces nouvelles technologies. Une grande entreprise de Dallas était le principal fournisseur. Semtor, une société de services et d'ingénierie en informatique basée à Weston, en Floride, briguait les contrats de sous-traitance mais les négociations n'avançaient pas beaucoup.

Jack Warner intervint à la FIFA, envoyant un courriel : « Je vous écris afin que vous vérifiiez où on en est concernant mon fils » (Daryll Warner était chef de projet chez Semtor). Le temps passait et il n'y avait toujours pas de contrat. Jack écrivit à nouveau : « J'attends avec une certaine impatience la discussion concernant mon fils Daryll et sa société, Semtor. »

En juin 2001, Daryll Warner envoya un courrier électronique à son père : « Comme toi, je reste très perplexe, puisqu'on nous avait dit que le site web régional ferait appel à Semtor. En outre, je ne comprends VRAIMENT pas qui prend les décisions à la FIFA. »

Jack répondit : « Ecoute, mon fils, ne te fais pas trop de souci, concentre-toi sur ce que Semtor et toi avez à faire et rien d'autre... C'est le secrétaire général Michel Zen-Ruffinen qui prend les décisions à la FIFA concernant cette affaire, et il m'a dit à plusieurs reprises (soutenu par le président de la FIFA et Urs Linsi) qu'il y aura un rôle pour Semtor à la FIFA. Je les prends au mot. »

Daryll écrivit à nouveau à son papa, cette fois en s'adressant à lui en utilisant son titre de président de la CONCACAF. « Cher monsieur Warner, j'aimerais vous remercier pour votre confiance à l'égard de Semtor Inc. Malheureusement, vos collègues à la FIFA ne partagent ni vos sentiments ni vos aspirations. » Ce qui attristait profondément Daryll : « Je suis déçu par la FIFA. A ce que je constate, il semble que la FIFA d'aujourd'hui n'est plus celle que vous avez rejointe il y a tant d'années. Où sont passées l'éthique, la moralité, l'honnêteté, dans la manière dont Semtor est traité ? Enfant, j'aspirais tant à faire partie un jour de la FIFA en raison de ses valeurs en or. Malheureusement, aujourd'hui, il semble que cet espoir s'évanouisse rapidement. »

Semtor maintint la pression, envoyant à la FIFA un projet de contrat auquel ne manquait plus qu'un paraphe. Semtor projetait de développer une douzaine de « kiosques » qui seraient placés dans des halls d'hôtel et dans d'autres lieux où les supporters se retrouvaient. Ils coûteraient à peine plus d'un million de dollars. Semtor fournirait également leur contenu pour 362 500 dollars supplémentaires, ainsi que l'audionumérique pour 320 000 dollars.

La production vidéo en ligne coûterait 75 000 dollars, mais elle ne servirait pas que pour le championnat à Trinité en 2001. Le projet était « conçu pour créer un modèle et un concept qui se poursuivra jusqu'à la Coupe du monde de 2002 ». Si Semtor parvenait à décrocher ce contrat également pour le Japon et la Corée, cela lui vaudrait encore beaucoup plus d'argent. Mais pour l'heure, pour le seul tournoi de Trinité, on obtenait une addition d'un peu moins de 2 millions de dollars. Il y avait une dernière clause : Daryll Warner serait nommé « cadre de liaison entre tous les conseillers en initiatives numériques » avec, à la clé, des honoraires de 60 000 dollars.

Papa fit passer le projet de contrat par-dessus les têtes des responsables de ces questions et le fit atterrir directement sur les bureaux de Blatter et d'Urs Linsi. Deux semaines plus tard, maintenant la pression, il envoya un courriel à Linsi : « Concernant le contrat Semtor : je sais que vous êtes très occupés mais, malgré tout, j'ai encore besoin de la confirmation du contrat que je vous ai envoyé à tous les deux par courriel jeudi dernier. » Jack était alors en Argentine pour un congrès de la FIFA. « J'ai une sortie papier ici avec moi à Buenos Aires que vous pourrez signer à votre arrivée. J'attends votre réponse avec impatience. »

Jack obtint ce qu'il voulait. Le contrat fut signé. Mais ce n'était pas fini pour autant. Daryll voulait inclure les sponsors de la FIFA dans sa production. Il voulait que le département de marketing de la FIFA fasse les démarches nécessaires. Papa intervint à nouveau : « Daryll, stp, dis-moi précisément ce que tu attends du service de marketing de la FIFA ou de n'importe quelle autre agence ou personne et j'utiliserai ma position pour t'aider. » Puis papa envoya un courriel à Zurich : « Y a-t-il quelqu'un, n'importe qui, qui puisse assister Semtor ? »

Pas assez vite, en tout cas, ce qui rendait Warner fou de rage. A la fin de juillet 2001, il écrivit à Blatter, à ses deux secrétaires, Helen et Christine, au secrétaire général Michel Zen-Ruffinen et à sa secrétaire Doris, au directeur financier Urs Linsi, au conseiller en marketing Guido Tognoni et au conseiller du président Jérôme Champagne.

« Sepp, je suis perplexe et implore ton aide. Sepp, j'ai

fait mon possible pour ne pas te déranger mais, après avoir exploré toutes les autres possibilités, je reste aussi perdu et désemparé que jamais. Le courriel susmentionné de mon fils est suffisamment explicite. J'ai fait tous les efforts pour obtenir une réponse de certaines personnes mais, même en allant jusqu'à signer de mon titre officiel dans mes courriels, rien n'y a fait. »

Daryll était mécontent. Apparemment, quelqu'un dans le service marketing de la FIFA lui avait dit qu'ils n'avaient jamais entendu parler de Semtor.

La pression exercée par papa porta enfin ses fruits. Son fiston Daryll n'était qu'un chef de projet dans une petite entreprise cherchant à décrocher un minuscule contrat avec une organisation qui concluait des accords avec des corporations multinationales. Et voici que le président de la FIFA s'y intéressait personnellement. Le 2 août, Sepp Blatter répondit par courriel : « Cher Jack, les nouvelles sont bonnes ! Le secrétaire général et le directeur de projet vous tiendront informé. Je suis en vacances jusqu'au 11 août et serai de retour au bureau les batteries complètement rechargées ! Cordialement, Sepp. »

Semtor plaça ses kiosques. Daryll Warner obtint son argent. Jack ne fut pas en reste, car les informations sur le championnat qui étaient diffusées dans les kiosques de Daryll étaient assurées par une société britannique appelée Team Talk dont le consultant était Jack Warner.

Cinq jours après le début du championnat du monde des moins de dix-sept ans, Jack Warner envoya un fax à Sepp Blatter : « Mon cher président et ami, suite à la tragédie [du 11 septembre] survenue aux Etats-Unis mardi dernier, de nombreuses lignes aériennes et compagnies de fret refusent de prendre des chargements pour des raisons de sécurité. En conséquence, il est économiquement raisonnable de différer le rapatriement des kiosques jusqu'à ce que les choses rentrent dans l'ordre. »

Les kiosques étaient formidables, déclara Jack à la presse spécialisée après le championnat. « Ils contribuent à révolutionner tout le sport. L'importante contribution de Semtor au championnat du monde U-17 de la FIFA a permis aux amateurs de football partout dans le monde de se joindre aux supporters ici présents dans la célébration de ce moment unique du football et de goûter aux parfums de Trinité-et-Tobago. » Le bruit courut que Semtor espérait vendre encore trois cents kiosques à la FIFA pour la Coupe du monde à venir.

Immédiatement après le championnat, Daryll bombarda de billets doux vingt-trois officiels de la FIFA à Zurich, les remerciant pour leur aide et les informant de son désir « de continuer à assister la FIFA dans les domaines appropriés ». Pour la nouvelle année, il envoya un courriel à Jack, avec une copie à Sepp : « Papa, je vais t'envoyer une liste de domaines dans lesquels je crois pouvoir assister la FIFA pour l'exercice 2002-2003, et contribuer à donner au comité exécutif ainsi qu'au président Blatter des allures de vainqueurs aux yeux de leurs critiques (dans les médias et ailleurs). »

En février 2002, Daryll envoya à Urs Linsi un courriel « de la plus haute importance » : « J'aimerais vous faire partager quelques pensées/idées qui me semblent pouvoir être bénéfiques pour la FIFA... si possible, n'hésitez pas à les montrer aux autorités compétentes au sein de la FIFA (notamment le secrétaire général et la commission des finances). Si nécessaire, je suis plus que disposé à développer les détails appropriés de TOUS ces points dès que cela vous conviendra. » Linsi transféra docilement le courriel à ses collègues, avec ce commentaire : « A mon avis, il vaudrait la peine d'examiner des alternatives telles que celles proposées dans le message de Daryll. » Il en envoya une copie à Daryll.

Pour certains jeunes footballeurs, le championnat du monde U-17 de la Trinité fut décevant. Le contingent australien arriva à son hôtel tard dans la nuit. Les Avory, son manager, fulminait. « Il n'y avait pas de porteurs de nuit, si bien que l'équipe a dû décharger les quatre-vingt-six bagages. Il n'y avait pas de gardien de nuit non plus. Certaines chambres n'avaient pas l'eau chaude. Le carrelage était sale et certaines pommes de douche manquaient. Dans certains WC, les chasses d'eau ne marchaient pas et, de toute manière, cela sentait mauvais. Une autre équipe a refusé de dormir là et s'est trouvé un hébergement plus convenable. J'ai réussi à coincer Warner, mais il a refusé de nous déménager, rétorquant : "J'ai versé 59 000 dollars d'avance". »

Les Australiens, qui pour le premier tour se trouvaient dans le même groupe que l'équipe de Trinité-et-Tobago, en apprirent vite beaucoup sur l'hospitalité et le fair-play à la mode Warner. Les a raconté : « Notre terrain d'entraînement se trouvait à Arima. Une heure et quart de voyage dans chaque sens, et on était censés faire l'aller et retour deux fois par jour. Nous avons demandé si nous pouvions utiliser un autre terrain, ce qui nous fut refusé. Si bien qu'on est allés s'entraîner dans cet immense espace public au milieu de la ville, la Savane, qui convenait sans doute pour le Carnaval mais était surtout plus adaptée pour des courses de motos sur cendrée, en tout cas pas exactement l'endroit rêvé pour travailler des combinaisons à la veille de rencontres internationales... » Finalement, une école locale eut pitié d'eux et leur offrit leur terrain, mais les écoliers en avaient quand même besoin de temps en temps.

« Un médecin de la FIFA nous avait recommandé d'éviter de jouer entre onze heures et seize heures », explique Les Avory. Le soleil caribéen est redoutable. Les matchs des Australiens contre le Brésil et la Croatie furent programmés le soir, comme prévu. Mais quand ils durent affronter l'équipe locale, les règles changèrent d'un coup. Jack programma le match à l'heure du déjeuner, quand le soleil était à son zénith. Comme si cela ne suffisait pas pour rendre la vie des Australiens plus difficile encore : « Après le match contre le Brésil, on aurait dû avoir soixante-douze heures de récupération, mais cette fois on n'a eu que quarante et une heures. »

En dépit de l'hébergement insalubre, des heures de route, des conditions d'entraînement précaires, du manque de repos et du soleil torride, les Australiens battirent Trinité-et-Tobago 1 à 0.

Avory a déclaré : « Après le match, j'ai demandé un rendez-vous avec Warner et lui ai dit de but en blanc : "Vous détournez les règles à votre avantage." Ça ne lui a pas plu, alors il a fait venir un secrétaire pour noter par écrit tout ce qu'on disait. C'était de l'intimidation pure et simple. » Les jeunes d'Avory parvinrent en quarts de finale, où ils se firent éliminer (5 buts à 1) par les Nigérians, lesquels devaient aller jusqu'en finale, où ils perdirent face aux Français. Le dernier jour du championnat coïncidait avec la « Cinquième journée mondiale du fair-play de la FIFA ».

Alors que les coûts du championnat grimpaient vertigineusement, l'*Express* de Trinité publia une mise en garde : « Nous devons veiller à ce que Trinité-et-Tobago ne soit pas exploitée simplement pour servir les intérêts commerciaux de M. Warner aux dépens du contribuable. Les équipes sont logées dans les hôtels et pensions de M. Warner et ce sont ses restaurants qui les nourrissent. » L'éditorial renchérissait : « Pour ce qui est des profits, M. Warner semble s'être taillé la part du lion... Nous devons nous assurer que les principaux bénéficiaires ne se limitent pas uniquement à M. Warner et sa famille. »

Sepp Blatter se trouvait justement en tournée dans les Caraïbes, serrant des mains, adressant de grands sourires, faisant de belles promesses en vue des prochaines élections. Il fit une halte à Trinité et assura à l'*Express* : « Jack Warner est un ami merveilleux et loyal. Il est d'une grande compétence. »

Un des hauts fonctionnaires de Blatter, Walter Gagg, demanda : « Pourquoi les gens posent-ils encore des questions sur ce qui s'est passé et pourquoi ? Sans Jack Warner, je ne crois pas que nous aurions pu organiser ce championnat du monde et nous devons être très, très reconnaissants de l'avoir dans notre organisation. »

Cependant, une partie de la presse de Trinité continua à attaquer Warner. Il était persuadé que les projectiles lui étaient fournis depuis l'intérieur de la FIFA. Mais Warner ne réalisait pas à quel point l'animosité à son égard était profonde dans certains secteurs de la FIFA.

Le président Blatter, assis sous une bannière imprimée de la devise de la FIFA, « Pour le bien du jeu », a pâli sous son hâle. Le patron du football mondial offrait aux journalistes réunis pour cette conférence de presse au Hilton de Port of Spain son imitation de la carpe. Je venais de l'interroger sur les contrats avec la famille Warner. N'y avait-il pas là un conflit d'intérêts ? Blatter tripota ses lunettes. Il ajusta son micro.

« Si je devais vous répondre, je ne pourrais le faire que par écrit une fois rentré à Zurich la semaine prochaine. L'organisation de ce championnat U-17 n'était pas sous la responsabilité du président de la FIFA », ajouta-t-il, parlant de lui-même à la troisième personne. Puis : « Une fois rentré, je vous informerai... car j'entends travailler dans la transparence. » D'autres journalistes posèrent des questions de la même veine. Blatter refit son numéro piscicole. Alors quelqu'un lança une question depuis le fond de la salle. Au cours du championnat, on avait entendu du calypso et des *steel bands* formidables. Est-ce qu'à l'avenir cela deviendrait la musique de prédilection des manifestations de la FIFA dans le monde entier ? L'ambiance se détendit aussitôt. Ouf ! Blatter était tiré d'affaire. Tout cela grâce au bon réflexe et à la vivacité d'esprit d'un membre du comité organisateur de Jack.

Après la conférence de presse, le porte-parole du président, Markus Siegler, vint me trouver dans ma chambre d'hôtel au Hilton. Quel homme charmant ! Il m'offrit une de ses gauloises et m'assura que, en tant qu'ancien journaliste lui-même, s'il pensait qu'il y avait la moindre entourloupe dans l'empire de Sepp, il claquerait aussitôt la porte. « Je plaquerais tout ! » m'annonça-t-il, écarquillant les yeux devant sa propre audace. Nous prîmes le thé, nous nous serrâmes la main puis il repartit.

Quelque temps plus tard, un ami me téléphona pour me chuchoter dans le creux de l'oreille que Markus était en train de dire à l'équipe de la FIFA, dans un autre coin de l'hôtel, qu'il s'était occupé de moi et que je ne serais plus « un problème ».

Blatter avait promis de me répondre ; il avait promis la transparence. Aussi, je lui écrivis et lui demandai de commenter chacun des nombreux contrats décrochés par la famille Warner à l'occasion du dernier championnat de la FIFA. La question était inchangée : n'y avait-il pas là des conflits d'intérêts ?

Sa réponse arriva dix-sept jours plus tard et consistait en huit cents mots. « La FIFA attribue le tournoi à une fédération nationale, qui en assure ensuite le contrôle, à la condition que son budget soit approuvé par la FIFA », expliquait-il. Concernant le contrat Semtor, sa réponse se perdait dans les méandres de projets en Estonie, en Arménie et au Cameroun, puis dans des projets pilotes informatiques. Sur Daryll et ses honoraires de 60 000 dollars, pas un mot. Quant à l'expression « conflits d'intérêts », elle n'avait rien éveillé en lui.

Voici un exemple du jargon de Blatter appliqué aux contrats de la famille Warner : « Que les services provenant de l'extérieur soient profitables ou non aux entreprises en question ne concerne qu'elles dans la mesure où elles sont obligées de fournir ces services conformément au cadre contractuel convenu. » Vous pouvez le relire, maintenant ou demain, à tête reposée, ça ne voudra toujours rien dire. La transparence façon Blatter.

Les journaux de Trinité poursuivirent leurs attaques contre Warner et les contrats accordés à sa famille. Quand la presse rabâche ainsi une affaire comme un chien mâchant un vieil os, il y a une petite astuce qui marche parfois : lancer au chien un nouvel os. Warner et Blatter concoctèrent une série de lettres où ils se soutenaient mutuellement, et en envoyèrent des copies à la presse locale. Warner écrivit affectueusement à Sepp : « J'ai la joie de vous annoncer que toutes les fédérations membres de la CONCACAF soutiennent totalement votre réélection à la présidence de la FIFA pour un second mandat, tout comme elles l'ont fait pour votre élection en 1998. »

Citer intégralement Warner aurait pris beaucoup trop

de place dans le journal car il continuait ainsi : « Un soutien aussi écrasant témoigne sans l'ombre d'un doute de notre immense satisfaction devant la manière dont vous vous êtes acquitté de vos fonctions au cours de votre mandat actuel. A ce titre, il existe la ferme conviction que vous devriez avoir la possibilité de poursuivre le bon travail pour le développement de la FIFA, et pour cela ma confédération tout entière m'a donné son engagement. J'espère que vous en tiendrez compte. »

Sepp, touché aux larmes, aurait pu lui aussi remplir des colonnes entières : « Mon cher ami Jack, répondit-il publiquement, c'est avec un immense plaisir que j'ai reçu votre lettre datée du 5 octobre exprimant le soutien unanime des fédérations nationales de la CONCACAF et du président de la CONCACAF lui-même. Vous n'êtes pas sans le savoir, j'ai consacré ma vie au football et à la FIFA, résolument déterminé à promouvoir l'universalité de notre sport dans un esprit de solidarité et de démocratie entre les membres de la famille mondiale du football. Plus que jamais après la qualification de pays tels que la Chine à la Coupe du monde 2002 de la FIFA, je suis convaincu que cette voie est la bonne... Votre lettre est un encouragement pour moi ainsi qu'une puissante incitation à poursuivre cette action pour le bien de nos deux cent quatre fédérations nationales et pour tous les amoureux du football partout sur la planète. »

Blatter envoya rapidement une seconde lettre, déclarant que Trinité-et-Tobago recevrait un prix spécial de la FIFA pour récompenser ces si merveilleux supporters du football. Obligeamment, Warner la rendit publique.

En privé, leur correspondance était moins lyrique. Trois semaines après que l'équipe de France fut rentrée à la maison avec le trophée des moins de dix-sept ans,

Warner envoya un courriel à Blatter : « Les comptes montrent effectivement un déficit. Compte tenu de ce dernier et étant donné les antagonismes orchestrés contre moi au travers des médias locaux et étrangers, y compris mais pas uniquement par Andrew Jennings du *Daily Mail*, j'ai bon espoir que ces comptes, quand ils seront soumis, resteront l'affaire de la FIFA uniquement. Je vous remercie pour votre compréhension habituelle à cet égard. Avec mes meilleurs souvenirs, Jack. »

Fin novembre 2001, Jack écrivit à nouveau à Zurich : « J'ai depuis vérifié et revérifié mon mémoire pour la FIFA et [le déficit] s'élève à 1 529 723 dollars. Je vous serais donc reconnaissant si cette erreur pouvait être corrigée afin que nous puissions en finir avec cette affaire, ce pour quoi je vous remercie d'avance. »

Puis Warner remit ça. Il insista auprès du gouvernement de Trinité-et-Tobago pour qu'il crache 30 millions de TTD pour accueillir un nouveau championnat juniors. Mais certaines choses avaient changé à Trinité. Il y avait eu une élection. Ses amis n'étaient plus au pouvoir.

Le nouveau ministre des Sports était sûr d'une chose : il ne voulait pas d'un autre tournoi de la FIFA. Ils en étaient encore à se demander où était passé tout l'argent reçu pour le dernier. Warner, dirent-ils, « n'avait pas répondu à la demande du ministère de lui fournir un rapport sur le championnat du monde U-17 de la FIFA 2001 ». Le ministre ajoutait : « Nous aimerions également connaître les procédures d'adjudication et les bénéfices pour Trinité-et-Tobago. »

En dépit de sa réussite internationale, Jack Warner s'intéressait toujours autant aux jeunes footballeurs de

Trinité. En septembre 2002, l'entraîneur de l'équipe junior nationale eut la surprise de se retrouver licencié sans préavis ni explication. Il se dit que son éviction n'était peut-être pas sans rapport avec le fait qu'il n'avait pas retenu dans la sélection Jamal Warner, seize ans, fils de Jack. Ce dernier fut aussitôt réintégré par le nouvel entraîneur, qui n'était autre que l'ancien coach de l'ex-club de Warner.

18

Plus grosse, toujours plus grosse… Weber fait enfler la bulle ISL

Après la perte catastrophique des jeux Olympiques, Jean-Marie Weber dut reconstruire ISL. En juillet 1996, il décrocha le contrat avec la FIFA : deux Coupes du monde dans la poche. Hourra ! Au bout de quelques mois, il n'y avait plus de quoi se réjouir. Avant la fin de l'année, trois hauts cadres d'ISL avaient pris la porte pour se jeter dans les bras de Leo Kirch, le magnat des médias qui avait aidé ISL à lever des fonds pour garantir l'accord sur la Coupe du monde. Ainsi, Weber perdait trois brillants spécialistes des droits dans un marché où tout se jouait sur les personnalités et les contacts. En outre, de soutien, Kirch était devenu un puissant rival.

Mais il y avait d'autres raisons d'être inquiet. Après la jubilation suscitée par les accords sur la Coupe du monde, ISL commençait à comprendre qu'elle avait commis une erreur. Kirch avait garanti des emprunts en retour des droits de retransmission de la Coupe du monde en Allemagne. Il avait fixé lui-même le prix, 120 millions de francs suisses, ce qui paraissait désormais être une affaire fantastique pour lui et une grosse bourde de la part de Weber et de son équipe. En avril 1997, un cadre d'ISL écrivit dans une note confidentielle : « L'Allemagne est le premier marché mondial pour les ventes de droits télévisuels du football. La lourde perte dans ce domaine nous laissera une marge de manœuvre très réduite ailleurs. » Il estimait qu'ils auraient dû demander 300 millions.

Et ce n'était pas fini. Sepp Blatter était mécontent. Les trois cadres vedettes qui étaient partis, Steven Dixon, Peter Sprogis et Thomas Hipkiss, avaient joué un rôle crucial à ISL et dans les espoirs de la FIFA de vendre très cher les droits de retransmission de la Coupe du monde. Le marché le plus précieux était l'Europe. Au milieu de 1997, Blatter demanda à Weber de céder ce dernier à Leo et à sa nouvelle équipe d'enfer. Weber détenait encore près de la moitié du marché de la Coupe du monde, mais perdre l'Europe faisait très mal. S'il voulait introduire sa société en Bourse, elle devrait être plus importante que ça.

Jean-Marie Weber partit à la pêche aux droits. Il avait déjà arraché, au printemps précédent, ceux des championnats du monde de volley-ball et de natation. Puis vint la gymnastique. Ensuite, ce fut une part de Copyright Promotions, basée à Londres, qui exploitait des personnages de dessins animés, de films et de séries télévisés, ainsi que la Coupe du monde de cricket. Entre-temps, voulant tirer le meilleur profit des droits qu'il détenait déjà, il dressait des plans pour exploiter les « valeurs de marque » de la FIFA. Il y aurait des boutiques FIFA, des cafés FIFA, des concessions de licence FIFA. « De nombreuses agences de pub en rêveraient ! » disait un rapport confidentiel au conseil d'administration d'ISL, en novembre 1997.

Puis, en juin 1998, Weber traversa l'Atlantique et dépensa 300 millions de dollars dans le championnat automobile CART (Championship Auto Racing Team), la série concurrente de l'Indycar. « CART n'est pas seulement un élément central des activités nord-américaines d'ISL mais également un composant important de la stratégie globale de développement d'ISL », proclama la société, même si beaucoup de gens se demandaient pourquoi ils se donnaient tant de mal.

Autre mois, autre virée à la pêche aux droits : en juillet, Weber se rendit en Californie, où il racheta une société appelée En-Linea, qui créait des sites Internet pour la FIFA et le football régional. Ensuite, il fila à Athènes pour annoncer un accord sur les droits télévisuels avec la fédération internationale de basket-ball, qui contrôlait ce sport en dehors des Etats-Unis.

Puis il se passa quelque chose de drôle. De drôle et de singulier.

Naturellement, pendant ce temps, les vendeurs de Weber n'avaient pas chômé. En juillet 1998, ils vendirent une tranche des droits de la Coupe du monde à Globo, la chaîne de télévision brésilienne, qui versa un acompte de 60 millions de dollars. Rien de drôle là-dedans. Sur ces 60 millions, 22 devaient aller droit à la FIFA. Ce ne fut pas le cas. Weber s'était assis dessus.

Les gens de la FIFA commencèrent à demander : « Où sont nos 22 millions de dollars ? »

En septembre 1998, Michel Zen-Ruffinen écrivit à Jean-Marie Weber, le félicitant pour avoir conclu ces accords « exceptionnellement lucratifs » mais demandant où était l'argent et en quoi consistait le contrat avec Globo. Il n'était fait mention nulle part de la clause cruciale censée protéger la FIFA. Les fonds devaient être placés sur un compte spécial pour garantir la FIFA au cas où ISL ferait faillite. Zen-Ruffinen voulait que Weber réintègre la clause de sécurité et fasse suivre l'argent.

Weber ne corrigea pas le contrat et ne versa pas son argent à la FIFA.

Au lieu de cela, en novembre 1998, il ourdit son « Plan de stratégie pour le nouveau millénaire », une vision « strictement confidentielle » en vingt-six pages de la palpitante croissance d'ISL au cours des quatre années à venir.

La maison mère, appelée ISMM, qui incluait ISL, En-Linea, une société de recherche de sponsoring et d'autres intérêts, était désormais « la première corporation mondiale de médias et de marketing sportifs ».

Le document proclamait également : « Nous avons l'esprit d'entreprise qui constamment questionne, crée et innove. » Ce n'est qu'après « des négociations minutieuses » qu'ils s'assureraient « que les biens appropriés seront acquis à leur juste prix ».

Le groupe se targuait de « hauts critères éthiques » et s'en prenait aux journaux qui remettaient en question la « commercialisation » du sport et publiaient des articles sur « des affaires immorales d'argent, de billets, de dopage, de matchs truqués et de racisme ». Cette société adhérerait « strictement aux plus hautes valeurs de l'éthique des affaires ».

Il y avait comme une vague odeur de danger : « Au cours des années passées, les performances financières du groupe n'ont pas été satisfaisantes, en partie en raison de forts investissements. Le groupe se situe aujourd'hui à un tournant de son existence. »

Tournant ou pas, Weber n'avait toujours pas reversé les 22 millions à la FIFA, qui lui écrivit à nouveau avant Noël de bien vouloir les lui restituer. Il n'en fit rien.

Cela ne semblait pas gêner Sepp... Jean-Marie et lui se

retrouvaient parfois de bonne heure pour prendre un café et des croissants dans le bureau de Blatter à Sonnenberg.

Monte-Carlo, 23 avril 1999

« Champagne pour tout le monde ! » s'écria le commercial aux anges quand les applaudissements retombèrent dans le salon doré du country club de Monte-Carlo. On trinqua en admirant la vue sur les palmiers et le bleu de la Méditerranée. Dehors, le soleil de printemps illuminait les courts en terre battue du plus beau club du monde, tandis que les meilleurs joueurs de tennis passaient et lobaient, s'affrontant pour le titre et le gros chèque promis au vainqueur du tournoi de Monte-Carlo. Aujourd'hui, ils semblaient redoubler d'enthousiasme dans leur jeu. Ces gentils messieurs d'ISL ne venaient-ils pas de leur octroyer un milliard de dollars supplémentaires ? Tous les plus grands organisateurs de tournois de l'ATP (l'Association des joueurs de tennis professionnels) étaient là pour célébrer le plus gros contrat de marketing et de télévision jamais signé dans le monde sportif : Charlie Pasarell, d'Indian Wells, Butch et Cliff Buchholz, de Key Biscayne, Gunther, de Hambourg, Sergio et Adriano, de Rome, Paul et Elaine, de Cincinnati, et d'autres sympathiques personnes représentant Stuttgart et Paris.

« C'est une journée historique et une très grande satisfaction pour nous ce matin », déclara le président de l'ATP Mark Miles. Il compara les négociations pour le plus prodigieux contrat de marketing du tennis à la description du jour J par Winston Churchill : l'opération la plus compliquée jamais réalisée. « Nous avions besoin de partenaires qui aient la bonne expérience sur le plan mondial et qui aient la volonté et la capacité d'engager le capital nécessaire. Avec ISL, nous sommes absolument convaincus d'avoir trouvé les bons partenaires. »

Daniel Beauvois, le nouveau directeur général d'ISL, lui retourna son sourire et déclara qu'ISL allait rendre le tennis plus populaire que jamais. Jean-Marie Weber, assis à ses côtés, hocha la tête. « Nous chercherons à atteindre la plus grande couverture médiatique possible... la plus belle histoire de réussite en marketing sportif du XXIe siècle. »

ISL avait obtenu les droits pour une décennie, en échange de la somme vertigineuse de 1,2 milliard de dollars.

Mais, pour gagner de l'argent, ISL allait devoir investir des millions. Le problème, c'était qu'ils ne les avaient pas. Derrière ses sourires figés et ses poignées de main fermes à Monte-Carlo, Jean-Marie Weber savait qu'ISL était dans le pétrin et que seul le football pourrait sauver sa société.

Jean-Marie repartit donc à la pêche. Cette fois, il voulait acheter Pelé.

En décembre 1999, Weber signa un accord sur quinze ans, pour la somme incroyable de 80 millions de dollars, avec Flamengo, la plus grande équipe du Brésil et celle comptant le plus de supporters. Cinq fois championne de la ligue nationale, elle avait également remporté le championnat d'Amérique du Sud (Copa Libertadores) en 1981.

C'était un accord pour le moins étrange. Weber achetait le droit de commercialiser le club. Pour gérer l'argent, il monta une nouvelle société, Latin America Soccer Investments, basée dans les très secrètes îles Vierges britanniques. Le club utiliserait l'argent liquide d'ISL pour rembourser ses dettes, construire un centre d'entraînement et acheter de nouveaux joueurs. ISL fournirait même un stade de première catégorie dans la région de Rio de Janeiro, avec une capacité d'accueil d'au moins cinquante mille places.

Le nom de Pelé était parfois mentionné, ici et là. Pelé Sports & Marketing toucha 2 millions de dollars pour aider à monter l'accord avec Flamengo. En janvier 2000, Weber écrivit une lettre au directeur de Pelé Sports, Helio Viana. « Après une année d'excellente coopération avec Pelé, vous-même et Celso Grellet [le manager de Pelé], ainsi qu'avec de nombreux membres de Pelé Sports & Marketing, nous vous écrivons pour réfléchir un moment à ce que nous avons accompli et proposer une voie à suivre pour nos deux entreprises avec, pour objectif, de continuer et d'étendre notre relation. »

Weber voulait attirer Pelé dans son groupe, espérant, expliqua-t-il à ses représentants, « votre soutien et votre aide continus, y compris une quantité non négligeable du temps de Pelé en personne ». Il offrit à Pelé et Viana, à cet effet, 5 % des activités de son groupe au Brésil. Vendue soit à des investisseurs privés, soit sur le marché boursier, cette part pourrait atteindre « une valeur considérable se chiffrant en milliards de dollars ».

Dans le dernier paragraphe de sa lettre de trois pages, Weber expliqua son rêve : « Dernier point, mais non des moindres : je réitère notre engagement ferme de proposer à Pelé un concept mondial de marketing et de concession de licences pour son nom et sa marque. » Weber voulait posséder le footballeur le plus célèbre et le plus aimé au monde. Le bonheur suprême en termes de marketing.

Mais le rêve tourna court. En avril 2001, alors que les sociétés de Weber étaient sérieusement mal en point, Weber et Flamengo convinrent de déchirer leur contrat, mais pas avant que le groupe ISL ait perdu plus de

60 millions de dollars. L'affaire Flamengo se termina par un procès, de lourdes dettes, et des cris : « Où est passé tout l'argent ? » Un autre contrat brésilien, avec le club Gremio, pour lequel Weber avait dépensé 20 millions de dollars, tourna également en eau de boudin.

Revenons en arrière. Nous ne sommes encore qu'en 2000, et la FIFA commence à s'inquiéter sérieusement à propos de l'argent de Globo. En mai, Urs Linsi, qui avait remplacé Erwin Schmid au poste de directeur financier dix mois plus tôt, prit connaissance d'une lettre envoyée précédemment par la FIFA à Weber. Datée du 7 septembre 1998 et signée Zen-Ruffinen, elle se plaignait de failles dans le contrat et signalait avec insistance que rien n'avait été fait au cours des deux années précédentes. Le comportement d'ISL y était stigmatisé et on y recommandait de prendre des mesures d'urgence.

En matière commerciale, comme dans tant d'autres domaines, il est contre-productif de tergiverser.

Certains à la FIFA estimèrent que Blatter aurait dû se montrer plus énergique, qu'il aurait dû prendre en main les problèmes avec le groupe d'ISL et réagir rapidement, fermement et de manière plus agressive pour protéger les intérêts de la FIFA. Allait-il enfin hausser le ton ? La société de Weber semblait très mal en point et risquait d'entraîner la FIFA dans sa chute. Tous dans l'organisation se tournèrent vers leur président, attendant qu'il prenne des mesures.

19

Le navire de Weber fait eau de toutes parts... Sepp volera-t-il à son secours ?

Pour Weber, tout baignait. C'était du moins ce qu'il voulait faire croire au monde quand, en juillet 2000, il présenta un nouveau « plan stratégique » rempli d'espoirs et de nouvelles perspectives. Sa société allait être à l'avant-garde de la révolution Internet pour le sport, les partenaires et les fans. Les investisseurs pouvaient miser sur elle. « Gérer le risque financier, comprendre et contrôler notre visibilité est une partie constante, intégrée, de notre existence », affirmait-il. En outre, le groupe appliquerait « l'éthique des affaires à son plus haut niveau » et pratiquerait la transparence.

« De toute évidence, nous excellons dans notre domaine, déclara-t-il. Notre activité a été construite sur la base de relations personnelles privilégiées. [...] Au fil des ans, nous avons tissé un réseau d'étroites relations professionnelles avec la plupart des principaux comités directeurs du monde du sport, unique dans notre secteur. [...] Nous comprenons et respectons les rapports professionnels politiques et affectifs complexes de l'industrie sportive. »

Toutefois, ISL ne semblait pas parvenir à gagner de l'argent avec le tennis. Elle vendit les événements ATP à des chaînes européennes diffusées par satellite et, au bout de quelques mois, le sport avait perdu pratiquement toute visibilité. Moins d'un an après le raout au champagne au country club de Monte-Carlo, les plaintes commencèrent à affluer. Où était la formidable couverture médiatique promise par ISL ? Sans de bons indices d'écoute, on ne pouvait pas vendre de produits de marque, les joueurs s'impatientaient, les sponsors ne répondaient pas aux appels.

Si bien que le football était plus important que jamais. « La Coupe du monde 2002 de la FIFA va transformer le groupe, et le marketing sportif lui-même », déclara Weber. Pour 2006, il prévoyait un profit pour le groupe d'environ un demi-milliard de francs suisses. Quelque part dans la brochure il était noté, l'air de rien, que pour cette année 2000 il ne serait que de 1,5 million.

Les banques refusaient de rallonger leur ligne de crédit et menaçaient même d'annuler des prêts. Le groupe de Weber était au bord de la catastrophe. Il devait emprunter de l'argent, et vite. S'il n'y parvenait pas, la grande création de Horst Dassler serait réduite en poussière par les exigences de créanciers furieux. Toute l'affaire serait soumise aux regards froids des comptables du liquidateur.

A la FIFA, des sonnettes d'alarme retentissaient à tous les étages. Fin 2000, Sepp Blatter avait ses propres soucis. Son cadeau annuel de 250 000 dollars à plus de deux cents fédérations nationales, avant même que n'entre la nouvelle manne de la vente des droits télévisuels et de marketing pour 2002, s'il avait fait des merveilles pour sa cote de popularité, avait probablement mis à mal les finances de la FIFA. On craignait qu'avant trois mois les salaires du personnel ne puissent plus être payés ! Incroyable mais vrai : le sport le plus riche du monde était à sec.

Si le président Blatter ne parvenait pas à mettre rapidement la main sur un bon gros tas d'argent, il allait devoir couper le robinet, contraignant d'innombrables fédérations à arrêter leurs projets de développement. Cela menaçait d'être catastrophique pour la FIFA… et pour le président qui avait laissé advenir une telle situation.

Le directeur financier Urs Linsi négocia en urgence un emprunt colossal de 300 millions de francs suisses auprès du Crédit suisse. Il ne fut pas difficile à obtenir, et le taux en était particulièrement avantageux. La FIFA avait d'excellentes garanties grâce à des accords de marketing, pour une valeur d'environ 350 millions de francs suisses, signés avec des sponsors tels que Coca-Cola et McDonald's. L'entreprise de fast-food était un exemple typique, s'étant engagée à payer près de 60 millions de dollars en plusieurs étapes jusqu'à la Coupe du monde 2006.

La crise financière avait été évitée. Les salaires pouvaient être honorés, les aides distribuées, et il restait largement assez dans les caisses pour le genre de générosités susceptibles d'aider Blatter à remporter des voix.

Jean-Marie Weber, lui, n'était pas aussi chaleureusement accueilli par ses banquiers. De plus en plus en difficulté, il se tourna vers le président Blatter… et Sepp accepta de l'aider.

Dans le plus grand secret, Weber prit place autour d'une table avec le directeur financier de la FIFA, Urs

Linsi, et ses conseillers. Le 25 novembre 2000, Blatter et Weber avaient en main un projet d'accord.

Celui-ci reçut le nom de code « projet Aube ». Il s'agissait de réunir des fonds pour sauver le groupe ISL de la manière suivante : la FIFA acceptait de réviser le contrat de marketing de 1997 et de laisser le groupe ISL collecter des fonds contre la valeur des contrats individuels avec les sponsors de la Coupe du monde.

ISL devrait lever ces fonds par le biais d'un placement privé, un investissement public risquant de révéler les difficultés financières du groupe. Très peu de gens à la FIFA étaient au courant du projet Aube et, parmi les rares qui en eurent vaguement vent, la désapprobation était grande.

La série noire ne s'arrêta pas pour autant. Jean-Marie Weber et Heinz Schurtenberger, son directeur général, se séparèrent. La FIFA paraissait de moins en moins enthousiasmée par le projet de sauvetage. Jean-Marie était furieux. Il écrivit à Sepp : « Aube est de la plus haute importance pour notre groupe et je vous demande donc poliment de convoquer au plus vite une réunion entre la FIFA et votre partenaire au plus haut niveau depuis tant d'années afin que nous puissions discuter d'Aube ainsi que d'autres questions importantes toujours en suspens. »

Blatter refusa de le rencontrer. Pendant un bref moment, Weber envisagea un projet Phoenix. Puis d'autres, jusqu'au projet Lever du Jour, et pendant tout ce temps le soleil ne cessait de s'enfoncer derrière la ligne d'horizon d'ISL.

Weber était censé envoyer une garantie bancaire de 66 millions de francs suisses à Blatter avant la mi-décembre. Il n'en fit rien. La FIFA lui envoya une lettre recommandée lui intimant de trouver l'argent sous trente jours : sinon, toutes les affaires entre la FIFA et le groupe ISL étaient arrêtées. Dentsu, le géant japonais de la publicité, vint au secours de Weber et avança l'argent.

L'accord stipulait avec insistance que ses termes devaient rester confidentiels. Peut-être parce que la garantie donnée était un contrat de sponsoring signé entre ISL et Toshiba pour 2002 et 2006. Ce contrat était détenu par une société du groupe ISL appelée Lofa, basée dans le très opaque Liechtenstein.

En public, Blatter ne laissa transpirer aucun signe de la crise financière qui s'aggravait. Il conduisit une délégation de la FIFA au Vatican. Les délégués furent reçus en audience par Jean-Paul II, qui recommanda à Blatter d'utiliser son « immense pouvoir » pour promouvoir les valeurs morales et la solidarité. Blatter acquiesça solennellement. En sortant, il fit une offrande de 50 000 francs suisses à un cardinal. Un membre du Parlement suédois proposa au comité Nobel d'attribuer son prix de la paix au football. Noël arriva.

L'année 2001 débuta mal. Le bruit courut que Weber cherchait à « renégocier » son contrat mirifique avec le tennis. Les graves ennuis du groupe ISL commençaient à percer au grand jour. Un des avocats de Weber laissa filtrer qu'ISL était pratiquement insolvable... et passa les trois mois suivant à nier l'avoir jamais dit.

A la mi-janvier 2001, Weber supplia Blatter de lui accorder un délai supplémentaire avant de lui reverser l'argent déjà perçu d'une autre chaîne de télévision. Blatter accepta. Puis il lui donna encore un peu de temps supplémentaire. Weber ne payait toujours pas. Au lieu de cela, il présenta une autre requête. La FIFA devait prêter de l'argent au groupe ISL pour le remettre à flot. Il eut même le culot d'exiger, au cas où ISL ne parviendrait pas à rembourser, que la FIFA s'abstienne de lancer des poursuites contre lui ou les autres administrateurs.

Il n'obtint pas satisfaction. Sa demande était en contradiction avec l'article 158 du Code pénal suisse.

Le 20 janvier, Weber écrivit aux membres de son personnel. Il voulait les rassurer en leur expliquant qu'il faisait « des progrès substantiels pour garantir l'avenir de notre groupe » et que « toutes les sociétés seraient capables de respecter leurs obligations financières ». Malheureusement, il n'y aurait pas de primes cette année. Une lettre similaire fut envoyée aux sponsors de la FIFA, contestant les rumeurs selon lesquelles la société était au bord de la faillite.

En privé, les nombreux cabinets de conseil que la FIFA payait à prix d'or lui répétaient que le groupe ISL était un « cas désespéré ». Puis les banques adressèrent un ultimatum à Weber : « Remboursez 277 millions de francs suisses ou on vous fait fermer. »

ISL tenta de rassurer Blatter. Celui-ci reçut un bout de papier affirmant que le groupe était créditeur de 115 millions de francs suisses.

Blatter répondit : « Cher Jean-Marie... ne doutez pas que les efforts d'ISL ont été parfaitement reconnus et appréciés. » Blatter était inquiet. Il avait demandé à des sources indépendantes de lui apporter la preuve qu'ISL était en bonne santé. Personne n'avait pu la lui fournir. Weber aurait-il l'amabilité d'envoyer à la FIFA quelques rapports rassurants ? Sepp tenait à ce que Jean-Marie sache qu'il comprenait « la situation et les difficultés exceptionnelles d'ISL ».

A la mi-mars 2001, Sepp signa une lettre austère adressée à Jean-Marie. Cette fois, elle commençait par « Cher monsieur Weber ». Blatter lui rappelait que le groupe ISL avait une fois de plus échoué à effectuer un paiement dans les délais convenus. Cette fois, il s'agissait de près de 8 millions de dollars, et la FIFA avait préparé un ultime échéancier. Le message, implacable, était « Paye ou crève ». Jean-Marie devait s'exécuter et produire un rapport d'audit attestant qu'ISL était en mesure de régler ses dettes. C'était ça ou... Le moment était critique (une fois de plus !).

En temps normal, on ne peut déjà faire autrement qu'admirer l'aplomb de Jean-Marie Weber. Imaginez : cet homme vous doit de l'argent. Il ne vous rembourse pas. Il exige que vous lui prêtiez davantage. Puis il passe à la vitesse supérieure et déclare que vous devez vous engager à ne pas le poursuivre s'il ne parvient pas, une fois de plus, à vous rembourser. Toujours exubérant, Jean-Marie parvient chaque fois à rebondir, jonglant avec les chèques en bois de ses compagnies.

Eh bien, en matière de culot, Weber allait se surpasser. Il s'apprêtait à faire quelque chose de si fabuleusement gonflé que les bonimenteurs du monde entier seraient bien avisés de s'approcher et de prendre des notes.

Le 20 mars 2001, deux des conseillers de Weber s'envolèrent pour Zurich et s'assirent autour d'une table avec ceux de la FIFA. Les hommes de Weber déclarèrent que le groupe ISL envisageait de se déclarer en faillite en Suisse. Ce ne serait pas bon pour la FIFA, car celle-ci serait sans doute contrainte de renégocier ses contrats de sponsoring. Cela lui coûterait cher en temps et en argent. Ils les laissèrent méditer quelques instants là-dessus.

Puis ils déclarèrent qu'il n'était pas obligatoire que les choses se passent ainsi. Il existait une autre solution.

Jean-Marie pouvait sauter dans le prochain avion pour New York, engager une poignée d'avocats américains et inscrire ISL sous le chapitre 11 du Bankruptcy Code. La plupart des sponsors du football étant américains, cela ne devrait pas poser de problème. De cette manière, ISL pourrait continuer ses activités, se débarrasser du plus gros de ses dettes, prendre le temps de trouver quelqu'un qui la rachèterait. Tout irait bien pour la FIFA, tout ce qu'ils avaient à faire, c'était signer une lettre à un magistrat américain disant qu'ils étaient d'accord.

Comment Sepp allait-il pouvoir empêcher son vieux copain Jean-Marie de s'enfuir aux Etats-Unis ? Il envisagea les diverses options. Ce serait forcément la guerre, nucléaire peut-être. Un peu trop fort, sans doute. Qu'aurait fait la star favorite de Jack Warner en pareil cas ? John Wayne aurait choisi les grands moyens et abattu tous les méchants. Peut-être la FIFA avait-elle intérêt à se précipiter dans le canton de Zoug, où ISL avait son siège, y trouver un juge et faire mettre la firme en faillite. C'est alors que la machine cracha un fax de Jean-Marie. Finalement, il n'allait pas aux Etats-Unis. Il avait trouvé un acheteur pour ISL !

Une semaine plus tard, Jean-Marie révéla aux médias qui étaient ses nouveaux amis. « Nous sommes sur le point de nous allier avec un puissant partenaire coté en Bourse. » Tout allait pour le mieux. Il aurait le temps d'achever un programme de restructuration. L'acheteur potentiel était le groupe français Vivendi. Weber déclara qu'ils avaient simplement besoin d'un peu de temps pour parcourir les comptes. Les hommes de Vivendi parcoururent... et reprirent aussi sec le premier train pour la France.

Mi-avril, Blatter convoqua d'urgence le comité exécutif à Sonnenberg. Nicolas Leoz, un membre âgé, ne se sentit pas la force de faire le voyage depuis le

Paraguay, mais Julio Grondona, Jack Warner, Lennart Johansson et le discret Adrian Wickham, des îles Salomon, y assistèrent pour apprendre comment la crise ISL était gérée. Il n'y avait pas trop à s'en faire, expliqua le directeur financier Urs Linsi quand on l'interrogea sur le versement des droits télévisuels. Selon lui, les remboursements anticipés étaient versés sur un compte joint et avaient été retirés, si bien que la FIFA n'était pas en danger.

Alors que la crise ISL menaçait de tout emporter sur son passage, Blatter se retrouva avec un autre problème sur les bras. Le prêt de 300 millions de francs suisses accordé par le Crédit suisse, du pain bénit à l'époque, devenait source d'embarras. L'année suivante à Séoul, la famille FIFA se réunirait en congrès et Blatter se présenterait à sa propre succession. Avouer un si gros trou dans les finances ne serait pas du meilleur effet. Cela montrerait la FIFA sous un mauvais jour, et Sepp également.

Urs Linsi n'avait pas travaillé autrefois dans le crédit-bail pour rien. Il connaissait une astuce brillante, très brillante, à même de donner au désastre l'apparence d'une réussite.

Si la FIFA *vendait* certains de ses plus gros actifs, les contrats de marketing de la Coupe du monde, les recettes pourraient être enregistrées comme des revenus, le prêt bancaire serait remboursé et le bilan aurait alors fière allure. Blatter serait acclamé par les électeurs comme un dirigeant inspiré qui avait su guider la FIFA à travers des eaux houleuses, équilibrer les comptes, déposer de fortes sommes dans toutes les mains tendues… tout en gardant d'énormes sommes de côté pour maintenir le flux de capitaux.

Le plan de Linsi fut furieusement critiqué à l'intérieur et à l'extérieur de la FIFA. Le secrétaire général Zen-Ruffinen et son assistant, le jeune et grand Norvégien Jon Doviken, rédigèrent une lettre débordante d'objections.

Zen-Ruffinen et Doviken reprirent l'argument selon lequel cette vente d'actifs n'était pas justifiée. En janvier 2002, l'argent commencerait à rentrer, avec la vente de droits télévisuels, et la FIFA aurait un cash-flow suffisant. Pourquoi ne pas prolonger le prêt-relais du Crédit suisse ? Un prêt bancaire était moins coûteux que le plan de Linsi, connu dans le milieu financier comme une « titrisation », opération consistant à vendre des revenus futurs contre de l'argent comptant.

Linsi contre-attaqua avec une note. Le prêt qu'il avait déjà négocié avait « permis au président de présenter une belle réussite à la commission des finances à Rome, au début décembre de l'année dernière ». C'était essentiel, « après que le président eut pris conscience que lui et d'autres cadres seraient tenus personnellement pour responsables des pertes, une fois la FIFA identifiée comme étant surendettée ».

Linsi était pressé. Il devait organiser rapidement la titrisation. La FIFA allait bientôt devoir changer ses méthodes comptables pour se conformer aux nouveaux critères internationaux qui ne permettaient plus que les revenus à venir soient utilisés de la sorte.

S'il ne se dépêchait pas, il ne pourrait plus agir et le rapport 2002 révélerait l'ampleur de la dette.

L'affaire fut conclue et, immédiatement, Linsi put injecter dans les finances chancelantes de la FIFA 690 millions de francs suisses (420 millions de dollars). Répartis sur les comptes de 2000 et 2001, ils offraient une lecture qui ne pouvait que ravir les fantassins de la FIFA dans le monde entier.

Sur le marché des obligations, les commentateurs devinèrent que la titrisation avait coûté beaucoup d'argent à la FIFA. Ils observèrent que l'affaire avait été réalisée avec des partenaires privés et que le montant des intérêts ne serait pas divulgué. « Que la FIFA ait dû opérer en secret en dit long sur la manière dont elle pense que la manœuvre sera accueillie sur les marchés, commenta un courtier allemand. Il n'est pas rare d'obtenir un meilleur prix en privé que sur le marché. »

20

Les blancs-becs à la rescousse !
La thérapie de la famille FIFA, selon la méthode McKinsey

Zurich, 18 mai 2002

A en croire le journal zurichois *Weltwoche*, la FIFA et ISL entretenaient des relations d'affaires plus qu'étroites qui « manquaient objectivement de garde-fous ». Ces allégations furent niées avec la plus grande vigueur.

Bilanz, un autre périodique zurichois, révéla ensuite qu'ISL avait créé une discrète fondation, « Nunca » – « jamais » en espagnol –, dans le paradis fiscal du Liechtenstein. A en croire l'article, Nunca était une caisse noire créée pour distribuer des pots-de-vin à des sommités du sport international.

Le *Berliner Zeitung* et le *Süddeutsche Zeitung* de Munich reprirent ces révélations et menèrent leurs propres recherches sur les relations très particulières existant entre la FIFA et le groupe ISL. Les journalistes se procurèrent certains documents internes et déclarèrent avoir reçu confirmation par une source haut placée au sein du groupe que Nunca existait bel et bien et était soupçonnée de servir de pipe-line aux pots-de-vin destinés aux acteurs clés du monde sportif. Nunca effectuait des versements occultes et les officiels concernés étaient ceux qui signaient des contrats de droits commerciaux et télévisuels.

Une fois de plus, la FIFA répondit à ces allégations en faisant savoir qu'elle les avait transmises à ses avocats.

Un juge du tribunal de commerce donna le coup de grâce à ISL, le 21 mai. Quelques jours plus tard, Blatter convia la presse dans l'auditorium sans fenêtres de Sonnenberg. Nous nous entassâmes sur les rangées de confortables sièges noirs. Blatter entra dans la salle, l'air affairé. Il nous affirma que tout était sous contrôle, qu'il avait pris personnellement en charge la crise depuis le début, et que la Coupe du monde n'avait rien à craindre.

« Avez-vous déjà accepté un pot-de-vin de la part d'ISL ? » lui demandai-je.

La tension devint perceptible dans l'auditorium. Blatter parut sincèrement choqué par ma question. Il inspira profondément, puis répondit : « Je peux vous dire qu'en vingt-six ans passés dans les instances de la FIFA, on a parfois tenté de me corrompre ou de m'influencer, mais jamais je n'ai tenté d'acheter qui que ce soit. Et personne ne peut m'acheter. »

D'autres journalistes osèrent d'autres questions concernant sa probité. « Regardez-moi au fond des yeux, s'il vous plaît, dit-il. Je n'ai rien à cacher. Je ne suis pas un escroc, non, pas moi. »

Quand on lui demanda s'il accepterait de rendre publiques ses déclarations de revenus, Blatter répliqua d'un ton acide que s'il avait accepté des pots-de-vin il n'aurait pas été assez stupide pour les faire transiter par son compte en banque.

Les révélations prirent un nouveau tournant. Blatter déclara avoir été choqué d'apprendre que les millions de dollars versés à ISL par le groupe brésilien Globo TV avaient disparu. Ils auraient dû être versés sur un compte spécial, et l'essentiel de la somme aurait dû revenir depuis longtemps à la FIFA. Mais, seulement quelques semaines plus tôt, il ignorait tout, absolument tout, de la duplicité de Jean-Marie Weber.

« J'ai suivi le développement de la situation d'ISL avec attention, précisa Blatter. ISL a effectué les paiements dans les délais, nous avons reçu l'argent à temps, il n'y a jamais eu de retard. » Puis il insista : « C'est seulement le 21 avril [2001] que nous avons découvert qu'un paiement n'avait pas atteint son bénéficiaire normal. »

Une petite minute... Michel Zen-Ruffinen avait écrit à Weber pour lui réclamer l'argent dès septembre 1998. Pourquoi donc Blatter affirmait-il qu'ils venaient seulement de s'en rendre compte ?

Depuis deux ans et huit mois, les querelles intestines au sein de la FIFA pour décider s'il fallait obliger Jean-Marie Weber à payer allaient crescendo. A présent, c'étaient 60 millions de dollars qui s'étaient évanouis dans la nature, et les protestations s'amplifiaient. Dans un mémo secret, le secrétaire général Zen-Ruffinen accusa le directeur financier Urs Linsi de ne pas avoir levé le petit doigt.

Linsi répliqua dans une note confidentielle : « La décision de ne pas harceler ISL et de ne pas insister pour obtenir une modification du contrat avec Globo TV n'a jamais relevé de la division financière. C'est à un échelon plus élevé de la FIFA que la décision a été prise de ne pas mettre trop la pression sur ISL. » Or l'échelon supérieur à celui de Zen-Ruffinen et Linsi était occupé en solo par le président Blatter.

Une fois que la faillite d'ISL eut révélé l'affaire des 60 millions de dollars, la FIFA se devait d'agir. Une plainte fut déposée à Zoug, accusant les dirigeants du groupe ISL de fraude et de détournement de fonds.

Sur ce, Blatter s'envola pour le Japon, où il sermonna les journalistes : « Ne parlons pas de ce qu'il y a de mauvais, ne parlons pas d'argent ; parlons plutôt de ce qu'il y a de positif, et revenons aux racines du jeu. » Sur l'air de « Voyons le bon côté des choses »...

Blatter poursuivit : « L'idée d'une Coupe du monde tous les deux ans ne doit plus rester enfermée dans un coffre-fort dont on aurait perdu la combinaison. Dans l'année qui vient, je compte réfléchir sérieusement à l'opportunité d'ouvrir le coffre-fort. »

Zoug, 4 juillet 2001

Des centaines de personnes convergèrent à Zoug pour assister à la première réunion des créanciers du groupe ISL. J'en faisais partie. C'était une journée chaude et ensoleillée, et l'atmosphère était étouffante dans la salle de conférences. Lors de la pause-café, je suivis dans le hall le liquidateur, Thomas Bauer. C'était un homme de grande taille au sourire d'enfant, qui étudiait les dossiers d'ISL depuis six semaines. Je ne m'attendais pas vraiment à ce qu'il réponde aux questions d'un journaliste, mais on ne sait jamais. Cela valait le coup d'essayer, et c'est d'ailleurs pour cela que j'avais pris un avion pour Zurich et, de là, un train pour Zoug.

Je l'approchai donc. « Excusez-moi, docteur Bauer,

avez-vous trouvé des preuves de versements occultes à des officiels du football ? »

« Oui, me répondit-il avec un sourire, j'ai découvert des paiements liés au milieu footballistique et provenant d'ISL. Certains versements sont très importants, et dépassent le million de francs suisses. J'ai essayé d'établir des liens entre ces versements et des contrats spécifiques, mais sans y parvenir. Tous ces versements étaient destinés à l'étranger, poursuivit-il. Aucun pour un national suisse. J'ai écrit aux bénéficiaires pour leur demander de restituer ces sommes. Nous sommes actuellement en phase de négociation – et si nécessaire, nous irons devant les tribunaux – pour récupérer cet argent. »

Sidéré par tant de candeur, je demandai à Bauer s'il remettrait ces sommes à la police. « Non, me répondit-il. Ma mission consiste à récupérer les avoirs de la société. C'est tout. »

Ce même jour, Sepp Blatter volait très haut au-dessus de l'Atlantique Sud. Il se rendait à Buenos Aires, au congrès de la FIFA, une manifestation qu'il préparait depuis des mois. Alors qu'un Weber demandant à cor et à cri des garanties se cramponnait à la barre du navire ISL en train de sombrer, Blatter avançait déjà ses pions pour échapper à la tempête qui approchait. Son intervention lors du congrès se devait d'être réussie. Plus que jamais, elle exigerait une parfaite mise en scène.

Blatter avait écrit au chef du bureau de McKinsey, à Zurich, le 9 février 2001. Il sollicitait son aide pour agencer les « concepts » qu'il exposerait au congrès. Blatter expliqua au Dr Abend qu'il disposait d'un budget de 3 millions et demi de francs suisses pour finaliser le nouveau plan de développement, qui devait être présenté au congrès.

Blatter avait besoin d'une annonce spectaculaire qui impressionnerait les congressistes et détournerait d'éventuelles attaques. En juin, juste avant la tenue du congrès, Lennart Johansson, son vieil adversaire, maugréait : « Depuis un certain temps, moi et d'autres membres du comité exécutif n'avons pas été correctement informés des options stratégiques, qui ont été mises en œuvre sans débat véritable. »

Lors d'une réunion à Zurich, Johansson et ses partisans, soit environ la moitié du comité exécutif, tentèrent d'obtenir des réponses de Blatter à vingt-cinq questions. Blatter en fut ulcéré. « Moi et l'administration de la FIFA avons été taclés par-derrière, ce n'est pas correct, dit-il à l'issue de la réunion. Je suis triste, comme on peut l'être lorsque quelqu'un de votre propre famille vous poignarde dans le dos. Il n'est pas correct de laver son linge sale en public. »

Alors que la « famille » du football se rendait au congrès de Buenos Aires, les agences de presse laissèrent entendre que Blatter allait devoir affronter « le combat le plus rude » de sa présidence. L'équipe de cracks de McKinsey étudiait déjà posément chaque détail de sa contre-offensive dans la salle de l'hôtel Hilton réservée aux séminaires, dans le quartier huppé de Puerto Madero. Ils avaient envoyé leur avant-garde travailler sur l'ambiance dans la salle du congrès. Ils s'assurèrent que les techniciens de Megalux, l'agence de décoration, éclaireraient Blatter de la façon la plus flatteuse possible.

La veille du congrès, au matin, l'équipe de McKinsey rejoignit Blatter dans sa suite afin de peaufiner son discours et de le faire répéter. Une demi-heure avant de monter sur l'estrade, il fut maquillé par un grand nom de la profession venu tout spécialement de Suisse pour l'occasion.

Blatter apporta son discours bien préparé à la tribune et le récita pendant soixante-dix minutes. Sa prestation fut remarquable. La FIFA avait peut-être connu quelques problèmes, mais à présent tout allait pour le mieux. Et surtout, chaque fédération nationale continuerait de recevoir ses 250 000 dollars de subvention annuelle.

Le spectacle de marionnettes qui suivit fut tout aussi réussi. « Je suis extrêmement soulagé et apaisé après vous avoir entendu, monsieur le président », déclara le délégué roumain. « Je vous félicite, président Blatter, dit le représentant d'Haïti. Nous pouvons voir que vous suivez Havelange, avec encore plus de solidarité et de transparence. » Le président de la fédération indienne de football se leva à son tour et accusa des « organisations jalouses » – entendre : l'UEFA – de chercher à déstabiliser le président de la FIFA. Les applaudissements crépitèrent, et le président sourit pour la première fois.

Blatter fit appel à un autre intervenant. « Je suis le capitaine Horace Burrell, président de la fédération jamaïcaine de football. Beaucoup de gens l'ignorent peut-être, mais la Jamaïque est une petite île des Caraïbes, et c'est aussi le plus petit pays à avoir jamais participé à la Coupe du monde. Ce qui veut dire que nous pouvons faire entendre notre voix dans le football mondial, et c'est pourquoi nous soutenons M. Blatter et lui apportons notre confiance. » Ensuite, l'homme qui à Zurich avait installé sa petite amie sur le siège vide réservé à Haïti se rassit sous les applaudissements.

Puis vint le tour de la Libye. « Merci pour tant de

transparence, monsieur le président, dit son représentant. Nous sommes de tout cœur avec vous pour votre intégrité et la transparence dont vous faites preuve. Sous votre direction, jamais la FIFA ne faillira. » Tous ces intervenants semblaient lire le même polycopié, où le terme « intégrité » aurait été inscrit en lettres capitales. Le Pérou, Cuba, le Soudan et le Congo apportèrent leur soutien plein et entier au président.

Ce fut ensuite au tour d'Ivan Slavkov : « La Bulgarie approuve tout ce que vous avez dit, et vous avez toute notre confiance. Il est temps que nous vous la montrions, monsieur le président ! » Le secrétaire général Zen-Ruffinen avait une remarque à faire. Les règlements exigeaient une résolution suivie d'un vote, expliqua-t-il. Il tenta de se faire entendre dans le brouhaha des applaudissements et des cris. Blatter, qui présidait la réunion, ne l'aida en rien. Sepp avait déjà son plan.

« Pourquoi ne pas procéder par acclamation ? proposa-t-il, rayonnant, aux membres du congrès. Etes-vous contents, oui ou non ? » Une véritable mascarade. Il ouvrit largement les bras vers la salle. Les applaudissements redoublèrent. Zen-Ruffinen était remis à sa place. L'assistance se leva d'un bloc et offrit à Blatter une standing ovation qui paraissait ne jamais devoir cesser.

L'ancien président Havelange déclara : « Nous devrions applaudir Blatter jour et nuit », et un Blatter aux anges répondit : « Je suis un président heureux parce que j'ai là une famille unie, le comité exécutif et le congrès. » Les critiques le concernant avaient été désamorcées une fois de plus. Un commentateur argentin parla de « festival de basses flatteries ».

Pendant le congrès, la FIFA lança sa campagne contre le racisme. Le membre du comité exécutif Nicolas Leoz, président de la confédération sud-américaine, rappela aux délégués ses origines modestes. Son père était un immigrant venu d'Espagne. « Je suis né dans la jungle du Paraguay, dit-il, dans une masure au sol en terre battue, dans un village où il n'y avait que trente personnes et une centaine d'Indiens. » Autant pour le combat de la FIFA contre le racisme.

On murmurait que l'équipe de Philippe Blatter avait donné un coup de main à l'oncle Sepp. Andreas Herren, le porte-parole de Blatter, déclara : « L'équipe McKinsey n'a pas directement participé à l'organisation du congrès de Buenos Aires, pas plus qu'elle n'a écrit le discours du président. Et Philippe Blatter n'était pas présent. »

A l'évidence, Herren n'avait pas idée de l'implication de McKinsey dans le déroulement du congrès de Buenos Aires. L'équipe s'était rendue sur place pour superviser les préparatifs et avait travaillé avec Megalux, la firme locale chargée de la décoration des lieux. Ils avaient également collaboré au discours de Blatter et à la façon dont il allait le présenter. Après quoi le président de la FIFA pourrait annoncer fièrement : « La famille FIFA est de nouveau réunie. »

21

Un but contre son camp.
N'éveillez pas le chat qui dort, il vous grifferait !

Zurich, 16 novembre 2001

Choqué d'apprendre que les Coréens mangeaient du chien à tous les repas et voyant là une occasion d'embarrasser un rival d'envergure, Sepp Blatter embrassa la cause de sa nouvelle amie, la vedette française de cinéma Brigitte Bardot, devenue activiste des droits des animaux. Arborant une expression grave, il exigea publiquement que, pour la Coupe du monde qui devait se tenir l'année suivante en Corée, pays amateur de chiens accommodés à toutes les sauces, Chung Mong-Joon prenne « des mesures immédiates et décisives afin de mettre un terme immédiat à cette cruauté ».

Blatter ajouta que servir du chien avec des nouilles détériorait grandement l'image de la Corée dans le monde entier, et il pressa Chung de se montrer « sensible à la clameur internationale et de rejeter la cruauté ».

La FIFA, organisation connue pour aimer prendre le thé avec des dictateurs notoires et pour avoir offert la

Coupe du monde à une junte militaire sanguinaire, ne supportait pas le ragoût de chien.

Satisfait d'avoir à deux reprises en une seule déclaration accolé l'idée de cruauté à son adversaire, Blatter reporta son attention sur sa version financière, particulièrement lénifiante.

Cinq mois plus tôt, pendant son show de Buenos Aires, parfaitement rodé comme on l'a vu, Blatter avait promis que KPMG effectuerait un audit des comptes de la FIFA. Objectif : déterminer le coût pour la fédération de la faillite d'ISL. Il s'était engagé à ce que le rapport de cet audit soit remis en octobre. Il ne fait aucun doute qu'il avait employé le mot « audit ». Comme tous les autres participants, les membres de KPMG présents dans la salle l'avaient forcément entendu. Moyennant quoi, suivant en cela de nouvelles instructions de leur client, ils se mirent en devoir non pas d'effectuer un audit des comptes de la FIFA, mais de produire un bref résumé de sa comptabilité.

Juste avant Noël, lors de la réunion du comité exécutif, Lennart Johansson se remit à poser des questions gênantes. Le Suédois et ses douze alliés avaient préparé une nouvelle liste de questions irritantes. Ils déclarèrent à la presse qu'ils n'avaient aucune idée de l'état des finances de la FIFA. « Quels contrats de titrisation ont été passés ? demanda Johansson. Y en aura-t-il d'autres ? Existe-t-il des prêts-relais ? Qu'est-il advenu de l'audit ? »

Cinq jours avant la réunion, les dissidents avaient remis une autre lettre à Blatter. Ils ne croyaient tout simplement pas à ses affirmations selon lesquelles il se conduisait en bon dirigeant. Ils pointaient « un manque constant de transparence », se plaignaient des salaires et des pouvoirs secrets des conseillers entourant Blatter, les accusaient de constituer « une administration parallèle au cœur de la FIFA » et, ce qui est sans doute le point le plus important, exigeaient une commission d'enquête.

Ils demandaient également des précisions sur les « contrats télé qui sont partiellement contrôlés par des membres du comité exécutif ». Ils avaient entendu dire que, depuis le début des années quatre-vingt, Havelange avait secrètement attribué les droits télévisuels de la Coupe du monde à Jack Warner pour les Caraïbes. A quel prix ? Alors que d'autres déboursaient des millions, ce veinard de Jack n'avait eu à verser qu'un dollar symbolique. Et il avait revendu les droits en question aux chaînes de télévision régionales.

Jack écrivit à Sepp une lettre de soutien : « Mon cher président, j'ai pris connaissance de votre tristesse, de votre chagrin, de votre déception et de votre désillusion, et je suis de tout cœur avec vous. » Dans un registre rappelant le professeur qu'il avait été naguère, Jack ajoutait : « Cependant, je me console en pensant que vous avez au moins pris conscience qu'en dépit de toutes les poses et des cabotinages de certains membres du comité exécutif de la FIFA, la solidarité et la fraternité à laquelle vous aspirez n'a rien d'un rêve improbable. » Il terminait en ces termes : « La CONCACAF souhaite ne prendre aucune part dans la déstabilisation de la FIFA et s'engage à lutter de toutes ses forces pour préserver son unité et sa survie. » Pendant la réunion, il soutint Blatter en s'opposant à toute enquête. Ils remportèrent cette manche.

« Je rentre chez moi de l'hôpital à cinq heures du matin... » écrivit Johansson à Blatter, deux jours avant Noël. Il avait manqué la réunion à cause de son traitement contre le cancer. Une fois de plus, il était déçu par Blatter. « Nous avons été submergés de données, se plaignit-il. Toutes semblent bien préparées mais nous ne les avons obtenues que la veille au soir de la présentation... Et ces données ne répondent pas aux questions auxquelles nous souhaitons obtenir des réponses. »

Johansson récapitula tout ce qui s'était passé auparavant, les inquiétudes au sujet des droits télé offerts à Warner, l'administration parallèle mise en place par Blatter. Et pourquoi donc la FIFA cherchait-elle à obtenir de l'argent qui ne serait pas gagné avant la Coupe du monde 2006 ? Il termina sur une question : « Pourquoi vous opposez-vous à la mise en place d'une commission d'enquête interne ? »

Il ne reçut aucune réponse de Blatter. Fin janvier, David Will tenta cette fois d'écrire au président de la commission des finances, Julio Grondona, à propos du rapport de KPMG qui venait de tomber. Qu'était devenue la promesse d'un audit ? « Très honnêtement, j'espérais un document de deux cents ou trois cents pages, et j'ai eu du mal à croire au "rapport d'enquête" de deux pages que nous avons finalement reçu », se plaignait l'Ecossais.

Johansson et Will étaient furieux des réponses pour le moins évasives fournies par Blatter et ses affidés. Fin janvier, Johansson et les douze autres dissidents signèrent un ultimatum destiné à Blatter. Ils étaient las de son attitude « négative » et ils insistaient pour qu'il convoque une réunion extraordinaire afin de discuter d'un point précis : le lancement de l'enquête.

Blatter pouvait difficilement refuser. Aussi reprit-il la main en répondant par l'affirmative, mais en précisant que ce devait être fait à sa manière, c'est-à-dire une enquête dans le style Blatter, conduite en respectant

« certaines considérations pratiques et rationnelles ». En écrivant aux fédérations nationales, il évoqua une autre raison pour expliquer les problèmes de la FIFA : « Les conséquences financières globales découlant du 11 septembre 2001. »

Alors qu'approchait la date de la réunion exceptionnelle, fixée au soir du jeudi 7 mars 2002, la commission des finances lut un brouillon du rapport d'audit préparé pour le congrès, prévu trois mois plus tard. Warner avait une déclaration importante à faire. « J'ai l'assurance totale que la FIFA est entre de bonnes mains. » Il ajoutait que la demande d'une enquête spéciale n'avait pour but que « d'affaiblir Blatter avant l'élection présidentielle ».

Blatter se mit au travail, en commençant par remettre vigoureusement les dissidents du comité exécutif dans le droit chemin. Il emplit sa valise de carottes et de bâtons, s'envola pour Madrid et alla faire la leçon à Angel María Villar Llona, président de la fédération espagnole de football. Peu après, Villar Llona annonçait : « J'aimerais aussi apporter mon soutien entier à la façon dont il dirige la FIFA et sa politique financière, pour laquelle je le félicite chaleureusement. »

Mais pour Sepp les déconvenues succédaient aux satisfactions. A soixante-seize ans, Isaac Sasso, lieutenant de Jack Warner et allié indéfectible de Blatter au Costa Rica, fit savoir qu'il n'était pas physiquement en mesure de prendre l'avion. Les votes par correspondance n'étant pas autorisés, Blatter dut se contenter de cette déclaration de Sasso : « J'ai confiance en la commission des finances, en Julio Grondona et en M. Blatter, le président. M. Blatter est un homme très bien, probe et sans tache. Il a apporté la démocratie au sein de la FIFA. Aujourd'hui, l'organisation est tout à fait transparente. »

Pour Blatter, le problème résidait dans son impossibilité mathématique à remporter l'élection. Il était potentiellement en minorité. Il étudia de nouveau la demande de création d'une commission d'enquête, estima qu'elle ne lui serait pas nécessairement fatale. Restait une exigence réellement dangereuse : le point numéro 6 du mémo de Johansson, soit le droit d'enquêter dans « le service présidentiel ». Toutes sortes de cadavres risquaient de jaillir des placards – la prime de Blatter, d'un montant non divulgué, les versements à ses protégés, le cabinet parallèle – et tout cela risquait de tuer la poule aux œufs d'or.

Le 7 mars arriva, et la réunion extraordinaire s'étendit du jeudi jusqu'au vendredi. Blatter était coincé. Il évoqua de possibles infractions aux statuts de la FIFA, parla avec emphase d'attaques personnelles, nia toute corruption. Mais il semblait bien s'aligner peu à peu sur la position de Johansson. Lors d'une pause, il confia ainsi aux journalistes : « Nous avons pris une décision de principe. » Johansson crut que lui et ses partisans avaient gagné.

Le principe était une chose, l'heure des vols de retour une autre. Blatter monopolisa la parole pendant tout le vendredi et, le samedi matin, mit subitement sur la table un document totalement inédit. Une nouvelle diversion, pour éviter tout débat sur ses activités présidentielles. Les discussions reprirent, mais cette fois nombre de ses opposants consultaient leur montre. Un par un, ils partirent pour l'aéroport de Zurich. L'après-midi, ils n'étaient plus que seize, et c'est alors que Blatter frappa. Il avait la majorité et sa version remporta la partie. Un audit interne fut décidé, mais sans enquête. Quant aux fonds alloués à la présidence, ils n'étaient pas concernés.

En fin d'après-midi ce samedi, Blatter convoqua ses amis « plumitifs », nous, humbles journalistes qui poireautions depuis deux jours. Keith Cooper, directeur de la communication, ouvrit la réunion dans l'auditorium de Sonnenberg. « Il n'y aura absolument aucune interview individuelle avec le président. Il doit se rendre à un autre rendez-vous. Inutile de lui courir après, vous ne le rattraperez pas. »

Lorsqu'il prit la parole devant nous, Blatter apparut fatigué mais euphorique, et il alla jusqu'à faire étalage de son succès en minimisant l'audit tant redouté. « Ils peuvent enquêter au secrétariat de la FIFA. Mais, je le répète, pas au niveau présidentiel », se rengorgea-t-il. Incapable de résister au désir d'apporter ma contribution à toute cette bonne humeur, je demandai : « Pourquoi n'avez-vous pas lancé une enquête pour corruption ? »

Il aboya sa réponse, les yeux étrécis : « Il est hors de question que j'offre une tribune à ceux qui mettent en doute les résultats et la validité de mon élection en 1998 ! Quiconque souhaitait contester les résultats de l'élection disposait de trente jours pour le faire, selon les lois suisses. Alors cessez ! Terminé ! Tout est pour le mieux. »

Puis il s'éclipsa pour aller exhiber son visage d'amoureux du beau jeu au match des Grasshoppers de Zurich.

Le lundi suivant, il se trouvait à Milan, où il donnait une conférence dans une école de commerce. Il y affirma que la nouvelle commission d'audit interne était son idée depuis le début. « J'ai pris cette initiative fin janvier, lorsque j'ai adressé un courrier à toutes les organisations nationales. J'y précisais que je proposais la création d'une commission d'audit interne afin d'obtenir une clarification et une transparence totales. »

La commission comprenait un membre pour chaque confédération continentale. L'Amérique du Sud envoya Ricardo Teixeira. Tout le Brésil rit jaune à cette annonce, et le grand commentateur footballistique Juca Kfouri écrivit : « Une fois encore, on charge le renard de diriger le poulailler. C'est très attristant, à se demander si l'on peut avoir confiance en une quelconque initiative de la FIFA. » Le sénateur brésilien Alvaro Dias venait de présider une enquête sur la confédération du football brésilienne dirigée par Teixeira, décrite comme « un repaire du crime où les maîtres mots sont désorganisation, anarchie, incompétence et malhonnêteté ».

La présidence de la nouvelle commission revint à David Will, qui n'avait rien d'un béni-oui-oui. Il entreprit d'accumuler les informations, certaines paraissant devoir incriminer Blatter. Avocat de profession, Will demandait même aux témoins des déclarations écrites sous serment en présence de notaires zurichois ! Il s'intéressa bientôt aux actes du directeur financier Urs Linsi et du secrétaire général Michel Zen-Ruffinen. Il devenait urgent de réagir.

Chuck Blazer, membre de la commission, prit sa plus belle plume pour écrire à Will. « A l'ouverture de la séance, j'ai déclaré que cette commission découlait d'une démarche politique. » Blazer se disait « profondément affligé ». Une des raisons de son affliction était le fait que le Coréen Chung avait évoqué les emprunts sous forme de titrisation lors d'une interview donnée dans un programme d'informations de la télévision australienne. Blazer avait également surpris David Will parlant avec un témoin après la clôture de la séance. Blazer en informa Blatter, qui se déclara choqué. « Afin de garantir et de protéger les intérêts de la FIFA et de son comité exécutif, je me vois dans l'obligation de suspendre les travaux de la commission d'audit interne, annonça le président le 11 avril, afin de mener une enquête concernant les infractions à la confidentialité et la manière dont certains documents confiés aux membres de la commission ont été utilisés. »

Furieux, David Will déclara aux journalistes : « J'ai rencontré le président et il a été incapable de me citer un seul exemple d'information transmise à la seule commission d'audit qui aurait été divulgué, pas plus qu'il n'a pu me donner un exemple d'un quelconque document qui aurait été improprement utilisé. De mon point de vue, il n'a aucune justification pour suspendre la commission. »

De son côté, Johansson déclara : « Il doit y avoir quelque chose de pourri pour que le président se démène ainsi afin d'entraver une enquête qui était uniquement interne et à l'usage exclusif du comité exécutif. Cela ne peut avoir qu'une signification : on cache quelque chose. »

Pour compliquer les choses, l'empire médiatique de Leo Kirch, qui avait vendu les droits de télévision de la Coupe du monde, fut déclaré en faillite en avril 2002. La FIFA les reprit à son compte. Heureusement, la plupart des contrats pour 2002 et 2006 avaient déjà été signés.

La saison de tennis de table de la FIFA était officiellement ouverte. *Ping !* Les dissidents membres du comité exécutif écrivirent une lettre de doléances détaillée à Blatter. *Pong !* Blatter répondit, dans un style parfois fleuri, parfois direct, parfois d'une réelle violence, en tournant toujours l'ordre du jour à son avantage. Il fit distribuer des copies de sa lettre à toute la famille FIFA.

Ping ! Les dissidents : qu'avait à dire le président sur l'enterrement de l'enquête d'audit ? *Pong !* « Une campagne de diffamation et d'insinuations sur mon travail et ma personne couve depuis plusieurs semaines – une campagne dont le but est de salir mon image et de semer le doute, mais qui finalement risque d'atteindre la FIFA elle-même et le football en général. »

« Devrions-nous donc nous contenter de ce que nous avons déjà accompli ? poursuivait-il. Devrions-nous cesser d'améliorer ce qui peut encore l'être et d'affiner nos opérations et nos règlements, nos programmes de développement et nos compétitions ? Non, bien sûr que non. »

Une semaine après la réunion tumultueuse concernant l'audit émasculé, Issa Hayatou, président de la confédération africaine, annonçait au Caire qu'il se porterait candidat à la présidence contre Blatter, avec l'appui de Johansson. Il déclara vouloir « restaurer l'intégrité, la crédibilité et la transparence » à la FIFA.

Blatter eut l'intelligence de ne pas attaquer Hayatou de front. Mieux valait l'ignorer, et prendre Johansson pour cible.

« C'est devenu une affaire de personnes, en particulier avec M. Johansson, qui ne cesse de m'attaquer, confia Blatter à la BBC. Je n'ai pas vu M. Hayatou m'agresser, et je n'ai rien dit de négatif ou de désobligeant sur lui. C'est une campagne sale, mais pas entre les deux adversaires. Il y a un troisième homme au milieu du terrain, qui essaie de me tacler. Il vient de l'extérieur, or il devrait y avoir un arbitre pour exclure les joueurs qui surgissent sur le terrain au mépris du règlement. »

Ce n'était que le premier stade de la contre-attaque. Blatter passa au suivant, quelques jours plus tard, par le biais d'une lettre : « Lennart, c'est à vous de décider de la tonalité des semaines à venir. J'ai du mal à croire que vous tiriez le moindre plaisir du conflit actuel. »

Chung était resté à l'écart jusque-là, mais cela ne lui épargna pas une attaque de Zurich. Il reçut une lettre, distribuée partout, commençant par un « Cher Collègue » dactylographié, suivi (à la main) d'un « Cher MJ ». Fin des amabilités : « Ces dernières semaines, vos tentatives pour me discréditer aux yeux du monde du football se sont considérablement aggravées. Elles ont été exprimées non seulement en public, mais aussi par des courriers privés destinés à certaines personnes, dans l'espoir que votre influence les persuaderait de modifier leur attitude positive en ma faveur. Vos attaques diffamatoires ne m'irritent pas, et elles auront très peu d'effet sur moi en tant qu'individu. Mais le dommage que vous causez au football est beaucoup plus grand, et beaucoup plus grave. »

Plus que deux mois avant les élections à Séoul...

Il était plus que temps de s'occuper des fédérations européennes, qu'il fallait détourner de Johansson : « Ceux qui me connaissent depuis trente ans sont pleinement conscients que je suis incapable de ce dont on m'accuse : acheter des votes, détruire des documents, craindre la vérité, diriger la FIFA de façon dictatoriale ! clama-t-il. La campagne actuelle de calomnie atteint de nouveaux sommets et un niveau jamais encore égalé dans la diffamation. »

Blatter accusa les journaux britanniques – « une presse téléguidée » – d'établir un « climat pernicieux, organisé avec ardeur ». Il n'avait encore vu que la moitié de cette ardeur.

« J'estime nécessaire de déclarer officiellement que certaines choses à la FIFA ne fonctionnent pas, lança alors une voix nouvelle et potentiellement dangereuse émanant de l'opposition. Je l'ai expliqué à quatre reprises dans un courrier adressé au président, sans jamais recevoir de réponse. Je suis alors allé voir les membres du comité exécutif. Ma troisième et dernière option était de m'en ouvrir à la presse. »

Michel Zen-Ruffinen, le fidèle apparatchik, avait fini par craquer.

Blatter fut cueilli à froid par la déclaration de Zen-Ruffinen rapportée par le quotidien de Genève *Le Temps*. S'exprimant comme l'avocat qu'il était, Zen-Ruffinen précisait : « Pendant plusieurs mois, j'ai noté des dysfonctionnements dans les finances de la FIFA. Il est clair que les règles n'étaient pas appliquées, soit par le président lui-même, soit par le directeur financier. » Et comme si ce n'était pas assez grave, Zen-Ruffinen amena Blatter au seuil de l'apoplexie en exposant sa théorie concernant la parodie d'audit : « Je pense que ces manœuvres avaient pour but de m'empêcher de fournir des preuves, car j'étais en mesure de révéler certains détails sensibles. »

Ces deux hommes, qui avaient été collègues pendant près de vingt ans, se parlaient maintenant par mégaphone interposé. Les dents serrées, Blatter téléphona à Zen-Ruffinen et lui intima l'ordre de se porter candidat à la présidence ou de la boucler. « Il doit mettre par écrit ses accusations et ses allégations nébuleuses à mon encontre. Ce qui arrive depuis quelques jours à la FIFA est intolérable. L'ensemble du dossier sera prioritaire lors de la réunion du comité exécutif du 3 mai. »

Un dossier ? Nous autres journalistes attendions avec impatience la réunion de Zurich, encore éloignée de dix jours. Zen-Ruffinen nous allécha encore un peu plus lorsqu'il évoqua « certaines découvertes faites pendant le travail de la commission d'audit ». Blatter réchauffa encore l'ambiance en formulant l'interdiction pour son secrétaire général de prendre connaissance de tout document financier.

Zurich, 3 mai 2002

Blatter apparut dans la salle de conférences et introduisit son nouvel ami : « Je vous présente le docteur Hans Bollman. Il a certains conseils importants à nous donner. Ecoutons-le. » Certains membres du comité exécutif manifestèrent quelque hostilité envers la présence de Bollman, un avocat zurichois, à la réunion et se mirent à protester. Bollman demeura imperturbable et adjura les membres du comité exécutif de ne pas écouter le secrétaire général. Aussitôt après, le secrétaire général le remplaça à la tribune.

« J'ai décidé de réagir pour le bien de notre sport. Je me suis montré loyal envers le président pendant trop longtemps. La FIFA est gangrenée par une mauvaise gestion générale, des dysfonctionnements dans les structures et des irrégularités financières. »

Zen-Ruffinen avait préparé un dossier confidentiel de vingt-deux pages. A la racine des problèmes de la FIFA, expliqua-t-il, il y avait l'administration parallèle mise en place par Blatter et son cabinet occulte. Avoir désigné Markus Siegler comme son porte-parole personnel et Jérôme Champagne pour « interférer de manière flagrante dans les affaires des fédérations nationales », afin de gagner des votes pour son patron, ne pouvait qu'avoir des conséquences négatives.

Les membres du comité exécutif savaient-ils que le président interférait avec la bonne marche de l'administration et qu'il s'était arrogé un contrôle personnel sur les contrats marketing ?

Et puis il y avait les services de consultants pour les amis de Blatter, les paiements en liquide au profit d'Havelange. Et que diable s'imaginait Blatter quand il se servait de l'argent du programme Goal pour acheter des votes en sa faveur ?

Une révélation croustillante fut celle du versement secret, et sans aucune autorisation, de 100 000 dollars par Blatter au Russe Viacheslav Koloskov, soit deux ans de salaire au comité exécutif alors même que Koloskov avait annoncé qu'il prenait un congé de deux ans. L'information figurait à la rubrique « Corruption ». Les subventions à « la famille Warner » occupaient une pleine page. Le refus obstiné de Blatter de révéler ses émoluments remplissait une demi-page du rapport.

Après la présentation de Zen-Ruffinen, cinq des vice-présidents de la FIFA entraînèrent Blatter dans un salon particulier et lui conseillèrent avec force de démissionner. Issa Hayatou, l'un des cinq, raconta plus tard : « Il paraissait ébahi, très choqué. Mais il a refusé de partir et a déclaré qu'il n'avait à répondre que devant le congrès. »

Au total, la réunion du comité exécutif dura dix heures.

Johansson et les autres dissidents communiquèrent le rapport de Zen-Ruffinen au bureau du procureur de Zurich. Le magistrat leur déclara que, si une enquête était ouverte, l'instruction demanderait des mois. Blatter saisit l'occasion pour attaquer Hayatou : « Dans les premiers temps, je l'ai pris pour quelqu'un de correct. Mais aujourd'hui, en signant une pétition appelant à prendre des mesures contre moi et en utilisant dans la presse certains termes fallacieux, il a dépassé les limites du savoir-vivre. »

Puis le président de la FIFA partit faire campagne sur les terres d'Hayatou. L'élection de 1998 s'était gagnée en Afrique. Celle à venir pouvait-elle également se jouer là ?

22

La maison FIFA brûle…
Qui a craqué l'allumette ?

Monrovia, 23 novembre 1999

Sous un soleil éclatant, la foule massée dans le stade national du Liberia acclama le président Blatter lorsqu'il annonça le lancement du premier projet financé par le programme Goal. Le président Charles Taylor serra chaleureusement la main de Blatter et lui remit la plus prestigieuse décoration du pays, le Human Order of African Redemption.

« Joseph S. Blatter avait promis de nous soutenir. Il a tenu parole », déclara Taylor. Le gendre du dictateur, Edwin Snowe, président de la fédération libérienne, lui renverrait l'ascenseur en 2002.

Pendant que Blatter travaillait à sa réélection sur les terres d'Issa Hayatou, Snowe créait une association baptisée « Les Amis de Blatter en Afrique » et attaquait au lance-flammes les positions de son confrère africain : « Hayatou n'a rien fait pour aucun pays d'Afrique. »

Après l'élection de Blatter, en 1998, Snowe quitta l'Afrique pour l'université privée Johnson & Wales, à Denver, dans le Colorado. Cet établissement enseigne le commerce, les arts culinaires et la technologie. La FIFA lui alloua 50 000 dollars pour étudier « le management sportif et l'organisation d'événements aux Etats-Unis ». L'un des porte-parole de l'organisation, Andreas Herren, fit ce commentaire : « Il est normal que dans ce programme des prêts étudiants soient accordés à des cadres des fédérations nationales qui aspirent à parfaire leur éducation. »

La somme attribuée à Snowe représentait un cinquième des 250 000 dollars alloués chaque année par la FIFA au Liberia, un pays si pauvre que les responsables de la fédération avaient du mal à acheter l'équipement de son équipe nationale.

Edwin ne souhaitait pas abandonner son poste de président pendant ses études aux Etats-Unis. Herren lui assura que ce ne serait pas nécessaire.

George Weah, ancien Ballon d'or (distinction récompensant chaque année le meilleur joueur évoluant en Europe), est, lui, un Libérien loyal. Il avait gagné beaucoup d'argent lorsqu'il jouait au PSG puis au Milan AC, et il a toujours beaucoup fait pour aider le football dans son pays natal, pendant sa carrière et après. Le congé sabbatique d'Edwin lui déplut : « C'est injuste envers notre football. Si le président de la fédération est à l'étranger pendant trois ou quatre ans pour y suivre des études, il faudrait organiser des élections pour que quelqu'un le remplace. »

En dépit du soutien du président Charles Taylor (qui s'était autoproclamé grand responsable des sports pour le Liberia), l'équipe nationale semblait perpétuellement à court d'argent, les entraîneurs n'étaient pas payés, et on peinait à constater sur le terrain les effets des sommes allouées par la FIFA, les études d'Edwin mises à part. Charles Taylor proposa à Weah ses propres gardes du corps, et George, qui est tout sauf idiot, quitta très vite le pays.

A son retour au Liberia, Edwin Snowe se détourna du sport, démissionna de la présidence de la fédération et consacra ses nouveaux talents développés à prix d'or dans le management du football à devenir directeur général de la Liberia Petroleum Refining Company, firme d'Etat chargée des raffineries de pétrole.

En janvier 2006, les Nations unies déclarèrent que Snowe était interdit de voyage, affirmant qu'il était impliqué dans le financement des activités de Charles Taylor, alors en exil.

Tenu pour responsable de la mort de centaines de milliers de civils dans les guerres qu'il avait engagées au Liberia et en Sierra Leone, l'ancien dictateur s'était réfugié au Nigeria. Il est pour l'heure mis en accusation par le Tribunal pénal international de La Haye pour meurtres, viols collectifs, amputations et mutilations, esclavage, enrôlement forcé d'enfants dans l'armée et agression sur les travailleurs humanitaires. Les Nations unies estiment qu'il a volé au moins 100 millions de dollars à son pays.

Taylor a reçu sa formation militaire dans les camps d'entraînement de Libye, autre pays ayant soutenu la candidature de Blatter en 2002. Fin avril, le richissime président de la fédération nationale de football libyenne, Al-Saadi Kadhafi, fils du colonel Kadhafi, invita à Tripoli les représentants de vingt fédérations africaines, dont l'Ouganda, le Rwanda, le Soudan, le Zimbabwe, la Mauritanie. C'était une semaine avant que Zen-Ruffinen ne produise son dossier explosif. Les officiels africains passèrent une semaine fort agréable à fêter Blatter, puis le jeune Kadhafi leur distribua 4 millions de dollars.

Pendant ce temps, Sepp Blatter se trouvait à Abidjan, en Côte d'Ivoire, pour assister à une réunion regroupant les ministres des Sports des pays francophones. Jérôme Champagne se chargea de la diplomatie, expliquant : « Le président Blatter n'est pas venu ici pour faire campagne. Mais c'est un bon endroit pour renouer le contact avec de vieux amis. Et il a des amis partout. Ils savent tout ce qu'il a fait pour le football mondial. »

Les journalistes africains avaient sans doute assisté à une autre convention. L'un d'eux rapporta : « Blatter profite de l'occasion pour faire du lobbying en vue du vote. Il sait très bien qu'en Afrique les ministres des Sports ont une grande influence sur leur fédération de football, et il a pressé les ministres de soutenir sa candidature à un deuxième mandat. »

Sur le chemin du retour, Blatter s'arrêta quelques heures au Sénégal.

Lesotho, aéroport Moshoeshoe, 7 avril 2002

Le Gulfstream du président Blatter arrivait du Botswana. Il était à mi-parcours dans son périple africain qui devait le mener dans dix pays du sud du continent. Il ne restait plus que six semaines avant l'élection, mais non, il n'était pas en campagne. Il servait seulement les intérêts de la FIFA et allait incidemment à la rencontre de certains de ses « vieux amis, qui sont partout ».

Le service de presse de la FIFA s'affairait à communiquer au monde le nom de chaque nation africaine arrachée à Hayatou. L'annonce que la fédération rwandaise de football apportait « son entier soutien à la réélection de Joseph S. Blatter » ne surprit pas vraiment, mais c'était sans importance puisque Markus Siegler pouvait ajouter : « Les déclarations de la fédération rwandaise et de la fédération soudanaise suivent les déclarations déjà faites par les fédérations nationales du Lesotho, de Zambie et du Mozambique. »

Dans ces trois derniers pays, Blatter inaugura des installations financées par le programme Goal. A Lusaka, capitale de la Zambie, il évoqua devant les officiels du football ses tracas à Zurich : « Des enquêtes ont été diligentées, et toutes les allégations à mon encontre se sont révélées fausses, leur affirma-t-il. Ceux qui les ont proférées devront en répondre. »

Mais qui donc payait pour le jet qui emportait Blatter d'un aéroport à l'autre ? Un de ses vieux amis, Mohamed Bin Hammam, le révéla à l'occasion de l'escale au Lesotho. « Ce Gulfstream est fourni par un de mes amis saoudiens, Saleh Kamil. Nous avons cofinancé ce voyage. »

Le cheikh Saleh Abdullah Kamil, âgé alors de soixante ans, se classait parmi les deux cents personnes les plus riches de la planète, avec une fortune personnelle estimée à 2,2 milliards de dollars et un empire commercial pesant 9 milliards. Son groupe bancaire, Dallah Albaraka, était très rentable, mais son réseau audiovisuel rayonnant sur le monde arabe était considéré par les analystes financiers comme « un gouffre financier chronique ».

Son réseau satellitaire retransmettait notamment le championnat de la Premier League anglaise et celui de la Bundesliga allemande (les équivalents de la Ligue 1 française). Il avait un besoin désespéré de droits de diffusion de compétitions de haut niveau parce que les films hollywoodiens d'action ou de charme étaient indésirables dans le monde musulman. Pourquoi un milliardaire qui désirait retransmettre la Coupe du monde n'aurait-il pas offert une place gratuite dans un de ses jets au président de la FIFA ?

Le revirement de la fédération de football anglaise, qui décida de soutenir Hayatou au lieu de Blatter, ne constitua qu'une mince consolation pour le candidat africain. Conscient que certaines des fédérations africaines seraient toujours vulnérables face à Blatter et Bin Hammam, Hayatou faisait campagne en Asie, à qui il promettait davantage de places en phase finale de la Coupe du monde. Elles seraient prélevées sur l'Amérique du Sud, où les dix pays de la confédération régionale se disputaient cinq tickets.

Hayatou envoya ses représentants aux Caraïbes pour essayer de casser la mainmise de Warner sur les votes. Ils se rendirent aux îles Caïmans et firent pression sur le président de la fédération locale, Jeff Webb. A peine étaient-ils repartis que Jeff confia à Jack Warner qu'il les avait laissés parler cinq minutes pour présenter leur candidature. Jeff avait posé la question de confiance : Hayatou était-il prêt à augmenter la subvention allouée par la FIFA à chaque projet Goal et à la faire passer de 400 000 à 1 million de dollars ? Il ne s'était pas engagé. Certaines allégations avaient été proférées à l'encontre du président de la FIFA et de celui de la CONCACAF, mais il avait refusé de les écouter. Warner s'en déclara enchanté.

Mais, tant dans les Caraïbes qu'en Amérique centrale, tout le monde n'était pas enchanté du président. Après une douzaine d'années passées à la tête de sa confédération, Warner sentait soudain le sol trembler sous lui. Il était menacé par les urnes. Son rival déclaré, Edgardo Codesal, était l'arbitre mexicain qui avait brandi le premier carton rouge dans une finale de Coupe du monde, à Rome en 1990, en renvoyant l'Argentin Pedro Monzon aux vestiaires en début de seconde mi-temps. Il avait recommencé vingt et une minutes plus tard en expulsant du terrain Gustavo Dezotti, coéquipier de Monzon. Et il voulait maintenant exclure Warner et le remplacer à la présidence de la CONCACAF.

En tant que responsable de l'arbitrage à la CONCACAF, Codesal recevait des émoluments, ce qui lui valut un carton rouge du secrétaire général Chuck Blazer. « Nos statuts interdisent aux membres rétribués de la confédération de tenir un poste électif au sein de l'organisation », déclara Blazer, qui rejeta la nomination de Codesal pour l'élection présidentielle régionale. Le président de la fédération mexicaine de football, Alberto de la Torre, répliqua : « M. Codesal n'est pas rétribué. Il reçoit des défraiements et les défraiements ne sont pas une rétribution, car s'ils l'étaient, M. Warner ne serait pas éligible lui non plus, puisqu'il en bénéficie lui aussi. Nous nous plaindrons à la FIFA. »

Warner voulut aussitôt faire virer Codesal du comité arbitral de la FIFA. Il s'énerva vraiment quand il se rendit compte que ni lui ni Blatter ne pouvaient intervenir. « Nous aimerions attirer votre attention sur le fait qu'un membre d'un comité permanent de la FIFA ne peut être remplacé que par l'instance qui l'a nommé, c'est-à-dire le comité exécutif », écrivit à Warner le secrétaire général Zen-Ruffinen.

A quand remontait la dernière fois où quelqu'un avait osé dire non à Warner ? Difficile de s'en souvenir. « Quel monde étrange que celui dans lequel nous vivons ! » s'offusqua Warner dans un courriel adressé à Blatter, et dont tout un chacun reçut copie. Ce monde allait devenir de plus en plus étrange, et de plus en plus irritant.

Zen-Ruffinen demanda à la commission juridique de se prononcer sur le désir de Codesal de se présenter contre Warner. Blazer demanda sans détours que Zen-Ruffinen soit viré ou suspendu pour « ingérence dans les affaires de la CONCACAF », vociférant, du haut de la Trump Tower : « L'action actuelle intentée par Zen-Ruffinen dépasse les limites de sa crédibilité ! »

Zen-Ruffinen fit intervenir ses avocats. « Ces attaques constituent une tentative de déstabilisation des fonctions du secrétaire général, et uniquement parce que celui-ci a insisté pour qu'on se conforme aux statuts, déclara-t-il alors qu'on préparait les assignations en justice pour diffamation. Le fait que ces attaques émanent de la CONCACAF, dont les dirigeants sont fréquemment l'objet de controverses, est une preuve supplémentaire d'une campagne de déstabilisation. » Puis Zen-Ruffinen fit une révélation fascinante : il avait découvert que des cartons entiers de correspondance entre Warner et la FIFA pour les années 1989, 1990 et 1991 s'étaient volatilisés. Ainsi qu'un autre dossier, plutôt épais, contenant des documents concernant Havelange.

Ils auraient pu vendre des billets pour l'événement. Selon la coutume, le président et le secrétaire général de la FIFA assistent aux congrès de la confédération continentale, et Jack Warner devait se rendre à Miami à la fin d'avril. Avec ce charme naturel qui lui est particulier, il écrivit à Zen-Ruffinen : « Il me semble de mon devoir de vous avertir, au vu des relations qui existent maintenant entre vous et la direction de la CONCACAF, qu'il ne serait pas prudent pour vous d'assister à ce congrès confédéral. »

Ce courrier ne fut pas très bien reçu à Zurich, et Jack

dut s'expliquer. Ce qu'il fit, à sa manière très personnelle : « Tout en reconnaissant le fait que l'anglais est la première langue employée à la FIFA, je suis conscient que ce n'est pas votre langue natale. C'est pourquoi je comprends ce qui semble être de votre part une incapacité à saisir le sens exact du terme “prudent”. La personne même la plus imaginative ne saurait inférer du contenu de ma lettre une quelconque menace ou intimidation, et j'ai toujours parlé franchement, sans ambiguïté. »

Chuck et Jack m'interdirent de congrès à Miami, ce qui ne m'empêcha pas de rôder dans les couloirs de l'hôtel Loews, à South Beach. Plusieurs officiels régionaux me rencontrèrent en secret et me racontèrent ce qui se passait à l'intérieur. Le candidat Blatter avait eu tout loisir de faire son autopromotion à la tribune, alors que le candidat Hayatou se voyait refuser le droit de s'adresser à l'assistance. Après avoir annoncé que l'élection s'effectuerait à main levée, Jack finit par accepter que Codesal prenne la parole. Seuls deux pays, le Mexique et le Salvador, osèrent lever la main en faveur de Codesal. Jack Warner rempila donc pour quatre ans.

Hayatou organisa un cocktail des plus modestes – l'occasion de parler à quelques officiels régionaux de ses espoirs pour une nouvelle FIFA. Il s'adressa à une salle presque vide. Un délégué caribéen me confia : « La plupart ont trop peur de Warner pour oser seulement assister à ce cocktail et écouter Hayatou. » Les délégués jugèrent plus prudent d'aller à la plage.

Blatter transporta sa campagne à Dubaï et à la convention Soccerex du marketing sportif, où il expliqua à un auditoire complaisant que les critiques dont il était la cible n'étaient rien de plus que les agissements « de rivaux aigris et désireux de me faire la peau... et dont les allégations de corruption et de mauvaise gestion financière ne rendent pas service au sport ». Il se refusa à parler à la presse britannique mais déclara aux journalistes locaux que « plus de transparence que celle imposée actuellement par nous à la FIFA, c'est impossible ». Avant d'ajouter : « Je suis le dernier romantique du football. »

Les villes et les pays défilaient. Blatter fit une escale à Bahreïn, à l'invitation du prince héritier, à Pékin et à Pyongyang, où il fit un grand numéro de charme à Kim Jong-il. Ce voyage fut un échec. Les Nord-Coréens ne se rendirent pas au congrès. A Nukualofa, dans les îles Tonga, il partagea la tribune avec Hayatou lors du congrès de la confédération océanienne. Toujours irrité par l'insubordination de Zen-Ruffinen, il déclara à un journal zurichois : « Mes opposants attendent que je le démette de ses fonctions pour pouvoir dire que je me suis débarrassé de la dernière personne à la FIFA qui connaîtrait la vérité. »

Il fit voter par un comité exceptionnel l'interdiction pour le secrétaire général de parler à la presse et ordonna à Urs Linsi, le directeur financier, de cesser de faire des rapports à Zen-Ruffinen, et de ne s'adresser qu'au président de la commission des finances, Julio Grondona. A une station de radio de Buenos Aires, il déclara : « Zen-Ruffinen ne serait pas capable de diriger une troupe de boy-scouts. Cela dit sans vouloir offenser le scoutisme. »

Fin avril, tout ce petit monde se rendit à Stockholm pour le congrès de l'UEFA, et ce fut la meilleure journée de l'année pour Blatter. Quelqu'un avait mené une campagne de séduction pendant des mois, avec pour résultat l'élection au comité exécutif de la FIFA de Michel Platini et de Gerhard Mayer-Vorfelder, représentant de la Bundesliga. Un des principaux lieutenants de Johansson, le Norvégien Per Omdal, fut démis de son poste. Soudain, Blatter était à nouveau dans la partie. La courte majorité de Johansson n'existait plus.

Sepp donna ensuite pour instructions aux membres de son équipe de répondre aux allégations faites le 3 mai par Michel Zen-Ruffinen. Il leur fallut quinze jours pour concocter un document de trente feuillets, qu'ils intitulèrent « Rectification ». Le terme peut paraître équivoque, mais selon mon dictionnaire il signifie entre autres « action de rendre un texte exact en le corrigeant ».

Il commençait ainsi : « Mesdames et Messieurs, chers amis du football, depuis plusieurs mois une campagne a été lancée contre moi, largement, à travers les médias. Elle s'est intensifiée à l'approche des élections pour la présidence. Cette campagne de diffamation est bizarre et incompréhensible [et] cause beaucoup de tort au football. Ce document ne vous laissera aucun doute concernant mon honnêteté. Il vous prouvera que les allégations formulées contre ma personne sont dénuées de tout fondement. La maison FIFA est en feu. Une fois que vous aurez lu ce document, vous saurez qui a craqué l'allumette. »

Il tenait à ce que le monde du football sache autre chose : « Je nie farouchement toute allégation de corruption. »

Mais comment Blatter répondit-il aux accusations de Zen-Ruffinen ? Prenons l'exemple des salaires et des à-côtés. Zen-Ruffinen avait affirmé : « Il ne les a jamais révélés au comité exécutif ou au secrétariat général. » Quelle réponse l'équipe de « rectificateurs » de Blatter avait-elle à donner ?

« La question concernant la rémunération du président

a déjà reçu une réponse, et cela à plus d'une occasion, lors des réunions du comité exécutif. »

Joli, non ? D'autant qu'aucune réponse n'avait jamais été fournie.

Zen-Ruffinen avait demandé à connaître la nature exacte du rôle de McKinsey. Les « rectificateurs » insistèrent sur le fait que c'était la commission des finances qui avait pris la décision de faire appel à McKinsey et que cette décision avait été approuvée par le comité exécutif lors de sa réunion de début juillet 2001 à Buenos Aires.

Une minute... L'équipe de Philippe Blatter s'était échinée pendant toute l'année précédant Buenos Aires, et l'oncle Sepp lui avait promis 3 millions de dollars pour, entre autres choses, travailler sur l'opération de prestige du président lors de ce congrès crucial.

Les « rectificateurs » du tonton ne tarissaient pas d'éloges sur les blancs-becs, « leur sens de la mission, leur vision du développement stratégique, leur définition du plan de développement commercial, l'organisation et l'exécution de projets complexes à grande échelle, la création de valeur par le biais d'améliorations opérationnelles, etc. »... Que voilà un touchant charabia ! Il aurait pu être extrait d'un des rapports de mission boursouflés rédigés par l'équipe de Philippe Blatter !

Michel Zen-Ruffinen avait affirmé que Blatter aurait pu empêcher ISL, le groupe de Jean-Marie Weber, de garder les millions de dollars versés par le groupe de télévision brésilien Globo.

« Accusation sans fondements », insistaient les « rectificateurs ». Et pour le prouver, ils avançaient une révélation qui blanchissait totalement le président. « C'est la division financière de la FIFA qui a attiré l'attention sur les risques encourus par la FIFA à cause des arrangements liés aux contrats télévisuels. Le 1er juin 2001, le responsable financier [Urs Linsi] a rédigé un mémo à l'attention du président et du secrétaire général. »

Attendez un peu... Il s'agissait du mémo rédigé par Linsi après la faillite d'ISL, après la plainte en justice déposée par la FIFA alors que le monde entier était déjà au courant de la disparition de l'argent. Ce mémo ahurissant dans lequel Linsi déclarait : « La décision de ne pas harceler ISL et de ne pas insister pour obtenir une modification du contrat Globo n'avait jamais été prise par le service financier, mais à un échelon supérieur à l'intérieur de la FIFA, qui avait recommandé de ne pas mettre trop de pression sur ISL. »

Peut-être les « rectificateurs » ne pouvaient-ils se rendre compte que ce mémo, diffusé en juin 2001, avait été rendu public vingt-deux mois *après* la lettre de la FIFA datée de septembre 1998 et adressée à Weber à propos de l'argent manquant et du contrat litigieux avec Globo ? Peut-être n'avaient-ils pas lu les rappels ultérieurs adressés par la FIFA à Weber en mai 2000, treize mois *avant* le mémo de Linsi, alors que ces rappels avaient été diffusés sur l'insistance de Peter Honegger, l'avocat de la FIFA ?

Comment les « rectificateurs » avaient-ils réussi à négliger cette preuve ? L'explication est simple : tous ces documents étaient secrets, enterrés dans les archives. Ils ne voient la lumière du jour pour la première fois qu'ici, à l'occasion de l'écriture de ce livre.

S'estimant donc innocenté, Blatter reprit son bâton de pèlerin, avec cette mise en garde : « Ceux qui profèrent des allégations qu'ils ne peuvent prouver iront en prison. »

Il était plus que temps de se préparer pour le congrès de Séoul, l'élection à la présidence et la Coupe du monde. Le très accueillant Robert Contiguglia, président de la fédération de football des Etats-Unis, reçut Sepp. « Une fois balayées toutes ces histoires négatives, ces affabulations et ces comportements embarrassants, nous ne pouvons en arriver qu'à une conclusion… Le président Blatter devrait continuer à diriger la FIFA ! » Et pour le cas où certains n'auraient pas compris le message, il ajouta : « Blatter est une icône de l'humanisme. »

Pendant que Blatter, Hayatou et la plupart des dirigeants de la FIFA sillonnaient le monde pour engranger des votes, un officiel de haut rang de Sonnenberg ayant d'importantes responsabilités dans l'organisation de la Coupe du monde venait au rapport sur un tout autre sujet. « Je me suis senti merveilleusement bien après le massage, après avoir caressé et embrassé ton corps tiède partout. Je pense que tu as toi aussi profondément apprécié », confiait-il par courriel à sa nouvelle conquête, une officielle du football rencontrée lors d'un déplacement. « Je ne t'ai pas pénétrée – tu ne me l'as pas demandé –, et tu n'as pas caressé mon sexe avec tes mains, ce que je respecte parfaitement, et c'est pourquoi je me suis donné du plaisir moi-même, car mon désir était très fort. »

Ce n'était pas la première fois que Monsieur Massage apparaissait dans la saga sexuelle de Sonnenberg. Quelques années plus tôt, une très belle femme membre du personnel de la maison football, que nous surnommerons Miss Sublime, entretenait une liaison avec un des plus importants officiels de la FIFA, un homme mondialement connu. Monsieur Sommité étant souvent absent, quelquefois pendant des semaines d'affilée, Miss Sublime meublait alors certaines de ses longues soirées avec Monsieur Massage.

Monsieur Massage et Miss Sublime profitèrent pleinement l'un de l'autre jusqu'à une certaine nuit, à l'occasion d'une tournée de la FIFA en Europe centrale, alors que tous les pontes de la Fédération internationale partageaient le même hôtel. Quelque ami dévoué glissa à Monsieur Sommité qu'au même moment un certain Monsieur Massage jouait à guili-guili avec Miss Sublime. Monsieur Sommité décrocha son téléphone, appela Monsieur Massage à deux heures du matin dans sa chambre et grommela : « Tu sais où est Miss Sublime ? »

Et Monsieur Massage, en tendant le combiné à Miss Sublime : « C'est pour toi. »

Monsieur Massage plaida sa cause auprès de Monsieur Sommité et conserva son poste. Miss Sublime, elle, fut renvoyée sans ménagement.

23

Blatter apôtre de la transparence !
« Toute question peut être posée, il y sera répondu ! »

Séoul, centre de presse de la Coupe du monde,
27 mai 2002

Nul journaliste présent n'avait encore vu une fédération sportive internationale se désintégrer ainsi sous ses yeux, après des mois de querelles intestines. Ce matin-là, nous étions installés dans un auditorium de plus, sur un autre continent, et nous écoutions les cinq vice-présidents dissidents. Ils voyaient dans les médias leur dernier espoir, leur ultime chance de contourner le blocus de Blatter et de convaincre les délégués qui allaient décider du nom du nouveau président dans la semaine à venir.

Julio Grondona et Jack Warner, les deux vice-présidents demeurés loyaux à Blatter, étaient enfermés dans une suite à l'hôtel en sa compagnie, et se préparaient à l'épreuve de force du lendemain. Devant nous, assis derrière une table très simple, se trouvaient le massif et sérieux Lennart Johansson, le mince Antonio Matarrese, l'imposant Issa

Hayatou, le menu David Will et notre hôte coréen, l'élancé docteur Chung Mong-Joon.

Johansson nous déclara : « Blatter a vendu les bijoux de famille. Ça ne peut plus durer. Le président en exercice a mené la FIFA au bord du gouffre en dilapidant les fonds à mauvais escient et en interférant avec la gestion quotidienne de l'organisation. » Nous entendions ce genre de déclarations depuis des mois déjà, ce qui n'empêchait pas Blatter de continuer à se déplacer d'un coin du monde à l'autre pour nier tout en bloc et amasser les votes en sa faveur. Le très partisan site web fifa.com venait d'annoncer que dix fédérations asiatiques supplémentaires avaient promis leurs voix à Blatter. Et une fois de plus, aucune nouvelle concernant les pays qui soutenaient la candidature d'Hayatou.

La réunion de ce matin tenait autant de la confession que du séminaire. Les vice-présidents entrés en dissidence déclarèrent qu'ils auraient dû faire plus et découvrir comment Blatter dilapidait le trésor de la FIFA. « Il nous a caché la vérité », clamèrent-ils. La vedette de la réunion était David Will, avec ses cheveux argentés, à présent ex-directeur de la commission d'audit interne, et il disposait d'une poignée de documents explosifs pour étayer ses accusations.

Dans sa déclaration de la veille, Blatter affirmait, une fois de plus : « La FIFA est dans une situation confortable pour répondre à ses obligations financières actuelles et futures. » David Will exposa une opinion différente. « Je pense que nous avons l'obligation de clarifier la situation financière. » Les rentrées commerciales liées à la lointaine Coupe du monde 2006 avaient été incluses dans les comptes actuels. Il expliqua que les « profits » déclarés étaient en fait un trou béant de près de 536 millions de francs suisses. La fédération sportive internationale la plus riche du monde était au bord de la faillite, fit valoir Will, et il était peut-être temps de dire la vérité aux tribunaux suisses.

Pourtant, Blatter continuait à évoquer la manne financière distribuée par la FIFA. Comment faisait-il ? Très simple, expliqua l'Ecossais. Blatter avait détourné un milliard de francs suisses du coût estimé des opérations dans le budget prévisionnel des quatre années à venir et – abracadabra ! – la FIFA croulait sous les liquidités. Conclusion : votez Sepp !

Will nous rapporta ensuite une anecdote curieuse concernant Blatter et la réception donnée par Roger Milla pour son cinquantième anniversaire. Le buteur phénomène de la Coupe du monde italienne de 1990 avait espéré lever des fonds pour ses vieux jours en organisant une rencontre entre des joueurs de renom, chez lui, au Cameroun. Milla avait donc approché Blatter pour lui demander son aide. Trois mois plus tard, il recevait une lettre lui annonçant : « La FIFA ne participera pas à cet événement, qu'elle ne parrainera pas. »

Plus tard, Milla apprit que, dans sa campagne pour la présidence, Blatter s'était targué d'avoir son soutien. Le joueur en conçut une compréhensible irritation. Il téléphona à Zurich et exigea de parler à Blatter. Ils s'expliquèrent et Sepp prit le chéquier de la FIFA. David Will a distribué une copie du relevé de compte de la FIFA à l'Union des banques suisses. Il révèle un versement de 25 000 francs suisses à Roger Milla.

Nous allâmes nous promener sous le chaud soleil de cette fin de matinée. Presque entièrement détruite lors de la guerre de Corée, cinquante ans plus tôt, Séoul, désormais la cinquième ville la plus peuplée du monde, étalait maintenant sa splendeur bétonnée. Les larges voies rapides sur pilotis, embouteillées en permanence, serpentaient entre les blocs de tours. Des équipes d'ouvriers perchés sur des grues immenses s'affairaient à construire d'autres buildings à une vitesse hallucinante.

Devant le centre de presse, des centaines de policiers anti-émeute casqués en uniforme noir, boucliers et matraques en évidence, surveillaient des syndicalistes qui manifestaient pacifiquement de l'autre côté de la rue. Une fois la presse internationale à l'intérieur, les trouble-fête pouvaient s'attendre à un peu d'action.

Dans les rues, chaque réverbère était décoré de fanions portant les logos des sponsors de la Coupe du monde, et des pylônes supplémentaires avaient été plantés pour faire face à la demande d'espaces publicitaires. Les trottoirs étaient envahis par les citadins, les amateurs de football et les délégués au congrès de la FIFA, reconnaissables au passe plastifié pendu à leur cou et encore étonnés d'avoir dû arriver un jour plus tôt que prévu pour assister à un congrès extraordinaire.

Dix semaines auparavant, lorsque Blatter avait eu le sentiment qu'il n'aurait pas le dernier mot dans la controverse au sujet des finances de la FIFA, il avait annoncé que cinquante-quatre fédérations nationales lui avaient écrit pour exiger la tenue d'un congrès extraordinaire la veille du congrès régulièrement prévu. Ces demandes représentaient le quart des pays adhérents des six confédérations continentales. Les fédérations exigeaient un débat public mettant sur la table le montant des pertes et des emprunts ainsi que le train de vie de la FIFA et le véritable état de ses comptes.

Cette nouvelle avait quelque chose de réconfortant. La masse avait enfin la chance de se faire entendre ! La démocratie s'exprimait enfin ! La FIFA n'était peut-être pas en aussi mauvais état, après tout, me dis-je à l'époque. Puis quelqu'un me glissa la copie de certains fax émis quelque temps auparavant depuis le bureau de Jack Warner à Port of Spain, et je commençai à me poser des questions.

Le 5 avril 2002 avait été un jour décisif. La commission des finances se réunissait à Sonnenberg et les alliés les plus solides de Blatter (Grondona, Warner, Bin Hammam et Adrian Wickham, des îles Salomon) se heurtaient avec le Turc Senes Erzik et le Botswanais Ismail Bhamjee à propos de l'état des finances de la FIFA.

Quand les membres de la commission appartenant à l'UEFA informèrent tranquillement les journalistes de ce désaccord, Andreas Herren, le responsable du service de presse de la FIFA, nous répondit : « Deux membres de la commission ont émis des réserves mais quand le président a demandé solennellement si la commission était d'accord pour soumettre le rapport "à l'unanimité", aucun refus formel n'a été enregistré. »

Warner quitta la réunion et appela chez lui. Harold Taylor, le secrétaire de l'UFC (Union caribéenne de football), envoya aussitôt un fax à chaque fédération nationale de la région. « Veuillez trouver ci-après une lettre demandant la tenue d'un congrès extraordinaire de la FIFA, pour laquelle je demande votre soutien. L'affaire étant urgente, merci de faxer au secrétariat de l'UFC votre soutien à cette initiative. J'espère recevoir votre réponse avant quinze heures aujourd'hui. Confirmez auprès de la FIFA, avant dix-sept heures. »

Plus tard ce même jour, Richard Groden, secrétaire de la fédération de football de Trinité-et-Tobago, envoya un fax à Zurich. « Cher Secrétaire général, en application de l'article 11 des statuts régissant la FIFA, les soussignés réclament la tenue d'un congrès extraordinaire, en conformité avec les termes de l'article mentionné. »

Herren, le porte-parole de la FIFA, admettrait plus tard : « L'Union caribéenne de football a contacté ses fédérations membres le 5 mars. » Elles devaient prendre conscience de la situation et se voyaient demander d'exprimer leur soutien à la FIFA. Seul un membre de l'UEFA, la Roumanie, soutint la pétition, mais les dix nations latino-américaines signèrent comme un seul homme. Tout comme les Fidji et les Salomon en Océanie, la Tunisie et le Liberia d'Edwin Snowe en Afrique. Le Qatar, le Népal, la Jordanie, le Liban, Bahreïn, le Turkménistan, l'Iran et l'Ouzbékistan lui apportèrent également leur soutien.

Une semaine plus tard, Warner, président de l'Union caribéenne de football, déclara à l'occasion d'un séminaire au Centre d'Excellence Dr João Havelange : « En quatre-vingt-dix minutes, j'ai obtenu de cinquante-quatre pays qu'ils demandent la tenue d'un congrès extraordinaire de la FIFA. Et sur ces cinquante-quatre pays, trente venaient de la CONCACAF, dont vingt-quatre des Caraïbes. Je suis très fier que, dans ma confédération, trente membres aient répondu à mon appel dans les quatre-vingt-dix minutes. »

J'appelai quelques lieutenants de Warner et leur demandai pourquoi ils l'avaient soutenu. Jim Fleming, le président de la fédération canadienne, me confia qu'il avait décidé de suivre Warner sans consulter son comité parce que « nous soutenons Sepp Blatter ». Je demandai au Jamaïcain Tony James, un des vice-présidents de la CONCACAF, pourquoi la requête d'un congrès spécial avait été envoyée d'urgence, sans débat à l'échelon local. « Il n'y avait nul besoin de consultation supplémentaire. Nous confirmons que nous acceptons les explications du président Blatter à Buenos Aires sur l'état des finances, expliqua-t-il en ajoutant : Ces pays ont une totale confiance en Jack Warner et sa direction. »

Deux semaines plus tard, débordés, les membres du département financier de la FIFA avaient évalué le coût probable de ce congrès supplémentaire. Vincent Monnier faxa à Jérôme Champagne, Sepp Blatter et Urs Linsi son estimation : pas moins de 500 000 francs suisses. Sans compter la modification des plans de voyage et l'accueil de plusieurs milliers de délégués et assistants.

Séoul, Grand Hilton Hotel, 28 mai 2002

Les habilleuses de Blatter lui choisirent une chemise blanche avec un très joli col large et une belle cravate bleu pastel. C'est tout ce que son auditoire verrait de lui derrière le haut pupitre au moment décisif, quand il lui faudrait conquérir l'assentiment général. Aussi avait-il tout intérêt à se présenter sous son meilleur jour.

Les vêtements semblaient parfaits, mais le président ? Avait-il passé une mauvaise nuit ? Un abus de *kimchi*[1] et d'alcool de riz ? Le chiot aux nouilles sautées lui était-il resté sur l'estomac ? Il avait le visage tendu, les yeux étrécis sous le portique de projecteurs surmontant la tribune, et il parla d'un ton lent, sans une once de son charisme habituel.

Il faut bien dire que l'environnement n'aurait flatté personne. La salle de conférences, très haute de plafond, était particulièrement lugubre et ressemblait à un hangar pour avions. L'éclairage fluorescent bleuté se reflétait sur

1. Condiment coréen à base de chou fermenté. (*N.d.T.*)

le visage las de Blatter. Issa Hayatou devait se réjouir de voir son rival apparemment aussi peu en forme.

Le président chaussa ses lunettes et regarda la salle. « Bonjour, tout le monde. Bienvenue en Asie. Bienvenue en Corée. Bienvenue à Séoul pour le congrès extraordinaire de la FIFA qui s'ouvre aujourd'hui. Bienvenue également pour l'événement majeur... » Et, d'un ton aussi enjoué que celui d'un prêtre en pleine oraison funèbre, il déclama : « La Coupe du monde 2002 de la FIFA. »

D'un côté, alignés sur le niveau supérieur du gradin situé en fond d'estrade, étaient assis les seize membres de son comité exécutif, Teixeira, Bin Hammam, Blazer, Leoz, Per Omdal, Abdullah al-Dabal, d'Arabie saoudite, et les autres. Un niveau plus bas, les sept vice-présidents s'étaient installés. Warner était le plus proche du pupitre de Blatter, et il était affalé dans son siège, avec l'air de vouloir se pincer le nez car à côté de lui se trouvait l'Italien Antonio Matarrese, et ces deux-là ne s'entendaient pas du tout. A maintes reprises Warner avait clairement montré qu'il se souciait comme d'une guigne de ce que Matarrese pensait et, oh joie, c'était le dernier congrès de l'Italien, qui quitterait le comité exécutif dès le lendemain. A côté étaient assis Johansson et Grondona, un autre duo ayant très peu à se dire, puis le reste de l'opposition interne, David Will, Issa Hayatou et enfin Chung, placé aussi loin de Blatter qu'il était possible sans descendre de la tribune.

Ils contemplaient le premier rang de la salle, occupé par quelques hommes âgés, les membres honoraires. Parmi eux le président honoraire João Havelange, à deux semaines de son quatre-vingt-sixième anniversaire, son regard dur fixé sur les jeunots qui dirigeaient maintenant *sa* fédération. Derrière lui, dans la pénombre, se succédaient les délégations, cent quatre-vingt-dix-sept au total, grands pays et minuscules nations. Chacun occupait une petite table rectangulaire sur la nappe verte de laquelle étaient disposés trois ballons de football siglés Adidas et trois bouteilles d'eau minérale. Chaque table avait trois sièges.

Le président débitait laborieusement son discours, aussi peu inspiré qu'inspirant. « Certains ne sont pas contents, et je ne suis pas content moi-même. Nous sommes tendus, nos émotions sont troublées et il nous manque toujours un sentiment de joie. Qu'est-il arrivé à notre fière et prospère organisation ? »

Il résuma la faillite du groupe ISL et de Kirch, puis lança son slogan de campagne : « Nous avons des centaines de millions de francs suisses sur notre compte en banque. » Une nouvelle pause, puis : « Je suis heureux que cinquante-quatre fédérations nationales aient demandé la tenue de ce congrès extraordinaire, cinquante-quatre fédérations nationales qui ont fait usage de leur droit. C'est une bonne chose pour la FIFA. Toute question peut être posée, il y sera répondu. Nous n'avons rien à cacher. Toutes les données financières sont à votre disposition. » Une pause, encore. « J'espère que ce congrès se déroulera dans une ambiance correcte, selon les principes de notre sport. » Son discours terminé, il demeura sur l'estrade.

Zen-Ruffinen traversa d'un pas rapide la tribune et s'installa derrière un pupitre identique situé à l'autre bout de l'estrade. « J'aimerais profiter de l'occasion pour faire une déclaration personnelle, annonça-t-il sous le regard mauvais de Blatter. La raison en est que j'ai vu mes prérogatives restreintes et ai été interdit de tout accès aux finances de la FIFA par le directeur financier et par le président. Le rapport financier qui vous est présenté ne retranscrit pas la vérité limpide, contrairement à ce qu'il prétend, et certains chiffres semblent beaucoup plus satisfaisants qu'ils ne le sont en réalité. » Sur ces mots, il retourna s'asseoir à sa place.

On fit l'appel et l'on découvrit ainsi que sept fédérations, celles d'Afghanistan, du Cap-Vert, de Djibouti, du Niger, des îles Turks et Caicos, de l'Erythrée et de la Corée du Nord, n'étaient pas représentées. Blatter ôta ses lunettes et commença son explication de la situation financière. Quand il en arriva au chapitre de la titrisation, il expliqua pourquoi elle s'était révélée nécessaire : « De la sorte, nous pouvons financer les fédérations nationales, les compétitions, les programmes de développement, les activités humanitaires, les congrès, les symposiums, le dialogue avec les autorités. »

De Blatter au pupitre à son comité derrière lui, d'Issa Hayatou et des délégués aux journalistes rassemblés au fond de la salle, des serveurs aux traducteurs-interprètes, tous savaient que chaque mot prononcé ce jour avait été choisi avec soin pour influencer l'élection du lendemain.

« Nous ne voulons pas parler uniquement de transparence, je crois en la transparence, nous avons commencé à la construire brique par brique depuis 1999 », déclara Blatter. Il sortit alors une petite brique de sa poche et la brandit… Qui avait eu cette brillante idée ?

Blatter mentionna le terme « transparence » à trois reprises encore dans la minute suivante, puis il en vint à son « trait d'humour » obligé : « Nous pouvons être fiers de ce que nous avons accompli sous la responsabilité de la commission des finances, du comité exécutif et, enfin, sous la responsabilité de votre président. »

Cette mauvaise blague fut saluée par quelques applaudissements épars. Pour la première fois, Blatter sourit. « Merci, merci. » Il rangea ses lunettes, les applaudissements redoublèrent. C'était maintenant au tour de Linsi. Ce dernier étudia son texte une dernière fois avant de le lire, impassible, en détachant chaque mot, d'une voix étonnamment aiguë. « Nous sommes tous enthousiasmés par le football et la prochaine Coupe du monde. Croyez-moi, lors des derniers mois, ces questions ont généré beaucoup d'émotion. Nous venons d'entendre le secrétaire général affirmer que le rapport de KPMG – une firme de grand renom – ne dresse pas un tableau réel et exact de la situation. Je peux cependant vous affirmer que si. »

Les lunettes de Linsi étincelaient sur son nez. Le toupet de cheveux isolé au sommet de son crâne tremblota quand il s'enflamma en délivrant son message. « Je veux vous parler de onze points concernant les finances de la FIFA. » Et sur les grands écrans muraux d'un vert pâle s'affichèrent des documents réalisés sur Powerpoint. L'assistance eut droit à des camemberts, des tableaux et une multitude de chiffres avec plein de zéros. Il fut question de « potentiel de valeur » et de « recapitalisation », et Linsi ne pouvait s'empêcher de sourire en déroulant son jargon bien-aimé.

Il adorait tellement ses onze points qu'il fit une pause, puis les passa en revue de nouveau. Et encore. Et une quatrième fois. Nous avions la cervelle anesthésiée, nos oreilles carillonnaient. Ce fut un soulagement général lorsqu'il reprit son souffle pour délivrer sa conclusion : « Bonne nouvelle pour la famille FIFA. Il y aura plus d'argent pour le développement ! »

Groggy, sonné, soûlé de « valeur recapitalisée » et de « potentiel de valeur », chacun comprit néanmoins le message. Youpi !

Chaque orateur se devant de sortir une plaisanterie durant son intervention, Linsi avait tenu à nous faire partager son hilarante découverte concernant le côté amusant de la titrisation. « Nous épargnons de l'argent grâce à notre programme SCORE... » Un petit silence pour l'effet dramatique, puis l'explication : « Smart Cost Optimisation and Revenue Enhancement[1] ! » Cette saillie ne réveilla pas grand monde.

Blatter revint au pupitre pour récapituler – son deuxième discours politique majeur de la matinée, alors qu'Hayatou restait assis, comme bâillonné –, puis nous sortîmes prendre un café.

De retour dans la salle, le président avait retrouvé tout son aplomb et sa superbe. Les épaules rejetées en arrière, la tête haute, il montrait un visage coloré. La caféine ? D'un ton autoritaire, il édicta les règles pour cette seconde partie de la matinée. « Nous devons suivre des règles de conduite. Le règlement stipule que le président préside et donne la parole aux intervenants. »

Plus tard, probablement. Blatter présenta d'abord les personnalités présentes sur l'estrade. Là-bas se trouvait Fredy Luthiger. Fredy releva la tête et sourit. Et voici les deux responsables du département financier. Ils sourirent. Puis les membres de la commission des finances. Ceux-là avaient le regard sombre. Il y avait même un avocat suisse, présent, nous apprit-on, en cas de besoin.

« Nous suivrons une certaine discipline dans cette salle, et nous devrons avoir terminé à quatorze heures. » Blatter balaya l'assistance du regard. « Levez la main », commanda-t-il, pour aussitôt enchaîner d'un retentissant : « Jamaïque ! » Alors que la silhouette imposante du capitaine Horace Burrell, cravate en soie pourpre et pochette assortie, s'avançait d'un pas chaloupé vers le

1. « Optimisation raisonnée des coûts et élargissement des revenus. » (*N.d.T.*)

podium, le souvenir de la « contribution » de Burrell à Buenos Aires me revint à l'esprit. Quelle entourloupe Horace nous avait-il mijotée, ce coup-ci ?

Il avait signé la pétition de Warner pour qu'ait lieu ce congrès extraordinaire, alors qu'est-ce qui le chiffonnait ? Horace déclara à l'assemblée qu'il avait trois points importants à exposer. En premier lieu : « Lennart Johansson aurait déclaré que des petits pays tels que la Jamaïque et Tonga se soucient peu des finances de la FIFA tant qu'ils bénéficient de son aide. Mesdames et messieurs, je trouve grossiers, hors de propos et plutôt insultants ces commentaires sur les petits pays pauvres. » Burrell poursuivit avec indignation dans cette même veine, répétant à l'envi « petits pays pauvres », puis, pour une raison inexplicable, il nous déclara que son pays était « le plus petit à s'être qualifié pour trois phases finales de la Coupe du monde ». Devant nos expressions incrédules, il ajouta : « Dans différentes catégories d'âge. »

Le deuxième point important avancé par le capitaine consistait en une ratification chaleureuse du travail des auditeurs de KPMG. « Ils ont été désignés par le congrès ! De quel droit un membre du comité exécutif modifierait-il cette décision ? » Horace était désormais en roue libre : « KPMG est une société qui a fait la preuve de son intégrité, et qui dans le monde entier a la réputation de respecter absolument les règles, et d'ailleurs ma fédération fait appel à ses services. » Super, Horace, mais... et ta question ?

On y était : « Monsieur le président, je m'inquiète de certaines déclarations que j'ai entendues de la part d'officiels importants qui devraient réfléchir avant de parler. Et je pose la question : est-ce que KPMG va intenter un procès à la FIFA ? » Il se tut, théâtral, et certains d'entre nous, au fond de la salle, se demandèrent si Horace n'avait pas profité de la pause-café pour aller fumer, derrière les cuisines de l'hôtel, un peu de ce truc qui faisait sourire Bob Marley. KPMG, faire un procès à la FIFA... Joli !

Le brave capitaine jamaïcain fit ensuite mine de s'intéresser aux documents de David Will, à sa manière très personnelle. « Une aide a été allouée à Roger Milla – 25 000 francs suisses pour son match de charité – et c'est maintenant un problème ? Je vous demande instamment de ne pas impliquer le grand Roger Milla dans ces absurdités politiciennes ! »

Les bulles de l'autosatisfaction semblaient lui avoir atteint le cerveau, et ses propos devinrent de plus en plus difficiles à suivre. « Pour conclure, j'aimerais demander aux gens qui continuent de le faire de montrer du respect pour les petites nations, et de montrer du respect pour les réalisations des grands ambassadeurs du football tels que Roger Milla. »

Il y avait encore le temps pour une question, mais Horace n'était pas monté à la tribune dans ce but. « Une fois encore, permettez-moi de remercier le président Blatter pour tout ce qu'il a fait pour la majorité des petits pays dans le monde entier, voire pour tous. Soutenons le président Blatter ! Merci ! »

Il retourna à sa place dans la salle. Il avait brûlé neuf minutes du temps dévolu aux questions financières. Je scrutai la salle pour voir si Vincy Jalal applaudissait de la table voisine, réservée à la délégation haïtienne. Elle n'était pas là. Cette fois, ils semblaient avoir organisé un congrès dans les règles.

Un président digne de ce nom aurait peut-être interrompu les divagations d'Horace au bout d'une minute pour lui demander d'en venir au fait et de poser sa question, mais Blatter se contenta de passer à l'orateur suivant : « Et maintenant, la Libye. »

Apparut alors le Prince du Désert. Dans son costume noir, son pull à col roulé sombre, le visage étroit et barbu, coiffé d'une calotte noire, Al-Saadi Kadhafi endossa le rôle de maître tacticien de Blatter pour l'Afrique. Tout comme Horace, il s'insurgea contre certaines déclarations infondées et autres abus de langage... et il n'avait, lui non plus, aucune question à poser. Il décocha un coup bas à Hayatou en déclarant : « La confédération africaine de football ne nous a pas aidés. La FIFA nous a aidés, elle, plus particulièrement les petites nations. » Il parla pendant quatre minutes et treize secondes, et je dénombrai quatre éruptions de sifflets et de huées provenant des délégations africaines.

Blatter, qui avait permis à ce deuxième intervenant de s'en tirer lui aussi sans poser de questions, appela ensuite le délégué de l'Iran, qui fit l'éloge de KPMG pendant plusieurs minutes avant de conclure : « Je remercie M. Blatter pour tout ce qu'il a fait. »

Franco Carraro, président du football italien et membre de longue date du CIO, ne trouva aucun mot négatif à prononcer à l'encontre de Blatter. Tout comme le représentant de la Colombie. Dans la salle, les congressistes commençaient à s'agiter. Les plaisanteries allaient bon train. Ils se trouvaient peut-être à Séoul, mais tout cela ressemblait plus à une réunion de soutien aux autorités en place à Pyongyang la stalinienne.

Blatter survolait la salle du regard, et dans le fond nous nous demandions : Où est le débat public ? Allons-nous entendre une seule voix critique ? Où sont passées les questions que cinquante-quatre pays prétendaient vouloir poser ? Quel est l'intérêt de cette dépense énorme, en argent et en temps ?

« Les îles Caïmans », appela Blatter. Se leva alors l'associé du capitaine Burrell dans le domaine de la boulangerie, à l'enseigne du « Captain's Bakery & Grill », Jeff Webb. Un autre type imposant. « Mon petit pays n'est pas renommé pour son football, mais plutôt pour ses atouts financiers. Les îles Caïmans ont en dépôt plus de 600 milliards de dollars. Nous sommes la cinquième place financière au monde. » Jeff omit de préciser qu'une bonne part de cet argent était dirigée vers son pays pour éviter les impôts ailleurs.

Mais Jeff avait une question, et nous tendîmes tous l'oreille avec le plus grand intérêt. « Est-il correct de dire que la FIFA a grandement réduit les risques qu'elle prend ? » Linsi serait-il capable de répondre à une interrogation aussi brutale ? Eh bien oui, il y parvint, et Jeff s'en déclara rassuré, tonnant en quittant le podium : « La FIFA est une famille, et une famille doit rester unie ! »

De sa place sur l'estrade, Warner l'applaudit.

« Les Seychelles », appela ensuite Blatter. Leur représentant était un partenaire important de KPMG, et il se déclara contre le principe d'une commission d'audit interne au sein de la FIFA.

« L'Inde », dit le président. Son délégué, qui s'était montré si capable à Buenos Aires, monta sur l'estrade. Les huées et les sifflets fusèrent dans les rangs. Les opposants étaient dégoûtés : on leur avait promis un congrès, et seuls les affidés de Blatter avaient droit à la parole.

Le représentant de l'Inde fit l'éloge d'Havelange. Ce dernier aurait dû être nominé pour le prix Nobel de la paix ! Personne ne prêta beaucoup d'attention au reste de ses divagations, car l'événement avait lieu au fond de la salle. Farah Addo, de la Somalie, s'était levé et réclamait la parole. Juste derrière lui, dans les rangs réservés à la presse, le propagandiste en chef de Blatter, Emmanuel Maradas, se mit à brocarder Addo. Un autre membre de la délégation somalienne se retourna vers lui, le toisa froidement et lui lança, d'un ton sinistre : « Si vous mettez jamais le pied à Mogadiscio, je vous tue. »

Encore des huées, des sifflets, quelques applaudissements plutôt mous, tout cela n'allait pas faire très bon effet sur les sponsors ou dans les journaux télévisés. Peut-être serait-il habile de permettre l'expression d'au moins une voix critique…

« La Norvège », appela alors Blatter. Karen Espelund, la très sérieuse secrétaire de la fédération, monta sur l'estrade. « J'aimerais que David Will puisse exprimer son avis sur la situation financière, attaqua-t-elle. J'aimerais que la parole soit donnée aux quatre autres vice-présidents de la FIFA, et j'aimerais entendre Michel Zen-Ruffinen. J'aimerais que ce débat soit mené de sorte que, pour reprendre les propres paroles du président, toute question puisse être posée et qu'il y soit répondu… »

Une voix isolée, qui provoqua un rugissement général d'approbation dans la salle.

Blatter l'ignora purement et simplement : « Le Pérou. »

D'autres huées, à nouveau. Lorsque Blatter effectua la clôture de ce congrès extraordinaire, un Hayatou furieux pointait sur lui un doigt accusateur, et David Will tremblait de colère.

A l'extérieur, dans le hall d'entrée de l'hôtel, les équipes de télévision assaillirent Karen Espelund. Les micros étaient tendus vers elle à travers un mur compact de corps, et certains d'entre nous grimpèrent sur des chaises pour lire sur ses lèvres. « Aujourd'hui la preuve en a été apportée, il n'existe pas de démocratie, pas de transparence au sein de la FIFA, déclara-t-elle. Ce qui s'est passé est évident. Le président a totalement ignoré les critiques à son égard. »

Furieux, David Will déclara, quant à lui : « Il m'a dit qu'il ne me donnerait pas la parole, tout simplement, et j'en suis extrêmement courroucé. »

A l'extérieur de l'hôtel, Leo Mugabe, le président de la fédération du Zimbabwe, me prit à part. « Je suis choqué, me dit-il, c'est une parodie de démocratie. » Le neveu de Robert Mugabe énonçait-il simplement ce qu'il croyait que je voulais entendre ? Ou estimait-il que Blatter s'était montré trop tolérant en permettant à une voix dissidente de s'exprimer ?

Séoul, Hilton Hotel, 29 mai 2002

Le décor baignait dans le même registre de couleurs, un caramel crémeux et un bleu intense. Il avait fallu transférer tous les participants pendant la nuit car ni le Grand Hilton ni le Hilton tout court ne pouvaient accueillir la FIFA deux jours de suite avec un temps de préparation aussi court. La confusion parmi les taxis entre les deux Hilton n'aida pas à maintenir l'harmonie internationale.

Nous y étions enfin. Hier s'était tenu le congrès bidon, aujourd'hui aurait lieu le vote décisif. Le président Blatter couvait des yeux la grande famille du football. Il portait la même cravate pastel que la veille, et semblait de nouveau tendu. Le matin n'était peut-être pas le moment de la journée qu'il préférait.

« Nous devons préserver la solidarité, dit-il, ce qui signifie que nous devrons limiter l'intervention des orateurs afin de pouvoir accomplir les tâches dévolues à ce congrès. » La veille, hué et sifflé pour avoir limité les

« interventions », Blatter avait promis un jour supplémentaire de débats, si besoin était, afin que tout le monde puisse se faire entendre. Cette promesse avait été égarée durant la nuit.

Le premier orateur fut le Coréen Chung, en tant qu'hôte du congrès. Nous nous attendions aux habituelles platitudes de bienvenue, avant d'en arriver au sujet : les élections. « La FIFA est actuellement en proie à une grave crise organisationnelle », commença le grand Chung. La bataille s'engageait d'emblée. « Cette crise nuit à la fierté de la FIFA, à notre fierté. La FIFA est divisée. Nous autres membres, inquiets, avons tenté de clarifier tous ces problèmes grâce à une commission d'audit interne, mais celle-ci a été unilatéralement suspendue en mars. »

Les yeux de Blatter s'étrécirent de nouveau. Agrippant le pupitre de ses mains dodues, il fusilla du regard son élégant adversaire campé à l'autre bout de l'estrade. On pouvait presque voir la haine, plus sûrement la jalousie, assombrir ses traits. Ce n'était tout simplement pas correct. Il avait dû batailler dur, lui, pour accéder à la présidence, frayant son chemin entre compromissions, corruption et hypocrisie. Il était las et irrité des critiques malveillantes.

En face de lui se trouvait un membre de la dynastie Hyundai, homme grand et portant beau, riche, privilégié, très à l'aise dans tous les sens du terme. On pouvait pardonner à Blatter de peut-être penser : « Mais est-ce qu'il sait seulement ce que c'est de faire les quatre volontés d'Havelange, de se prosterner devant Dassler, d'intriguer avec quelqu'un d'aussi tortueux qu'André Guelfi ? »

Chung poursuivait : « Je pense que ce congrès décidera de l'avenir à long terme de la FIFA et du football mondial. Les problèmes réels de la FIFA ne disparaîtront pas avec cette élection. La question est : la FIFA sera-t-elle capable de restaurer notre prestige, et le respect auquel elle a droit ? J'espère que vous apprécierez tous votre séjour en Corée. Merci. »

Et Blatter, les yeux étincelants de colère : « Merci, docteur Chung, pour ce discours de bienvenue absolument unique. »

L'appel prit quarante minutes. Puis vint enfin le tour de David Will. Il présenta ses arguments ainsi : « En septembre dernier, il est devenu évident que l'argent de 2006 avait déjà été inclus dans les comptes de 2000-2001. » Blatter écoutait, apparemment impassible. « Notre inquiétude concernant la situation financière de la FIFA n'a fait que croître. »

Quelle était la vérité sur tout cet argent ? Et pourquoi, pourquoi donc cette organisation si riche avait-elle tant de problèmes qu'elle se voyait contrainte de jongler avec les chiffres et de traiter les futures recettes comme si elles étaient déjà encaissées ?

Will poursuivit : « Durant les quatre dernières années, nous avons perdu 470 millions de francs suisses. Si la faillite d'ISL ne nous a coûté que 36 millions, nous avons trouvé le moyen d'en perdre 433 par nous-mêmes ! Si nous étions une société, et non une association, nous serions légalement tenus de signaler notre position financière devant une cour de justice suisse, pour insolvabilité. »

Sur qui Blatter pouvait-il compter pour monter à la tribune et démolir David Will ? Le président de la commission des finances Julio Grondona ? Non. Son adjoint Jack Warner ? Pas davantage.

« La parole est à Chuck Blazer ! » lança le président, et son champion se leva.

« Je suis surpris que David Will vienne dans une salle bondée pour crier “Au feu !”, commença Chuck. Il n’y a aucun feu ! Nombre d’entre nous en sont arrivés à une conclusion très différente de la sienne. Il n’y a pas de pertes. Ce n’est là qu’une interprétation. Il s’agit des investissements que nous avons convenu de faire sur vous ! »

Blazer en appelait là à la cupidité des représentants des fédérations. Dans la salle se trouvaient réunies cent quatre-vingt-dix-sept délégations, et chacune d’entre elles avait reçu son premier million de dollars, une subvention allouée par la FIFA sans réelle enquête préalable sur les besoins. Parmi ces délégations, cent dix-sept avaient également reçu ou devaient recevoir 400 000 dollars pour les projets de développement du programme Goal. Quelques-unes avaient empoché la subvention en liquide. Combien dans cette salle se souciaient de savoir si la FIFA vivait ou non à crédit ?

Toutes ces critiques étaient injustes, expliqua Chuck. « Le fait est que notre président dirige un comité exécutif où les décisions sont prises à l’unanimité. Ces accusations salissent l’ensemble de la FIFA. »

Blatter avait retrouvé le sourire. Il était persuadé d’avoir essuyé le pire de la tempête.

Le représentant de la fédération anglaise de football, Adam Crozier, vint soutenir Will et ses évaluations chiffrées, ajoutant : « Nous pensons qu’hier la crédibilité de la FIFA a été entamée devant le monde entier. Notre confiance en la FIFA est profondément remise en cause. »

L’Irlandais Des Casey vint ensuite à la tribune et déclara : « La titrisation des revenus futurs revient à déshabiller Pierre pour habiller Paul. » Il se tourna vers

Blatter et lui rappela avec tristesse : « A Buenos Aires, vous aviez dit que cela n'arriverait jamais. »

Le visage de Blatter se figea. Casey prenait sa retraite dans les semaines à venir. Il s'occuperait de l'Anglais Crozier plus tard.

Enfin, après des mois de dérobades, d'insultes, de colères et d'accusations, vint le moment du vote.

Blatter afficha son vieux sourire charmeur à l'adresse de l'assistance. « Vous avez été merveilleux », dit-il avant de demander à Grondona, en tant que doyen des vice-présidents, d'occuper la présidence pendant le scrutin.

Issa Hayatou monta à la tribune, baissa la tête et lut un discours morne et sans relief. Il ne voulait plus gagner ? Il semblait harassé.

Le vieux maître de ballet le remplaça. Blatter n'était que sourires espiègles. Le front haut, il parla avec aisance en couvant la salle du regard et en gesticulant. Il termina par un appel au ralliement : « Rendons ce sport encore meilleur ! » Les isoloirs portatifs furent installés de chaque côté de l'estrade, et l'appel des votants débuta.

Grondona fut le premier à venir féliciter servilement Blatter pour sa réélection, en une accolade exagérée. Helen Petermann surgit des coulisses de la scène avec un bouquet de fleurs et embrassa Blatter sur les deux joues. La fille de Blatter, Corinne, apparut sur l'estrade, avec dans ses bras la petite Serena, âgée de quinze mois. Grand-papa embrassa l'enfant, qui se mit aussitôt à pleurer.

Hayatou et Johansson restaient impassibles. Ils n'avaient pas imaginé que Blatter serait réélu avec 139 voix contre 56, une majorité plus confortable encore que quatre ans plus tôt, à Paris. Sur le visage de tous les dissidents se lisait l'effet dévastateur de ce résultat. Les délégués formèrent une file disciplinée pour aller féliciter Blatter sur l'estrade et lui demander de leur dédicacer leurs ballons de football Adidas.

Blatter saisit la main de Zen-Ruffinen et tonna dans la salle : « Serrez-vous la main, vous tous ! Allez, s'il vous plaît ! Pour l'unité du football ! »

Tandis que la salle se vidait, Blatter commença sa conférence de presse. « Aujourd'hui, la victoire est celle du football. Le football est le sport du peuple. Le peuple ne peut mentir. Le peuple détient la vérité. C'est pourquoi aujourd'hui est une victoire pour la vérité. Vous ne pouvez imaginer ce que cela signifie pour moi, après tous ces mois pendant lesquels j'ai été accusé par une certaine presse aux ordres répétant quel homme vil je suis. »

Il se tut un instant, puis ajouta : « Le secrétaire général dit qu'il y a un problème. C'est sûr, il y a un problème. » Plus tard, Blatter confia à un journal de Zurich : « Demain, nous allons nous occuper de Monsieur Propre. »

24

« Réservons un accueil chaleureux à M. Sepp... »
« Hou ! Hou ! »

Séoul, Sangam Stadium, 31 mai 2002

Les huées commencèrent dans un coin de la tribune centrale et se propagèrent dans les virages du stade comme une ola orale. Certains spectateurs criaient, d'autres sifflaient et conspuaient le président. Sepp Blatter avait l'air très embarrassé. Il s'était levé pour prononcer son allocution d'ouverture de la Coupe du monde 2002, et cette réaction n'était pas inscrite sur son programme.

Il avait manipulé les deux congrès, remporté le scrutin, dénigré ses dénonciateurs, il était là, dans le carré VIP, entouré de ses fidèles, d'altesses, de présidents et de Premiers ministres. En dessous, le peuple du football, des gens simples au nombre de soixante-cinq mille, le huaient, lui montraient un de leurs doigts et raillaient ses propos grandiloquents sur « la fête sportive du village mondial ».

Les fans de football n'avaient pas oublié les mois

d'allégations de corruption. Le message issu des congrès était qu'il s'en était tiré à très bon compte. Les fans le savaient, et ils savaient aussi que, dans les semaines à venir, ils seraient contraints d'acheter leurs billets à des prix prohibitifs, en liquide.

Et ils saisissaient l'occasion pour lui faire savoir, depuis les tribunes, que s'ils s'étaient effectivement fait rouler dans la farine, ils n'étaient pas dupes pour autant. Blatter s'essaya à son habituel numéro de pacificateur prônant l'harmonie. La foule hurla de plus belle. Gêné et furieux, il se tut un instant, puis coassa un « Soyons fair-play, s'il vous plaît » hésitant.

Il poursuivit, tout aussi maladroitement. A l'en croire, cette Coupe du monde serait « l'événement le plus splendide et le plus parfait ». Autour de lui, les membres du comité exécutif réagissaient, chacun à sa manière. D'aucuns semblaient choqués. D'autres s'esclaffaient ouvertement. Bienvenue à la Coupe du monde.

Séoul, 2 juin 2002

Les fans avaient envahi l'aéroport international d'Incheon pour la Coupe du monde. Ils passèrent à côté de Jack Warner, vice-président de la FIFA, entouré de ses proches. Le petit groupe quittait la Corée, l'Asie, cet hémisphère, ils rentraient à Trinidad aussi vite que possible pour s'occuper d'affaires autrement plus importantes !

Steve Ferguson, un ami de Warner, venait d'être arrêté par le Bureau d'enquête anticorruption ! Il était accusé d'avoir escroqué le gouvernement de millions de dollars pendant la construction du nouvel aéroport à Piarco, près de Port of Spain. La caution fixée était énorme, et sans l'intervention de Jack ce pauvre Steve risquait fort de rester enfermé pendant un certain temps, au milieu de vulgaires délinquants.

Ferguson, ancien directeur général d'une société de services financiers, avait épaulé Warner dans le financement de son parti, l'UNC. C'était un camarade. Steve était derrière les barreaux, et la cour réclamait pas moins de 800 000 dollars de Trinité-et-Tobago (100 000 euros), pour déverrouiller la porte de sa cellule ! Brian Kuei Tung, un autre ami de Warner, ancien ministre des Finances du gouvernement de l'UNC, avait également été arrêté.

Warner aboyait dans son portable pour tenter de rassembler l'argent pendant qu'Ollie Camps, le président de la fédération locale, attendait avec lui à l'extérieur de la prison de la capitale par cette douce soirée d'été. Dans un premier temps, ils ne réussirent pas à faire libérer Ferguson. Le magistrat refusait d'accepter leurs garanties. Les avocats de Ferguson firent monter la pression, et peu après une heure, la nuit suivante, ils se rendirent à la prison pour le faire libérer.

Le geôlier, qui parlait à travers un petit judas perçant l'énorme porte d'entrée, expliqua aux avocats qu'il n'était pas habilité à ouvrir pour recevoir l'injonction de la cour. Les avocats de Ferguson exigèrent de l'homme qu'il décline son identité. Le geôlier répondit alors : « Attendez, il faut que je demande la permission pour dévoiler mon nom et mon matricule. » Il referma le judas et ils ne le revirent jamais. La relève du matin laissa sortir Ferguson à l'aube, et Warner retourna en Corée.

« Mon cher Président et Ami, je vous remercie de votre aimable invitation à la Coupe du monde 2002 organisée par la FIFA », avait écrit Warner, plus tôt dans l'année. Puis il déclinait la liste des membres de sa famille, des amis et des employés qu'il comptait amener avec lui et dont la FIFA devrait régler les dépenses. Il y aurait donc Mme Maureen Warner (« et merci de demander à votre personnel de préparer deux chambres supplémentaires pour mes deux fils »). Et aussi Hubert Johnson, qui se mettait en congé de son emploi de porteur à l'aéroport de Piarco pour servir d'assistant personnel à Jack.

Hubert remplaçait Harold Taylor, que Jack avait réussi à placer dans un comité. Il avait aussi fallu payer pour Harold. « Par ailleurs ma secrétaire particulière, Mlle Patricia Modeste, sera des nôtres, et je vous remercie par avance de l'aider à s'installer en Corée et au Japon. »

Jack n'était pas toujours aussi dépensier avec l'argent de la FIFA. Lors d'un voyage précédent en Asie, il avait dit : « Au Japon, j'aurai également une compagne de voyage pour qui une chambre séparée ne sera pas nécessaire. » Mais pour la Coupe du monde il semblait que Jack aurait besoin de réquisitionner un étage entier de son hôtel. Melvin Brennan, le gros bras de Blazer qui m'avait empêché d'assister au congrès de Miami, bénéficia d'un voyage gratuit pour Séoul et d'un siège au congrès. De même que Pat Modeste, Marina aiderait personnellement Jack. Sans oublier Cheryl.

Alan Rothenberg, de Los Angeles, fut accrédité par la CONCACAF, ainsi que ses vieux alliés Hank Steinbercher et Bob Stiles. Jack avait vingt-sept de ses officiels à ses basques, dont le capitaine Horace Burrell, de la Jamaïque – membre de la commission de discipline du tournoi, où il serait à même de porter des jugements concernant l'éthique des participants –, et Jeff Webb, son partenaire en affaires dans les îles Caïmans et directeur du bureau local de la Western Union. Jeff était membre du comité du protocole pour la Coupe du monde. Pour ce que j'en sais, sa tâche consistait à placer les petits cartons nominatifs sur les tables de banquet et à s'assurer que les dignitaires invités étaient assis dans l'ordre prévu dans la tribune réservée aux VIP.

Quand Jack fut à court d'idées, il inventa la catégorie des « tâches spéciales », ce qui permit à Chet Greene, d'Antigua, et à Colin Klass, de la Guyana, de se rendre en Extrême-Orient tous frais payés. Colin et Chet réussirent à soustraire un peu de temps à leurs tâches harassantes pour se rendre chez un revendeur de voitures d'occasion très prospère, à Kawasaki, au Japon, où ils prirent le thé avec le propriétaire des lieux et se firent fort d'importer un grand nombre de ses véhicules aux Caraïbes. Une photo de Chet et Colin souriants, avec la famille du propriétaire, fut diffusée sur le site web de la société.

Au Japon, Chet était trop occupé par son affaire de voitures d'occasion pour aller chercher lui-même les billets. Aussi envoya-t-il à sa place un Suédois se présentant sous le nom d'Osten Carlsson, qui alla directement au guichet de la FIFA pour y prendre son dû. Le Scandinave, un grand type blond et bronzé, croulant sous les bracelets en or, devint très vite une figure familière pour les fans anglais souhaitant acheter des billets. Rien ne prouve toutefois qu'il mettait en vente pour son compte les billets de Chet.

Avant le tournoi, la FIFA avait solennellement promis que cette fois elle dépisterait les revendeurs de billets. Chaque billet devrait porter le nom de la personne à qui il était destiné.

Puis, changement de programme ! Une semaine avant

le premier match, la FIFA décida que, finalement, il n'y aurait pas de contrôle aux entrées « parce qu'il était impossible de vérifier le nom réel des spectateurs ».

C'est une bonne chose que la FIFA ait finalement abandonné son projet de vérifier les noms sur les billets. Imaginez la confusion aux entrées du stade. Qu'est-ce à dire ? Ce grand Britannique roux avec un billet estampillé *Mohamed Bin Hammam*... N'est-ce pas là le nom d'un des pontes de la FIFA ? Et cette beauté blonde venue tout droit de Glasgow se présenter à l'entrée ? Le nom sur le billet ? *Mohamed Bin Hammam*, du Qatar...

Le 2 juin, lors du match opposant l'Angleterre à la Suède, il y avait beaucoup de Bin Hammam dans les gradins. Un fan anglais furieux me confia : « Quand je suis entré dans le Saitama Stadium, j'ai discuté avec des supporters qui occupaient la même rangée de sièges que moi, et leurs billets portaient tous le même nom. C'est une honte ! »

Puis il découvrit que son voisin avait un billet acheté au marché noir portant lui aussi le nom de Bin Hammam, pour le match contre l'Argentine prévu à Sapporo cinq jours plus tard. Chacun avait payé les revendeurs 500 dollars de plus que la valeur nominale pour obtenir son billet. Certains supporters avaient déboursé 1 000 euros pour acquérir un billet en valant normalement 150.

La revente des billets était souvent planifiée longtemps à l'avance. Certains supporters ont déclaré avoir obtenu des billets originaires du Golfe auprès d'une agence de Beverly Hills, Razor Gator. Durant la Coupe du monde, Razor Gator travaillait à partir de bureaux situés au quinzième étage de l'Imperial Tower, dans le quartier de Ginza, à Tokyo. Un visiteur me raconta que les lieux étaient « submergés par les billets de la Coupe du monde ». Un porte-parole de la société expliqua : « Le nom qui apparaît sur le billet peut être celui d'une société, d'un sponsor, celui d'une fédération ou un nom individuel. Aucun de nos clients n'a jamais eu le moindre problème pour entrer sur un stade muni d'un de ces billets durant les sept Coupes du monde dont nous nous sommes occupés. »

Razor Gator vendait les billets attribués à la fédération argentine de football, et ceux attribués à celle du Qatar. Le membre qatari du comité exécutif était-il au courant ? « M. Bin Hammam est aussi choqué et déçu que nous », déclara Andreas Herren, le porte-parole de la FIFA. Bin Hammam ne pouvait parler pour lui-même puisqu'il n'était pas présent. On en était à la première semaine de la Coupe du monde, mais Bin Hammam était déjà rentré chez lui. Herren expliqua que Bin Hammam avait probablement donné ses billets à des amis, qui les auraient alors revendus à son insu. Ce qui est tout à fait crédible : pourquoi un homme aussi fortuné aurait-il eu besoin de faire un petit bénéfice en revendant des billets au marché noir ?

Les supporters anglais qui désiraient désespérément assister au match contre l'Argentine achetaient au marché noir des billets réservés aux sponsors. Un de ceux qui ont fini dans mes dossiers était attribué à *C. Cola*. D'une valeur nominale de 60 dollars, il était revendu 400 dollars dans la rue. Un autre supporter m'envoya du Japon un courriel dans lequel il me raconta avoir acheté un billet attribué à l'origine à la fédération équatorienne de football. Il conclut son message par cette formule : « La FIFA est complètement pourrie. »

Les huées lors de la cérémonie d'ouverture à Séoul s'étaient éteintes, mais les supporters savaient que leurs protestations avaient été diffusées sur la plupart des chaînes de télévision du globe. Et cette réaction devint la norme à chaque apparition de Blatter en public. En décembre de l'année suivante, lorsqu'il se leva à Bâle avant le début d'un match de gala, plus de trente-deux mille spectateurs lui firent un accueil des plus tumultueux.

Si les Suisses en étaient capables, les Britanniques pouvaient le faire eux aussi. En février 2004, pour la finale de la Coupe de la Ligue, ils étaient plus de soixante-quatorze mille spectateurs à s'entasser dans le stade de Cardiff. Blatter se rendit sur le terrain pour serrer la main des joueurs et fut salué par les huées et les sifflets des spectateurs. Un journaliste sportif chevronné m'a confié : « Bien sûr, les fans adorent siffler les arbitres et les joueurs, mais je n'avais encore jamais vu un haut dignitaire du foot soumis à un tel traitement. »

Et si les Anglais en étaient capables, alors les Chinois ne l'étaient pas moins. Flanqué de Mohamed Bin Hammam, Blatter arriva au stade dit « des Travailleurs de Pékin » en juillet 2004, pour la cérémonie d'ouverture de la Coupe d'Asie. Soixante-douze mille spectateurs se dressèrent comme un seul homme pour conspuer le président de la FIFA.

Cela devient une habitude, partout dans le monde.

Le Brésil venait de remporter la Coupe du monde (une fois de plus, la cinquième). Blatter rentra en hâte de la finale à Yokohama et, de son bureau sur Sonnenberg, entreprit de purger la FIFA de ses plus loyaux serviteurs. Il « s'occupa » du secrétaire général Zen-Ruffinen ainsi que de son assistant, le Norvégien Jon Doviken. Jugée complice, l'administrateur principal de Zen-Ruffinen, Doris Valasek, fut mise à la porte après dix-huit années de service.

En se débarrassant d'officiels chevronnés et estimés, il réussit à entraver le fonctionnement de la FIFA, à s'aliéner le personnel rescapé et à faire disparaître dans la poubelle le passé de l'institution. Par la même occasion il tirait un trait sur son propre passé, car très peu des membres de la FIFA encore en place savaient ce qui se cachait derrière les noms de Horst Dassler, Jean-Marie Weber et André Guelfi, et ce que ces hommes avaient fait de la FIFA.

Blatter confia à Urs Linsi le titre de secrétaire général « par intérim » pour six mois. Puis le comité exécutif, entièrement dévoué, approuva sans discussion sa nomination permanente à ce poste, en décembre 2002. Ses membres lui accordèrent de conserver le poste de directeur financier, ce qui revenait à enfreindre la séparation des pouvoirs censée assurer la sécurité de l'argent de la FIFA. Que ferait maintenant le secrétaire général s'il avait l'impression que le directeur financier dissimulait quelque chose ? Se réunirait-il avec lui-même pour en discuter ? Conseiller grassement rétribué de Blatter, le Français Jérôme Champagne, qui guignait peut-être la place de Zen-Ruffinen, dut se contenter de devenir l'adjoint de Linsi.

Keith Cooper, le directeur de la communication, reçut un rude coup. « J'ai été convoqué par le secrétaire général par intérim – pas par le président, que je connaissais depuis près de trente ans, mais qui était incapable de me l'annoncer lui-même – et j'ai appris que j'étais relevé de mes fonctions à partir de ce jour, raconta-t-il. Ce fut très brutal. J'ai demandé pour quelle raison, et on m'a répondu qu'il n'y en avait pas. Apparemment, selon la loi suisse, il n'est pas indispensable de communiquer la raison de son licenciement à la personne concernée. »

Keith Cooper avait impressionné les médias internationaux par sa compétence, mais Blatter le soupçonnait de déloyauté. Cooper n'avait-il pas fait pression pour l'adoption d'un code de bonne conduite plutôt contraignant ? Jack Warner tout particulièrement en avait été fort marri. Le départ de Cooper ouvrait au très loyal Markus Siegler, le porte-parole personnel de Blatter, la voie menant au poste de directeur de la communication.

Cooper partit avec son salaire payé jusqu'à la fin de l'année. Pour lui, pas de parachute doré tel que celui dont avait bénéficié, sur les recommandations de Sepp, son protégé Flavio Battaini, après que Zen-Ruffinen l'eut licencié pour incompétence. Blatter s'en était mêlé et avait lâché environ 1 million d'euros à l'Italien.

Ensuite Blatter se débarrassa de Roger Feiner, qui avait supervisé les contrats de télévision. Cinq autres cadres supérieurs furent remerciés, et d'autres démissionnèrent quand ils virent la façon dont la FIFA était réorganisée.

Le conseiller présidentiel Guido Tognoni avait eu une carrière en dents de scie, qui entamait pour l'heure une descente vertigineuse. En 1994, après le coup raté contre Havelange, Blatter avait eu besoin de boucs émissaires et il avait choisi Guido. Manquant de courage pour le lui dire en face, Blatter avait laissé Erwin Schmid s'occuper de virer Guido. Puis, au printemps 2001, alors que le groupe ISL sombrait, Blatter le fit revenir comme conseiller en marketing. Il devait avoir sacrément besoin de lui, car le contrat secret de Guido – je l'ai vu – faisait état d'un salaire annuel de 225 000 euros, assorti d'un bonus d'environ 40 000, ledit contrat courant jusque après la Coupe du monde 2006. Une clause particulièrement savoureuse dit que le contrat est « fondé sur la relation personnelle de confiance existant entre le président Blatter et Guido Tognoni ». Cette confiance se tarit en mars 2003, Blatter le licencia de nouveau, et cette fois ce fut Urs Linsi qui se chargea de la sale besogne.

Un sourire mécanique plaqué aux lèvres, Guido prit la direction du Golfe pour y vivre, en déclarant : « Je suis parti en bons termes, et j'ai signé un accord de confidentialité, c'est pourquoi je ne m'exprimerai pas en public. »

A Sonnenberg, on comprit qu'il s'était brouillé avec Linsi, lequel commençait à gonfler ses muscles de secrétaire général. De temps en temps, Linsi prenait sur lui de se débarrasser d'un des favoris de Blatter. Chaque licenciement envoyait à Sepp un message aussi glaçant qu'une tête sur un plateau d'argent.

Sonnenberg, 5 mars 2003

Blatter et son équipe financière rencontrèrent très discrètement la commission d'audit interne qui remplaçait celle dispersée un an plus tôt. Il jaugea les sept membres et, selon les minutes de la séance (elles sont privées, mais je les ai vues), il les mit en garde dans ces termes : « N'oubliez jamais que les allégations contre moi ont été rejetées par le procureur de Zurich. » Urs Linsi acquiesça avec entrain, tout comme ses affidés, le directeur financier adjoint Markus Kattner et les comptables Michael Meier et Christoph Bollhalder.

Blatter poursuivit : « Ceci nous montre la responsabilité et le poids importants de commissions telles que celle-ci. » Andreas Herren, un des porte-parole de Blatter, approuva lui aussi. Imité aussitôt, de l'autre côté de la pièce, par les représentants de KPMG, Patricia Bielmann et Markus Ackermann.

Une autre personne, tout aussi docile, était présente : le président de la nouvelle commission, Franco Carraro, vieux survivant du CIO et président de la fédération italienne de football. Blatter insista sur l'indépendance de la commission d'audit : lui et Linsi n'assisteraient à ses séances que s'ils y étaient invités. Alors le président Carraro déclara : « Désignons Urs comme secrétaire. »

Pardon ? Urs Linsi, le secrétaire général, qui était aussi le directeur financier, allait devenir le secrétaire de la commission d'audit « indépendante » ? Celle-là même qui était censée le surveiller ! Qui avait été créée dans ce seul but !

Et Blatter d'enfoncer le clou : « Cette commission augmentera significativement notre transparence financière. C'est une bonne chose pour la famille du football et pour le bien du jeu. » Le docteur José Carlos Salim, un Brésilien membre de la nouvelle commission d'audit améliorée, n'y trouva rien à redire. Il aimait bien Sepp, et les officiels du football brésilien lui étaient reconnaissants de son soutien.

C'était bien le moins : en 2000, le Sénat et le Congrès brésiliens avaient conjointement lancé une enquête sur les allégations de corruption concernant trois figures majeures de la fédération nationale de football. Blatter avait dénoncé cette enquête et parlé d'ingérence dans le football. Il avait menacé : « Le Brésil sera suspendu de toutes les compétitions internationales. Le Brésil ne prendra part ni à la Coupe du monde 2002, ni à la Coupe du monde espoirs, ni à la Coupe du monde juniors, ni à la Coupe du monde féminine, ni au tournoi indoor de futsal au Guatemala. »

Un an plus tard, les enquêteurs rédigèrent un rapport dans lequel la fédération était décrite comme « un repaire du crime où règnent désorganisation, anarchie, incompétence et malhonnêteté ». Au fil des pages ils mentionnaient la corruption, le blanchiment d'argent, la fraude fiscale, des détournements de fonds, des salaires énormes, des dépenses inadmissibles (2 000 dollars par jour pour la location de limousines à New York, plus de 12 500 dollars en factures de restaurant), la falsification avérée de documents. De l'argent avait été offert à des politiciens pour leur campagne, à une association de propriétaires de chevaux et à un tournoi de football pour les policiers. La fédération s'achetait pouvoir et influence en envoyant par exemple cinq hauts magistrats et leurs femmes à la Coupe du monde en France – avec des escales à Londres, Budapest, Prague, New York et Los Angeles. Un sénateur membre de la commission d'enquête porta ce commentaire sur le rapport : « Et ce n'était que la partie visible de l'iceberg. »

Les trois officiels les plus visés par ces accusations étaient le président de la fédération et membre du comité exécutif de la FIFA Ricardo Teixeira (gendre d'Havelange), son oncle Marco Antonio Teixeira, ainsi que le meilleur ami de Ricardo et de Marco, le docteur José Carlos Salim, en charge des finances. Salim... Ah oui, Salim ! Blatter venait juste de le faire nommer à la commission d'audit de la FIFA...

Pour l'heure, acquiesçant à l'unisson, on trouvait Justino José Fernandes, président de la fédération angolaise de football. Ancien gouverneur de la capitale du pays, Luanda, c'était un associé très proche du président angolais José Eduardo dos Santos – lequel était le parrain d'un de ses enfants. Le président de l'Angola est du genre susceptible, et il supporte en particulier très mal qu'on laisse entendre qu'une grosse partie des revenus tirés du pétrole national atterrit sur des comptes bancaires privés, à l'étranger, alors que les trois quarts des citoyens angolais doivent se débrouiller pour survivre avec moins de un dollar par jour.

Des policiers armés jusqu'aux dents enfoncèrent la porte du domicile de Rafael Marques à l'aube, un jour de l'automne 1999, et ils emmenèrent le journaliste à Labortório, une des prisons les plus tristement célèbres de toute l'Afrique australe. Pendant dix jours on lui refusa toute visite, que ce soit d'amis, de membres de sa famille ou d'avocats. Rafael refusa de signer un papier dégageant ses geôliers de toute responsabilité s'il venait à décéder pendant sa détention.

Un traitement sévère, assurément, mais le courageux journaliste avait eu l'inélégance d'écrire un article paru dans l'hebdomadaire angolais *Agora*, dans lequel il accusait le président dos Santos « d'incompétence, de détournement de fonds et de corruption ». Le président avait demandé à un ami de déposer une plainte au tribunal. Qui se rendit chez le procureur de Luanda et signa la demande d'incarcération de Rafael Marques ? Son nom figure sur le feuillet 43 de l'acte d'accusation : Justino José Fernandes.

Le « procès » de Marques se déroula à huis clos. Il encourait jusqu'à huit ans de prison ferme et, pour accélérer la procédure, le juge, choisi avec soin, commença par récuser son avocat. Lorsque l'audience fut levée, on refusa de communiquer le verdict à Marques. C'est par la radio qu'il apprit sa condamnation à une peine de six mois de prison avec sursis, applicable pendant cinq ans, et aux dépens pour un montant de 6 500 dollars, très grosse somme dans ce pays pauvre. Il lui était également interdit de quitter le pays, à la différence de Justino José Fernandes, qui demeura libre de voyager avec l'équipe nationale angolaise, de se rendre aux réunions de la FIFA avec Sepp Blatter à Sonnenberg et de participer aux séances de la commission d'audit « améliorée ».

Mais peut-être que le *senhor* Fernandes n'est pas aussi malin que le pense son bon ami M. Blatter. Il se trouve que Rafael Marques avait travaillé pour l'Open Society Institute, soutenu par le milliardaire philanthrope George Soros. Le gouvernement des Etats-Unis exigea très vite sa libération, suivi par la Grande-Bretagne et l'Union européenne. En quelques jours, Rafael passa du statut d'obscur plumitif dans un pays lointain à celui de symbole international de la lutte pour la liberté d'expression. Il fut transféré dans une autre prison et eut droit à des visites, ce qui ne l'empêcha pas de passer encore trente jours derrière les barreaux.

Deux mois plus tard, un collègue du *senhor* Fernandes déclara au Parlement angolais, lors d'un débat sur la liberté d'expression, que si le jeune Marques, âgé de vingt-huit ans, continuait de critiquer le gouvernement, il convenait de l'avertir qu'il ne fêterait jamais son quarantième anniversaire.

Rafael Marques m'envoya un courriel de confirmation. « Fernandes est la personne qui a déposé plainte contre moi, au nom du président, ce qui m'a offert quelques jolies vacances en prison. Merci de faire savoir qui est Fernandes. J'espère qu'il se souviendra de ce qu'il m'a fait. »

Dans les coins, des hochements de tête, approbateurs, de fidèles à la cause de Blatter. Plus loin, à la table de la commission d'audit interne, se trouvait Jeff Webb, des îles Caïmans, très apprécié de Jack Warner car, comme aimait le répéter ce dernier, Jeff savait « garder confiance ». Lors du congrès extraordinaire qui s'était tenu à Séoul l'année précédente, Jeff avait claironné qu'il venait du cinquième centre financier au monde. C'est une façon de voir les choses. Une autre est de dire que par leur absence d'impôts les Caïmans attirent de l'argent du monde entier, principalement celui des « blanchisseurs ».

Jeff n'a rien à voir avec ce genre d'activité, bien sûr, lui il fait dans la boulangerie. Avec Horace Burrell. Tous deux ont toujours montré une loyauté sans faille envers Warner et Blatter.

Le général Farouk Bouzo, de la fédération syrienne, était assis à côté du seul homme dans cette pièce susceptible de causer des problèmes, Mathieu Sprengers, président de la fédération néerlandaise et esprit indépendant.

Lequel semblait décidé à poser les questions importantes, par exemple il demanda si la FIFA pouvait établir des standards de direction collective. Carraro fut choqué. Pour lui, ce genre de décision revenait au président Blatter et à son comité exécutif.

Pour compléter le groupe, il y avait aussi l'Australien Basil Scarsella, grand débiteur de Blatter. Trois mois plus tôt, le président avait aidé l'Océanie à obtenir une place permanente dans les phases finales de la Coupe du monde. Si l'Australie parvenait à se qualifier, cela générerait l'argent nécessaire pour éponger les dettes chroniques de la fédération.

En 2003, la nouvelle commission d'audit se réunit à trois reprises. Lors du congrès de la FIFA à Paris, l'année suivante, Fernandes, Salim, Webb, Bouzo, Sprengers, Scarsella, Carraro et Urs Linsi, secrétaire de la commission, déclarèrent que tout se passait dans les règles. Les délégués pouvaient les croire sur parole.

La purge se poursuivait. Une fois la commission d'audit interne muselée, Blatter s'attela à modeler la FIFA à son image. Il y avait des fidèles à promouvoir, des comptes à régler, des rebelles à éjecter. Trente commissions ou comités divers offraient plus de trois cents sièges.

Tout d'abord, régler les comptes. L'Angleterre était la patrie du football, mais c'était aussi celle d'Adam Crozier, délégué général de la fédération de football, qui avait osé s'opposer à Blatter lors du congrès de Séoul. Les Anglais disposaient de six sièges dans les comités. Plus pour longtemps.

Blatter sortit sa machette et entreprit d'élaguer dans les comités et commissions gérant le marketing, le championnat du monde des clubs, les questions techniques et les litiges. Echappa à la purge Geoff Thompson, le président de la fédération anglaise de football, qui conserva son siège dans le comité d'organisation de la Coupe du monde 2006. Y échappa aussi sir Bobby Charlton, qui avait un siège au comité du football, un organisme décoratif qui permettait à Blatter d'être pris en photo en compagnie de gens ayant apporté une contribution réelle à ce sport. L'Angleterre détenait également un siège à la commission de recherche médicale, une instance de peu d'importance.

Qui donc hérita des positions influentes ? Blatter étudia de près les candidatures les plus improbables. Tonga, admis à la FIFA en 1994, 176e des 203 nations du classement mondial. Parfait ! Blatter plaça son patron local, Ahongalu Fusimalohi, au puissant comité exécutif, à la commission des finances, à la commission marketing et au comité médias !

Il y avait aussi Tahiti, qui avait rejoint la FIFA en 1990 et se classait seulement 113e en termes de résultats footballistiques. Trois sièges aux comités pour les Tahitiens. Un au très dépensier comité du programme Goal, un autre à la commission technique. Les Samoa américaines, avec une population de soixante-neuf mille âmes, avaient rejoint la FIFA en 1998. Classées à l'antépénultième place, elles obtinrent un siège dans l'important comité des fédérations nationales.

La servilité envers Blatter rapporta principalement à l'Allemagne, avec treize sièges dans les instances, à l'Argentine, avec neuf sièges, et aux Etats-Unis, à l'Italie et à la Suisse, avec huit sièges chacun.

Blatter pouvait toujours nier les accusations de corruption dont il faisait l'objet, elles avaient gravement porté atteinte à son image. Qui pouvait-il appeler pour restaurer cette image ? Qui était le magicien qui avait réhabilité le sulfureux Juan Antonio Samaranch ? Qui, sinon Henry Kissinger en personne !

En 1999, alors que Samaranch était en perdition après les révélations de corruption au sein du CIO, Kissinger avait été appelé à la rescousse pour vanter une série de « réformes » anodines inventées par des spécialistes internationaux de l'image, la firme Hill & Knowlton. Kissinger avait même fait une apparition lors d'une audition du Congrès à Washington, en 2000, pour soutenir Samaranch. Henry avait aidé Juan Antonio. Pourrait-il aider Sepp ?

Au début de l'année 2003, une organisation américaine peu connue, l'International Amateur Athletic Association, décerna à Blatter son prix pour la paix. Apparemment, à lui tout seul Sepp avait mis fin à l'hostilité vieille de plusieurs dizaines d'années entre la Corée et le Japon ! Le 18 février, Blatter débarqua au Waldorf

Astoria de New York accompagné de sa troisième épouse, Graziella.

Aux deux cent cinquante invités, Kissinger déclara que son ami Sepp avait pour vocation d'accroître la solidarité entre les riches et les pauvres. Sepp répondit qu'il comptait 250 millions de joueurs enregistrés de par le monde, qui étaient tous des « ambassadeurs de la paix ». Et le site web fifa.com put annoncer : « La paix et le football vont main dans la main, une fois de plus. »

Buenos Aires, 5 juillet 2003

Julio Grondona n'était pas exactement un adepte de l'interview télévisée, mais il avait en vue une élection à la fédération argentine, aussi accepta-t-il de s'y prêter. C'est ainsi qu'il se retrouva assis, à regarder les techniciens effectuer les derniers préparatifs, dans le studio de TyC Sports Channel, pour l'enregistrement de l'émission du samedi midi.

Il avait coiffé ses rares cheveux gris en arrière. Le relâchement de ses traits, le gonflement du nez, la mollesse de son double menton trahissaient sept décennies de vie facile.

Il était le doyen de tous les vice-présidents de la FIFA, directeur de la commission financière, suppléant du président au comité exceptionnel qui se rassemblait autour de Sepp lorsque l'empire était menacé, directeur également du comité marketing qui gérait ces contrats de milliards de dollars qui rendaient la vie si agréable. Le deuxième homme le plus puissant dans le monde du football gratifia l'objectif de la caméra de son désarmant sourire en biais.

« Bonsoir. Aujourd'hui, nous recevons un invité spécial... » commença le jeune interviewer.

Et ils se mirent à bavarder et bavarder encore, abordant tous les sujets convenus, les clubs, les joueurs, Maradona, Menotti, l'ancien sélectionneur de l'équipe nationale, Carlos Bilardo, l'entraîneur qui avait permis au pays de remporter la Coupe du monde en 1986 au Mexique, les périodes de bonheur à la campagne, avec tous ces jolis arbres, cet air pur et ce bon vin. L'émission se déroulait parfaitement, comme prévu quand vous êtes très ami avec le patron de la chaîne, Carlos Avila, à qui vous avez vendu les droits de retransmission du championnat argentin (un contrat qui s'étendait de 1986 à 2014 : vingt-neuf ans d'exclusivité pour une seule et même chaîne !).

L'émission touchait à sa fin. Une dernière question... « Don Julio, dit l'interviewer Ramiro Sánchez Ordóñez, qu'en est-il de ces histoires à propos du football de ce pays ? Par exemple, pourquoi n'avons-nous aucun arbitre juif en première division ? »

Grondona avait la réponse à cette question : « Je ne crois pas qu'un Juif puisse jamais être arbitre à ce niveau parce que c'est un travail difficile, et vous le savez, les Juifs n'aiment pas les travaux difficiles. »

Vinrent les remerciements, et le « Bonne nuit, chers téléspectateurs » final.

« Etes-vous satisfait, Don Julio ? demanda l'une des personnalités de la chaîne présentes dans le studio pendant l'enregistrement. Vous désirez changer quelque chose ? » C'était la formule consacrée pour offrir de supprimer tout propos excessif ou erreur, tout ce que l'invité avait dit et qu'il n'aurait pas dû dire. « *Muchachos, todo bien*, leur affirma-t-il. Les gars, tout baigne. »

L'émission de TyC Sports fut diffusée sur le réseau

câblé et n'eut pas une très grande audience, ce samedi soir-là. Le lundi suivant, le programme TVR diffusa quelques morceaux choisis de l'interview, dont le dérapage sur les Juifs. Un journaliste de la radio fit sur les ondes un commentaire sur la bévue de Grondona, l'avocat des droits de l'homme Ricardo Monners Sans l'entendit et en fut sidéré. Avant le début de la soirée, la branche locale de la Ligue de défense juive invoquait les sévères lois argentines contre la discrimination.

Grondona sentit qu'il ne pouvait refuser l'invitation quand la radio juive de Buenos Aires Radio Jai le somma de venir s'expliquer dans ses studios. Il eût certainement mieux fait de s'abstenir.

« Eh bien, vous savez, les Juifs sont des gens à part », bafouilla-t-il lorsqu'on lui demanda d'expliciter son opinion, et lorsque l'interviewer lui demanda, d'un ton glacial : « Que voulez-vous dire par "gens à part" ? », le deuxième homme le plus important dans la galaxie du football ne put mettre en mots le tas de scories qui lui tenait lieu de pensée.

Plus tard, Grondona déclara, comme le font souvent certains racistes patentés, qu'il avait beaucoup d'amis juifs. Que c'était un peuple plein de qualités. « On m'a mal compris, on m'a étiqueté nazi et je ne le suis pas, je ne l'ai jamais été », se plaignit-il.

Trois semaines plus tard, le rabbin Abraham Cooper, venu spécialement par avion de Los Angeles, vint voir Grondona dans les locaux de la fédération argentine de football. Le rabbin arriva la tête haute. C'était un homme imposant, dont le regard étincelant disait toute la colère qui brûlait en lui. A ses côtés, en une image calculée de réconciliation, se tenait un Grondona exhibant un sourire gêné qui semblait dire : « S'il vous plaît, je peux aller me cacher dans les toilettes ? » Les deux officiels juifs à l'expression fermée qui les flanquaient semblaient ne pas avoir entendu de plaisanterie depuis des mois.

Le rabbin Cooper et ses assistants, délégués par le Centre Simon Wiesenthal, exigeaient plus que de simples excuses. S'ils ne quittaient pas les lieux plus satisfaits qu'ils ne l'étaient en y entrant, ils avaient l'intention de déposer une plainte qui enverrait presque à coup sûr le plus ancien des vice-présidents de la FIFA pousser un ballon dans une cour de prison pendant les trois années à venir. Sous leur dictée, Grondona envoya en urgence un courrier au président Blatter, l'enjoignant de « rejeter toute tentative des fédérations arabes d'exclure Israël de la FIFA ».

Le programme sportif *El Sello* ne fut pas diffusé pendant six mois, et le malheureux Ramiro Sánchez Ordóñez disparut des écrans pendant la même période. TyC annula un programme prévu pour la célébration du vingt-cinquième anniversaire de la Coupe du monde en Argentine. Julio Grondona risquait de mal supporter des questions sortant de l'ordinaire, par exemple : « Qu'avez-vous fait pour résister aux généraux fascistes qui ont truqué les résultats de la compétition, assassiné des milliers de démocrates et entraîné notre peuple dans cette guerre inutile des Malouines ? Peut-être n'êtes-vous pas au courant ? »

Trois mois plus tard, en novembre 2003, la fédération argentine de football réélisait Grondona pour un mandat de six ans. A l'unanimité, les quarante clubs approuvèrent son maintien au poste de président. On l'aimait bien à Zurich aussi, puisqu'on put entendre Sepp Blatter apostropher l'Argentine sur les ondes de la station Radio Rivadavia de Buenos Aires, en ces termes : « Le señor Grondona est un monument – et pas seulement pour le football en Argentine. Il joue un grand rôle en Amérique du Sud et nous sommes à jamais amis. Ensemble, nous défendrons le football et la transparence au sein de la FIFA. » Mais que pensait le président de la FIFA des commentaires antisémites de son suppléant ? Par courriel, je posai la question à Sepp Blatter. C'est Lawrence Cartier, l'avocat londonien du président de la FIFA, qui me répondit :

« Vous omettez de mentionner (quoique vous soyez sans aucun doute au courant) que suite à ses propos M. Grondona a présenté des excuses et que peu après, lors d'une réunion avec le Centre Simon Weisenthal *[sic]* à Buenos Aires, M. Grondona a déclaré : "Ma position, ainsi que celle de toute la direction de la fédération argentine de football, a toujours été de soutenir une politique antidiscriminatoire. Le football promeut une union pleine et sans restriction entre les peuples, sans différence de race, de couleur de peau, de religion ou de drapeau." »

Maître Cartier poursuivait ainsi : « Les remarques originelles ont été faites sans aucune référence à mes clients, et sans qu'ils le sachent. Elles n'ont pas été proférées au nom de mes clients et elles ne représentent pas les opinions de mes clients. Comme vous le savez fort bien, mes clients n'approuvent aucune remarque d'ordre racial ou discriminatoire. » Merci, maître Cartier, mais ce que je voulais savoir, c'était ce que Sepp avait pensé de ces propos antisémites.

J'avais demandé personnellement à M. Blatter de s'exprimer sur la bourde hallucinante de son ami à la lumière des deux attentats à la bombe perpétrés contre des Juifs en Argentine à la fin des années quatre-vingt-dix. Plus de cent personnes avaient péri, et il y avait eu cinq cents blessés.

Là encore, ce fut maître Cartier qui me répondit : « Mes clients n'estiment pas qu'il y avait le moindre besoin pour vous, dans votre courriel, d'essayer d'exacerber une situation (pour laquelle des excuses ont déjà été formulées) en reliant ces propos aux événements tragiques qui ont frappé la communauté juive en Argentine. »

25

L'Empire contre-attaque : révolution dans les Caraïbes

« Je suis choqué », déclara Sepp Blatter quand il entendit accuser certains de ses plus proches collaborateurs d'avoir acheté des paquets de billets de la Coupe du monde directement à la FIFA pour les revendre à des spécialistes du marché noir. « C'est quelque chose qui nous choque tous, répéta le président. Notre commission de discipline a le pouvoir d'intervenir et même de prendre des sanctions. »

Blatter s'exprimait ainsi à Paris en juillet 1998. Six mois plus tôt, le bureau du secrétaire général de la FIFA avait reçu un fax de Chet Greene : « Veuillez trouver ci-joint la commande totale et finale de billets pour la Coupe du monde en France de la part de la fédération antiguaise de football. » La demande était accompagnée de trois feuillets, des bons de commande officiels de la FIFA. Il semblait qu'une partie non négligeable des soixante-dix mille personnes habitant les deux îles Caraïbes jumelles d'Antigua et de Barbuda, dont le salaire moyen par semaine était de l'ordre de 150 euros, désiraient acheter des billets et se rendre en France. Le secrétaire général de la fédération d'Antigua commanda donc près de trois mille billets, dont cent quarante-sept pour la seule finale.

La commande fut promptement transmise au bureau idoine de la FIFA. Si promptement que Chet en reçut un accusé de réception par fax le jour même. A la fin du mois de février 1998, Chet reçut de mauvaises nouvelles. Les commandes de billets étaient si importantes qu'elles ne pourraient être entièrement satisfaites. Il ne pourrait disposer que de six cent treize billets. Il reçut une facture d'un montant de 57 526,70 francs suisses (39 763,33 dollars).

Chet essaya alors de se procurer des billets supplémentaires auprès de… Lennart Johansson ! Le président de l'UEFA attendit deux semaines avant de faire répondre : « M. Johansson nous a demandé de vous informer qu'il n'est malheureusement pas en position de vous aider concernant l'achat de billets pour la Coupe du monde en France. »

Chet était un proche de la dynastie Bird – qui avait dirigé la lutte pour l'indépendance d'Antigua – et il s'arrangea pour que le Premier ministre Lester Bird, le ministre des Sports et son épouse assistent à la Coupe du monde. En France, il parvint à se procurer d'autres billets à la FIFA, dont quatre de plus pour la finale.

Chet – ou plutôt la fédération d'Antigua-et-Barbuda – devait toujours 57 526,70 francs suisses à la FIFA pour ses six cent treize billets. En mai 2002, cette note n'était toujours pas réglée.

« Cher Monsieur Chet Greene, lui faxa un homme d'affaires américain du nord-ouest du Pacifique, un exportateur de matériel sportif pour les fédérations nationales du monde entier. Vous m'avez parlé du programme d'assistance financière de la FIFA et expliqué tout le bien que vous en pensiez. J'ai moi-même pu bénéficier de ce programme. J'aimerais travailler avec vous sur le programme de 250 000 dollars annuels. Je suis certain que vous comprenez quels profits attendent des hommes d'affaires avisés comme vous et moi. Appelez-moi et je vous parlerai de mon expérience avec la fédération libérienne de football, et combien d'argent cela m'a rapporté. Vous ne le croirez pas. »

Erreur, monsieur l'Homme-d'affaires-avisé. Chet le crut, et tellement bien qu'il se mit à tirer des chèques sur la subvention de 1 million de dollars accordée pour quatre ans par la FIFA. L'argent commença à arriver en 1998. Chet acheta un nouveau système d'air conditionné pour son bureau, puis changea d'avis et le fit réinstaller à son domicile. Il était tellement occupé à dépenser la subvention qu'il égara toutes les écritures pour cette première année, de sorte qu'il est impossible de vérifier l'attribution de l'argent pour cette période. Dans les années suivantes, il ne fit pas de progrès notoires en matière de paperasserie.

L'année suivante, il fut décidé que Chet recevrait un salaire de 1 000 dollars par semaine – un cinquième de la subvention de la FIFA, et cinq fois le salaire local moyen – pour son travail à temps partiel de directeur des ligues amateur de l'île. Le salaire était réglé par prélèvement bancaire sur le compte de la FIFA à Zurich et directement viré sur le compte de Chet, à la Antigua & Barbuda Investment Bank, où il s'ajoutait à son salaire de commissaire aux sports.

Outre ces deux salaires, Chet dirigeait sa propre affaire d'importation et de distribution d'équipements sportifs.

Les gens d'Umbro, la marque de sport britannique, crurent longtemps avoir acheté les droits exclusifs pour la fourniture d'équipements sportifs lors des rencontres internationales sur l'île. Ils se plaignirent à Chet en découvrant qu'une firme concurrente, Admiral, vendait également ses produits sur le sol d'Antigua.

Les gens d'Admiral n'étaient pas ravis eux non plus. Ils prétendaient que Chet ne réglait pas ses factures, et ils finirent par refuser de fournir d'autres équipements à crédit.

Une autre année, un autre tournoi international d'importance et une autre occasion pour Chet d'user de son influence au sein de la FIFA. Pour l'Euro 2000, un Antiguais associé de Chet et son épouse ayant un bureau à Tilbury, en Angleterre, avaient établi une liste de supporters désireux d'acheter des billets. Ils souhaitaient en acquérir quatre cent quatre-vingts, dont quarante pour chacun des quarts de finale, pour les demi-finales et pour la finale. Ils faxèrent la liste à Chet. Avec un courrier à en-tête de la fédération d'Antigua, Chet adressa cette commande aux bureaux de l'UEFA à Nyon, en Suisse. L'UEFA proposa seulement quarante billets pour les premiers tours de la compétition, et exigea que la commande soit accompagnée d'un règlement.

Au printemps 2000, sous la direction de Chet, non seulement la fédération d'Antigua avait dépensé tout l'argent que la FIFA lui avait attribué depuis l'automne 1998, mais elle avait dépassé cette somme de 108 000 dollars. Où cet argent était-il passé ? Mystère et boule de gomme…

Il n'y avait plus qu'une solution : demander plus. La FIFA accepta, mais imposa quelques conditions : Chet devrait ouvrir un nouveau compte bancaire pour recevoir l'argent de la FIFA. Et il devrait le soumettre à la vérification d'un cabinet comptable d'Antigua. L'argent devrait être dépensé uniquement selon un budget soumis par Chet et approuvé par le directeur financier, Urs Linsi.

Ça marche pour moi, répondit Chet. La FIFA chargea le cabinet d'audit CAS Hewlett & Co de ce travail et accepta de régler les honoraires. La FIFA accepta également de régler à la fédération une subvention de 612 000 dollars durant les deux années suivantes.

Raymond Doorgen, un quadragénaire venu de la Guyana, était employé de Hewlett. Seul détenteur de la signature sur le compte ouvert par la FIFA pour gérer la subvention, il fêta son nouveau contrat en prenant son stylo et en émettant plusieurs chèques importants. Il savait où placer au mieux l'argent de la FIFA, et durant les deux années suivantes il détourna environ 300 000 euros sur ses comptes bancaires personnels. Une partie de cet argent finit par revenir sur les comptes de la fédération, mais la comptabilité de celle-ci était si obscure que personne ne peut dire pour quel montant. Infatigable, Doorgen signa plus de soixante chèques à son propre bénéfice. Toutes sortes d'épiceries de luxe et de restaurants haut de gamme étaient toujours ravis de voir arriver Raymond Doorgen avec son chéquier de la FIFA.

Le budget soumis à la FIFA fut très vite oublié. Chet écrivit à Doorgen pour lui demander de constituer un prêt de 15 000 euros au bénéfice de la fédération. Puis Chet et Ralph Potter, son bras droit, réclamèrent une grosse somme d'argent pour un petit voyage au Brésil. Pas de problème, voilà, dit Doorgen, qui en profita pour les accompagner, le tout étant réglé par la FIFA.

Doorgen prit ses responsabilités tellement au sérieux qu'il insista pour se déplacer à Miami, sur les fonds de la FIFA, afin d'étudier un type de gazon qui pourrait servir sur les stades de football.

Doorgen était très à l'aise avec l'argent. Il approuva un chèque de 15 000 dollars à l'ordre de l'agence de voyages Simpaul appartenant à Jack Warner, à Trinité, pour des billets d'avion. Ainsi qu'un don de 600 euros à un joueur de cricket d'Antigua sélectionné pour l'équipe de cricket... des Antilles britanniques. Selon le budget approuvé par la FIFA, il aurait dû régler les arriérés de salaires dus aux entraîneurs de football locaux. Le budget ? Quel budget ? Il l'avait égaré depuis bien longtemps.

La manne financière venue de Suisse inondait les comptes personnels de Doorgen. Avant longtemps la fédération se retrouva de nouveau dans le rouge, et les employés administratifs fidèles à la fédération, dont les modestes salaires (une fraction de celui de Chet) faisaient partie du budget approuvé par la FIFA, furent mis au chômage technique pendant trois mois. A la même époque, Chet s'accorda 10 000 livres sterling d'indemnités qui ne figuraient nulle part dans le budget ratifié par la FIFA.

Il n'y avait plus d'argent dans les caisses, et Chet suspendit temporairement le programme pour le football national. Sous le prétexte « d'alléger les difficultés financières actuelles », il ordonna aux internationaux, y compris les équipes espoirs, de ranger leurs crampons. Certains entraîneurs furent renvoyés dans leurs foyers, sans salaires. Ceux-ci ne furent pas surpris d'apprendre que les temps étaient durs, mais pas un d'entre eux n'aurait pu imaginer la quantité d'argent qui avait été versée pour le football. « Nous n'avons jamais su qu'il y avait une subvention de la FIFA, m'a confié un des entraîneurs. On ne nous en a jamais parlé. »

Puis Chet partit pour la Corée et le Japon, pour assister à la Coupe du monde.

Chet avait appliqué le programme Goal pour obtenir une autre grosse subvention, dans le but de créer un terrain, des vestiaires et des bureaux, en promettant de le baptiser « Centre de développement pour le football Jack Austin Warner ». Au milieu de 2002, le premier versement arriva en provenance de la FIFA, d'un montant de 161 439 dollars. Un an plus tard, je me rendis sur les lieux où était censé se trouver le terrain de football, et je vis des chevaux qui broutaient dans les broussailles près de la carcasse d'un camion de livraison de bière. Je me rendis aux bureaux de Chet, dans l'immeuble du gouvernement, à Cassada Gardens, pour lui demander ce qu'il était advenu de toutes ces subventions de la FIFA. Il ne me montra que la porte, offrant de me jeter en bas de l'escalier cimenté.

Lors d'un voyage en Angleterre, la fédération ne put régler la note d'hôtel de l'équipe nationale. Le football était en pleine déliquescence à Antigua. En novembre 2002, un journaliste déterminé, Ian « Magic » Hughes, entreprit de creuser les affaires de commandes de billets de Chet et se demanda ce qui était arrivé au million de dollars versé par la FIFA.

Peu avant Noël 2002, Chet se rendit à Nassau, aux Bahamas, où il se maria, puis il revint à temps pour participer à la réunion que la fédération tenait une fois tous les quatre ans pour les élections. Il pensait que Ralph Potter serait réélu président, et que lui-même conserverait automatiquement son poste de secrétaire général.

Ils n'eurent pas cette chance. Nombre de supporters de Chet n'ayant pu apporter la preuve qu'ils avaient réglé leur cotisation, leur droit au vote fut contesté par ses opposants et la réunion fut ajournée.

Le journaliste Ian Hughes mena une autre enquête très sérieuse et documentée sur la manipulation de l'argent de la FIFA. La crise menaçait. Il fallait réagir, et vite. Ralph eut alors une idée lumineuse. Il déclara à une radio locale que l'argent de la fédération et les millions de dollars versés par la FIFA étaient en sécurité puisqu'ils étaient gérés par l'expert comptable Raymond Doorgen, connu pour être un « associé » de l'inattaquable cabinet local CAS Hewlett.

« Première nouvelle ! répondit le directeur général de Hewlett & Co dans une lettre indignée adressée à Potter. Nous n'avons jamais été désignés, par écrit ou oralement, pour gérer les fonds versés par la FIFA. Raymond Doorgen l'a fait sur son compte personnel sans en informer son employeur. » Apparemment, le match était plié.

Pas tout à fait. Cinq jours plus tard, Jérôme Champagne, le secrétaire général adjoint de la FIFA, volait au secours de Chet dans un courrier affirmant à tous qu'il n'y avait aucune raison de s'inquiéter. Il se souvenait très bien de la façon dont, deux ans plus tôt, Chet, Jack Warner et la FIFA s'étaient accordés sur des mesures destinées à protéger les fonds de la FIFA et il ajouta, pour apaiser toute crainte : « Nous sommes heureux que les procédures aient aidé à atteindre notre objectif conjoint qui est la stabilisation financière de l'ABFA[1]. » Il apporta même une précision : « M. Raymond L. Doorgen, associé de CAS Hewlett & Co, nous a régulièrement soumis des comptes trimestriels. » Et envoya une copie de cette lettre à Hewlett.

1. Fédération de football d'Antigua-et-Barbuda.

Durant les vingt-quatre heures suivantes, les téléphones et les fax fumèrent entre Antigua et Zurich. Jérôme apprit la vérité. Raymond n'était pas et n'avait jamais été « un des associés de CAS Hewlett & Co ». L'homme n'était rien de plus qu'un simple comptable.

Ainsi, on avait menti à Linsi et à la FIFA. Comment Jérôme Champagne allait-il réagir ? Sauterait-il dans le premier avion pour Antigua afin de tabasser Chet, Ralph et Raymond, et de tenter de sauver ce qui restait de l'argent de la FIFA ?

Pas exactement. Champagne reprit la lettre qu'il avait envoyée vingt-quatre heures plus tôt, celle dans laquelle il décrivait Doorgen comme un « associé » chez Hewlett. Il remplaça « associé » par « cadre supérieur » et envoya la missive à Chet pour versement au dossier. Pas de plainte, pas la moindre remarque. Tout demeurait impeccable.

Mais tout n'allait pas aussi bien à Antigua. Le journaliste Ian Hughes continuait à publier des articles dévastateurs dans le *Sun* d'Antigua, où il révélait, entre autres choses, le salaire faramineux de Chet. Ce dernier et Ralph étaient réellement dans la panade. Qui allait les sauver ?

Jack Warner dicta une lettre. « Cher Monsieur Greene, votre fédération a suivi les lignes directrices définies par la FIFA et, à maints égards, elle représente un exemple pour le reste de la région. » Magnifique ! « Quant à la question de votre salaire, qui a été recommandé et payé par la FIFA, il est évident que si certaines personnes vous attaquent sur ce point, c'est par malveillance et jalousie. C'est pourquoi je n'ai nulle intention d'offrir le moindre écho à ce que j'ai lu en émettant un quelconque commentaire. Qu'il me suffise de dire qu'encore beaucoup plus de bienfaits que vos détracteurs ne peuvent jamais l'imaginer découleront des nombreuses décisions administratives prises par votre fédération depuis quatre ans », insista le vice-président de la FIFA, avec une petite référence au passage à « son ami » le Premier ministre Lester Bird.

Jack terminait ainsi : « En conclusion, je tiens à dire que, dans tous les cas, le président Ralph Potter et vous-même avez représenté votre fédération, votre pays et votre région avec honneur, et, qui plus est, que vos résultats et votre représentation aux niveaux régionaux et internationaux ont été en tous points exemplaires. Consolez-vous en songeant qu'on ne jette des pierres qu'à l'arbre chargé de fruits. »

La réunion générale de la fédération reprit au centre polyvalent de Perry Bay, le 18 février 2003, et fut suspendue après cinq heures de prises de bec, et sans qu'on ait voté. Les participants se retrouvèrent de nouveau le 6 mars et ne parvinrent à aucun consensus sur qui était apte ou non à voter. Ils ne s'entendirent que sur un point : quelqu'un devait continuer de faire fonctionner la fédération, au moins au ralenti. L'assemblée désigna un comité intérimaire de trois membres, mené par le très respecté syndicaliste Clarence Crump.

Cette nouvelle instance envoya un courrier à Chuck Blazer à New York et à Urs Linsi à Zurich pour demander en termes polis des fonds afin que le football continue sur l'île. Blazer et Linsi ne répondirent pas. Le secrétaire général de la CONCACAF et le directeur financier de la FIFA ne voulaient traiter qu'avec Chet.

Ils étaient très satisfaits de traiter également avec Raymond Doorgen, mais tout cela changea quand ce dernier reçut une lettre de son patron, en mars 2003. « Les récentes révélations diffusées dans la presse et d'autres médias ont prouvé sans doute possible que vous

vous êtes engagé dans des activités illégales en vous laissant désigner comme gestionnaire de fonds et directeur comptable par un de nos clients, en compétition directe avec nous, alors que vous travaillez toujours pour nous en qualité d'employé à la gestion des comptes. »

Les gens de chez Hewlett n'étaient pas contents du tout. « Nous avons appris que vous vous êtes présenté comme associé, et qu'il en a résulté pour vous un contrat d'expert-comptable qualifié, ce que vous n'êtes absolument pas. Vous êtes également conscient que cet engagement auprès du client est frauduleux, et qu'une action en justice est en cours. » Raymond se retrouva à la porte avec un mois de salaire en guise de préavis.

Pendant ce temps, le comité intérimaire commençait à désespérer. « Nous nous voyons contraints de vous contacter de nouveau, écrivirent ses membres à Linsi, pour humblement demander des renseignements sur l'état de notre requête concernant notre demande de fonds dans le cadre du programme d'assistance financière. »

Enfin la FIFA répondit. Non pas par une aide, mais par un coup terrible pour les footballeurs, les supporters et les officiels honnêtes d'Antigua.

Zurich, 20 mai 2003

« Le comité exceptionnel de la FIFA a décidé de suspendre la fédération de football d'Antigua-et-Barbuda », annonça Markus Siegler. Selon le porte-parole de Blatter : « La situation chaotique actuelle dans l'administration du football dans ce pays empêche la fédération nationale de remplir correctement les tâches qui lui incombent. » Il n'expliqua pas ce qu'il voulait dire par là.

Alors que la nouvelle de la suspension se diffusait dans l'île, quelques jeunes gens versèrent des larmes de chagrin et d'incrédulité. L'équipe de football d'Antigua des moins de vingt-trois ans s'apprêtait à concourir dans le tournoi régional de qualification pour les jeux Olympiques d'Athènes. A présent, leurs rêves d'olympiades étaient partis en fumée. Les supporters du football sur l'île envoyèrent une pétition au président du CIO, Jacques Rogge. Le CIO n'affirmait-il pas défendre le droit des athlètes à pratiquer leur sport ?

La pétition était ainsi rédigée : « Les athlètes composant l'équipe de football des moins de vingt-trois ans d'Antigua-et-Barbuda, qui sans aucune faute de leur part ont été arbitrairement exclus des matchs qualificatifs aux JO, sont aujourd'hui désespérés, car beaucoup d'entre eux seront trop âgés pour jamais concourir dans de futurs jeux Olympiques. Le directeur de l'équipe, M. Thadeus Price, décrit bien la situation lorsqu'il dit : "L'équipe souffre, et Antigua et Barbuda souffrent avec elle." »

Antigua est une petite île, mais elle produit des champions. La pétition était signée de l'ex-capitaine de l'équipe de cricket des Antilles britanniques « sir » Viv Richards, un des plus grands batteurs que ce sport ait jamais connus, et de membres de son équipe, Curtly Ambrose, Ken Benjamin et Andy Roberts. L'ancien boxeur champion du monde des poids moyens Maurice Hope signa lui aussi, ainsi que Maritza Marten Garcia, Cubaine médaillée d'or au disque lors des jeux de Barcelone, qui entraînait sur l'île. La plupart des leaders religieux et des membres des partis politiques apposèrent leur signature à côté de celles de représentants de la majorité des clubs de football.

Le président du CIO Jacques Rogge envoya à Blatter une lettre qui en termes très mesurés lui demandait d'expliquer pourquoi ces athlètes étaient exclus, sans aller plus loin. Blatter, qui est également membre du CIO et à ce titre a juré de défendre les droits des athlètes, répondit que la FIFA allait envoyer une délégation à Antigua « afin d'étudier la situation ». Il ne précisa pas quand. Ainsi, une génération des meilleurs athlètes d'Antigua se voyait privée de son unique chance de concourir aux jeux Olympiques. Sepp était là-bas, à Athènes, rayonnant comme toujours, dans la tribune réservée aux VIP.

« Un niveau grave de mauvaise gestion, de conflit d'intérêts, d'abus de pouvoir, de négligence, d'irrégularités financières et d'éventuelles activités criminelles, qui doit être signalé aux autorités compétentes », tel était le résumé de l'enquête menée par les trois membres du comité intérimaire.

Le président Clarence Crump et ses deux collègues publièrent leur rapport en juin 2003. Il n'était pas tendre envers Chet Greene.

Crump et les autres accusaient Chet d'un « comportement inacceptable et abusif qui voulait se faire passer pour une direction effective ». Ils le sommaient de présenter aux sponsors les justificatifs des achats qu'il avait opérés. La mémoire revint soudainement à Chet. Son bureau avait été cambriolé ! Tous ses dossiers, toutes ses archives lui avaient été dérobés ! Avait-il alerté la police ? Non, bien sûr. Chet était bien trop traumatisé pour y avoir pensé. Tout avait disparu, les reçus, les factures, les dossiers des sponsors... Tout, vous dis-je !

En janvier 2001, Chet avait demandé à être remboursé

de 5 000 livres sterling dépensées pour de « l'équipement ». Il n'avait produit aucune facture. Pourquoi aurait-il dû le faire ? Doorgen payait toujours les notes sans demander de justificatif. Interrogé plus tard sur la nature de cet « équipement », Doorgen ne put s'en souvenir. Des années plus tard la facture reparut miraculeusement ! Une facture émanant d'une entreprise appartenant à Chet...

Crump et les deux autres membres du comité intérimaire découvrirent que le football d'Antigua ne pouvait présenter aucune documentation à jour, seulement une accumulation sur dix années d'informations griffonnées qui n'avaient jamais été transmises aux membres. De fait, Chet n'avait pas organisé d'assemblée générale depuis quatre ans.

Ils terminaient par un blâme subtil mais incontournable : « Nous nous demandons, écrivaient-ils, comment cette situation a pu perdurer sur une aussi longue période étant donné la surveillance que la FIFA est censée exercer sur les fédérations nationales. » C'en était trop. Les amis de Chet à la CONCACAF et à Zurich étaient furieux.

Leur tâche achevée, Clarence Crump et son comité intérimaire voulurent se retirer. Ils annoncèrent que de nouvelles élections pour désigner leurs remplaçants auraient lieu la semaine suivante.

Le lendemain matin, ils reçurent un courrier du secrétaire général adjoint Jérôme Champagne. « Messieurs, nous avons été informés qu'une assemblée générale élective de votre fédération nationale est prévue pour le 29 juin 2003. Au vu de la situation actuelle du football à Antigua-et-Barbuda, nous tenons à vous informer que nous ne reconnaîtrons aucune élection comme valide avant qu'une délégation de la FIFA et de la CONCACAF ne se soit rendue dans votre pays afin d'établir une évaluation globale des litiges entre les parties impliquées. »

« En conséquence, ajoutait-il, nous prions instamment ces dernières de ne prendre aucune mesure qui risquerait de mener à une situation encore plus difficile. Merci de tenir compte de ce qui précède. »

Et qu'advenait-il de la promesse de Blatter à Jacques Rogge d'envoyer une délégation à Antigua ? Antigua avait été suspendue en mai, et la délégation ne posa le pied sur l'île qu'en septembre. Le premier à descendre de l'avion fut Jérôme Champagne.

Derrière lui venait Harold Taylor, secrétaire général de l'Union caribéenne de football et sbire de Jack Warner. Taylor avait déjà tenté d'intimider Crump et ses deux collègues en leur disant que s'ils voulaient de l'argent de la FIFA ils devraient apposer sur leurs requêtes le tampon « Secrétaire général Chet Greene », même s'il n'avait plus ce poste. Enfin venait le Turc Senes Erzik, membre du comité exécutif et homme probe et courtois.

Après trois jours, la délégation repartit et Jérôme promit que dans les quarante-huit heures la FIFA enverrait une liste de membres à proposer pour la création d'un « comité de normalisation » afin de permettre le retour en grâce du football antiguais. En privé, Jérôme avait affirmé aux Antiguais que Chet n'en ferait pas partie.

Avant que le Français ait eu le temps de revenir s'asseoir à son bureau de Zurich, Harold Taylor, l'homme de Warner, intervint et commença à envoyer des invitations à rejoindre le comité. En haut de la liste venaient Chet, Ralph et leurs bons amis, en nombre assez important pour faire basculer le scrutin dans leur sens. Les jours puis les semaines passèrent, et pendant tout ce temps Warner poursuivit son bras de fer avec Jérôme.

Durant cette période, certains officiels du football dénoncèrent Chet au procureur général d'Antigua, l'accusant de détournement des fonds de la FIFA. Aucune poursuite ne fut engagée.

Le comité de normalisation fut annoncé. Clarence Crump en serait le président. Et le secrétaire ? Un rire amer secoua l'île. Chet Greene en personne. Jérôme Champagne sauvait tout de même la face : Chet n'avait pas le droit de voter. Chet et Ralph se rendirent à Doha, au Qatar, pour « représenter Antigua » au congrès 2003 de la FIFA, tous frais payés naturellement. La suspension fut levée trop tard pour les jeunes athlètes qui avaient espéré disputer les qualifications aux jeux Olympiques.

Après s'être évertué pendant une pleine année à faire tourner la machine, Clarence Crump en avait plus qu'assez. Il fut invité à prendre la parole lors de la remise de récompenses annuelle de la fédération, au début du mois de mars 2004, alors même que le football antiguais se préparait à des élections retardées de quinze mois.

Crump y formula une attaque en règle de Chet Greene et de ses bons amis : « Dissimulation et rétention d'informations, rédaction sciemment incorrecte de procès-verbaux, décisions prises unilatéralement, fuites organisées d'informations, attaques constantes dans la presse par le biais de pseudo-journalistes, telles ont été quelques-unes des nombreuses tentatives menées pour déstabiliser le comité de normalisation et le football… Avant la formation officielle du comité, des manœuvres ont été entreprises pour constituer un faux comité, ce qui a empêché l'annonce du comité réel, qui devait être formé par la FIFA. »

Pour toute réponse, Chet Greene déclara que les accusations portées contre lui étaient « sans fondement et misérables ».

Au jour des élections, Chet présenta sa candidature à la présidence de la fédération et fut battu par 14 voix contre 23 pour Merv Richards, ancien joueur et entraîneur de l'équipe nationale, et frère de Viv Richards.

Tout le monde croyait Chet éjecté du milieu du football. Alors comment pouvait-il arborer un blazer aux armes de la FIFA, assister au congrès pour le centenaire de la FIFA à Paris en mai 2004 et au gala donné par la FIFA pour célébrer le joueur de l'année à Zurich en décembre ? Warner avait tout simplement créé un nouveau poste au sein de l'Union caribéenne de football, poste qui permettait à Chet de rester dans la partie. Chet, l'homme qui avait joué un rôle essentiel dans le fait que les jeunes footballeurs de son pays avaient été volés de leur rêve olympique, était maintenant « responsable du football pour les jeunes dans toute la région ». Il était toujours là, bien placé et généreusement financé, prêt à renverser Merv Richards et sa nouvelle équipe, de façon à reprendre le contrôle de l'argent.

Plus à l'ouest dans les Caraïbes se trouve l'île de la Jamaïque, royaume footballistique du capitaine Horace Burrell. Ce dernier n'a jamais raté une occasion de clamer sa croyance dans le fait que le football devait refléter les idéaux éthiques les plus élevés.

Aussi, lorsque Jamie Lawrence, un nouveau membre de l'équipe nationale jamaïcaine, révéla dans une interview à la presse qu'une dizaine d'années plus tôt il avait fait de la prison pour vol, Horace le fit aussitôt inscrire sur sa liste de proscrits : « La fédération jamaïcaine de football a pour principe que toute personne liée à ce sport et convaincue d'avoir commis un délit ne peut plus représenter la Jamaïque », édicta Burrell quand il apprit la nouvelle, en juin 2000.

Jamie Lawrence, âgé de trente ans et né dans le sud de Londres, avait fait une belle carrière dans le football et jouait pour Bradford City en Premier League anglaise (l'équivalent de la Ligue 1 française) quand il fut sélectionné dans l'équipe nationale de la Jamaïque. Il s'était également fait un nom en s'occupant de gamins délinquants. « Le fait que depuis le délit il ait mené une vie exemplaire n'entre pas en ligne de compte », ajouta Burrell.

Quatre semaines plus tard, le capitaine Burrell recevait à Zurich la plus haute distinction de la FIFA, l'ordre du mérite, des mains du président Blatter dans cette même salle où, quatre ans plus tôt, sa petite amie avait voté en lieu et place du délégué haïtien empêché, le docteur Jean-Marie Kyss.

Le capitaine Burrell licencia un des entraîneurs nationaux jamaïcains, car selon lui il y avait eu « une détérioration dans les exigences de discipline parmi les membres de l'équipe ». Là, Blatter fut tellement impressionné qu'il nomma Burrell au comité spécial de discipline pour la Coupe du monde 2002.

Une année plus tard, ce dernier se rendit compte simultanément qu'il était plus que temps d'organiser des élections et que le milieu du football jamaïcain semblait s'être lassé de lui. « Burrell ne nous respecte pas, déclara l'un des officiels, il ne nous écoute pas. » D'autres le trouvaient trop distant et arrogant.

Burrell appela au secours.

Blatter laissa tout en plan et prit l'avion pour Kingston en compagnie de Jack Warner afin de se faire photographier avec Burrell lors de la fête célébrant le sixième anniversaire de la qualification de la Jamaïque à la Coupe du monde 1998. Sepp distribua des récompenses spéciales et annonça de nouveaux équipements sportifs financés par le programme Goal. « Ce que nous faisons aujourd'hui, c'est pour l'avenir du pays, dit Blatter. Le football peut s'en servir comme d'une école de la vie. La philosophie du football est d'offrir l'espoir aux populations du monde. » Selon la presse locale, Burrell jubilait.

Blatter et Warner auraient tout aussi bien pu rester chez eux, car huit jours plus tard la famille du football jamaïcain décidait de se passer des services de Burrell. L'ancien administrateur Crenston Boxhill remporta l'élection par 54 voix contre 49 et promit un nouveau monde de transparence. Burrell, évincé après neuf années, resta plein de morgue jusque dans la défaite. « J'ai d'autres responsabilités dans le monde du football, railla-t-il. Je suis membre du comité de discipline de la FIFA, je suis également le premier vice-président de l'Union caribéenne de football et membre du comité de discipline de la CONCACAF. J'ai donc encore beaucoup à faire, et peut-être même plus encore. » Et il s'empressa d'ajouter : « Mais je fais passer l'amour de mon pays avant moi, et tout ce que je pourrai faire pour mon pays, je le ferai. »

Il fallut trois mois pour mettre sur pied la campagne visant à ruiner la réputation de Crenston Boxhill et de son équipe. Warner revint à Kingston en mars 2004 afin de lancer la nouvelle division marketing de l'Union caribéenne de football. « Sous l'impulsion pleine de sagacité du capitaine Horace Burrell et de son équipe dévouée, expliqua Warner, nous devons à présent dans les

Caraïbes employer au mieux les énergies commerciales de la région pour le bénéfice du football. »

Les officiels régionaux suspectaient là une manœuvre pour détourner les sponsors de la fédération jamaïcaine, que Burrell avait quittée en laissant des dettes dépassant 450 000 euros. L'adjoint de Burrell était Horace Reid, qui auparavant avait été son secrétaire général. Warner voulait être vu soutenant les officiels qu'il avait choisis – envoyant ainsi un message menaçant à toute personne qui oserait s'opposer à lui ou à ses hommes liges. Tant que Burrell et Reid seraient en exil, Jack les soutiendrait, exactement comme il avait soutenu Chet Greene et Ralph Potter à Antigua.

Pendant que Boxhill et son équipe travaillaient à réduire le monceau de dettes dont ils avaient hérité, Burrell et Reid partaient pour une petite balade à New York, puis à Zurich, pour des affaires de la plus haute importance. En Suisse, ils firent bombance avec le discrédité Chet Greene lors d'une des soirées données par Sepp.

Puis vinrent les premières fausses rumeurs. Au début de l'année 2005, en écho à la plainte déposée par Clarence Crump l'année précédente contre des « attaques dans la presse par le biais de pseudo-journalistes », on vit paraître dans la presse jamaïcaine des affirmations selon lesquelles Crenston Boxhill était sur le point d'être remercié après une motion de défiance. Aucune motion de défiance n'apparut jamais. Ce n'était que du vent.

Puis, en février 2005, arriva une lettre de la FIFA qui, simultanément, parvint à la presse jamaïcaine. La FIFA s'efforçait de bloquer le plan de Boxhill consistant à vendre en cession-bail les bureaux de la fédération jamaïcaine, à Kingston, afin de réduire les dettes que Burrell avait laissées derrière lui. Il avait dépensé pour ces locaux la moitié du million de dollars de subvention versé par la FIFA. « S'il est confirmé que votre fédération vend effectivement ce bâtiment dans le cadre d'une réaction à sa situation financière en cours, soyez avisé que la FIFA considérera cette action comme un usage non approprié des fonds alloués par elle. La FIFA rendra alors compte de cette affaire à tous les organes intéressés afin de prendre les mesures les plus sévères contre la fédération jamaïcaine de football, y compris l'expulsion. »

Le lendemain, veille de l'assemblée générale de la fédération jamaïcaine, Horace Reid et un autre allié de Burrell annoncèrent spectaculairement qu'ils avaient été menacés d'être tués s'ils s'y rendaient. Héroïquement, Reid déclara : « Je préfère mourir pour mes principes et toutes ces choses en lesquelles je crois fortement, mais je suis profondément déçu de voir ce genre de basses manœuvres. Il semble que nous ayons perdu tout sens de la décence et de la bienséance dans l'arène footballistique. »

En mars 2005, la fédération jamaïcaine perdit patience face aux attaques détournées de Burrell et publia un communiqué de presse l'accusant de « constamment dénigrer l'organisation ». Il continuait ainsi : « Le capitaine Horace Burrell poursuit ses efforts soutenus pour semer le doute sur l'actuelle direction de la FJF. » Le texte rappelait au peuple que l'héritage de Burrell consistait en « une organisation criblée de dettes considérables et de contrats mal négociés qui limitent les possibilités de reconstruire une fédération viable financièrement ».

Fin 2005, la Boulangerie du Capitaine, propriété de Burrell, sponsorisait près de la moitié des clubs de football locaux de la Jamaïque.

« J'ai été approché par des représentants de tous les

milieux du football, annonça-t-il la veille de Noël. Si mes collègues de la fraternité du football font appel à moi pour être à leur tête, je n'hésiterai pas à faire don de ma personne. »

Quelques semaines plus tard, en janvier 2006, alors que la réunion annuelle approchait, Burrell poursuivit dans la même veine : « Si on me demande d'assumer la responsabilité de la FJF, j'en serai réellement honoré et accepterai cette offre sans la moindre réserve. Sur la base de mes expériences passées, de mes succès, ainsi que de mes contacts sur la scène mondiale, je sais que je serai prêt à faire de ce travail une réelle réussite. »

Le président Boxhill rétorqua : « Le petit groupe de détracteurs se démène, mais ils sont dans la course pour des raisons personnelles. Ils se moquent comme d'une guigne du développement du jeu dans notre pays. »

Deux jours avant la réunion, écho de son intervention douze mois auparavant, la FIFA envoya de nouveau un courrier à la FJF. Dans une lettre que la presse locale qualifia d'« acerbe » et « violente », la FIFA intimait à la FJF de lui fournir « sous cinq jours ouvrables des informations détaillées, complètes et juridiquement validées, à défaut de quoi le Projet Goal Jamaïque, subventionné par la FIFA, sera[it] annulé. »

L'équipe de Boxhill souhaitait modifier le site du projet par rapport à celui où Blatter et Burrell avaient posé la première pierre trois ans auparavant. Selon la lettre de la FIFA, « le président de la FIFA a été induit en erreur – et, à travers lui, la FIFA en tant qu'organisation ». « Nous avons systématiquement respecté les délais prévus, commenta Boxhill. On nous a dit que nous étions dans les clous, c'est pourquoi je ne puis qu'être surpris et déçu en recevant des plus hautes instances une lettre comme celle-là. »

Le matin de la réunion, le *Jamaica Observer* titra en une : « Puanteur à la FIFA ? » et répondait ainsi à sa propre question : « Cela commence à sentir très mauvais... et l'odeur vient de très haut... L'administration [du football jamaïcain] ne doit pas se laisser saper par des tactiques de guérilla internationale, ce qui semble pourtant être le cas. »

Dans l'après-midi, quand la motion de défiance fut mise aux voix, les opposants à Boxhill n'obtinrent pas la majorité des deux tiers requise, et la motion fut donc repoussée. « L'élection s'est jouée entre Burrell et le football, et c'est le football qui l'a emporté », commenta Boxhill.

Mais ce dernier n'avait fait que commencer à nettoyer le fatras dont il avait hérité. Il n'était pas satisfait, entre autres, de la part des droits de télévision accordés à la Jamaïque, obtenus par Jack Warner pour l'Union caribéenne de football. Boxhill souhaitait annuler le contrat, estimant que la Jamaïque obtiendrait de meilleures conditions sur le marché libre. Encouragées par l'initiative de la Jamaïque, d'autres fédérations des Caraïbes annoncèrent qu'elles feraient de même.

Les premières fissures apparaissaient dans la mainmise absolue de Warner sur son empire, lézardant sa certitude que jamais ni lui ni Blatter ne seraient mis en difficulté.

Les fans de football honnêtes des Caraïbes en avaient plus qu'assez de Jack et de ses copains haut placés de Zurich. L'empire commençait à contre-attaquer.

26

Sepp Blatter brise le cœur de Mandela… par deux fois !

En 1998, Blatter avait détourné les votes africains destinés à Lennart Johansson en promettant au continent noir l'organisation de la Coupe du monde 2006. Cette promesse, ajoutée aux pots-de-vin et autres gratifications distribués par ceux qui voulaient voir Blatter élu, avait valu à celui-ci de remporter la présidence.

Au début de l'année 2000, alors que les élections approchaient, il était temps pour Sepp Blatter de tenir sa promesse – ou de commencer à préparer sa retraite. S'il voulait s'assurer les quelque cinquante votes africains lors de l'élection présidentielle à venir, prévue à Séoul en 2002, il fallait qu'on le voie faire tout son possible pour que la Coupe du monde revienne à l'Afrique du Sud. Il avait clairement exprimé sa préférence pour la nation arc-en-ciel de Nelson Mandela plutôt que pour l'autre poids lourd en lice, l'Allemagne. L'Angleterre, le Maroc et le Brésil ne jouaient que les seconds rôles dans la compétition.

Mais si, comme promis, Blatter faisait pencher la

balance en faveur de l'Afrique du Sud, l'Allemagne risquait de chercher à se venger et de rassembler assez de votes en Europe pour l'éjecter du siège présidentiel. La solution, en forme de défi, consistait donc à persuader chacun des deux pays qu'il le soutenait.

Selon mes sources à Sonnenberg, c'est Jérôme Champagne qui établit la stratégie. Elle consistait à laisser tout le monde *croire* que Blatter soutenait la candidature de l'Afrique de Sud. Ainsi, quoi qu'il arrive, il aurait les votes africains pour sa réélection. Et il fallait, dans le même temps, faire savoir aux Allemands qu'il les estimait plus à même d'organiser une compétition réussie. Ainsi, et quoi qu'il arrive, ils voteraient pour lui. Enfin, il fallait persuader Franz Beckenbauer – personnage non officiel mais extrêmement influent – et le membre allemand du comité exécutif, Gerhard Mayer-Vorfelder, que Blatter devait absolument faire croire au monde entier qu'il soutenait l'Afrique du Sud. De la sorte, Sepp gagnait sur le long terme, quel que soit le résultat du vote. Et il lui fallait surtout prier pour ne pas avoir à user de sa voix prépondérante [1] lors du vote...

Nelson Mandela était l'avocat le plus fin de l'Afrique du Sud. Son peuple avait certes gagné le droit de vivre en démocratie, mais les temps étaient durs – le taux de chômage frôlait les 40 %. Obtenir l'organisation de la Coupe du monde 2006 était primordial, selon Mandela : « Cela relèvera le moral de notre peuple, mais contribuera aussi à l'essor de notre économie. »

Ses experts affirmaient que l'organisation de la compétition générerait cent trente mille emplois nouveaux et

1. Le président de la FIFA dispose d'une voix « ordinaire », comme chacun des autres membres du comité exécutif, au moment du vote pour la désignation du pays organisateur de la Coupe du monde. En cas d'égalité, sa voix devient « prépondérante » et emporte la décision. (*N.d.T.*)

rapporterait au gouvernement pas loin de un demi-milliard de dollars. Qui pouvait dire non au prix Nobel quand celui-ci déclarait : « La Coupe du monde devrait se dérouler en Afrique du Sud, et si cela se produisait l'événement comblerait non seulement mes rêves mais aussi ceux de toute une nation » ?

Si l'Afrique avait de solides arguments à faire valoir, elle comptabilisait moins de votes que l'Allemagne. Le grand continent n'occupait que quatre sièges au comité directeur de la FIFA. L'Europe en avait huit, soit huit voix sur les treize nécessaires à la victoire lors de l'ultime round. L'Ecossais David Will soutiendrait l'Angleterre lors du premier tour, mais, une fois celle-ci éliminée et le véritable scrutin lancé, il rejoindrait ses alliés de l'UEFA.

Il ne pouvait en être autrement. Blatter avait divisé l'Europe lors de l'élection présidentielle de 1998, et après cette débâcle tous savaient qu'ils devaient offrir un front uni lors du vote afin de retrouver leur crédibilité de groupe le plus puissant dans le monde du football. Ils devaient démontrer que leurs cinquante-deux membres rassemblaient assez d'influence pour s'attribuer une Coupe du monde, avec les emplois que cela impliquait… et les à-côtés qui inonderaient les officiels européens.

Les tâtonnements autour des quelques voix encore indécises s'intensifièrent dans les mois précédant le scrutin, lequel avait été fixé à la première semaine de juillet. Le géant des médias Leo Kirch soutint la candidature de l'Allemagne avec son chéquier. Il détenait déjà les droits de retransmission télé de la Coupe du monde 2006 pour l'Allemagne, et ces droits lui rapporteraient beaucoup plus encore si la compétition se déroulait sur le sol allemand.

Surgit alors une idée de génie ! Le plus grand club de football du pays, le Bayern Munich, allait effectuer une tournée de matchs amicaux et rencontrer l'équipe nationale de Thaïlande, celle de Malte, un club tunisien et la sélection de Trinité-et-Tobago. On paierait les droits télévisuels pour ces matchs 300 000 dollars à chaque fédération nationale concernée, et peu importait de savoir si les téléspectateurs seraient au rendez-vous.

Cela permettrait de satisfaire quatre votants : Joseph Mifsud, membre du comité exécutif maltais, Slim Aloulou pour la Tunisie, Jack Warner pour Trinité-et-Tobago et Worawi Makudi pour la Thaïlande. « Tout a été fait dans les règles, déclara l'ancienne gloire allemande Günter Netzer, un des directeurs chez Kirch. L'argent a été versé aux fédérations de football invitantes et non à des membres du comité exécutif de la FIFA. »

Neuf jours avant le scrutin, le Conseil national de sécurité allemand se réunit en privé. Le chancelier et quatre autres ministres acceptèrent d'infléchir leur politique d'exportation d'armes et votèrent la livraison de mille deux cents missiles antichars à l'Arabie saoudite. Excellentes nouvelles pour le Saoudien Abdullah al-Dabal, un membre du comité exécutif ayant également droit de vote pour la Coupe du monde.

L'Allemagne était maintenant proche de la victoire. Quatre votes en Asie – l'Arabie saoudite, la Corée du Sud, la Thaïlande et le Qatar – leur étaient acquis. Il était à peu près certain que les Asiatiques, fâchés avec Blatter parce qu'ils estimaient mériter plus de places pour les phases finales de la Coupe du monde, voteraient contre le pays ayant sa préférence, quel qu'il soit. Ce qui leur donnait douze votes. Un de plus amènerait une victoire incontestable.

Mais Mandela n'allait pas se laisser faire aussi aisément. Le Brésil admit que sa campagne léthargique était inutile et se retira de la compétition. Les trois votes latino-américains de Grondona, Teixeira et Leoz étaient acquis à Mandela. Cela lui faisait un total de sept, il grignotait son retard.

L'Afrique du Sud entreprit de charmer Jack Warner. « Nous vous avons réservé l'un de nos meilleurs pavillons de chasse, le fameux Mala Mala », promit un fax émanant du docteur Robin Petersen, de l'équipe sud-africaine. Autre excellente nouvelle : « M. Mandela a exprimé le souhait de vous rencontrer. » De même, apparemment, que le président Mbeki.

Quand l'Afrique du Sud eut réussi à faire en sorte que Jack se sente important, ce dernier annonça qu'il « conseillait » à l'Angleterre de se retirer. Avec Blazer et Sasso, il soutiendrait la candidature de l'Afrique du Sud. En comptant le vote ordinaire de Blatter, Mandela disposait donc maintenant de onze votes favorables.

Puis l'Afrique du Sud apprit que l'Océanie avait mandaté un de ses représentants, le Néo-Zélandais Charlie Dempsey, âgé de soixante-dix-huit ans, pour voter en son nom. Ils avaient réussi ! Si Blatter tenait parole, rejetait la candidature des Allemands et apportait sa voix prépondérante à l'Afrique du Sud, en 2006 Mandela présenterait la coupe aux vainqueurs de la compétition !

Mandela ne ménagea pas sa peine pour promouvoir son pays. A aucun moment le vieil homme ne relâcha la pression, et il fit campagne jusqu'à la dernière seconde.

Sonnenberg, 6 juillet 2000

Le Maroc fut éjecté dès le premier tour, suivi par l'Angleterre. Mandela, qui était resté chez lui, commençait certainement à sourire à mesure que les nouvelles lui parvenaient de Zurich. On en était au troisième tour de scrutin... Et le résultat était... L'Afrique du Sud avait perdu !

Comment était-ce arrivé ? Un des votants manquait ! La confusion était totale ! Pourquoi n'y avait-il pas égalité à 12-12 ? Où était passé Charlie, le Néo-zélandais ? Comment l'Afrique du Sud avait-elle pu perdre, par 11 votes contre 12 ?

La voix prépondérante de Blatter n'avait pas été nécessaire ! Charlie était-il mort en chemin ?

Charlie Dempsey était bien vivant, quelque part dans les airs, souriant, en route pour un tournoi de golf à Singapour. Il n'avait pas voté. Lorsque les journalistes le rattrapèrent, il leur déclara : « Je n'ai aucun regret de ce que j'ai fait – absolument aucun regret. J'avais de très bonnes raisons, mais je ne les exposerai pas. »

Puis il marmonna qu'il avait été menacé par des « intérêts européens influents » qui lui avaient fortement conseillé de ne pas voter pour l'Afrique du Sud. Il se plaignit aussi d'avoir été appelé tôt un matin par Mandela, un appel téléphonique dont la plupart des gens rêveraient. Comment ce genre de pression pouvait-il préoccuper ou effrayer un dur à cuire tel que Charlie, natif de Glasgow ?

Selon certains témoignages, Dempsey déclara quelque temps plus tard : « Les deux camps ont fait pression sur moi afin que je vote pour eux, alors je me suis abstenu... Tout s'est décidé après une conversation avec mes avocats, à Auckland... J'ai avec moi la lettre qu'ils m'ont envoyée : ils me conseillaient de ne pas prendre parti parce que, quel que soit le pays qui l'emporterait, je serais de toute façon accusé d'avoir accepté des faveurs et des pots-de-vin. »

Blatter n'avait pas été forcé de faire un choix.

L'Afrique était persuadée qu'il avait fait de son mieux pour la soutenir. Quant à l'Europe, elle avait obtenu ce qu'elle souhaitait et renverrait l'ascenseur en votant pour Blatter le moment venu. Sepp triomphait sur toute la ligne.

Deux années après l'abstention de Dempsey et en dépit du mépris international que cette défection lui avait valu, la FIFA le fit membre honoraire à vie, ce qui lui garantissait des voyages d'avion en première classe, des billets et l'hébergement pour les futures Coupes du monde.

Jack Warner, qui avait joué sa réputation en promettant personnellement la compétition à Mandela, se montra moins indulgent. Un mois après le vote, il écrivit à Dempsey pour lui signifier qu'il prenait officiellement ses distances avec lui. Quelque temps plus tôt, Dempsey avait accepté de rechercher certains livres rares pour son ami Jack. « Inutile, précisa Jack. Je tiens à vous informer que je ne souhaite plus votre aide, à partir de maintenant et à l'avenir. Cependant, je profite de l'occasion pour vous présenter mes meilleurs vœux pour l'hiver de votre carrière footballistique. »

Pérouse, août 2003

« Blatter sait bien que c'est seulement grâce à moi et à Bin Hammam qu'il a pu assurer sa réélection à la présidence de la FIFA », se vantait le svelte milieu de terrain libyen. Après un entraînement avec son équipe de Série A (l'équivalent de la Ligue 1 française), dans la cité médiévale de Pérouse, puis un trajet éclair de cent soixante-dix kilomètres dans sa Ferrari sur l'*autostrada* jusqu'à Rome, Al-Saadi Kadhafi déclara à la presse :

« Blatter est venu me voir et m'a demandé de l'aider contre Hayatou. C'est moi et Bin Hammam qui devrions récolter tout le crédit de sa victoire à l'élection présidentielle. »

Le jeune milliardaire – à peine trente ans –, qui refusa son salaire alors que son club frisait la relégation, en vint ensuite au projet caressé par son pays : accueillir la Coupe du monde 2010, la première promise exclusivement à une nation africaine. Après la victoire de l'Allemagne dans la course à l'organisation de la Coupe du monde 2006, Blatter et son comité exécutif avaient décrété qu'à l'avenir la Coupe du monde serait alternativement organisée dans chacun des cinq continents. Pour 2010, seules les nations africaines pourraient concourir.

Fort bien, mais laquelle ? La Libye, la Tunisie, le Maroc, l'Egypte et l'Afrique du Sud étaient sur les rangs. Et Blatter tenait à ce que chacun de ces pays pense qu'il avait une bonne chance de l'emporter.

Les critiques s'étaient gaussés des prétentions de la Libye : ce pays ne disposait pas du moindre stade de niveau international ! « Le plus important, ce ne sont pas les infrastructures sportives, mais les relations, et nos relations avec la FIFA sont très étroites. Après tout, elle nous doit beaucoup. Je suis sûr que la Libye gagnera. »

Son père, le colonel Muammar al-Kadhafi, autocrate dirigeant la Libye depuis sa prise de pouvoir en 1970, avait promis d'injecter pas moins de 14 milliards de dollars d'investissements dans de nouveaux stades et en infrastructure afin de satisfaire au désir de son troisième fils, lequel était par ailleurs vice-président de la fédération de football nationale. Et quoi que les critiques pussent penser des chances de son pays, Blatter et ses amis étaient toujours heureux de discuter avec le jeune homme.

« Je crois fermement que les relations personnelles dont je bénéficie avec les personnalités haut placées de la FIFA seront un atout formidable, déclara le jeune Kadhafi. Nous entretenons des relations fabuleuses avec MM. Blatter, Grondona et Beckenbauer. Ce sera vital pour notre campagne. » Le président Blatter s'était même rendu à Tripoli en qualité d'invité, en août 2003, quand la Juventus, dans laquelle le fils du colonel Kadhafi détenait des intérêts à hauteur de 5 %, battit Parme 2 à 1 pour la Supercoupe d'Italie, un match de gala d'avant saison.

L'entraîneur Francesco Scoglio avait mené l'équipe nationale libyenne à une série impressionnante de succès. Il confia au *Corriere dello Sport* : « Ils m'ont congédié parce que je ne voulais plus le [Al-Saadi Kadhafi] laisser jouer. Je ne l'aurais pas laissé jouer, pas même une minute. En tant que footballeur, il ne vaut rien. Avec lui dans l'équipe, nous étions assurés de perdre. Quand il quittait l'équipe, nous gagnions. »

Le jeune Kadhafi n'était pas exactement une star à Pérouse, bien qu'il eût embauché comme entraîneur personnel le sprinter canadien Ben Johnson, tombé pour dopage. Al-Saadi n'avait toujours pas quitté le banc de touche quand il fut contrôlé positif aux stéroïdes. Il prétendit qu'il devait s'agir d'un médicament qu'un médecin allemand lui avait prescrit pour des problèmes de dos. Ou un médecin italien. Ou libyen. Le président de Pérouse invoqua des « raisons politiques ». Al-Saadi Kadhafi fut suspendu pour trois mois.

Quand enfin il foula la pelouse, les auditeurs des radios italiennes l'élurent sans hésiter deuxième plus mauvais joueur du pays. Le meilleur commentaire qu'il pourrait coller dans son album de presse pendant son séjour à Pérouse fut : « Sur le terrain comme dans la vie, il reste la plupart du temps à ne rien faire, attendant qu'on le serve. » Sur un plateau ?

Il n'était pas vraiment utile d'inviter des journalistes à venir apprécier les installations sportives libyennes puisqu'il n'y en avait pas. La Libye bourrait son site web pour la Coupe du monde de photos de vestiges romains, de chameaux et de magnifiques vues du désert. Un lieu idéal pour une compétition de beach-soccer...

Accompagné d'une cohorte de journalistes libyens qui saluaient son moindre propos d'applaudissements assourdissants et interminables, Al-Saadi Kadhafi tint plusieurs conférences de presse en Suisse. « Nous n'avons aucune maladie chez nous, à la différence des autres Etats africains, et nous assurerons un haut niveau de sécurité », était une de ses rengaines favorites.

Les Libyens avaient de bonnes raisons de croire qu'au moins une voix des vingt-quatre du comité exécutif serait pour eux. En 1995, Ricardo Teixeira et sa confédération brésilienne de football avaient accepté 500 000 dollars des Libyens pour que l'équipe brésilienne championne du monde vienne jouer à Tripoli. Un autre demi-million de dollars, versé par un agent des Libyens, avait atterri aux Bahamas sur le compte offshore de l'entraîneur brésilien de l'époque, Mário Jorge Zagallo. Le match n'eut jamais lieu, et les très aimables Libyens n'exigèrent pas de récupérer leur million de dollars. Après enquête, des journalistes brésiliens vinrent demander à Zagallo ce qu'il avait fait pour mériter un tel pactole.

C'était pour « une interview exclusive dans un journal », répondit Zagallo. Cela faisait du *Daily Soccer News* de Tripoli le journal le plus dépensier de la planète !

Il ne fallut pourtant pas longtemps à la Libye pour comprendre que tout l'argent qu'elle pouvait promettre à la FIFA ne suffirait pas. Aussi joignit-elle ses forces à celles de son voisin tunisien, autre candidat sans grand espoir à l'organisation de la Coupe du monde, du fait d'un dossier particulièrement chargé en matière de droits de l'homme bafoués. (Dans son classement des pays établis en fonction de la liberté accordée à la presse nationale, Reporters sans Frontières a placé la Corée du Nord en 139e position. La Tunisie et la Libye sont respectivement 128e et 129e.)

Quand les deux pays annoncèrent leur candidature conjointe, Blatter hésita. Il avait certes besoin de multiples candidats pour entretenir l'habituel cirque médiatique destiné à (re)valoriser l'image de l'organisation. Mais une candidature conjointe était la dernière chose qu'il désirait. Celle de la Corée du Sud et du Japon s'était révélée ruineuse. Néanmoins, le président de la FIFA ne voulait surtout pas indisposer Al-Saadi Kadhafi ou fâcher le président tunisien Ben Ali. Aussi déclara-t-il que c'était là une excellente idée... si les trois autres candidats africains se désistaient.

Sepp Blatter ne porte que peu d'intérêt à la nature des régimes en place dans les pays susceptibles d'accueillir la Coupe du monde (démocratie, autocratie, quelle importance ?), ce qu'il veut, c'est une nation stable. Ben Ali, qui a accédé au pouvoir en 1987, a amplement démontré la stabilité de son régime en persuadant le Parlement de prolonger son mandat présidentiel jusqu'à la Coupe du monde 2010.

L'organisation Human Rights Watch, basée à New York, tira le signal d'alarme en déclarant que la répression s'accentuait en Tunisie. Le régime limogeait les juges coupables du crime de franc-parler, leur préférant les magistrats atteints de cécité face aux actes de torture. Blatter se sentait-il concerné ? Lors d'une visite rapide à la fin de l'année 2003, il déclara : « Vos infrastructures sportives sont impressionnantes. »

Tout comme la performance de la Tunisie lors de la CAN, l'année suivante, en janvier 2004. Le premier but de sa victoire en finale sur le Maroc par 2 à 1 fut inscrit par le Brésilien de naissance Francileudo dos Santos. Il avait obtenu son passeport tunisien quelques jours avant le début de la phase finale. Le but de la victoire vint d'une longue transversale expédiée par son compatriote Clayton, lui aussi tunisien de fraîche date.

Pendant cette Coupe d'Afrique des nations, nous autres journalistes cherchâmes longtemps les porte-parole de la Tunisie, sans jamais parvenir à les trouver. Un peu plus tard ce même mois, Blatter – qui entre-temps avait amassé une énorme publicité gratuite pour 2010 – annonça l'inévitable : les candidatures conjointes ne pouvaient être acceptées.

En mars 2004, Sepp Blatter se rendit en Egypte – autre pays en queue de peloton pour ce qui est du respect des droits de l'homme et de la liberté de la presse – avec son ami qatari Mohamed Bin Hammam. Ils passèrent deux jours à profiter des pyramides, du Sphinx et des spectacles son et lumière, et à jouir de l'hommage de foules sincèrement chaleureuses et fort désireuses d'accueillir la Coupe du monde en Egypte.

Personne n'apprécie autant un accueil généreux que Jack Warner. Il encouragea et accepta ensuite sans hésiter une invitation à conduire l'équipe de Trinité-et-Tobago en Egypte pour un match amical. « Votre pays est plus que qualifié pour accueillir la Coupe du monde », déclara-t-il à ses hôtes, ce qui ne correspondait pas vraiment à l'estimation effectuée par les experts de la FIFA, lesquels avaient jugé que le budget présenté par l'Egypte devait faire l'objet d'une « réévaluation complète ».

« Nous aiderons à éradiquer le sida en Afrique, à améliorer l'éducation et à repousser le terrorisme, annonça Saad Kettani, le mentor du projet marocain. Notre programme est intitulé "Football sans frontières" et son objectif est d'utiliser le sport en général, et le football en particulier, comme moyen de combattre le désespoir, sur un continent ravagé par la pauvreté et la maladie. »

C'était touchant de voir M. Kettani, un banquier fortuné, montrer la préoccupation du Maroc pour ses voisins moins riches d'Afrique. A l'en croire, si le Maroc se voyait confier l'organisation de la compétition, le pays réglerait toutes les dépenses et transférerait la contribution de la FIFA, soit des centaines de millions de dollars, sur un fonds spécial destiné à l'Afrique. « Oui, insista Kettani, le Maroc pourrait se servir de la phase finale comme d'un instrument de paix. »

Cette déclaration en fit grimacer plus d'un parmi les cent cinquante mille personnes entassées dans des camps de réfugiés dans le désert du Sahara, depuis l'exode orchestré par les troupes marocaines en 1975. Le Maroc est le seul pays d'Afrique à ne pas faire partie de l'Organisation de l'Union africaine (OUA). Il s'en est retiré en 1985, juste avant d'en être expulsé, car il refuse d'accorder l'indépendance à la dernière colonie existant en Afrique.

Dans le sud du Maroc, le long de la façade atlantique, s'étend le Sahara occidental, un territoire légèrement plus vaste que la Grande-Bretagne. Cette contrée fut envahie par le Maroc en 1975 lorsque la puissance coloniale espagnole s'en fut retirée. La Cour internationale de justice a soutenu le droit à l'indépendance de ses habitants, mais le Maroc a érigé un mur de sable truffé de mines d'une longueur de deux mille sept cents kilomètres, jusqu'au centre du pays, puis il a entrepris d'en piller les riches ressources en s'accaparant phosphate, pétrole et pêche.

Mariem Hmada, ministre de la Culture et des Sports de la République arabe sahraouie démocratique en exil, écrivit à la FIFA : « Le Maroc continue d'occuper illégalement le territoire du Sahara occidental, soumettant ses habitants à des enlèvements, des meurtres et des exécutions sommaires, à la détention arbitraire, la torture, les mauvais traitements, et à des parodies de procès. » Amnesty International exprime régulièrement ses inquiétudes concernant la politique systématique de torture et d'aveux forcés pratiquée dans cette région.

En janvier 2004, l'équipe chargée de la candidature marocaine invita des journalistes afin de leur exposer son programme de paix pour le continent. A la même époque, à Bradford, la cour d'appel des services de l'immigration accorda à l'activiste sahraoui Aicha Dahane l'asile politique en Grande-Bretagne, en déclarant que sa crainte de persécutions au Maroc était « fondée ».

Les journalistes rentrèrent chez eux porteurs de comptes rendus mirifiques sur le projet marocain. Saad Kettani était « charismatique ». Un programme qui prévoit d'héberger le comité exécutif de la FIFA dans un hôtel naguère adoré, selon la rumeur, par Winston Churchill méritait à coup sûr d'être publié.

On disait que Kettani avait la confiance du jeune roi Mohammed VI, ce qui n'avait rien d'étonnant puisque le banquier venait justement de vendre une large part de ses affaires à un trust privé propriété de la famille royale. Les médias marocains, parfaitement au courant de la 89e place de leur pays dans le classement relatif à la liberté de la presse, rapportèrent avec la plus grande prudence que la vente concentrait la majeure partie du secteur bancaire entre les mains royales, ainsi que des secteurs clefs d'autres branches d'activité primordiales. L'organisation de la Coupe du monde enrichirait plus encore la famille royale et l'élite de la nation.

Ce qui entravait le projet marocain, c'était le problème du terrorisme. En mai 2003, cinq jeunes hommes s'étaient fait sauter dans des attentats suicides contre des cibles juives et autres à Casablanca, faisant quarante-cinq victimes. Les terroristes marocains étaient accusés d'avoir perpétré d'autres attentats dans d'autres pays.

Un homme pouvait peut-être arranger les affaires du Maroc.

« Ils savent que je suis juif, et je pense que cela en dit beaucoup sur l'endroit très particulier qu'est le Maroc. C'est un phare dans le monde musulman », insistait Alan Rothenberg, consultant dans l'équipe de Kettani, pour apaiser les craintes liées au terrorisme. Rothenberg constituait un atout fantastique : grand connaisseur des rouages de la FIFA, il avait dirigé l'équipe d'évaluation des projets pour la Coupe du monde 2006.

Le défunt Tony Banks, ancien ministre des Sports du Royaume-Uni, qualifia l'évaluation de Rothenberg de « coup monté intégral »... « S'il a cru que nos équipements étaient inférieurs à ceux des Allemands et seulement comparables à ceux de l'Afrique du Sud, alors il est clair qu'il croit aussi qu'Elvis Presley est toujours vivant et qu'il réside sur la Lune. »

Qui était derrière le cheikh Saleh Kamil ? Le petit milliardaire saoudien, soixante-deux ans, deux femmes, fine moustache et mode de vie des plus simples, avait investi dans le pétrole et l'infrastructure touristique au Maroc, dans le développement du tourisme en Tunisie et dans le secteur bancaire en Egypte. Si son Dallah Albaraka Group n'avait pas encore glissé un pied en Libye, cela ne tarderait sans doute pas. Les affaires du cheikh faisaient de lui le plus gros employeur d'Arabie saoudite et il figurait dans la liste des hommes les plus riches établie par le magazine *Forbes*.

Saleh Kamil a créé la première chaîne de télévision privée du Moyen-Orient, et on dit qu'il détient les droits de diffusion télévisée pour la plupart des films arabes. Grâce à sa station satellite Arab Radio et à ses chaînes de télévision, Kamil sponsorise la Ligue des champions arabe, détient les droits pour la région de la Premier League anglaise et de la Bundesliga allemande. Il a appris auprès de Rupert Murdoch comment transformer la télévision libre d'accès en télévision payante. « Si nous ne donnons pas du pain aux pauvres, dit-il, pourquoi devrions-nous leur offrir pour rien des matchs de premier plan ? » Kamil a grand besoin du sport pour occuper les écrans, car les inhibitions culturelles régionales l'empêchent de diffuser les films phares hollywoodiens, où l'on voit trop de décolletés et tout ce qui s'ensuit.

Hors du terrain, le cheikh Kamil est l'un des joueurs les plus importants de la Coupe du monde. Pendant l'été 2003, cet homme d'affaires saoudien utilisa sa filiale de Rotterdam pour acheter 20 % des parts de la firme Infront, basée à Zoug en Suisse, qui a récupéré les droits de diffusion des plus grandes compétitions de football. Ceux-ci proviennent de l'empire médias de Leo Kirch, basé à Munich, qui avait ramassé en son temps ce qui restait de droits télé dans les ruines d'ISL à Zoug.

Le magazine allemand *Der Spiegel* affirma que Blatter avait personnellement présenté le cheikh Kamil à l'ancienne gloire allemande Günter Netzer et aux autres actionnaires d'Infront. C'était le moins que Blatter pût faire après que Kamil, un ami du Qatari Mohamed Bin Hammam, lui eut si aimablement prêté un Gulfstream de sa flotte privée pour sa campagne de 2002 pour la présidence de la FIFA.

Selon le *Spiegel*, Kamil déclara : « Nous espérons obtenir les droits de la Coupe du monde non seulement pour 2010, mais aussi pour plus tard. » De par ses contacts d'affaires avec la famille royale marocaine, il n'est pas déraisonnable de penser que Kamil soutenait le roi Mohammed VI et son ami banquier Saad Kettani. Un tournoi mondial organisé dans le monde arabe lui permettrait certainement de faire grimper ses prix.

Un des pays candidats pour 2010 possédait quelque chose que Jack Warner désirait plus que tout : Nelson Mandela. Et si l'Afrique du Sud voulait son vote, Jack entendait le lui faire payer au prix fort.

Dix membres du comité exécutif de la FIFA assistèrent à l'inauguration du second mandat du président Thabo Mbeki à la fin du mois d'avril 2004. Jack et ses amis eurent de meilleures places que certains leaders mondiaux, et ils arrachèrent même une visite de la résidence personnelle de Mbeki. Il subsiste une jolie photo de l'événement. Warner, le poignet alourdi par moult bracelets en or, serre la main de Mbeki et ne semble pas pressé de la lui rendre. On peut presque lire les pensées de Mbeki, comme dans une bulle au-dessus de son visage souriant : « Je peux bien continuer de sourire un bout de temps si ce gugusse nous apporte la Coupe du monde. »

Jack passa une nuit dans la suite présidentielle qui avait été celle de Mandela. Dormir dans le lit de Mandela ! Les Sud-Africains devaient-ils faire plus ?

Beaucoup plus. Warner exigea une heure du temps de Mandela, qu'il invita, sans perdre un instant, ainsi que son ami lauréat du prix Nobel de la paix, l'archevêque Desmond Tutu, à venir visiter Trinité-et-Tobago. « Tout comme j'ai été reçu ici, il peut s'attendre à un accueil des plus chaleureux de la part des citoyens de Trinité-et-Tobago », confia Warner à un journaliste. Jack se prenait-il maintenant pour l'égal de Mandela ?

Mandela était âgé de quatre-vingt-cinq ans, et ses médecins insistaient pour qu'il limite au strict minimum ses déplacements à l'étranger. Desmond Tutu, soixante-douze ans, suivait un traitement contre le cancer. Si Mandela et Tutu voulaient vraiment, réellement, que l'Afrique du Sud accueille la Coupe du monde, alors l'invitation de Jack était de celles qu'on ne peut tout simplement pas refuser…

« Il est dommage que Nelson Mandela se soit laissé prendre dans une telle histoire, regretta le Premier ministre de Trinité-et-Tobago, Patrick Manning. Cette visite est inutilement politisée. » Manning dirige le parti PNM, qui délogea les amis de Jack Warner du gouvernement UNC. Mais Jack avait trouvé un moyen de prendre la plus douce des revanches, tout en faisant les gros titres de la presse.

Qui allait accueillir la superstar Mandela à sa descente d'avion et partager avec lui le crépitement des flashs à son arrivée sur l'île ? Jack Warner. Qui allait décider de l'itinéraire de Mandela ? Jack Warner. Et qui établirait la liste des personnes dont Mandela devrait serrer la main s'il voulait l'organisation de la Coupe du monde ? Jack Warner, bien sûr.

C'est ainsi que Jack Warner comptait jouer le coup, mais le gouvernement de Trinité-et-Tobago ne voulut rien entendre. L'ancien président d'un Etat devait être accueilli à l'aéroport par le Premier ministre en exercice. « Pas question, répliqua un des amis de Warner, il est notre invité. Nous n'en démordrons pas : c'est M. Warner qui accueillera M. Mandela, après quoi il pourra être présenté à n'importe qui d'autre dans l'aéroport. »

Qui conduirait Mandela jusqu'à Port of Spain ? « Manning peut venir à l'aéroport, mais c'est nous qui véhiculerons Mandela », ajouta l'homme de Warner. Warner exigea également que Mandela s'adresse aux deux Chambres, avant de découvrir que seuls les chefs d'Etat en exercice avaient ce privilège.

« Le gouvernement représente la République de Trinité-et-Tobago, je ne suis pas au courant de l'existence de la République de CONCACAF », railla Manning. Warner dut revoir ses prétentions à la baisse quand le gouvernement sud-africain fit très poliment remarquer que Mandela était en visite officielle, et non privée.

A son domicile de Johannesburg, on aida Mandela à s'extraire de son fauteuil et on lui donna sa canne. Il quitta sa résidence pour aller se battre une fois de plus pour son pays bien-aimé. Il arriva en pleine nuit, à l'aéroport de Piarco, et Manning, l'air très intimidé, fut le premier à l'accueillir. Puis vint Warner, qui serra longuement la main du grand homme en affichant un sourire immense tandis que les photographes les mitraillaient. S'appuyant sur une canne en bois sculpté, Mandela s'avança sur le tapis rouge. Ensuite, on le conduisit jusqu'à sa chambre. L'archevêque Desmond Tutu était arrivé plus tôt et avait reçu un accueil extatique des ministres locaux des différents cultes et congrégations.

Le lendemain, Warner avait prévu d'emmener Mandela déjeuner au Trinidad Country Club, un établissement au luxe tapageur. Des activistes du cru qui avaient fait campagne dans les rues contre l'apartheid dans les années passées protestèrent avec virulence, arguant qu'historiquement le club avait constitué une enclave exclusivement réservée aux Blancs. Jack dut renoncer à son projet.

Sepp Blatter entendait bien lui aussi profiter de l'image de Mandela. Il se précipita à Trinité et poussa Jack du coude pour occuper le centre de la photo, le lendemain de l'arrivée de l'ex-président sud-africain. A son arrivée à l'Oval, le plus grand terrain de cricket des Antilles britanniques, Sepp serra longuement la main du vieil homme pour profiter à plein de cette légende vivante. Quelques mois plus tôt, Blatter avait déclaré que Mandela et lui avaient beaucoup en commun, « comme notre travail pour le bien des jeunes, par exemple ». Un autre ponte de la FIFA qui se hissait à côté de Mandela... Y aurait-il de la place pour tout le monde sur la photo ? Rayonnants, Warner, Blazer et les parasites habituels plastronnaient sur l'estrade.

On aida le frêle Nelson Mandela à atteindre la tribune. Il confia à la foule immense qu'il avait enfreint, pour se rendre à Trinité-et-Tobago, les consignes de ses médecins lui interdisant tout déplacement à l'étranger. « C'est mon dernier voyage à l'étranger. Je suis ici pour plaider la cause de mon pays », dit-il. Au bout d'un quart d'heure, il dut partir se reposer dans sa chambre d'hôtel.

Rejetant l'offre du gouvernement d'une réception officielle gratuite où les citoyens lambda de l'île auraient pu côtoyer Mandela, Jack emmena leur invité au Centre d'Excellence Dr João Havelange et y factura 100 dollars le couvert à un millier de personnes triées sur le volet, avec la promesse qu'« une partie des recettes » serait reversée à des œuvres de charité. Mandela fit son discours assis, et dut s'interrompre au bout de sept minutes.

Warner avait insisté sur un point. Une fois qu'on aurait exhibé ses deux vieux otages à Trinité, il voulait les emmener par avion sur l'île de la Grenade. S'ils voulaient vraiment sa voix et les deux autres qu'il pouvait leur obtenir, il leur faudrait plaider leur cause une fois encore, cette fois devant le congrès de la CONCACAF de Jack. Deux des personnages les plus remarquables de la planète, symboles de bonté et de courage, devraient serrer les mains d'Horace Burrell, de Chet Greene et des autres lieutenants de Warner...

On apprit alors la triste nouvelle du décès de la première femme de Mandela, Evelyn. Le vieil homme dut rentrer en urgence en Afrique du Sud pour les funérailles. Desmond Tutu se rendit seul à la Grenade pour être exhibé un peu plus longtemps dans le cirque médiatique de Warner.

Les pots-de-vin versés aux officiels de la FIFA étaient habituellement un sujet tabou, mais, dans la semaine précédant le scrutin, les Sud-Africains, suivant sans doute en cela leurs propres services de renseignements, déclarèrent : « Si nous devons choisir entre corrompre des gens et perdre, alors nous préférons perdre ». Essop Pahad, un des ministres de Mbeki, ajoutant : « Nous ne donnerons pas un dollar de dessous-de-table à qui que ce soit. »

Zurich, 14 mai 2004

Le président Mbeki arriva avec l'ancien président et lauréat du prix Nobel F.W. De Klerk au Dolder Grand Hotel vers sept heures du matin, la veille du scrutin. Mandela suivit peu après. Tous devaient être épuisés après un voyage qui avait duré toute la nuit, mais, alors qu'ils s'enregistraient à l'hôtel, Warner et Blazer surgirent sur leurs talons, dans le hall d'entrée de l'établissement.

Warner décréta qu'ils avaient besoin d'une autre séance publique de discussions pour plaider la cause de l'Afrique du Sud car « malheureusement, la CONCACAF n'a toujours pas pris sa décision ». Ravi de se retrouver sous les feux de la rampe, il ajouta : « Ceci est pour moi une occasion historique, qui, d'une certaine façon, décidera de l'avenir d'un pays. » Il obtint une heure supplémentaire de face à face avec Mandela. Pour sa part, Alan Rothenberg n'hésita pas à enfoncer un peu plus le clou en faveur du Maroc, sans se soucier des dégâts collatéraux. « Tous les membres du comité exécutif savent qui est Mandela, ce qu'il a dit, ce qu'il a fait », déclara-t-il aux journalistes. « Nous l'apprécions tous, ainsi que sa place dans l'Histoire, mais c'est ainsi : Mandela n'est pas un homme de l'avenir. Cet homme appartient à l'Histoire. »

Il en alla de même pour la candidature de son client : dès le premier tour, le Maroc fut battu par l'Afrique du Sud, par 10 voix contre 14. L'Afrique du Sud remporta donc le droit d'organiser la Coupe du monde 2010.

Et Blatter sortait plus fort que jamais de ces deux batailles consécutives.

Les Tunisiens, les Egyptiens et les Marocains félicitèrent l'Afrique du Sud, puis se demandèrent s'ils avaient dépensé au mieux leurs budgets. On s'interrogea pour savoir qui, dans le cercle des proches de Blatter, avait empoché les plus gros pots-de-vin, accepté l'argent en promettant sa voix, pour ensuite voter différemment, qui avait fait la navette d'une délégation à une autre et retour pour faire monter les enchères. Une rumeur courut sur un membre du comité exécutif qui aurait réclamé 10 millions de dollars en échange de sa voix. Non pas pour lui-même, bien évidemment. Lui se serait contenté d'un petit million. Il aurait utilisé le reste de la somme pour monnayer le vote de certains de ses collègues.

On confia à des journalistes égyptiens que, pendant une séance à huis clos d'une commission d'enquête parlementaire réunie pour essayer de comprendre pourquoi l'Egypte n'avait pas obtenu la moindre voix, le responsable de la délégation, Ali el-Din Hillal, déclara qu'on lui avait demandé des pots-de-vin pour un total de 67 millions de dollars. Un autre membre de la délégation affirma n'être au courant de rien.

La Libye se retira dans les derniers jours précédant le scrutin parce que son projet n'était pas crédible. « Les pays pauvres, qui forment la majorité des deux cent quatre membres de la FIFA, devraient maintenant songer sérieusement à créer leur propre FIFA, afin que cette structure puisse répondre à leurs ambitions », s'emporta le journal libyen *Al-Shams*.

Le quotidien *Al-Zahf al-Akhdar* disqualifia le comité exécutif de Blatter en le traitant de « véritable mafia, avec toute sa corruption, ses conspirations au sein des clubs, son trafic de drogues et de stéroïdes, son blanchiment d'argent et ses paris secrets », concluant : « Il est la maladie de la FIFA. » Al-Saadi Kadhafi venait de découvrir que courtiser le président Blatter, l'aider dans sa campagne électorale et l'inviter à Tripoli ne lui avait rien rapporté d'autre que quelques gros titres, la plupart peu flatteurs, pour le moins.

Quatre mois plus tard, le président Mbeki annonça que l'Afrique du Sud reconnaissait officiellement la République arabe sahraouie démocratique en tant que gouvernement légitime du Sahara occidental. « Pour nous, ne pas reconnaître la RASD reviendrait à se transformer en instrument de dénégation du droit d'un peuple à l'autodétermination. Ce qui constituerait une trahison aussi grave qu'inacceptable de notre propre combat, de la solidarité que le Maroc nous a montrée, et de notre engagement à respecter la Charte des Nations unies et de l'OUA. »

Un mois après son pénible voyage à Trinité, Mandela invita quelques journalistes à son domicile et leur déclara : « Je vais avoir quatre-vingt-six ans dans quelques semaines, et mon existence est plus longue que celle dont bénéficient la plupart des gens. Je pense qu'aucune des personnes présentes ici aujourd'hui ne me taxera d'égoïsme si je demande à passer le temps qui me reste, tant que je suis en bonne santé, avec ma famille et mes amis – et aussi avec moi-même. » Il voulait être celui qui « vous a appelés pour demander si je serais le bienvenu, plutôt que d'être celui qu'on fait venir pour faire certaines choses et participer à certains événements ».

Puis il ajouta : « En conséquence, ma demande est la suivante : ne m'appelez pas, c'est moi qui vous appellerai. »

27

Empoisonnement, saisie de drogue et kidnapping… Voici le nouveau responsable des relations publiques de Blatter

Madrid, 18 décembre 2002

La famille FIFA se réunissait au Ritz pour une autre fiesta offerte par le football. Cette fois le prétexte était le gala donné en l'honneur du Footballeur de l'Année. Dans un coin de la salle, Jack Warner parlait en chuchotant à Chuck Blazer, dans un autre Ricardo Teixeira s'entretenait discrètement avec Julio Grondona. Juan Antonio Samaranch, l'ex-président du Comité international olympique, était vêtu d'une de ses chemises bleues fétiches, mais aujourd'hui il n'avait pas chaussé ses bottes de cheval. Mais qui était ce type, là-bas ? Un visage nouveau dans la foule des invités, qui regardait dans ma direction.

« Vous êtes Andrew Jennings ? »

Dans sa veste de sport simple, avec son crâne luisant et ses quelques mèches rebelles retombant sur le col, ses bajoues révélant la cinquantaine et sa moustache de morse las, il avait plus l'allure d'un bookmaker espérant me revendre un tuyau pour le prochain congrès que d'un client d'un hôtel aussi luxueux que le Ritz.

« Et vous, qui êtes-vous ?

— Peter Hargitay, se présenta-t-il d'une voix rocailleuse, conseiller spécial du président Blatter. Pourrions-nous déjeuner ensemble un de ces jours ? Voici ma carte. »

M. Peter Hargitay, « conseiller spécial auprès de la présidence », à en croire le bristol. Sa firme était European Consultancy Network, dont les bureaux étaient situés dans Noel Street, en plein quartier de Soho, à Londres. Et elle était également « conseillère du président de la FIFA ». Impressionnant.

Nous nous retrouvâmes donc à Londres, au bar à tapas *El Pirata*, où le nouveau conseiller spécial de Blatter entreprit de me raconter sa vie. Sa famille avait fui la Hongrie en 1956 et il avait grandi en Suisse. Il avait travaillé un temps comme journaliste d'investigation pour certaines publications internationales dont il ne prononça jamais le nom, et il ponctuait son discours de nombreux « putain », comme le font certains journalistes d'investigation endurcis. A un certain moment il était devenu « conseiller en entreprise », il avait travaillé au plus haut niveau, et à présent il était au service de Sepp.

Peter est le genre de chargé de relations publiques qui sait flatter un journaliste. Il se déclara très impressionné par mon travail, se référa respectueusement à moi en employant le terme « écrivain », et se montra tellement ravi de se retrouver en ma compagnie que soudain, sans prévenir, il ouvrit son portable et prit une photo de moi – un portrait –, à quelques centimètres de mon nez. Je n'appréciai le geste que très modérément et le lui fis savoir. Il me donna sa parole qu'il effacerait le cliché.

Quand j'exprimais une opinion, il était systématiquement d'accord. Je mentionnai un journaliste particulièrement paresseux qui aimait qu'on lui mâche le travail. Exactement ça, un paresseux à qui il faut mâcher le travail ! approuva Peter. Et Jack Warner, quel problème pour l'image de la FIFA ! Oh oui, ça c'est bien vrai. Il alla jusqu'à me dire qu'il pensait possible que certains cadres supérieurs du groupe ISL de Jean-Marie Weber soient accusés pour avoir détourné l'argent versé par Globo TV.

Peter se fendit de quelques cancans sur ses nouveaux collègues. Il n'avait pas beaucoup de temps à consacrer au nouveau responsable des relations publiques, Markus Siegler. Quant au conseiller marketing de Blatter, Guido Tognoni : « Vous pouvez vous attendre à ce qu'il ne reste pas longtemps... » Il avait raison. Trois mois plus tard, l'Italien perdait son poste. Hargitay connaissait donc son affaire. Il savait même (et très peu de gens étaient au courant) que Blatter allait épouser sa petite amie, une dresseuse de dauphins qui allait emménager chez lui avec son chien Queenie.

Peter avait un projet pour la FIFA : la création d'un « conseil consultatif des médias internationaux », et il m'invita à être le premier à m'y inscrire. Je lui rafraîchis la mémoire, lui parlai d'un temps pas si lointain, quand des agents du président du CIO Samaranch, furieux de mes révélations sur la corruption des membres de l'instance olympique et sur son propre passé fasciste, avaient obtenu illégalement mes relevés téléphoniques et espionné mes sources. Peter parut choqué. Nous partîmes ensemble dans le même taxi, qu'il tint à payer. J'attendis avec impatience nos prochaines rencontres, prévues pour après les fêtes de fin d'année.

Nous avions à peine fait connaissance que Peter

manifesta tous les signes d'un grand intérêt pour moi, pour ma santé et pour ceux que j'aimais. Dans des courriels chaleureux il m'encourageait vivement à me « reposer un peu, en famille ». Après les fêtes il reprit contact, me souhaita une bonne année mais, par-dessus tout, une bonne santé et le succès dans mes « entreprises professionnelles ». C'était un changement de ton bienvenu après celui, généralement glacial, du bureau de presse de Zurich.

Mon nouvel ami ne s'était pas reposé pendant les congés de fin d'année. « J'ai réfléchi aux sujets dont nous avons discuté, et j'ai bon espoir pour le projet de conseil consultatif des médias. » Peter m'affirma que sa priorité était de garantir à tout moment ma « totale indépendance éditoriale ».

Il semblait se sentir personnellement responsable de la réputation de la FIFA. « Selon moi, il ne peut pas (et il ne doit pas) y avoir de "média hostile" », dit-il, car cela menait à « des incompréhensions, et partant à de possibles interprétations erronées de "faits" émanant de sources parallèles ». Les sources non officielles, les propos de personnes « vendant la mèche » ou d'auteurs de « fuites » entravaient le chemin vers la vérité. Peter allait soigner les blessures, nous rassembler – et me procurer la matière d'articles sensationnels.

Ecrire sur la FIFA deviendrait beaucoup plus facile pour moi : « Vous n'aurez plus à "chasser" l'information, ni à vous fonder sur des sources de seconde main pour vos articles. » Tout cela allait m'épargner beaucoup de temps et d'efforts. Il me suffirait d'attendre tranquillement que Peter m'appelle et me transmette des histoires de premier choix que je pourrais ensuite publier. « Nous pourrions reprendre le dialogue dans les prochains jours », me dit-il.

Peut-être serait-il en mesure de m'aider, en effet. Il y avait un document que j'essayais d'obtenir depuis un certain temps déjà, mais en vain. Aussi, je demandai à Peter de me procurer le rapport du magistrat de Zurich sur l'enquête concernant Sepp Blatter. J'attendis. Et j'attendis encore. Hélas, Peter m'annonça avec tristesse que la FIFA ne pouvait se séparer de sa copie. Il ajouta : « Je suis très satisfait de l'échange d'opinions que nous avons eu jusqu'alors, et j'ai hâte de profiter d'autres échanges intellectuellement stimulants et gratifiants. »

Peter me fit savoir que la FIFA était contente que j'écrive ce livre, et qu'il pouvait s'arranger pour me « permettre l'accès à Zurich, y compris au président », accès – direct, bien sûr – sans lequel tout ouvrage ne serait fondé que sur des rumeurs... Enfin ! Blatter me mettrait dans la confidence, et me dévoilerait tout ce qu'il n'aurait jamais révélé à un autre journaliste ! Quel triomphe pour moi ! Je décrocherais toutes les récompenses et ma fortune serait assurée.

Un enfant est né. Il est plus de minuit dans la salle de travail humide et froide du Sultania Janada Hospital de Bhopal. Trois infirmières lavent le bébé et le tendent à sa mère pour qu'elle le voie enfin.

« Tumhara ladka paida hua hai *(Vous avez un fils) », dit l'une des infirmières en tapotant le bébé pour le faire crier. Pas de réaction du nouveau-né. Dans la faible lumière, sa peau semble bleuâtre. Un médecin chevronné est appelé. Il examine le petit corps recroquevillé, demande le dossier médical de la mère et griffonne dans la colonne des détails de la naissance : « Enfant de sexe masculin mort-né, pesant quatre livres, délivré normalement par la mère. »*

Au-dehors c'est le silence, depuis la salle d'attente le père surveille d'un regard anxieux les silhouettes vêtues de blanc qui se lavent les mains. Puis monte le son de sanglots derrière les rideaux verts de la salle de travail.

« Yeh bhi gas kand ka baccha paida hua hai *(Voici un autre enfant de la tragédie du gaz) », dit l'infirmière en dévoilant au père le visage fripé de son enfant.*

C'est ce que la journaliste Ritu Sarin découvrit et relata quand elle se rendit à Bhopal, capitale de l'Etat du Madhya Pradesh, pour le magazine *Sunday*, en juillet 1985, sept mois après le pire accident industriel qu'ait connu la planète.

Greenpeace estime à seize mille le nombre des morts, et à cinq cent mille celui des personnes qui ont été physiquement atteintes dans les vingt ans qui ont suivi l'écoulement de tonnes de gaz toxiques émanant d'une usine gérée par la firme américaine Union Carbide. Les victimes du désastre continuent de lutter pour établir la responsabilité de la multinationale et obtenir des dédommagements proportionnés à l'horreur de ce qu'elles ont vécu et vivent encore.

Quand les pollueurs cherchèrent quelqu'un pour maquiller la tragédie, ils se tournèrent vers Peter Hargitay. Il est fier de ce qu'il a accompli. Sur le site web de sa société de relations publiques, en 2002, il se vantait en ces termes : « Certaines de nos phrases sont reconnues pour leur profondeur, le message inattendu qu'elles véhiculent ou leur contenu sans équivoque. "Nous acceptons la responsabilité morale" a été une formule qui a bénéficié d'une diffusion télévisée mondiale quand des milliers de personnes ont péri dans un accident terrifiant. Avec cette phrase, nous avons créé un slogan que même les conseillers juridiques pourraient utiliser… parce qu'il exprimait le chagrin tout en rejetant a priori la responsabilité de l'entreprise en tant que telle, sur le plan financier en particulier. »

Quand les partisans de la suprématie blanche en Afrique du Sud eurent besoin de pétrole pour alimenter le régime de l'apartheid, un certain Marc Rich vint à leur secours. Le vendeur de marchandises interdites, qui avait fui la justice américaine et figurait sur la liste du FBI des « dix personnes les plus recherchées » se régala à contourner les sanctions internationales. Depuis sa cachette dans le canton suisse de Zoug, il acheta du pétrole au Nigeria et le fit acheminer en Afrique du Sud.

Dans les années quatre-vingt, il fut condamné par contumace pour évasion fiscale et escroquerie. Il finit par payer une amende de 133 millions de dollars, mais en 2001 l'Etat de New York lui réclama 137 millions de dollars supplémentaires. A l'époque, Rudolph Giuliani, le maire de New York, déclara que c'était « le cas le plus énorme d'évasion fiscale dans toute l'histoire des Etats-Unis ».

Peter Hargitay gagna beaucoup d'argent en aidant Marc Rich. Quand j'interrogeai le conseiller spécial du président Blatter sur cette période, il éluda ainsi : « Rich a été accusé d'évasion fiscale, ce qui est un délit aux Etats-Unis, mais pas en Suisse. »

Hargitay passa de la promotion des qualités de Marc Rich, le violeur d'embargo international, à la production de la comédie musicale *King*, retraçant la vie de Martin Luther King, au Piccadilly Theatre de Londres. Hargitay me déclara : « Les représentations se sont arrêtées au bout de trois mois à peu près, avec toutes les factures payées. » En réalité, la comédie musicale fut jouée du 23 avril au 26 mai 1990.

En 1995, le magazine *Blick* de Zurich prétendit que Peter avait été impliqué dans un trafic de devises en

Hongrie. Celui-ci m'expliqua qu'il était à l'époque consul honoraire de Hongrie en Suisse, ce qui expliquait qu'il se soit fait « beaucoup d'ennemis ». Selon lui : « L'un d'eux était un colonel de l'armée communiste convaincu d'avoir organisé un système de vente pyramidale. Pour sauver sa peau il a affirmé que mon cabinet-conseil – et non moi – lui avait vendu des actions que par la suite il ne lui aurait pas données. Plus tard, cet homme s'est retrouvé en prison. Pas moi. »

D'après Peter, le journaliste ayant signé cet article venimeux faisait montre de partialité parce que Peter avait refusé de l'embaucher.

Peter joua encore de malchance, en août 1995, quand des inspecteurs jamaïcains saisirent de la cocaïne sur un bateau appartenant à l'une de ses entreprises. La presse locale parla de seize kilos. Selon Peter, toujours : « Il y avait sept kilos de sucre et quelque chose de mélangé avec un peu de cocaïne. » Après un bref séjour derrière les barreaux, il passa en procès et fut... blanchi.

Les journaux jamaïcains citèrent les propos de Peter affirmant être « un ancien diplomate et un membre des services de renseignements de l'armée suisse ». Hargitay me certifia que le gouvernement des Etats-Unis lui avait créé tous ces problèmes parce qu'il avait refusé de les aider à enlever Marc Rich.

Dans une lettre adressée au *Herald* de la Jamaïque, Michael Houlahan, directeur du Bureau d'information américain, déclara : « Les accusations intéressées et ridicules de M. Hargitay sur un lien entre lui et la CIA lors d'un prétendu projet d'enlèvement sur la personne d'un fraudeur internationalement connu sont présentées sans la moindre preuve. Il apparaît en fait que cette campagne de diffamation est dirigée par M. Hargitay lui-même. »

Selon ses propres dires, Hargitay a intenté un procès

au gouvernement jamaïcain pour détention arbitraire et malveillance.

Soudain surgit sur Internet une organisation jusqu'alors inconnue, le groupe ADHOC pour les droits de l'homme. « Nous sommes, annonçait-il, un groupe d'écrivains d'investigation, d'avocats, de prêtres et de religieuses, de femmes au foyer et d'universitaires, de musiciens et de compositeurs, de directeurs de société et d'artistes, d'étudiants et de professeurs, d'adolescents et de femmes du troisième âge, d'homosexuels et d'hétérosexuels, de croyants et d'athées. » Malheureusement, aucun d'entre eux ne se sentait l'envie de dévoiler son identité, quoique leur bureau de liaison au Royaume-Uni se trouvât au 10 Linden Gardens, dans le quartier londonien huppé de Notting Hill, et par pure coïncidence à la même adresse que le domicile de Steven, le fils de Peter.

Le site web contenait un appel à donations, lesquelles devaient être envoyées sur un compte sis dans le village d'Allschwil, près de Bâle. Des choix radicaux étaient présentés aux donneurs potentiels. « Ne restez pas assis à consommer jusqu'à ce que vous deveniez un obèse mental... Envoyez-nous un mot si vous souhaitez échanger une existence paresseuse contre une plongée dans le réel... Ou bien devenez gros et laid, et mourez d'une maladie de cœur. »

C'étaient de vrais durs, pas de doute sur ce point. « Dès que nous découvrons une injustice dans n'importe quel Etat se targuant d'être une démocratie, nous l'exposons et nous ne nous montrons pas frileux sur les moyens à employer, pas plus que nous ne sommes gentils et aimables. Nous rassemblons les informations... Nous investissons un système injuste et nous opérons à partir de l'œil du cyclone... Nous tirons le tapis sous les pieds des corrompus qui acceptent les pots-de-vin... Nous enquêtons sur les persécuteurs et nous rendons publics leurs comptes en banque à l'étranger. »

Hargitay ne révélait pas comment il avait accès aux comptes en banque privés.

La tragédie de Bhopal, l'affaire Marc Rich et le fiasco parfumé à la cocaïne en Jamaïque, autant de « données démodées sans intérêt pour quiconque, sinon pour ceux qui adorent les cancans et la fange », à en croire Peter. Tout ce qu'il souhaitait, c'était créer la confiance et la compréhension entre les médias internationaux, la FIFA et son client, M. Blatter.

28

Charmer et déstabiliser. Hargitay met la presse au pas

A la mi-janvier 2003, Peter Hargitay m'envoya un courriel pour m'inviter à assister à une « table ronde médiatique » avec nul autre que Sepp Blatter. L'endroit, un hôtel luxueux dans Park Lane, à Londres. Peter m'écrivait : « Il s'agit de la première d'une série de réunions du même style visant à "démystifier" certains sujets et à communiquer des renseignements fiables sur tout sujet que vous jugeriez intéressant, pour peu qu'il soit important pour la FIFA et le président. » La table ronde se déroulerait sous la forme d'un « dialogue suivi et sérieux… auquel ne participeront que quelques auteurs de premier plan ».

Dernière précision, le procureur zurichois attaché à l'enquête avait émis la conclusion suivante : « Les allégations portées contre le président de la FIFA se sont révélées fausses à tous égards. »

Un soir de la semaine suivante, je me présentai au Metropolitan Hotel avec les autres « auteurs de premier plan », des journalistes sportifs du *Daily Telegraph*, du

Guardian, du *Financial Times*, de *Reuters*, du *Scotsman* et du *Sunday Independent* irlandais. Steven, le fils de Peter, nous conduisit au dixième étage, dans une salle de réunion aux fenêtres gigantesques offrant une vue à couper le souffle sur Hyde Park baignant dans le crépuscule.

Le président arriva, suivi de son porte-parole Markus Siegler et d'un sac rempli des obligatoires ballons de football Adidas, en guise de cadeaux.

La discussion qui s'amorça était si agréable et lénifiante que j'aurais pu m'assoupir. Au lieu de quoi, je demandai à Blatter ce qu'il comptait faire à propos des malversations qui avaient entaché les scrutins lors des congrès de la FIFA de 1996 et 1998.

Le sourire amical qu'affichait Blatter disparut de son visage, et il bredouilla : « Je n'ai joué aucun rôle dans ces événements, mais j'en ai effectivement entendu parler. Il se peut que des erreurs aient été commises par le passé, et il faut prendre des mesures en conséquence. Peut-être aurions-nous dû ouvrir une enquête sur ce sujet plus tôt, mais il n'est pas trop tard pour le faire. » Il déclara que tous les éléments seraient transmis à la commission de discipline de la FIFA. Enfin !

« Je présume que M. Burrell devra se retirer de la commission de discipline ? » dis-je, puisque c'est la petite amie de Burrell qui avait remplacé le docteur Jean-Marie Kyss pour Haïti en 1996. « Bien évidemment, il ne participera pas à la commission en tant que membre pour ce sujet », m'affirma Blatter.

La réunion prit fin, les journalistes sortirent tous, puis Siegler fit diffuser un communiqué de presse dans lequel il félicitait la FIFA et son président pour l'initiative de Peter Hargitay. Il faisait dire à Blatter : « Lorsque j'ai parlé de transparence après ma réélection à Séoul, l'année dernière, ce n'était pas une simple déclaration creuse et rhétorique, mais une promesse que je tiendrai. » Il ajouta : « La FIFA et son président n'ont rien à cacher, et ils ne le souhaitent pas. »

Je rédigeai un article pour le *Daily Mail* dans lequel j'expliquais que la commission de discipline allait enfin enquêter sur le scandale des fraudes commises à Zurich et Paris. Je citai Blatter, précisant que Burrell ne participerait pas à l'enquête de la commission.

Le lendemain matin, je reçus un courriel de Siegler : « Le président Blatter n'a jamais dit que le capitaine Burrell serait tenu à l'écart de la commission de discipline pour cette enquête. Il n'a mentionné absolument aucun nom. » Siegler envoya une copie de ce message à Burrell à la Jamaïque.

Je me repassai l'enregistrement audio de la réunion :

JENNINGS : Je présume que M. Burrell devra se retirer de la commission de discipline ?

BLATTER : Bien évidemment, il ne participera pas à la commission en tant que membre pour ce sujet.

La semaine suivante, j'offris à Siegler de lui faire parvenir mon dossier et mes notes d'interview, mes documents et les enregistrements audio établissant sans doute possible les deux épisodes de fraude durant les deux scrutins. Siegler n'en voulut pas. Je lui demandai alors comment ces preuves seraient rassemblées, et qui s'en chargerait. Qui prendrait les dépositions, qui dresserait la liste des suspects, et comment la FIFA pourrait assurer une enquête impartiale alors qu'au moins trois membres du comité exécutif – Blatter, Warner et Blazer – étaient susceptibles d'être impliqués dans ces fraudes. Siegler refusa de me répondre.

Puis Peter Hargitay revint à la charge, en me donnant

du « cher ami » et en me confiant sa dernière idée. Il connaissait un journaliste d'investigation à la Jamaïque. Je pourrais lui confier mes recherches sur Burrell. Je déclinai l'offre.

La guerre approchait. Nous étions en mars 2003, et les troupes américano-britanniques se préparaient à envahir l'Irak. Qui pouvait empêcher le carnage ? Peter Hargitay. Il avait un plan de paix.

Il loua une chambre à Londres et rassembla autour de lui les promoteurs potentiels de la paix. Il y avait là Charles Clarke, alors secrétaire à l'Education dans le gouvernement britannique, Sepp Blatter, le docteur Bruno Spinner, ambassadeur de Suisse au Royaume-Uni, et trois leaders d'opinion, travaillant pour des sociétés helvétiques. Du football anglais vinrent trois présidents, Geoff Thompson, de la fédération anglaise de football, John Madejski, président du club de Reading, et Daniel Levy, des Tottenham Hotspurs. Deux avocats spécialisés dans le droit commercial s'ajoutèrent à cette impressionnante brochette, ainsi qu'une vieille amie de Peter, spécialiste des arts à la BBC, Claire Lewis, laquelle avait amené avec elle le journaliste de télévision Mark Gregory.

Les autres colombes de la paix étaient Richard Pulford, de la Society of London Theatres, Leo Cavendish, un vieil ami de Peter Hargitay et directeur de sa firme de relations publiques, European Consultancy Network (ECN), et Marc Berlin, de London Management Ltd, spécialiste du théâtre et lui aussi un des hauts responsables de la société de Peter.

Markus diffusa en urgence un communiqué titré : « La table ronde initiée par le président de la FIFA affirme le rôle du sport dans le désamorçage des tensions politiques. » Les individus présents ? « Des personnalités majeures venues du monde des affaires, des arts, de la politique et des sports, qui souhaitent définir des moyens par lesquels le sport, et le football en particulier, pourrait aider à apaiser la tension sociale et politique. »

Markus déclarait : « Charles Parker a loué les efforts de la FIFA pour employer le pouvoir du sport à intensifier la compréhension entre les peuples du monde entier. Il a également félicité le président de la FIFA, M. Blatter, pour son initiative concernant la tenue de telles tables rondes. »

Nous étions le 17 mars 2003. Quarante-huit heures plus tard, lors du conseil des ministres, Charles Parker votait l'entrée en guerre de la Grande-Bretagne, et les missiles Tomahawk se mettaient à pleuvoir sur Bagdad.

Dans le même temps, Peter Hargitay avait créé un site web. Et ainsi naquit le « Pôle de réflexion sur la recherche et les communications en Europe », capable de délivrer des « données d'investigation sensibles » à ses clients.

Sepp Blatter nous avait promis la vérité, la transparence et la franchise. Et voilà que l'expert en relations publiques qu'il avait lui-même choisi clamait : « La présélection et la détention de renseignements utilisables doivent être le nouvel objectif de tout dirigeant d'entreprise aujourd'hui. »

Ce que Peter offrait ? « La divulgation sur mesure de renseignements... et le sur mesure peut parfois signifier aucun renseignement. » Si le client rencontrait de gros problèmes, la réponse était : « Des stratégies fortes pour lui "épargner l'attention des médias" et la mise au point de communiqués, scoops et autres nouvelles brèves de nature à détourner, diminuer ou déstabiliser l'intérêt des médias. »

On en revenait une fois de plus au schéma de Bhopal : acceptation de la responsabilité morale, mais pas des suites, médicales ou autres, et encore moins des factures. Etait-ce la raison pour laquelle Sepp Blatter s'était entiché à ce point de Peter Hargitay ?

Par courriel, je questionnai Peter sur les déclarations utilisées pour la promotion de sa société. En quelques heures, le site d'ECN disparut d'Internet. Peter m'expliqua qu'ils avaient été victimes d'un piratage informatique. Quelques jours plus tard, le site d'ECN réapparaissait, et en effet il avait bien été piraté, car sa prose triomphante était passée de 2 456 mots à 739. Certaines des déclarations les plus étonnantes s'étaient perdues dans le cyberespace.

Hargitay m'affirma qu'il déplorait toute intrusion dans le domaine privé de quiconque, que bien sûr il était un chaud partisan de la transparence. Et aussi : « La politique de la FIFA en matière de communication n'a jamais été aussi ouverte qu'aujourd'hui. »

Grâce à ses contacts avec Blatter, Hargitay obtint le titre de producteur exécutif dans *Goal !*, un film en partie financé par certains sponsors de la FIFA. Son fils Steven se débrouilla pour obtenir un poste d'attaché marketing. Hargitay n'avait pas grand-chose à dire concernant la vieille affirmation, affichée sur son site web, selon laquelle il s'était procuré les comptes bancaires de plusieurs personnes, sinon que, insistait-il, il n'avait jamais rien fait d'illégal. Il m'écrivit pour me dire que j'étais « profondément malhonnête », que ma morale était « sélective » et que j'étais « dégoûtant et répugnant ».

En juin 2004 je me trouvais à Mayfair, en visite chez des amis, lorsque par hasard je croisai Hargitay dans

Davies Street. Je lui annonçai que je lui ferais parvenir un exemplaire de mon livre, dont la rédaction était alors presque terminée. « Je me contrefous de ce que vous écrivez sur moi », lâcha-t-il. Puis il marqua un temps, avant d'ajouter : « Faites-moi parvenir une copie de votre acte de naissance. » Et il éclata de rire en s'éloignant.

La réflexion m'inquiéta. Se pouvait-il qu'il me menace de se renseigner sur moi ? Un acte de naissance est bien connu pour être le point de départ pour toute investigation dans le domaine privé d'un individu. Par le passé, j'avais déjà été victime de ce genre de recherches illégales à deux reprises – la première fois quand j'enquêtais sur des allégations de corruption concernant des officiers de police, la deuxième quand je m'étais intéressé de près au passé fasciste du président du CIO Samaranch. Les deux épisodes m'avaient été révélés parce que les fouineurs avaient laissé des traces de leur passage. Des officiers de police m'avaient photographié à la dérobée et avaient constitué des dossiers qui plus tard avaient été découverts par des officiers de la brigade anticorruption. Le président Samaranch en personne avait commis une bévue très embarrassante. Alors qu'il voulait téléphoner à un officier supérieur de la police pour le questionner sur mes appels à un ami, un journaliste de Barcelone, il avait par erreur appelé ce même journaliste et lui avait tout déballé.

J'avais donc une petite expérience personnelle de ce genre de tracas, et cela ne me plaisait pas du tout. Peut-être que Peter ne sous-entendait rien du tout quand il avait mentionné mon acte de naissance, mais sa phrase me tracassait. Je contactai British Telecom et leur demandai d'effectuer quelques vérifications sur mon dossier téléphonique.

Quelqu'un du département délits informatiques et

cybercriminalité me rappela : « Je pense qu'il vaudrait mieux que nous envoyions immédiatement une de nos équipes à votre domicile. » Il m'avoua avoir été abasourdi par ce qu'il venait de découvrir. J'ignore si Hargitay était impliqué, et je n'en ai pas la moindre preuve, toujours est-il que jour après jour, en 2003, du milieu de la matinée jusqu'en soirée, des correspondants se faisant passer pour moi avaient assailli les centres d'appel pour tenter d'obtenir des détails sur mes appels internationaux. Il me cita une date en particulier : « Il y a eu une activité frénétique concernant votre compte – et ce pendant toute la journée. On les envoyait balader, encore et encore, mais ils n'arrêtaient pas de tenter leur chance. »

L'équipe de « nettoyage » vérifia d'abord à mon central local, puis remonta ma ligne jusqu'à mon domicile et installa un système de détection dans chaque pièce pour repérer d'éventuels transmetteurs secrets. Les enregistrements des offensives contre mon dossier téléphonique ont été mis en lieu sûr pour une analyse ultérieure, lorsqu'il y aura plus d'éléments d'information disponibles.

Quant à Hargitay, il avait dit à des collègues de Sonnenberg que Blatter l'avait engagé pour « mettre de l'ordre dans la presse britannique », et il pouvait se vanter de quelques succès. Le *Financial Times* s'était montré merveilleusement complaisant. Le *Guardian* et le *Sunday Times* publiaient des portraits très peu critiques et le ton du *Daily Telegraph* était particulièrement amical.

Puis les vieux démons de Blatter refirent surface. Au début de l'année 2004, incapable de contrôler plus longtemps ses pulsions les plus souterraines, il se laissa emporter lors d'une interview donnée à un journal suisse et déclara qu'il aurait préféré que les femmes jouant au football portent des shorts moulants, pour mieux révéler leurs courbes fessières. Le *Guardian* se fit l'écho de cette déclaration en première page, en insistant sur l'aspect grivois, et le monde du football poussa des huées de dérision.

29

Quelques questions pour M. Blatter…
Quelques réponses de ses avocats…

« Sous couvert de journalisme d'investigation, écrivait Blatter dans une lettre furieuse à la fin du mois de mars 2005, vous avez proféré un grand nombre d'allégations contre moi auxquelles ont été apportées des réponses complètes et satisfaisantes. »

En lisant ces lignes, je ne pus que me gratter la tête de perplexité. J'avais essayé par tous les moyens que je pouvais imaginer de le faire répondre à LA question concernant ses relations avec Jean-Marie Weber et la façon dont ISL avait obtenu ses contrats télé et commerciaux.

A qui était revenu le million de francs suisses d'ISL, ce versement embarrassant qui avait accidentellement atterri sur le compte en banque de la FIFA après que le dernier gros contrat eut été signé, à la fin des années quatre-vingt-dix ? Qui en avait profité ?

En janvier 2004, je m'étais rendu à la conférence de presse de Blatter à Tunis, pour voir s'il accepterait d'en parler. J'avais posé la question.

Celle-ci, concernant un prétendu pot-de-vin, avait été enregistrée par une équipe allemande en tournage. Dix mois plus tard, le portrait filmé de Blatter, incluant ma question, était diffusé. Pendant le film, l'interviewer lui demandait : « Est-il vrai que un million de francs suisses auraient été versés sur un compte de la FIFA, puis transférés ailleurs ? »

Blatter, avec un léger haussement d'épaules, prenait un air très sérieux et répondait : « Je n'en sais rien. »

Puis l'interviewer lui demandait à qui ce million était destiné.

Blatter grimaçait, marmonnait quelque chose d'inintelligible. Suivait un très long silence.

En mars 2005, je fis une nouvelle tentative. Je soumis à Blatter des questions écrites. Que s'était-il passé le matin où Erwin Schmid était entré dans son bureau avec l'information envoyée par l'Union des banques suisses ? A qui ce versement avait-il été adressé ? Et à qui Blatter en avait-il rendu compte ? Oh, au fait, aurait-il la gentillesse de m'envoyer une copie du document bancaire ?

La réponse de Blatter, envoyée par Markus Siegler, se trouvait tout à la fin d'une lettre de quatre pages au ton sévère, parfois menaçant. Au bout d'environ neuf cents mots, je pus enfin lire ceci : « Le président de la FIFA n'a pas connaissance du sujet auquel vous faites référence. »

Il ne disait pas que ce n'était pas vrai. Il ne niait pas que cela était arrivé. Il n'attaquait pas mes sources, il n'offrait aucune explication. Il n'expliquait pas non plus pourquoi il s'était dérobé à cette même question à Tunis.

Blatter savait-il la moindre chose des « paiements inappropriés » effectués par ISL au bénéfice d'officiels du football, ceux que le docteur Thomas Bauer m'avait révélés, comme je l'ai dit plus haut, pendant une pause-café lors de la réunion des premiers créanciers, à Zoug, en juillet 2001 ?

Je demandai au président de la FIFA si on avait mis son organisation en demeure de rembourser une somme quelconque, et s'il connaissait les noms des personnes incriminées.

« A aucun moment les administrateurs de faillite n'ont demandé à M. Joseph Blatter un quelconque remboursement » : telle fut la réponse. Blatter savait forcément que Bauer avait découvert des preuves que de l'argent sale était versé à des officiels du football. Il aurait donc dû se faire un devoir de découvrir qui avait empoché ces pots-de-vin. Et en sa qualité de président de la FIFA, n'était-il pas impatient de savoir qui avait touché ces pots-de-vin, pour chasser ces brebis galeuses du milieu du football ?

Quoi qu'il sût, Blatter ne parlait pas. « Toute autre demande de renseignements concernant cette affaire devra être adressée aux administrateurs de faillite », fut tout ce qu'il daigna répondre. Et il conclut : « J'attends que, dans toute future publication, vous fassiez savoir que je peux me targuer d'avoir joué un rôle fondamental dans le fait qu'aujourd'hui le football est un sport véritablement mondial et un langage universel pour des centaines de millions de personnes sur toute la surface du globe. »

Il m'avisait également que si je m'entêtais dans ma « campagne diffamatoire totalement injustifiée », il prendrait les mesures qui s'imposaient.

Deux ans plus tôt, un matin de mars 2003, la une du site web fifa.com avait clamé : « La FIFA s'apprête à poursuivre Andrew Jennings en justice. » Je n'avais jamais vu les noms de Pelé, Bobby Charlton, Franz Beckenbauer ou Ronaldo écrits aussi gros que le mien dans les pages des nouvelles du jour de la FIFA. Qu'avais-je donc fait pour tirer Blatter du lit de si bon matin ?

Le reste était bref, et pas vraiment cordial : « La FIFA, l'instance dirigeante du football mondial, et son président Joseph S. Blatter ont donné aujourd'hui instruction à leurs avocats d'engager des poursuites contre Andrew Jennings, un journaliste sportif, ainsi que contre ses employeurs du *Daily Mail*, un tabloïd anglais. » Apparemment, j'avais rédigé un article diffamatoire et Blatter avait tranché : « Une cour de justice britannique est la tribune appropriée pour rétablir les faits et démonter la fiction mensongère publiée par le *Daily Mail.* »

Une fiction mensongère ? En fait, un article exclusif qui jetait un peu de lumière sur ce que Blatter gagnait à la FIFA. Du peu qu'il avait jamais daigné révéler au public, il ressortait qu'il ne touchait qu'un simple salaire. Rien de plus. Or j'avais pris connaissance de documents prouvant qu'il s'accordait à lui-même chaque année un énorme bonus, d'un montant non dévoilé, joliment dénommé « bonus de loyauté », et que ce bonus exceptionnel avait été entériné par l'ancien président Havelange juste avant que celui-ci ne prenne sa retraite.

J'avais approché le directeur financier Urs Linsi, un homme qui ne cessait de se glorifier de son engagement de tous les instants pour la transparence. Pouvait-il me renseigner sur la somme globale des revenus de Blatter ? Son salaire, le bonus, les à-côtés et sa pension, chiffres qui auraient été accessibles au public si Blatter avait été le directeur général d'une quelconque entreprise cotée en Bourse. Linsi avait ignoré ma requête. Markus Siegler, l'attaché de presse, m'avait envoyé sur les roses de la même manière. Il suffisait de mentionner les revenus de

Blatter pour qu'une glaciation soudaine fige le service communication de la FIFA.

La célérité avec laquelle Blatter avait répliqué avant l'aube laissait deux possibilités : soit mon article était scandaleusement erroné, soit il avait fait mouche et Blatter faisait le maximum pour dissuader d'autres journalistes de poursuivre dans la voie ouverte par mes révélations.

Une semaine plus tard, je m'attelai aux tâches de routine précédant toute conférence de presse et je contactai Markus Siegler par courriel pour lui annoncer que j'assisterais à celle de la FIFA concernant les finances. Il me répondit : « Je tiens à vous informer que nous ne vous autoriserons pas l'accès au lieu de conférence. » Pardon ? J'étais interdit de conférence de presse ? Que se passait-il ? Peut-être qu'ils ne voulaient pas me voir montrer mes documents à une flopée de journalistes, suisses ou autres. Et poser d'autres questions embarrassantes sur les revenus du grand patron.

Voyons ce que nous avons au courrier, ce matin... Une lettre de Lawrence Cartier, l'avocat de Sepp Blatter, en date du 25 mars 2003. « Cher Monsieur... Nos clients considèrent que votre article contient des affirmations gravement diffamatoires. » La suite était pour le moins gratinée : « Cette campagne lancée par vous fournit à nos clients des motifs d'ajouter à leurs poursuites pour diffamation des demandes de dommages et intérêts aggravés. »

Ce style de langage est destiné à impressionner les journalistes. Je farfouillai dans l'enveloppe. Où était l'assignation en justice ? Je poursuivis ma lecture : « La poursuite de publication... d'affirmations diffamatoires contre nos clients constituerait un comportement que nos clients ne sont pas disposés à tolérer… nos clients exigent donc que vous cessiez immédiatement de publier des articles de la nature dont ils se plaignent », insistait Mᵉ Cartier. Bon, d'accord, j'avais compris, mais où était l'assignation ? Je repris la lettre : « Nous sommes en train d'obtenir des instructions détaillées quant à la demande de nos clients, comme le prévoit le protocole précédant les poursuites judiciaires. » Ce charabia d'avocat signifiait : « Nous vous enverrons bientôt l'assignation. »

De fait, une épaisse enveloppe portant le tampon de Mᵉ Lawrence Cartier me parvint peu après. L'assignation ? Non, seulement une lettre de dix pages concernant ma « fiction mensongère ». Bien avant d'en avoir terminé la lecture, j'avais perdu le compte des « injustifié », « erroné », et autres « infondé » et « inexact ». Il y avait aussi la formule « faits dénaturés » et le récurrent « diffamatoire ». Puis Lawrence en venait aux choses sérieuses :

« Nos clients voient dans cet article l'exact opposé de ce qu'on est en droit d'attendre d'un journaliste responsable, et ils en sont légitimement blessés… Il y a là une volonté apparente de publier des allégations fausses sans souci de la vérité. Nous exigeons une rétractation publique, totale et sans équivoque, la présentation d'excuses dans des termes qui devront être approuvés par nous et être publiés de façon très visible, ainsi que l'engagement écrit : a) de ne pas répéter des allégations identiques ou similaires et b) de cesser immédiatement cette campagne intentionnellement hostile et injustifiable contre nos clients. Nous demandons également vos propositions quant aux dommages et intérêts conséquents que nos clients sont en droit d'exiger pour le mal fait… ce qui comprend des dommages et intérêts aggravés. »

Une petite minute… Je retrouvai un paragraphe perdu dans les dix pages de la lettre, le relus. Il disait :

« M. Blatter n'a jamais reçu un bonus de fidélité. » Lawrence n'en démordrait pas : mon article relevait de la fiction.

Etrangement, un peu plus loin, Lawrence admettait : « M. Blatter a en effet reçu un bonus (mais pas un bonus de fidélité) pour son travail exceptionnel en qualité de secrétaire général de la FIFA, et l'opération a été dûment enregistrée et contrôlée par la commission financière de la FIFA. » Admettons, mais selon Lawrence et Sepp il s'agissait d'un paiement exceptionnel et en aucun cas rétroactif. Or selon un document notarié daté du 2 mai 2002 que je m'étais procuré, un ancien responsable du service financier de la FIFA avait déclaré sous serment : « Je confirme par la présente que, après son élection à la présidence de la FIFA, M. Joseph S. Blatter m'a transmis un document signé par son prédécesseur, qui lui attribuait une *prime de fidélité*[1] annuelle de six chiffres, payable au 1er juillet, le premier règlement ayant effet rétroactif au 1er juillet 1997. » Que devais-je croire ?

Depuis son étude de Lincoln's Inn à Londres, Lawrence entendait me montrer sa détermination, son inflexibilité. Il nous accordait quatre jours de délai pour courber l'échine et nous rétracter. Sinon...

Nous ne courbâmes pas l'échine. Nous ne nous rétractâmes pas. Et aucune assignation ne nous parvint jamais. Quand douze mois se furent écoulés, Sepp Blatter et Lawrence Cartier avaient laissé passer l'occasion d'aller en justice pour démolir cet article qu'ils qualifiaient de « fiction mensongère ».

1. En français dans le texte.

Au mois de novembre 2003, Sepp se fendit d'un courriel pour m'annoncer que désormais toutes mes questions devraient être adressées directement à Lawrence Cartier, qui agirait comme son porte-parole auprès de la presse.

Un mois plus tard, Lawrence m'écrivit une lettre, truffée des habituels « diffamatoire », « hostile », « injustifié »... avant d'en venir à une déclaration assez surprenante : « Vous voudrez bien m'informer du support qui se propose de publier votre article et me faire parvenir au nom de mes clients une copie dudit article dans un délai raisonnable, afin que mes clients puissent y répondre avant sa publication. »

Une copie de l'article ! En trente-cinq années de journalisme, pas plus moi que les journaux, les stations de radio, les chaînes de télévision et les éditeurs pour qui j'ai travaillé n'avons jamais soumis un écrit à l'approbation de quiconque en dehors du média concerné. N'importe quel journaliste débutant sait qu'on ne montre pas un article à qui que ce soit en dehors de son journal. Et on ne le soumet sûrement pas à l'approbation du sujet de l'article. C'est tout simplement quelque chose qui n'arrive pas dans les pays où existe la liberté de la presse et d'expression. Peut-être que Sepp était atteint de la folie des grandeurs et qu'il s'était rêvé la nuit précédente en chef suprême d'un Etat totalitaire. Ou peut-être que, après tant d'années passées à lire des articles dépourvus d'esprit critique, il n'avait toujours pas compris la différence entre un communiqué de presse (pour lequel on paie et qui expose votre point de vue) et un article de presse (indépendant et libre).

Quelque temps après, Lawrence alla plus loin encore : « Cher Monsieur Jennings... Les règles qui prévalent dans un journalisme responsable exigent que le manuscrit de votre ouvrage nous soit envoyé avant publication. » De sorte que lui et Blatter puissent corriger toutes les « inexactitudes et opinions fausses ». Et de mettre les points sur les *i* : « Le fait de ne pas répondre à cette requête conduirait nos clients à croire que vous et votre éditeur n'étiez pas sincèrement soucieux de savoir si les critiques émises à leur encontre dans l'ouvrage étaient fondées. » Pourtant, « soucieux de savoir », voilà exactement ce que je suis. C'est bien pourquoi je leur ai posé tant de questions !

Je fis lire le manuscrit à mon éditeur, mon avocat, mon agent et ma femme. Je ne le fis pas lire à Sepp. Et je m'assis sur leurs exigences ridicules, entre autres ce souhait de me voir envoyer mes questions parfaitement légitimes à un avocat spécialiste du droit commercial plutôt qu'au bureau de presse de Zurich, qui existe bel et bien, et dont le rôle est justement de répondre aux questions des journalistes.

Lawrence m'écrivit une fois encore : « Vous semblez ne pas avoir compris le rôle de mon cabinet. Avec tout le respect qui vous est dû, il ne vous appartient pas de décider de contourner mon cabinet pour contacter directement mes clients. Quand un avocat est mandaté, son client est en droit d'attendre que toute communication transite par lui, et ne soit pas adressée directement au client. J'ai été mandaté dans l'affaire qui nous occupe parce que mes clients considèrent que vous n'avez pas respecté vos obligations et que des suites légales sont envisagées. Mes clients attendent que vous respectiez leur droit à ce que toute communication soit adressée à mon cabinet. Je vous serais reconnaissant de vous conformer à ce mode d'action. »

Tout cela devenait parfaitement ridicule. Communiquer par l'intermédiaire d'avocats ? Sepp pensait-il que lui et moi étions en train de divorcer ? Avait-il oublié que je n'étais qu'un simple journaliste, et lui quelqu'un sur qui j'écrivais ? Vraiment, il n'y avait pas la moindre nécessité de faire intervenir des avocats. C'était pourtant simple : Sepp était une personnalité publique, j'étais un journaliste. Mon boulot de journaliste consistait à poser des questions. Il avait à son service une équipe d'attachés de presse dont le boulot consistait à répondre à des questions telles que les miennes. Où était le problème ? Pourquoi toutes ces histoires ? Avait-il quelque chose à cacher ?

Je continuai donc d'adresser mes questions à Sepp. Je l'interrogeai sur ses dépenses, son salaire, sa feuille d'impôts. Je voulais aussi savoir qui payait les frais de sa campagne pour les élections. Tout cela a été contrôlé par le bureau du procureur de Zurich en 2002, me répondit-il sèchement, ajoutant : « Vous savez que le résultat de ces enquêtes est qu'il n'y a aucune substance ou vérité dans les allégations implicites contenues dans les questions que vous avez posées. »

Et Blatter de citer, de façon sélective, les conclusions du procureur : « "Je ne peux soutenir que Joseph Blatter s'est livré à une conduite illicite… cette conduite ne mérite pas des poursuites judiciaires…" »

Il ajoutait : « Mes avocats suisses m'ont dit et affirmé que cela constituerait pour vous une violation de la loi suisse que de soulever de nouveau des allégations qui ont fait l'objet d'une enquête par le procureur et ont été entièrement rejetées par lui, comme c'est le cas ici. »

Il est exact que le procureur de Zurich, Urs Hubmann, avait clos l'enquête concernant Sepp Blatter. Aussitôt Peter Hargitay et Lawrence Cartier avaient claironné partout que le procureur avait jugé toutes ces allégations « sans aucun fondement ». Cette déclaration avait été répétée à satiété dans la presse.

Etait-ce la vérité ?

Je demandai à rencontrer Urs Hubmann. Il accepta. Je lui posai la question : « Avez-vous réellement déclaré que les allégations portées contre Sepp Blatter étaient entièrement sans fondement ? »

Il m'offrit un café. Hubmann était un homme ayant passé le cap de la quarantaine, mince et athlétique, qui portait un jean pour travailler dans son bureau moderne du centre de Zurich. Il choisissait ses mots avec soin. Il prit même un gros dictionnaire allemand-anglais sur une étagère pour vérifier qu'il exprimait exactement sa pensée. Et voici ce qu'il me dit : « Nous ne pouvons pas dire que toutes ces allégations étaient sans fondement. »

Hubmann m'expliqua qu'il existait douze plaintes visant Blatter. « Six d'entre elles sont ridicules. » Les membres du comité exécutif qui avaient porté ces allégations devant le procureur avaient oublié que les six sujets évoqués avaient été réglés lors de réunions auxquelles ils avaient participé.

Quant aux autres allégations, Blatter avait produit des documents qui répondaient à certaines d'entre elles. Hubmann marqua une pause avant de préciser que « deux allégations avaient de la substance ». Il n'était donc pas vrai d'affirmer qu'il avait jugé toutes les allégations sans fondement. Au contraire. « Ce que j'ai dit, c'est que dans deux cas je ne disposais pas de preuves suffisantes pour poursuivre. Dans les circonstances telles qu'elles étaient, je ne voyais pas comment j'aurais pu engager une action. J'en suis arrivé aux mêmes conclusions pour deux autres points figurant dans la plainte. »

Et il ajouta : « Je n'ai pas conclu que M. Blatter était innocent. Il est innocent de certaines choses. Ce qui ne signifie pas qu'il ne s'est rien passé. Cela signifie simplement qu'il n'y a pas de preuves suffisantes. »

J'envoyai à Blatter une série de questions. Et je l'interrogeai sur un autre point qui me laissait perplexe. En 1998, des gens lui avaient demandé si la FIFA réglait une quelconque partie de sa campagne. Absolument pas, avait-il répondu, et avec une véhémence appuyée. Alors, demandai-je, pourquoi, juste après avoir remporté l'élection de 1998, était-il retourné dans son bureau pour y remplir deux demandes de remboursement au titre de la « campagne présidentielle », pour des montants respectifs de 12 527,70 et 56 032 francs suisses ?

Blatter refusa de me communiquer les conclusions confidentielles du procureur. Il maintint qu'il avait remboursé à la FIFA la totalité de sa dette. Quoi que Blatter ait remboursé, cela lui avait pris beaucoup de temps. La conclusion du procureur était : « La question reste ouverte de savoir si un tel "crédit" pour l'accusé par le biais de la FIFA est justifié sur une période de temps aussi longue au vu de son salaire. Cependant, il n'y a pas là matière suffisante pour le mettre en accusation. »

Je demandai une fois encore à Blatter s'il aurait l'obligeance de révéler son salaire, les bonus de sources diverses, les indemnités de toutes natures, les contributions à sa retraite, les termes de son contrat et la somme qu'il toucherait en cas de licenciement. Pas de réponse. On m'avait dit aussi que la FIFA lui versait mensuellement 8 000 francs suisses au titre des indemnités de loyer, mais il refusa d'en parler.

Blatter n'avait rien à dire non plus sur ces histoires d'impôts dans trois cantons différents dont la presse suisse s'était fait l'écho. Blatter limita sa réponse à : « J'ai toujours dûment payé mes impôts sur mon lieu de résidence, et les autorités fiscales sont totalement satisfaites quant à ma façon d'agir. » Oui, mais au sujet de votre salaire, monsieur le président ? Et n'est-il pas vrai que c'est la FIFA qui règle vos impôts à votre place ?

« Tous les salaires et autres règlements sont convenablement déterminés par les organes de la FIFA concernés », dit encore Blatter. Mais pourquoi alors refuser obstinément d'en révéler les détails ? Blatter répondit : « En accord avec la loi suisse et la pratique usuelle, les détails individuels concernant salaires et paiements ne sont pas rendus publics. Le coût global engendré par le personnel (y compris le président et le secrétaire général) est publié dans le rapport financier annuel de la FIFA. »

Celui de 2003 listait 39 millions de francs suisses pour l'ensemble du personnel de la FIFA. Le budget prévisionnel pour 2005 était de 51 millions. Et c'était tout.

J'interrogeai Blatter sur d'autres points. Sur le projet grandiose d'Havelange et Jean-Marie Weber visant pour la FIFA à endosser 8 milliards de dollars par an dans une affaire de paris, au début des années quatre-vingt-dix. Que savait Blatter, et quand l'avait-il su ? La réponse m'arriva : il ne savait rien ! Par ailleurs, j'étais curieux d'apprendre ce qu'il avait à dire sur l'intérêt porté à mon relevé téléphonique, comme si un pro cherchait à savoir quels étaient mes contacts au sein de la FIFA. Blatter était-il au courant ? La réponse tient en un seul mot : « Non. »

Le docteur Jean-Marie Kyss est assurément l'un des hommes les plus courageux dans le milieu du football. Quand il ne s'occupait pas de soigner les femmes miséreuses dans les pires taudis du monde occidental, il résistait victorieusement aux hommes de main du gouvernement qui essayaient de contrôler la fédération haïtienne de football, de s'approprier le stade national afin de se remplir les poches avec l'argent que rapportaient les matchs. Kyss aurait bien aimé jouer pleinement son rôle lors du congrès de la FIFA en 1998 qui élut Sepp Blatter président, mais les sbires du gouvernement le forcèrent à faire demi-tour à l'aéroport de Port-au-Prince, lui interdisant de prendre l'avion.

Quand j'interviewai Kyss dans le stade, en 2002, il me raconta qu'il avait appelé Jack Warner pour lui expliquer la situation et l'informer qu'il ne mandaterait personne pour le remplacer, en lui demandant d'attirer l'attention du congrès sur le siège vide d'Haïti. « Mon siège vide symboliserait l'ingérence de notre gouvernement dans notre sport, me dit-il. C'était un geste de défi. Ce signe visible de mon absence enverrait un message puissant au reste du monde. »

Pas vraiment, en fait, comme nous l'avons vu. Mais à l'époque personne ne révéla au docteur Kyss que l'adjoint de Warner, Neville Ferguson, de Trinité-et-Tobago, qui n'était pas délégué au congrès, avait frauduleusement occupé le siège d'Haïti.

Si la commission de discipline de la FIFA remplissait réellement son rôle, elle aurait dû enquêter sérieusement sur ce scandale touchant le scrutin, inviter le docteur Kyss à Zurich et l'honorer en lui décernant l'ordre du mérite de la FIFA. Les voyous de la FIFA complices du vol du siège du docteur Kyss au congrès, quel que soit leur rang, auraient dû être publiquement dénoncés et expulsés des instances pour avoir faussé la représentativité de la FIFA. Mais on aurait pu aussi consigner le fait que, du coup, l'élection de Blatter à la présidence avait été entachée de fraude.

Il n'en fut rien.

Blatter estimait que tout s'était bien passé. Lors d'une conférence de presse à Zurich en mars 2002, il déclara non sans emphase : « Si quelqu'un voulait attaquer ou remettre en question les résultats de l'élection de 1998, il disposait, selon la loi suisse, de soixante jours après le 8 juin 1998 pour formuler ses protestations ou ses questions. Fini. Terminé. Et c'est bien ainsi. »

En avril 2002, les vice-présidents Lennart Johansson et Issa Hayatou exigèrent une enquête sur le détournement du vote du docteur Kyss. Johansson écrivit à Blatter : « Je vous demande d'ouvrir en urgence une enquête relative à ce sujet et d'informer le comité exécutif en conséquence. » Plus tard le même mois, Blatter déclara, devant Warner et son congrès qui se tenait à Miami : « Le sujet est maintenant clos. »

La percée survint lors de la table ronde réunissant des journalistes que Peter Hargitay avait arrangée pour Blatter à Londres, le 28 janvier 2003.

Etait rassemblé là un groupe de journalistes que Sepp voulait impressionner par son ouverture d'esprit et sa légendaire transparence. Je lui demandai quand il comptait enquêter sur le vote frauduleux. Que pouvait-il répondre ? La table ronde devait prouver sa volonté de transparence. Il fallait qu'il dise quelque chose qui nous impressionne favorablement. Blatter déclara donc qu'il rapporterait ces allégations à la commission de discipline et à son président, l'avocat suisse Marcel Mathier.

Par écrit, je demandai à Mathier s'il allait diligenter une enquête indépendante menée par des gens extérieurs au football, puisque des officiels de la FIFA étaient potentiellement impliqués, du plus haut niveau jusqu'aux simples délégués qui, assis à côté de Ferguson, savaient que le Dr Kyss n'avait pas donné procuration pour son vote. Suivrait-il l'exemple du Comité international olympique qui, mêlé à un scandale de corruption à Salt Lake City, avait engagé des enquêteurs indépendants et publié le résultat de leurs investigations sur le site web du CIO ?

« Je suis sûr que vous le comprendrez, pendant le cours d'une enquête la commission de discipline de la FIFA ne peut émettre aucun commentaire d'aucune sorte sur le sujet de ladite enquête, répondit Mathier. Merci beaucoup de votre compréhension. »

En fait, je ne comprenais pas, mais j'offris à Markus Siegler mon dossier et mes cassettes vidéo, les déclarations et autres documents. Et je n'obtins aucune réponse.

Blatter avait-il réellement diligenté une enquête ? Cela ne semblait pas être le cas. L'avocat Lawrence Cartier prit la parole au nom de Blatter le 19 mai 2003, en insistant : « Il n'y a eu aucune inconduite de ce genre pendant les élections, et encore moins d'inconduite qui aurait eu pour résultat son élection ou dans laquelle il aurait pris part. » Si Blatter affirmait que rien ne s'était passé, il préjugeait ouvertement du résultat de l'enquête, et l'influençait – en admettant qu'une telle enquête voie le jour.

En juillet 2003, Cartier changea de ton, confirmant qu'il y avait bien une enquête en cours. Quatre mois plus tard, en novembre 2003, il révéla : « La commission de discipline a achevé la première phase de ses investigations. La commission de discipline rédigera un rapport lorsque son enquête sera bouclée, et ses conclusions seront publiées. »

L'année 2004 arriva. Les mois passaient et il n'y avait toujours aucune nouvelle de l'enquête ouverte en février 2003. En mars 2005, je demandai à Blatter ce qui se passait. Sa réponse fut ahurissante. La commission de discipline avait donné son verdict vingt mois plus tôt, quatre mois *avant* les affirmations de Cartier de novembre 2003 selon lesquelles l'enquête était toujours en cours.

Apparemment, on avait transmis à Cartier des informations incorrectes, venant de son client Sepp Blatter ou de ses acolytes.

Il y avait donc bien eu une séance disciplinaire. Secrète, la séance ! Tout comme son résultat ! Même pour quelqu'un d'habitué à l'approche singulière de la vérité et de la justice qui est celle de la FIFA, c'était stupéfiant. La suite, pour le coup, me laissa pantois.

Blatter m'écrivit :

« Le 27 juin 2003, à Paris, la commission de discipline de la FIFA, au vu des chefs d'inculpation de fraude lors de l'élection présidentielle de la FIFA en 1998, a décidé ce qui suit :

« 1. MM. Jean-Marie Kyss et Neville Ferguson ont enfreint l'article 12 des statuts régissant la FIFA.

« a) puisque Jean-Marie Kyss n'est plus sous la juridiction de la FIFA, il ne peut être sanctionné,

« b) Neville Ferguson a été réprimandé.

« 2. Neville Ferguson (fédération de football de Trinité-et-Tobago) a reçu notification de cette décision, dont une copie a été adressée à la CONCACAF.

« 3. Le coût de ces procédures sera partagé entre Neville Ferguson et la FIFA (art. 122 du code de discipline de la FIFA). »

On avait donc enquêté sur le docteur Kyss. On prétendait qu'il avait enfreint les lois de la FIFA et il aurait été sanctionné s'il avait toujours été un officiel de la fédération haïtienne. Je n'arrivais pas à croire ce que je lisais. C'était là sa récompense pour avoir protégé l'indépendance du football au risque de sa vie dans la société ultraviolente de Haïti ?

Et Neville Ferguson, qui avait trompé le congrès ? Il avait été « réprimandé » ? Qu'est-ce que cela voulait dire ? Sûrement rien de plus qu'une lettre polie de Blatter lui conseillant de ne plus se faire prendre, car Ferguson continuait de siéger au sein de diverses fédérations de football contrôlées par Warner dans les Caraïbes, et il touchait toujours des honoraires en qualité de superviseur de matchs internationaux dans la région. Et pourquoi la FIFA devait-elle partager le coût de cette enquête avec Neville ? S'il avait fauté, à lui de payer, non ?

Le message sec de Blatter omettait l'habituel exposé des faits que publie la FIFA quand elle émet un jugement sur des joueurs, des clubs ou des arbitres. La pratique normale – fifa.com en propose des pages entières – est d'établir la plainte ou le délit présumé contre les règles de la FIFA, de fournir un résumé des preuves – rapports des arbitres et des commissaires de match – et de la défense adoptée par l'accusé. En conclusion figurent l'énoncé de la sanction et le montant de l'amende infligée.

Cette enquête avait été menée en secret de bout en bout, et à la différence de toute autre enquête menée par la commission de discipline, pas un mot la concernant n'avait été publié où que ce soit, sur le site web de la FIFA en particulier. Si je n'avais pas demandé des réponses, Blatter et Mathier auraient-ils révélé le jugement de leur tribunal clandestin et l'attaque insensée contre le bon docteur Kyss ?

Il manquait autre chose dans le verdict communiqué par Marcel Mathier. Qu'avait-il fait de l'affaire précédente, le remplacement du docteur Kyss deux années auparavant, lors du congrès de la FIFA à Zurich en 1996, par Vincy Jalal, la petite amie du capitaine Horace

Burrell ? Son nom est à jamais enregistré dans le rapport officiel du congrès en tant que déléguée accréditée de Haïti. Le docteur Kyss n'avait pas non plus été mis au courant de cette fraude, à l'époque.

Quand Blatter avait concédé, pendant la table ronde de Londres : « Peut-être aurions-nous dû ouvrir une enquête sur ces faits plus tôt, mais à présent il est trop tard pour le faire », il avait reconnu que Burrell, membre de la commission de discipline de Marcel Mathier, n'était évidemment pas habilité à siéger pour juger de cette affaire. Puis le porte-parole Markus Siegler avait nié que ces propos aient été jamais tenus.

Le docteur Kyss avait clairement dit qu'il avait averti certains officiels de haut rang de la CONCACAF qu'il ne pourrait pas se rendre au congrès de 1996 à Zurich. Un collègue l'avait enregistré sur vidéo en train de me le dire dans le stade à Port-au-Prince. « J'ai téléphoné à la CONCACAF et à Zurich et leur ai dit que je n'étais pas en mesure de venir. »

Comment s'était débrouillé Burrell dans le monde du football depuis qu'il avait aidé à fausser le vote ? Pas trop mal. Durant l'année 2000, Blatter lui avait décerné l'ordre du mérite de la FIFA, en 2002 il l'avait nommé membre de la commission de discipline chargée de superviser les matchs de la Coupe du monde en Corée et au Japon, et en 2004 instructeur dans le « Com-Unity Programme » de la FIFA...

Burrell continue de voyager dans le monde entier pour faire bénéficier de ses conseils les officiels du football. Pour le bien du jeu.

30

Les contes de fées de la FIFA
On récupère le fric

Automne 2002

Ils vécurent heureux et eurent... Une fois réélu, le président Blatter déclara qu'il poursuivrait son action « pour le bien du jeu ». Les journalistes sportifs prirent connaissance de la dépêche, l'arrangèrent un peu, l'expédièrent à leur rédaction puis allèrent boire une bière au pub du coin. Une équipe de profs anglais et allemands mit la dernière main à un livre sur la FIFA, remerciant Jérôme Champagne pour son aide généreuse, ravis d'avoir clairement établi une fois pour toutes qu'il n'y avait à la FIFA ni corruption ni votes truqués. Comment cela aurait-il été possible ? N'avait-on pas fait litière de toutes ces allégations ?

Seul un homme ne pouvait se satisfaire de cet épilogue de conte de fées. Le magistrat suisse Thomas Hildbrand enquêtait sur l'usage fait par les responsables d'ISL des sommes proches de 80 millions d'euros versées à ISL par la chaîne de télévision brésilienne Globo pour les droits de retransmission des Coupes du monde 2002 et 2006. L'argent aurait dû être transmis à la FIFA. Il ne l'avait pas été. Hildbrand se procura une copie des lettres adressées par la FIFA à ce propos à Jean-Marie Weber, ainsi que les conseils d'ordre juridique dont la FIFA n'avait pas tenu compte, qui poussaient l'organisation à exiger de Weber qu'il respecte les termes de son contrat, et lui reverse les sommes qui lui étaient dues.

Quand ISL fit faillite, au printemps 2001, ces détournements ne purent être dissimulés plus longtemps. La FIFA avait bien tenté de les passer sous l'éteignoir, mais des secrets de cette importance ne restent jamais bien longtemps secrets. Au bout du compte, la FIFA informa donc du scandale le service en charge de la délinquance financière au tribunal du canton de Zoug, où ISL avait son siège social. Ledit bureau confia l'enquête à Hildbrand. Le 4 novembre 2002, celui-ci fit arrêter Jean-Marie Weber et d'autres ex-dirigeants d'ISL. Ils furent interrogés durant plusieurs jours et leurs bureaux furent perquisitionnés. Weber resta bouche cousue après sa libération. Je le retrouvai trois semaines plus tard à Mexico alors qu'allait avoir lieu une réunion du CIO. Quand je lui demandai ce qui se passait, Weber me répondit qu'il avait passé quelques jours en garde à vue à Zoug. « Mais tout va bien maintenant, me rassura-t-il. Vous voyez bien : j'ai toujours mon passeport et je suis libre de me déplacer. Nous avons juste aidé à l'enquête. » Il sourit, haussa les épaules et s'éloigna.

Entre-temps, Thomas Bauer, le liquidateur, essayant de récupérer l'argent dû aux créanciers après le naufrage d'ISL, avait fait une étrange découverte dans les comptes de la société. Pendant des années, ISL s'était toujours débrouillée pour s'assurer des contrats lucratifs de la part de la FIFA. Et depuis des années, la société avait effectué en secret des versements au profit de certains officiels du football, dont des responsables de la FIFA.

Je pris contact avec Bauer à l'occasion de la première réunion regroupant les créanciers d'ISL. Celle-ci eut lieu à Zoug en juillet 2001, un peu plus d'un mois et demi après l'effondrement de la société. Bauer était bien disposé, et ses yeux s'illuminèrent lorsqu'il me confia : « J'ai trouvé la trace de versements d'ISL liés au monde du football. Certains sont très importants, supérieurs à un million de francs suisses. J'ai écrit aux bénéficiaires en leur demandant de rendre l'argent. Nous sommes en train de négocier – si nécessaire par voie de justice – le remboursement de ces sommes. »

Mois après mois, Bauer négocia avec acharnement avec Weber.

Après deux ans ou presque de bras de fer, il finit pourtant par perdre patience. Le 20 mai 2003, il fit appel à la cour du canton de Zoug et porta plainte contre les dirigeants d'ISL. Il leur demandait le remboursement des sommes qu'ils avaient versées aux responsables du football, ainsi que la communication des documents révélant les noms des dirigeants, bénéficiaires et autres parties impliquées dans ces curieuses transactions. Comme il est de coutume à Zoug, le contenu de la plainte demeura secret.

Quelques mois plus tard, je rendis visite à Bauer dans son petit bureau bâlois, bourré du sol au plafond de caisses d'archives pleines de documents qui révélaient l'histoire de la grandeur et de la chute d'ISL. Que n'aurais-je donné pour pouvoir y jeter un coup d'œil ! Trônant sur ce trésor, Bauer ne put s'empêcher de rire devant ma frustration. Non, il n'était pas disposé à raconter l'histoire. Pas encore. Nous étions en novembre 2003 et il savait qu'il était sur le point de conclure la transaction qui lui permettrait de récupérer ces millions versés aux responsables du football, y compris le pot-de-vin de un million de francs suisses arrivé par erreur sur le compte de la FIFA.

Au début de la nouvelle année, le 18 février 2004 précisément, un compte spécial fut ouvert dans une banque de Zurich. Intitulé « Compte numéro 1/Weber », c'était le canal par lequel les responsables du football pourraient rembourser les pots-de-vin versés par ISL. La personne qui avait ouvert le compte et négocié le remboursement de l'argent par un nombre non précisé d'officiels du football était un certain professeur Peter Nobel, l'un des avocats les plus respectés de Suisse, qui avait auparavant représenté Blatter et la FIFA.

Nobel et Bauer négocièrent dans le secret le plus absolu. Il faut dire que l'affaire était hautement sensible. Dans le monde entier, les journalistes continuaient de refléter le visage radieux offert par la FIFA, sans que le moindre soupçon des ennuis que rencontrait l'organisation n'atteigne le grand public. Enfin, presque...

A l'occasion d'une conférence de presse à Tunis, en janvier 2004, j'interrogeai Sepp sur le pot-de-vin-qui-s'était-égaré. Il ne cacha pas son mécontentement.

Le professeur Nobel obtint de bonnes conditions pour ses clients secrets. A l'origine de 3,5 millions de francs suisses, les demandes de remboursement passèrent à 2,5 millions. Il obtint l'accord de Bauer pour clore l'affaire, avec la promesse de ne pas émettre d'autres exigences par la suite. Pour reprendre les termes de l'avant-propos de l'accord, daté du 27 février 2004 : « M. Weber souhaite que les bénéficiaires de l'argent versé par ISL qui sont directement ou indirectement impliqués dans les affaires de football *(« Fußballgeschäft »)* ne se voient pas demander le remboursement de sommes d'argent supplémentaires. » Il apparaissait clairement que ce n'était pas Weber en personne qui rembourserait l'argent. Il n'était que l'intermédiaire des bénéficiaires des pots-de-vin, qui pourraient ainsi rembourser discrètement une partie des sommes indûment perçues.

Un an plus tard, les magistrats suisses les plus éminents prirent connaissance du document et conclurent froidement que l'argent avait été « versé par des personnes ayant intérêt à ce qu'un procès [intenté par Bauer] n'ait jamais lieu ».

Un beau jour d'avril 2004, Blatter et les membres de son comité exécutif débarquèrent à l'hôtel Claridge de Londres – qui propose l'un des meilleurs menus au champagne de la capitale anglaise – pour entamer la célébration du centenaire de la FIFA, au cœur du pays qui avait inventé le football.

Depuis un fauteuil du salon d'entrée, je vis Chuck Blazer et Peter Hargitay discuter intensément autour d'une tasse de café dans un coin discret. Blatter fit sa grande entrée, suivi avec déférence par les responsables du football anglais. Puis tout ce beau monde partit pour le palais de Buckingham, où Jack Warner expliqua à la reine Elizabeth et au prince Philip qu'il était loin d'être satisfait du niveau des dépenses que les hommes d'affaires britanniques consacraient au football à Trinité. Blatter rendit visite à Tony Blair au 10, Downing Street, après quoi toute la smala s'envola pour la Ville Lumière.

Pourquoi ? Mais enfin, nous étions en 2004. Or la FIFA avait été fondée à Paris en 1904. Et comme tout le monde aime bien faire la fête, la FIFA avait invité les responsables du football du monde entier à une super teuf.

Le président Chirac ouvrit les réjouissances, félicitant Blatter pour sa « brillante carrière », louant sa « vision humaniste du football » et le décorant de la Légion d'honneur. Le soir, la FIFA tout entière se réunit dans un château pour y banqueter, après quoi Blatter décerna les ordres du mérite du centenaire.

Il y en eut pour Adidas et Coca-Cola, pour João Havelange et Jack Warner. Charlie Dempsey y eut droit lui aussi. Oui, Dempsey ! Celui qui, sur les conseils de ses avocats, n'avait pas pris part au dernier tour de vote dans la bagarre pour l'organisation de la Coupe du monde 2006.

Reçurent également la médaille le milliardaire Henry Fok, Isaac Sasso, Julio Grondona, Nicolas Leoz, Bin Hammam et Denis Obua. Denis qui ? Denis Obua, président de la fédération ougandaise qui, moins d'un an plus tard, se retrouverait derrière les barreaux de la prison de Luzira, à Kampala, accusé de détournement de fonds au détriment de sa propre fédération nationale.

Blatter décerna également l'ordre du mérite à son homme dans les Balkans, Ivan Slavkov, président de la fédération bulgare et membre du CIO. Six semaines plus tard, *Panorama*, émission d'information de la BBC, diffusa un sujet sur le processus d'attribution des JO de 2012 : le Bulgare, filmé par une caméra cachée, annonçait le prix qu'il demandait en échange de sa voix. Le CIO le suspendit, mais Blatter vola à son secours en clamant : « Pour la FIFA, il demeure président de la fédération de football bulgare ; nous allons d'ailleurs lui envoyer une lettre de confirmation à ce sujet. » Au titre de président de la FIFA, Blatter est membre de droit du CIO. Lors d'un vote de cet organisme sur l'expulsion de Slavkov, Blatter fut l'un des rares à voter contre.

Mais la FIFA n'en avait pas terminé avec les ennuis. Le 29 juin 2004, elle fit une curieuse démarche : elle écrivit au juge Hildbrand pour annoncer qu'elle cessait purement et simplement de soutenir l'enquête criminelle entamée contre les dirigeants d'ISL à propos des millions envolés de Globo. Il n'y eut pas d'annonce publique. Mais si la FIFA pensait que cela allait arrêter le magistrat suisse, elle commettait une grave erreur. Disposant d'autres informations et d'autres sources qui lui permettaient de considérer que l'enquête méritait de se poursuivre, il continua de creuser.

Huit semaines plus tard, le 24 août, il fit porter au professeur Nobel une demande officielle exigeant que celui-ci lui livre les noms des responsables du football qui avaient remboursé à Bauer 2,5 millions de francs suisses. Hildbrand réclamait également les archives bancaires y afférentes. Il considérait cette information comme si importante et si délicate qu'il interdisait au professeur Nobel et à ses employés de révéler cette exigence à toute tierce partie. Autrement dit, Hildbrand semblait rassembler des preuves grâce auxquelles il pourrait entamer des poursuites pour crime de corruption d'ordre commercial.

Une très mauvaise nouvelle pour ceux qui avaient les mains sales !

Pendant ce temps, Blatter faisait de gros efforts pour garder les mains propres. Le *Financial Times* lui avait alloué une tribune hebdomadaire. Il en usa habilement un mois après que Hildbrand eut lâché sa bombe sur le professeur Nobel pour affirmer qu'il était absolument opposé à un monde du football « où règne l'argent et où la conscience sociale n'a qu'une signification limitée ». Et il annonçait solennellement aux lecteurs du quotidien de la City : « J'ai toujours eu pour philosophie que ceux qui ont doivent donner à ceux qui n'ont pas. »

Quelque temps plus tard, il dirigea un débat à Sonnenberg sur « la signification du football dans la société d'aujourd'hui ». Le lendemain, il présentait le nouveau

Code d'éthique de la FIFA. Dénué de substance, selon tous les connaisseurs. Essentiel, à en croire Markus Siegler, qui précisa : « Il y a beaucoup d'argent dans le football, certains pourraient se laisser tenter. » Jack Warner enfonça le clou, comme à son habitude : « Je suis vice-président de la commission financière de la FIFA. Je contrôle un budget de deux milliards de dollars et n'ai jamais été témoin d'une once de corruption. »

La FIFA fêta son centenaire à Monaco au mois d'août, après quoi Blatter et son équipe partirent pour une tournée – dont l'objectif était de recueillir des voix – en Asie centrale. Ils s'arrêtèrent successivement en Ouzbékistan, au Turkménistan, au Kazakhstan, au Kirghizistan et au Tadjikistan, tous lieux où triomphent la pauvreté, le crime organisé, les arrestations arbitraires et la torture. Blatter et ses hommes ne virent bien sûr rien de tout cela. De fait, ils eurent le front, une fois de retour en Suisse, de rapporter que « chaque jour est une célébration de la tolérance grâce à la coexistence harmonieuse des musulmans et des chrétiens orthodoxes, des Turco-Mongols et des Slaves ».

Bauer tint sa seconde réunion de créanciers, de nouveau à Zoug. Les créanciers de Weber ne furent pas ravis d'apprendre que, sur les milliards qu'ils réclamaient, moins de 20 millions de francs suisses avaient été récupérés.

Blatter, qui continuait d'encaisser ses 500 dollars quotidiens de frais, effectua une nouvelle tournée en Amérique latine, suivie par plusieurs cérémonies d'inaugurations diverses dans le cadre du Projet Goal, en Afrique cette fois. Pendant que Blatter voyageait, le professeur Nobel attendait le verdict des juges de Zoug. Il avait fait appel de la demande expresse de Hildbrand concernant la livraison des noms et des documents. Le

29 novembre 2004, les juges statuèrent que Nobel devait se plier à la demande de Hildbrand, et lui livrer les noms. Nobel intenta un contre-appel.

De retour à Sonnenberg, la FIFA déversa sa manne sur sa dernière lubie. De tous les coins de la planète football, les officiels convergèrent sur Zurich, où devait être décerné en décembre le titre de Footballeur de l'Année.

« La grande fête du football a eu lieu dans le cadre grandiose du légendaire Opéra de Zurich, rapporta le site fifa.com. A l'occasion d'une soirée d'une splendeur inégalée, c'est le football lui-même qui est sorti vainqueur. » Le Brésilien Ricardo Teixeira, empoisonné chez lui par des accusations de corruption, fut ravi de recevoir le trophée FIFA du Fair-Play des mains du fameux Bobby Charlton. Parmi les milliers d'invités, venus à Zurich tous frais payés – par le football… –, il y avait bien sûr le capitaine Horace Burrell et son copain Chet Greene. La marquise installée devant l'Opéra coûta à elle seule, à ce qu'on dit, 3,5 millions de francs suisses pour cette soirée unique.

Lausanne, 17 janvier 2005

Ce jour-là, le professeur Nobel interjeta son contre-appel devant l'organe judiciaire suprême, la cour fédérale de Lausanne, pour demander d'annuler la décision de la cour du canton de Zoug exigeant que les noms, relevés bancaires et autres informations afférents aux remboursements des pots-de-vin soient fournis à l'équipe d'enquêteurs dirigée par Hildbrand. Le 21 février, la cour fédérale accepta d'examiner ce contre-appel. Toutes ces manœuvres juridiques furent gardées secrètes, comme d'habitude. Le même jour, une guerre fratricide éclata de nouveau sur les hauteurs de Sonnenberg.

Urs Linsi avait eu quelque mal à assumer la transition entre le monde de la banque et celui du sport. Cadre supérieur dans un organisme financier de Zurich jusqu'à la mi-1999, date à laquelle Blatter avait fait appel à ses services comme comptable en chef, Linsi n'eut pas la partie belle avec le monde du football.

L'adjoint de Linsi, le charismatique Jérôme Champagne, usait de sa longue expérience de ce sport, d'un don certain pour les langues et de ses rapports agréables avec les officiels du football pour se créer des appuis politiques au sein des fédérations nationales. Champagne croyait-il à ses chances de succéder à Sepp à la présidence lorsque le vieux céderait la place ? Toujours est-il que, pour Linsi, l'avenir paraissait sombre.

Zurich, 21 février 2005

Linsi envoya à Blatter un mémo top secret se plaignant de « la conduite et de l'attitude » de Champagne. Il souhaitait le départ définitif de son adjoint. Blatter répondit sèchement : « Je ne puis donner suite à cette requête pour le moment. » Quelques jours plus tard, Blatter donna suite à autre chose : il multiplia par deux les émoluments des membres du comité exécutif, qui passèrent à 100 000 dollars par an, libres d'impôts.

Fin mars 2005, j'envoyai à Blatter et Linsi une lettre dans laquelle je posais une série de questions, dans le cadre de ce livre, concernant leur inaction apparente depuis septembre 1998, date à laquelle la FIFA avait découvert pour la première fois que l'argent de Globo avait été détourné.

Je leur faisais savoir que j'avais eu connaissance des lettres qu'ils avaient envoyées à Weber. Je savais également qu'ils avaient été informés en mai 2000 que la façon dont Weber traitait le contrat et l'argent était absolument inadmissible. Se sentaient-ils personnellement responsables de la disparition de cet argent ? Et en avaient-ils informé le comité exécutif ? J'étais curieux de savoir pourquoi Blatter avait annoncé en avril 2001 qu'il venait tout juste de prendre connaissance du problème. N'était-il pas au courant depuis 1998 ?

J'envoyai mes questions par l'intermédiaire du responsable du service de presse de la FIFA, Markus Siegler. Il resta assis dessus pendant cinq semaines, puis, début mai, il me répondit que « les questions intéressant Urs Linsi devaient lui être envoyées personnellement ». Je renvoyai donc mes questions, directement à Linsi cette fois, mais, au moment où ce livre est imprimé, de nombreux mois se sont écoulés et je n'ai pas eu l'honneur d'avoir de réponse de sa part.

Siegler se débrouilla pourtant pour transmettre mes questions à Sepp Blatter. Le président répondit par la plus brève des déclarations : « Le versement de Globo auquel il est fait référence fait l'objet d'une plainte en justice déposée à Zoug par la FIFA en relation avec la faillite d'ISL. » Il manquait toutefois des éléments à l'histoire. La FIFA avait cessé de soutenir la plainte et ce en secret, dix mois auparavant. Ce qui n'avait pas empêché le juge Hildbrand de persévérer.

Le mercredi 11 mai 2005, Hildbrand accusa Weber et plusieurs de ses associés de fraude, faux en écriture et détournement frauduleux de 118 millions de francs suisses versés par Globo, et de 15 millions supplémentaires appartenant à la société japonaise de marketing

Dentsu. Hildbrand publia un communiqué révélant que son enquête portait sur cinq pays.

Le juge suisse accorda une interview à la télévision. Il y apparut comme un homme calme, en paix avec lui-même, sans rien à cacher. Son visage se tendit une seule fois – lorsqu'il révéla que la FIFA avait cessé d'appuyer la plainte l'année précédente. Il ajouta que « les accusations émises par la FIFA » n'étaient pas les seules allégations dont il avait eu connaissance. Il avait pris en considération, dit-il d'une voix lourde de menaces, « d'autres faits et circonstances ».

Blatter ne tarda pas à lui répondre devant les caméras. Avait-il tenté de saboter l'enquête d'Hildbrand ? Certainement pas, expliqua-t-il.

Ils n'avaient pas le moins du monde *retiré* leur plainte. Ils l'avaient tout simplement *réorientée* : « Nous n'étions plus intéressés car nous avions découvert entre-temps que nous avions plus de chances de récupérer l'argent par le biais d'un procès au civil. »

Deux mois plus tard, Urs Linsi fit une nouvelle tentative à l'encontre de son adjoint Jérôme Champagne : il envoya à Blatter un mémo dressant une nouvelle liste d'« incidents » qui, selon lui, « ne me laissent d'autre option que de soumettre une requête pour le renvoi de Jérôme Champagne du poste de secrétaire général adjoint et pour l'annonce de la fin de son contrat de travail ».

Pourquoi donc ? Parce que Jérôme Champagne se conduisait vraiment trop mal. D'après Linsi, des responsables haut placés des confédérations européenne et africaine étaient furieux qu'il se mêle de leurs affaires. Un responsable de l'UEFA le traitait d'« espion ». Un autre avait dit qu'il refusait que le Français assiste à leur congrès, à Tallin.

Pour en revenir à Sonnenberg, « le comportement et l'attitude de Champagne envers certains membres de la direction de la FIFA commencent à poser de sérieux problèmes », poursuivait le secrétaire général.

Six responsables de département de la FIFA désiraient que l'on prenne des mesures à l'égard de Champagne. « Ne pas tenir compte de leurs souhaits risquerait d'entraîner une scission au sein de l'équipe de direction de la FIFA. » Linsi décochait quelques traits supplémentaires dans le dos de Jérôme Champagne avant de coiffer son haut-de-forme de croque-mort. « Les sérieux écarts de J. Champagne, son manque de professionnalisme, sa déloyauté et son incapacité au cours de la dernière période ne me laissent d'autre choix que de prendre des décisions appropriées et qui auraient dû l'être depuis longtemps.

« Cher Président, je recommande, sur la base des faits dont nous disposons, que nous nous dispensions des services de Champagne. Pour le bien de la FIFA, je vous demande de soutenir ma requête. Avec mes meilleurs sentiments, Urs Linsi, Secrétaire général de la FIFA. »

Lausanne, 11 juillet 2005

Le président Féraud, présidant la cour fédérale, assisté des juges Nay, Aeschlimann, Fonjallaz et Eusebio, proclama son verdict. Long de 4 980 mots, il donnait suite à la requête du professeur Peter Nobel selon laquelle il n'avait pas obligation de remettre au juge d'instruction Thomas Hildbrand les noms des responsables du football ayant reçu des pots-de-vin. Pour le moment du moins, ces noms pouvaient demeurer secrets. Selon Thomas Bauer, liquidateur d'ISL, aucune personne de nationalité suisse n'était impliquée. Les contribuables du canton de Zoug paieraient les 3 000 francs suisses représentant les frais de justice.

Marrakech, 12 septembre 2005

Le 55e congrès de la FIFA soutint la proposition de Blatter de mettre sur pied une commission spéciale, intitulée « Pour le bien du jeu », chargée de régler les problèmes de matchs truqués, de dopage, de racisme et autres « menaces » qui, à l'en croire, pesaient sur le football dans le monde. Le président se lamenta sur le fait que « certaines parties du monde du football d'aujourd'hui ne sont malheureusement pas aussi merveilleuses qu'elles devraient l'être ».

Au milieu de son discours, Blatter s'arrêta de parler et se contenta de fixer l'assistance d'un air béat. Retentit alors depuis les haut-parleurs la voix mélodieuse de Louis Armstrong chantant « What a Wonderful World ». Là-haut dans les loges, Jean-Marie Weber, invité de la FIFA, écoutait avec ravissement, en attendant son procès. Accusé d'avoir détourné plus de 100 millions de francs suisses destinés à la FIFA, il risquait de devoir considérer comme un souvenir du passé le ciel bleu et les roses rouges promis par la chanson...

De retour à Sonnenberg, Blatter retrouva un Linsi toujours écumant contre Jérôme Champagne. Il muta Champagne dans son propre bureau présidentiel, où il serait hors d'atteinte de Linsi, lui décerna le titre ronflant de « délégué du président » et lui attribua la responsabilité de la commission anti-corruption « Pour le bien du jeu ».

La tentative de Linsi de casser les reins de son rival Champagne se soldait par un échec complet.

Vers la fin de l'année, le docteur Thomas Bauer démissionna de son poste de liquidateur d'ISL et fut remplacé par Karl Wäthrich, l'extraordinaire liquidateur de Swissair, désormais rebaptisée « Swiss ». C'est alors que le presque impensable se produisit. Le matin du 3 novembre 2005, vers 10 h 30, Thomas Hildbrand arriva sans prévenir à la porte du QG de la FIFA, avec une équipe d'enquêteurs et une commission rogatoire l'autorisant à perquisitionner les bureaux de Blatter et de Linsi. Selon des sources du bureau d'Hildbrand à Zoug, il avait obtenu l'autorisation de lancer une nouvelle enquête sur la base d'informations obtenues durant les investigations sur ISL.

Blatter en informa Johansson et d'autres membres du comité exécutif, mais le public n'en sut rien. Il fallut attendre trois semaines pour que la nouvelle du raid soit révélée par le journaliste suisse Jean-François Tanda dans le *Sonntags Zeitung*. Il rapporta que le motif inscrit sur le mandat de perquisition était *ungetreue Geschäftsbesorgung* – déloyauté envers un employeur. Andreas Herren, porte-parole de la FIFA, déclara : « Aucun membre de la FIFA ou de l'organisation n'a été accusé de quoi que ce soit. Nous pensons que Hildbrand a fait montre d'une réaction excessive. Des documents ont été saisis et, dans une certaine mesure, ont été retournés depuis. » Hildbrand ne fit pas de commentaires.

Au moment où ce livre est mis sous presse, les responsables d'ISL accusés d'avoir escroqué l'argent de la FIFA attendent de connaître le sort que leur réserve la cour du canton de Zoug. Hildbrand n'a pas jugé bon de révéler les preuves dont il dispose, mais le jugement de la cour fédérale nous donne un indice. A la clause 3.5 figure la mention selon laquelle l'un des responsables d'ISL mis en accusation a avoué à Hildbrand que l'argent a été versé à des individus qui sont « *Entscheidungstrager des Weltsports* », des décideurs dans le monde du sport !

La FIFA se fait construire un nouveau quartier général à Zurich. Pas de cadavres dans les nouveaux placards, pas de dossiers secrets compromettants sous les lattes des nouveaux parquets. Mais les récépissés bancaires qui reposent dans les sous-sols de Zurich et de Zoug ne peuvent pas être pilonnés.

Tic-tac, tic-tac... Le compte à rebours continue.

Post-scriptum

Le 27 novembre 2005, Peter Nobel, l'avocat qui avait ouvert le compte bancaire sur lequel les responsables du football pouvaient rembourser au liquidateur d'ISL les pots-de-vin qu'ils avaient reçus, soumit une requête à la cour de justice de Meilen, un faubourg de Zurich.

Cette fois, les clients du professeur Nobel étaient la FIFA et son président, Sepp Blatter. En secret, il demandait à la cour d'interdire sur-le-champ la publication de ce livre en Europe. Nobel demandait à la cour de nous intimer l'ordre, à moi et à mon éditeur, de lui remettre un exemplaire du livre. A défaut de quoi nous serions l'objet de sanctions criminelles et pénales prévues par la loi suisse.

Nobel affirmait que cette publication causerait à ses clients « des dommages personnels considérables ». Longue d'une douzaine de pages, cette requête demandait une interdiction permanente de diffuser et de publier des allégations touchant la FIFA et les officiels de la FIFA. La liste était longue...

Selon Nobel, j'attaquais la FIFA et Blatter avec des rapports « douteux », et j'étais considéré comme « un critique acerbe et particulièrement injuste ». Il semble que je me montre parfois « aigre ». Je retrouvais des échos de Lawrence Cartier dans l'affirmation selon laquelle mes accusations étaient « injustifiées », avec des « jugements diffamatoires et des assertions mensongères ».

A l'appui de ses arguments pour convaincre la cour, le professeur Nobel avait quelques munitions. Il produisit un certain nombre d'articles que j'avais publié, les textes de conférences que j'avais donné. Ce qui ne manqua pas de me surprendre. Il y avait entre autres l'article que j'avais consacré à la prime secrète touchée par Blatter en mars 2003 : Blatter et Cartier avaient alors menacé de me poursuivre sur ce point, mais n'en avaient finalement rien fait. Blatter ne s'était même pas plaint des autres articles, alors même que leur teneur pouvait être aisément consultée sur Internet.

La cour se voyait également demander que, dès que le livre serait « publié ou mis en vente en Suisse ou à l'étranger » – Royaume-Uni inclus –, il soit procédé à sa confiscation « par l'autorité compétente ». Et si nous passions outre à l'interdiction de la cour, *nous encourions une amende et jusqu'à trois mois d'emprisonnement.*

Le juge S. Zurcher débouta la requête de Nobel, mais nous intima l'ordre de soumettre nos arguments. Ma copie de l'assignation fut remise deux mois plus tard par un huissier agissant au nom de la cour de justice dont je dépends, aux frais du contribuable britannique.

Le 3 mars 2006, le même juge débouta la requête de la FIFA et de Blatter dans sa totalité. La FIFA et Blatter étaient condamnés à payer à la cour de Meilen la totalité des frais de justice, ainsi que des « compensations procédurales » à moi et à mes éditeurs. Ils avaient la possibilité d'interjeter appel.

Remerciements

On ne peut pas pourchasser les méchants sans l'aide des gentils, ceux qui font que j'aime mon métier avec passion. Merci à vous tous.

Plusieurs personnes courageuses et douées de principes moraux ont pris des risques personnels pour m'aider à donner un coup de projecteur sur le monde secret du football international. Je ne donnerai pas leurs noms ici, pour des raisons évidentes. A elles vont mon respect et mes chaleureux remerciements.

Voici maintenant ceux que je peux citer.

Colin Gibson, rédacteur en chef chargé des sports au *Daily Mail*, m'a chargé de parcourir le monde dans le cadre d'une enquête sur la FIFA. Il a eu le courage de publier des articles qui auraient fait fuir en courant d'autres responsables de journaux.

Thomas Kistner, de la *Süddeutsche Zeitung* de Munich, et Jens Weinreich, de la *Berliner Zeitung*, ont partagé avec moi leurs renseignements, leur amitié et de franches parties de rigolade. Je recommande leur livre *Das Milliarden Spiel : Fusball, Geld und Medien*, paru en 1998. Jean-François Tanda, de la *Sonntags Zeitung* de Zurich, a révélé en 2005 un certain nombre de scoops qui ont connu un retentissement certain dans le monde entier.

Journaliste de longue date, Keith Botsford m'a fait bénéficier de ses histoires, de sa sagesse et de son esprit acéré concernant l'ère João Havelange. Morley Myers, toujours vaillant, présent lors de tous les grands événements sportifs, a évoqué avec brio à mon profit ce qui s'était passé à Francfort en 1974.

Barbara Smit m'a fait bénéficier de ses recherches longues et délicates sur la famille Dassler. Son livre *Pitch Invasion* est une lecture essentielle pour tous ceux qui souhaitent en savoir plus sur la manière dont les grandes firmes d'équipements ont pris en main le monde du sport, ont appris à tenir en laisse ses responsables et ont toujours trouvé des moyens bizarres pour les corrompre.

L'Angolais Rafael Marques m'a raconté comment il avait été jeté en prison à la demande de Justino José Fernandes, membre du comité d'audit interne de la FIFA. Au Kenya, mes guides ont été le journaliste Elias Makori, Bob Munro, du projet Mathere, dont le but est de se servir du football pour aider les enfants des bidonvilles, et l'agent Simon Wiseman. En Ouganda, Stephen Ouma Bwire m'a fourni des informations sur ceux qui détournaient l'argent de la fédération nationale. Au Nigéria, Olukayode Thomas m'a indiqué les endroits où je devais fouiner pour trouver des preuves.

Bob Wagman a éclairé ma lanterne sur le football en Amérique, et en Argentine Ezequiel Fernandez Moores m'a fait part de ce qu'il savait sur Julio Grondona et la Coupe du monde des généraux de 1978. Au Brésil, Rodrigo Mattos m'a tout appris sur João Havelange, Ricardo Teixeira et leur affaire de jeux au sein de la FIFA. Il m'a en outre généreusement laissé prendre connaissance des lettres et contrats qu'il s'était procurés.

A Trinité, les amoureux du football et ses responsables m'ont raconté des histoires éclairantes sur la vie avec Jack

Warner. Emile Elias, de l'Association des entrepreneurs, et Selby Browne, de la chaîne de télévision Caribbean Sports, m'ont été d'une aide inappréciable. Raffique Shah et George Hislop ont évoqué à mon profit les débuts de Jack. Le journaliste Lasana Liburd s'est révélé un guide remarquable, alors même qu'il progressait dans son enquête.

A Mexico et à Miami, Edgardo Codesal m'a fait part de ses expériences avec Warner et Blazer.

Le Dr Jean-Marie Kyss m'a consacré un temps précieux à Port-au-Prince pour m'entretenir avec modestie de ses batailles pour préserver le football de l'emprise des gangsters du gouvernement. Kalai et Ron Bluntschli m'ont servi d'interprètes et de chauffeurs, et m'ont appris une foule de choses sur Haïti.

Ian « Magic » Hughes m'a attiré à Antigua avec ses reportages sensationnels sur l'usage extraordinairement abusif des subventions de la FIFA. Alex Tomlinson m'a fait part de ses tentatives – infructueuses – pour persuader Jacques Rogge, président du CIO, de laisser les jeunes de l'île participer aux phases qualificatives pour le tournoi olympique d'Athènes. Gordon Derrick m'a aidé à m'y retrouver dans le fatras de papiers qu'étaient les comptes de la fédération nationale, et Noel Egan m'a présenté à ces jeunes gens de la base qui n'avaient jamais vu un centime de l'argent de la FIFA.

Le Danois Jens Sejer Andersen s'est débrouillé pour réunir bon nombre de journalistes curieux lors des conférences intitulées « Jouons le Jeu ». Les rencontres qui en ont découlé ont donné naissance à de nombreux articles remarquables – signés par moi et de nombreux journalistes du monde entier. A Barcelone, Xavier Vinyals i Capdepon n'a jamais lâché prise dans sa quête pour obtenir une photo de Juan Antonio Samaranch en train de faire quelque chose qu'il aurait préféré laisser ignorer. Xavier a réussi à mettre la main dessus. Au bout de quinze ans...

Christian Jannette a sollicité pour moi ses souvenirs des années Dassler et Eric Wattez m'a aidé dans mes recherches en France, apportant en outre une aide précieuse aux traducteurs de ce livre. Laurent Coadic, de *L'Equipe*, m'a éclairé sur les relations entre la France et la FIFA. A Tunis, David Barnes, désormais journaliste free lance en Provence, m'a raconté un certain nombre d'histoires follement drôles sur l'héritage Dassler.

Le Suisse Christoph Mueller s'est révélé être un collègue exemplaire au Mali. Nous avons travaillé et beaucoup ri ensemble à Bamako, puis à Zurich. Christoph m'a présenté à son collègue Urs Schnell, du magazine hebdomadaire *Rundschau*, qui a consacré de longues heures à expliquer dans le détail la liquidation d'ISL. Zora Ledergerber, de Swiss Transparency International, m'a éclairé sur les procédés brutaux de Markus Siegler.

Le juge d'instruction zurichois Urs Hubmann m'a accordé généreusement de son temps et de son savoir, tout comme Thomas Bauer, le liquidateur d'ISL, malgré une terrible rage de dents.

Osama El-Sheikh, rédacteur en chef du magazine *Super*, m'a apporté son aide à Tunis. Et en Angleterre Neil Wilson, du *Daily Mail*, m'a généreusement fait partager ce qu'il savait de l'histoire d'ISL. Au *Mail*, Matt Lawton, Martin Lipton, Paul Newman, Charles Sale, John Greechan, Victoria Jackson et toute l'équipe du service des sports m'ont accordé leur solide soutien.

David Bond, de l'*Evening Standard*, Gordon Farquhar, de *BBC Sport*, et Brian Oliver, de l'*Observer*, m'ont ouvert les yeux sur d'autres aspects de la FIFA de Blatter. David Pallister, du *Guardian*, s'est souvenu du retrait hâtif du Maroc de l'Organisation de l'unité africaine afin de pouvoir continuer à piller les richesses du Sahara occidental, et Toby Shelley, du *Financial Times*, m'a fait partager sa connaissance en profondeur de la région et de ses problèmes politiques.

Comme toujours, Michael Gillard m'a donné des conseils inappréciables. Peter Jackson et d'autres m'ont fait bénéficier de l'assistance – et parfois de l'intervention – de détectives confirmés. Denis O'Connor s'est penché sur la présentation très particulière par KPMG des informations financières de la FIFA. Le comptable Richard Woods m'a conseillé sur l'interprétation des conseils privés de KPMG sur les curiosités qu'ils mirent au jour lorsqu'ils prirent en charge l'audit de la FIFA.

Caroline Wood m'a aidé à mettre de l'ordre dans mes recherches. Christopher Whiteley m'a entraîné avec enthousiasme dans des montagnes de documents en langue allemande, Azucena Fernandez Duran se chargeant pour sa part de la partie espagnole. Matthew D. Rose m'a initié aux subtilités des termes juridiques en vieil allemand. Et lorsque, pendant la violente tempête qui frappa ma région en janvier 2005, mes lignes électriques furent coupées, Tom et Andri Thwaites m'offrirent refuge et courant électrique.

Mes chaleureux remerciements également à mon agent Sheila Crowley, à mon éditeur Tom Whiting, à Harper-Sport, et à Clare Sambrook, qui a révisé ce livre avec sagacité et énergie.

Sources

Chapitre 1

Page 16. L'histoire du pot-de-vin arrivant à la mauvaise adresse : plusieurs sources confidentielles à l'intérieur et à l'extérieur de la FIFA et d'ISL m'ont donné des précisions. Publiée partiellement, au fil de l'arrivée des informations, dans les numéros du 27 mai 2002, puis du 5 décembre 2005 du *Daily Mail.* Reprise dans des journaux suisses et allemands. Voir par ailleurs le chapitre 7. L'existence de ce pot-de-vin était connue depuis plusieurs années par de nombreux responsables de la FIFA et certains membres du comité exécutif.

Page 19. La répression en Tunisie est largement attestée par divers organes de presse et des médias, du *New York Times* à la BBC, et par des ONG comme Reporters sans Frontières et Amnesty International.

Page 20. Pour plus de détails, voir le chapitre 29 sur la décision du juge d'instruction zurichois et son enquête sur les allégations de corruption à l'encontre de Blatter.

Page 22. La question de l'auteur à Blatter a été filmée par une équipe de TV danoise et diffusée par la suite dans de nombreux pays d'Europe. Le producteur du film, qui était également l'interviewer, était le journaliste allemand Jens Weinreich.

Chapitre 2

Tous mes remerciements à Morley Myers et Keith Bosford qui m'ont raconté le congrès de Francfort, et à Christian Jannette qui a évoqué pour moi ses souvenirs des années passées au service de Dassler.

Pour plus de détails sur l'équipe de Dassler et ses hauts faits, voir mes trois ouvrages, *Les Seigneurs des anneaux* (1992), *Les Nouveaux Seigneurs des anneaux* (1996) et *La Grande Escroquerie olympique* (2000), ainsi que mes nombreux articles et films pour la télévision.

Qui était le cinquième membre de l'équipe Dassler ? Certains de ses associés évoquent ouvertement ces paiements mais, bien que vivant et en bonne santé, il n'est pas disposé à s'exprimer officiellement.

Chapitre 3

Page 45. André Guelfi évoque sa version de l'histoire dans son autobiographie, *L'Original* (Robert Laffont, Paris, 1999). Pour plus de détails sur l'affaire Elf Aquitaine et le procès qui s'ensuivit, voir les nombreux articles consacrés au scandale par la presse française.

Nombre de personnes ayant travaillé pour ou avec Dassler sont toujours dans le sport business et craignent des mesures de rétorsion s'ils s'exprimaient. Merci à ceux qui ont accepté de témoigner hors micro.

Page 47. Pour les coups fourrés à l'encontre de Käser, voir Kistner & Weinreich, *Das Milliarden Spiel : Fußball, Geld und Medien* (Fischer Taschenbuch Verlag, 1998).

Page 49. Les commentaires d'André Guelfi sur l'embauche de Blatter et l'argent versé à Käser ont été enregistrés par Barbara Smit pour son document sur l'histoire de la famille Adidas-Puma, publié en anglais sous le titre *Pitch Invasion* (Penguin, mai 2006), et traduit en plusieurs langues.

Chapitre 4

Merci à Ezequiel Fernandez Moores pour ses conseils sur tout ce qui touche à l'Argentine. Son travail sur Julio Grondona, doyen des vice-présidents de la FIFA et président de sa commission des finances, a été une bénédiction pour les journalistes étrangers.

Page 56. La tentative de Blatter d'éjecter Havelange a été rapportée de façon détaillée par Kistner et Weinreich dans leur livre *Das Milliarden Spiel : Fußball, Geld und Medien*, ainsi que dans des articles récents. L'affaire a été de nouveau évoquée en 1998 quand Blatter s'est porté candidat à la présidence de la FIFA. Voir la dépêche de Reuters du 27 mars 1998.

Page 57. Pelé accuse de corruption Ricardo Teixeira, gendre d'Havelange : voir l'*International Herald Tribune* du 15 décembre 1993.

Page 58. Enquête sur Havelange. Voir l'article signé Roberto José Pereira dans l'édition brésilienne de *Playboy*.

Page 58. Ellert Schramm, cité dans Kistner & Weinreich, *op. cit.*

Page 59. Havelange et 32 équipes qualifiées pour le tournoi final de la Coupe du monde – cité dans Kistner & Weinreich, *op. cit.*

Chapitre 5

Naissance du projet jeux de la FIFA. Merci à Rodrigo Mattos et Juca Kfouri, au Brésil, pour leur aide dans cette enquête. L'essentiel des détails du plan est révélé dans un mémo adressé à Blatter par Richard Herson le 28 mai 2001.

Page 70. Le rapport du Congrès brésilien sur la corruption dans le football (1 600 pages !) fut publié le 4 décembre 2001. Il donne des détails fascinants sur les relations financières des principaux intervenants dans le projet jeux. Blatter maintient avec force que la FIFA n'avait nullement l'intention de soutenir ce projet. Les minutes de son comité de direction du 10 janvier 2002 révèlent toutefois qu'il était envisagé de le mettre en œuvre à titre d'essai pour la Coupe du monde 2002. Il n'en fut rien.

Chapitre 6

Le choc ressenti par les dirigeants d'ISL à l'idée de perdre le contrat avec le CIO et le besoin de conserver à tout prix celui signé avec la FIFA apparaît bien dans les minutes du conseil d'administration du 7 décembre 1995.

Chapitre 7

L'auteur a pu prendre connaissance de la copie des lettres échangées entre IMG, Drossart et la FIFA.

Page 87. Le versement adressé par erreur à la FIFA : l'auteur a vérifié avant publication sa citation avec un officiel de la FIFA souhaitant conserver l'anonymat, ainsi qu'avec plusieurs de ses collègues au courant de l'incident.

Chapitre 8

Page 89. Havelange « honoré » d'être l'hôte du président Abacha dans « Havelange s'excuse auprès du Nigeria », Reuters, 8 novembre 1995.

Page 91. Article signé Peter Wilson dans le *Sunday Times*, cité par Reuters le 12 novembre 1995.

Page 92. David Will refuse les cadeaux, cité dans *Badfellas*, de John Sugden et Allan Tomlinson (Mainstream, 2003).

Page 95. Le docteur Jean-Marie Kyss a été interviewé par l'auteur dans sa clinique, puis dans le stade national de Port-au-Prince en avril 2002.

Page 97. Vincy Jalal nommée déléguée de la fédération nationale d'Haïti, voir page 6 des minutes du 50e congrès de la FIFA, Zurich, 3 et 4 juillet 1996.

Page 100. Déclaration de Johansson, voir dépêche AP du 21 mars 1998.

Page 102. Chet Greene et les billets, voir chapitre 28.

Page 103. Soutenue par l'UEFA, la résolution pour contraindre Blatter à déclarer sa candidature est datée du 12 mars 1998. La réunion fut rapportée par Reuters, AP et l'AFP les 12 et 13 mars.

Chapitre 9

Page 106. Déclaration de Michel Platini, « Je suis un homme de conviction », Reuters, 18 mai 1998.

Page 106. « Blatter sera transparent », AP, 5 juin 1998.

Page 106. « Johansson s'attend à une campagne sale », Reuters, 29 mars 1998.

Page 107. L'auteur a eu connaissance de la copie des lettres d'Havelange s'engageant à apporter aide, financement et voix à Blatter.

Page 109. Ces commentaires de Braun ont été faits au congrès de l'UEFA, ouvert aux médias.

Page 111. Johansson à Kuala Lumpur : « Havelange n'est pas neutre », Reuters, 14 mai 1998.

Page 111. La brève visite de Blatter à Nairobi a fait à l'époque l'objet de reportages extensifs dans le *Daily Nation* et l'*East African Standard.*

Page 114. Le budget électoral de Blatter, évalué à 135 000 dollars par Reuters le 5 juin 1998, à 300 000 dollars par AP un peu plus tard le même jour.

Page 114. Platini sur les hôtels cinq étoiles, dépêche AP du 5 juin 1998.

Page 115. Farah Addo fut interviewé à Bamako, au Mali, en janvier 2002, par l'auteur et Christophe Mueller de la télévision suisse SFDRS.

Page 118. L'avion de l'émir : interview de Blatter dans le *Tages Anzeiger* du 23 décembre 1998.

Chapitre 10

Page 123. « Bomba » Mthethwa dans le *Swaziland Times* du 5 juin 1998.

Page 125. Neville Ferguson se faisant passer pour le délégué d'Haïti : voir page 9 des minutes du congrès de 1998. Cet épisode fut enregistré par la vidéo officielle de la FIFA.

Page 126. Corinne Blatter sur l'aide à l'Afrique, Reuters, 8 juin 1998.

Page 126. Sur le « rôle déterminant » de Warner, voir le *Trinidad Express* du 12 juillet 1998.

Page 126. Les allégations de pots-de-vin d'un montant de 50 000 dollars furent rapportées par le *Washington Post* du 9 juin 1998, ainsi que par d'autres journaux.

Page 127. Blatter « dément énergiquement », Reuters, 9 juin 1998.

Page 127. Graham Kelly et Alec McGivan : « L'Angleterre soulagée par la victoire de Blatter », Reuters, 8 juin 1998.

Chapitre 11

Page 131. La preuve que Blatter fit passer secrètement ses dépenses de campagne aux frais de la FIFA est apportée par ses notes de frais de l'époque, dont l'auteur a eu connaissance.

Page 135. L'auteur a eu sous les yeux une déclaration certifiée devant notaire par un employé de la FIFA attestant l'existence de la prime de Blatter. Voir également la lettre de Cartier à l'auteur, page 388.

Page 136. L'affaire des impôts pour les membres du comité exécutif de la FIFA m'a été confirmée par l'un d'eux, en toute confidence.

Page 138. Markus Siegler révèle que les membres du comité exécutif n'ont pas à produire de reçus lorsqu'ils envoient leurs notes de frais : courriel au *Daily Mail* du 2 septembre 2003.

Chapitre 12

Page 142. La déclaration d'Urs Linsi sur la transparence de la FIFA, affichée sur le site en janvier 2003, semble avoir été effacée de fifa.com.

Page 144. Lettre de Chung à Warner, datée du 18 janvier 2002.

Page 144. Réponse de Warner, datée du 21 janvier 2002.

Page 147. Les affaires fiscales de Blatter dans le canton d'Appenzell furent révélées par le numéro de septembre 1995 du magazine *Blick*. L'article fut repris par la plupart des journaux suisses dans les mois qui suivirent.

Page 147. La FIFA paie les impôts de Blatter. La source émane de plusieurs employés de la FIFA et d'une personne extérieure, qui étaient tous en mesure d'être au courant.

Chapitre 13

Page 154. Johansson : « Je n'en ai pas la preuve et je refuse de spéculer », Reuters, 9 juin 1998.

Page 155. La liste des membres des commissions de la FIFA peut être consultée sur fifa.com.

Page 155. Sur la fortune de Warner, voir le *Trinidad Guardian* du 13 janvier 2000.

Page 158. Les 100 000 dollars de Koloskov. Voir le rapport de Michel Zen-Ruffinen du 3 mai 2002 et la « rectification » subséquente de Blatter.

Chapitre 14

Page 164. Merci aux journalistes français qui m'ont aidé à obtenir des informations sur Jérôme Champagne, à la condition de demeurer anonymes.

Page 169. L'auteur a eu connaissance de la correspondance entre la FIFA et le cabinet McKinsey.

Chapitre 15

Upwards Through the Night, la biographie (à compte d'auteur) de Warner, écrite par Tino Singh, chef de la rubrique Sports du *Trinidad Guardian*, et publiée en 1998 par Lexicon of Trinidad Ltd, m'a été d'une grande aide.

Page 173. Blatter chante les louanges de son « merveilleux et loyal ami » Warner, 25 septembre 2001.

Page 175. Le passeport diplomatique du Premier ministre Panday pour le 57e anniversaire de Warner.

Page 175. Warner présente ses opposants comme des « talibans », *Trinidad Express* du 26 novembre 2001.

Page 175. Warner promet des installations sportives à la municipalité de La Brea, *Trinidad Express* du 26 novembre 2001.

Page 175. Warner nommé à un poste important au Parlement de Trinité, *Trinidad Guardian* du 10 avril 2001.

Page 179. Warner a fait imprimer des milliers de billets, *Upwards Through the Night*, pages 25 à 47.

Chapitre 16

Page 184. Blazer sur l'élection à la CONCACAF, et la plupart de ses citations, dans *Upwards Through the Night*.

Page 186. Le fax « sordide » à Blatter, 28 avril 1990.

Page 187. Blazer et son affaire de jeux, voir l'article du *Daily Mail* du 18 décembre 2001.

Page 188. Blatter s'engage sur un code de bonne conduite, Reuters, 19 décembre 2001.

Page 190. Warner « redevable » à sa communauté. Voir l'article d'Irving Ward dans le *Trinidad Express* de mai 1998.

Page 191. Lettre de Grondona et Blatter pour obtenir un prêt de 6 millions de dollars, 14 décembre 1999.

Page 192. Les séminaires à 77 000 dollars de Warner... et sa demande d'aide financière faite à Blatter le 21 août 2001.

Page 193. Requête de Warner pour subventionner un second séminaire avec la participation de Pelé, Bobby Charlton, Parreira et Houllier, le 12 mars 2002.

Page 193. Le fils de Warner devient agent : *Upwards Through the Night*, page 226.

Chapitre 17

Page 197. Lettre de l'Association des entrepreneurs de Trinité-et-Tobago au Premier ministre Panday, le 30 septembre 1999.

Page 197. Reportage de Keith Thomas daté du 12 mars 2001.

Page 198. Sandra Bachir, « Ce que nous ne pouvons pas changer », tiré de son article « Plus de $ pour les Warner », *Trinidad Express* du 1er septembre 2001.

Page 205. Extrait de l'article « Pas si vite, Jack », éditorial du *Trinidad Express* de septembre 2001.

Page 206. Walter Gagg, « Nous devons être très, très reconnaissants de l'avoir dans notre organisation ». Garth Wattley, *Trinidad Express*, septembre 2001.

Page 207. « J'entends travailler dans la transparence », conférence de presse de Blatter, hôtel Hilton de Port of Spain, 29 septembre 2001.

Page 208. La réponse de Blatter aux questions posées lors de la conférence de presse est datée du 17 octobre 2001.

Page 208. Lettre de Warner à Blatter – « toutes les fédérations membres de la CONCACAF soutiennent pleinement votre nouvelle nomination », 5 octobre 2001.

Page 209. Réponse de Blatter à Warner : « C'est avec un immense plaisir... », 9 octobre 2001.

Page 210. Warner avertit Blatter que le tournoi sera déficitaire, 25 octobre 2001.

Page 211. Jamal Warner sélectionné dans l'équipe de Trinité, *Trinidad Express*, 28 septembre 2002.

Chapitre 18

Ce chapitre a bénéficié d'une quantité considérable de documents émanant d'ISL, que m'ont fournis Jens Weinreich et Thomas Kistner.

Page 218. Lettre de Weber à Helio Viana émettant l'espoir d'acheter les droits d'image de Pelé, datée du 4 janvier 2000.

Chapitre 19

Ce chapitre a été rédigé grâce à la lecture d'une considérable quantité de lettres et de documents d'ISL portant sur la dernière année d'existence de la société.

Page 224. Lettre du Vatican remerciant Blatter pour son don de 50 000 francs suisses, 11 janvier 2001.

Page 225. L'article 158 du Code pénal suisse couvre la « déloyauté envers un employé en matière financière ».

Page 229. Mémo intitulé « Vue d'ensemble sur les finances », signé Michel Zen-Ruffinen et Jon Doviken, daté du 19 mai 2001. La réaction d'Urs Linsi suivit le 6 juin de la même année.

Chapitre 20

Page 233. L'affirmation de Blatter « C'est seulement le 21 avril [2001] que nous avons découvert qu'un paiement n'avait pas atteint son bénéficiaire normal » date du 25 mai 2001. Elle fut rapportée par AP et Reuters.

Page 233. Les récriminations de Globo sont contenues dans le mémo « Vue d'ensemble sur les finances » signé par Michel Zen-Ruffinen et Jon Doviken, daté du 19 mai 2001. La réaction d'Urs Linsi suivit le 6 juin de la même année.

Page 234. La plainte de la FIFA contre ISL fut enregistrée à Zoug le 28 mai 2001.

Page 236. Les 25 questions à Blatter de Johansson furent envoyées le 11 juin 2001.

Page 237. Le congrès de Buenos Aires fut couvert par les agences de presse et de nombreux envoyés spéciaux. L'article d'Ezequiel Fernandez Moores publié dans le magazine argentin *Alarco* m'a été d'une aide considérable.

Chapitre 21

Page 240. Lettre de Blatter à Chung sur la viande de chien, datée du 6 novembre 2001.

Page 241. Nouvelle liste de questions envoyée par Johansson le 14 décembre 2001. Elles portaient sur la titrisation et l'audit promis.

Page 241. Lettre des dissidents à Blatter, datée du 18 décembre 2001.

Page 242. Lettre de Warner à Blatter, « Mon cher président, j'ai pris connaissance de votre tristesse », en date du 20 décembre 2001.

Page 242. Lennart Johansson, « Je rentre chez moi de l'hôpital à cinq heures du matin... », 22 décembre 2001.

Page 243. David Will à Grondona : « Très honnêtement, j'espérais un document de 200 ou 300 pages... », 22 janvier 2002.

Page 244. Villar Llona annonce qu'il soutient Blatter, Reuters, 6 mars 2002.

Page 247. Juca Kfouri : « Une fois encore, on charge le renard de diriger le poulailler », *Guardian*, 12 mars 2002.

Page 247. Chuck Blazer écrit à Will : « A l'ouverture de la séance, j'ai déclaré que cette commission découlait d'une démarche politique », 24 avril 2002.

Page 249. « C'est devenu une affaire de personnes, en particulier avec M. Johansson, qui ne cesse de m'attaquer », Reuters, 25 avril 2002.

Page 249. Lettre de Blatter : « Lennart, c'est à vous de décider de la tonalité des semaines à venir », 22 mars 2002.

Page 250. Blatter à Chung : « Cher collègue [puis, manuscrit] cher MJ », 16 avril 2002.

Page 250. « Ceux qui me connaissent depuis trente ans... », Blatter stigmatise une « campagne de calomnie », Reuters, 23 avril 2002.

Page 251. Michel Zen-Ruffinen dans *Le Temps*, 18 avril 2002.

Page 252. Le rapport de Zen-Ruffinen daté du 3 mai 2002 parvint rapidement aux médias.

Page 252. Bollman hué. Plusieurs sources présentes dans l'assistance. Et le *Daily Telegraph* du 4 mai 2002.

Page 253. Hayatou, l'un des cinq, raconta plus tard : « Il paraissait ébahi, très choqué. Mais il a refusé de partir et a déclaré qu'il n'avait à répondre que devant le congrès », Reuters, 6 mai 2002.

Page 253. Blatter profita de l'occasion pour attaquer Hayatou. « Dans les premiers temps, je l'ai pris pour quelqu'un de correct », Reuters, 14 mai 2002.

Chapitre 22

Page 255. Blatter à Monrovia. Voir *FIFA News*, décembre 2000.

Page 255. Snowe crée « Les Amis de Blatter », 19 mars 2002.

Page 256. Weah : « C'est injuste envers notre football ». La FIFA confirme son don de 50 000 dollars à Snowe ; BBC, 21 février 2003.

Page 257. Le 3 janvier 2006, l'ONU annonça qu'elle prolongeait l'interdiction de voyager infligée à Edwin Snowe du fait de la poursuite présumée de ses liens avec Charles Taylor.

Page 257. Rencontre avec Kadhafi fin avril. *The Monitor* de Kampala du 2 mai 2002.

Page 258. Champagne : « Le président Blatter n'est pas venu ici pour faire campagne », AP, 25 mars 2002.

Page 258. « Blatter profite de l'occasion pour faire du lobbying en vue du vote », *All Africa Global Media*, 25 mars 2002.

Page 259. « Des enquêtes ont été diligentées, et toutes les allégations à mon encontre se sont révélées fausses », AP, Lusaka, 6 avril 2002.

Page 259. Bin Hamman : « Ce Gulfstream est fourni par un de mes amis saoudiens, Saleh Kamil », 9 avril 2002.

Page 261. « Nous aimerions attirer votre attention sur le fait qu'un membre d'un comité permanent de la FIFA ne peut être remplacé que par l'instance qui l'a nommé, c'est-à-dire le comité exécutif », écrivit à Warner le 13 mars 2002 le secrétaire général Zen-Ruffinen.

Page 262. Blazer explosa, demandant que Zen-Ruffinen soit viré ou suspendu, Bloomberg, 7 avril 2002.

Page 262. Zen-Ruffinen fit une découverte intéressante : des cartons entiers de correspondance entre Warner et la FIFA, allant de 1989 à 1991 compris, avaient disparu. Déclaration de Zen-Ruffinen, 5 avril 2002.

Page 263. « Tout en reconnaissant le fait que l'anglais est la première langue employée à la FIFA… », note de Warner à Zen-Ruffinen, 16 avril 2002.

Page 264. Interview de Grondona à une radio de Buenos Aires : « Zen-Ruffinen ne serait pas capable de diriger une troupe de boy-scouts », AP, 9 mai 2002.

Page 265. « Rectification » de Blatter, 17 mai 2002.

Page 267. Blatter : « Ceux qui profèrent des allégations qu'ils ne peuvent prouver iront en prison », AP, 22 mai 2002.

Page 268. Contiguglia : « Le président Blatter devrait continuer à diriger la FIFA ! », AP, 23 mai 2002.

Page 268. M. Massage se donnant de la joie. Certains fragments de ce courriel ont été occultés afin de préserver l'identité de la jeune femme et du responsable de la FIFA.

Chapitre 23

Page 270. La conférence de presse des cinq vice-présidents de la FIFA fut couverte par des centaines de journalistes des agences de presse et d'autres médias.

Page 274. L'auteur a eu connaissance des fax visant à rassembler les votes des fédérations caribéennes appelant à un congrès extraordinaire.

Page 276. Mémo de Monnier avisant des coûts d'un congrès extraordinaire, en date du 22 avril 2002.

Toutes les déclarations faites lors du congrès – auquel l'auteur assista – ont été vérifiées après vision de la vidéo officielle de la FIFA.

Page 292. « Demain, nous allons nous occuper de M. Propre », PA et autres agences de presse, 30 mai 2002.

Chapitre 24

Page 295. La Coupe du monde commença à Séoul le 31 mai 2002. Warner fut photographié par le *Trinidad Express* le soir du 4 juin, de retour à Trinité, devant la prison de Port of Spain.

Page 296. Warner à Blatter : « Mon cher président et ami », 7 février 2002.

Page 296. Warner : « Une compagne de voyage pour qui une chambre séparée ne sera pas nécessaire », 12 février 2002.

Page 298. La FIFA abandonne son exigence d'imprimer les noms sur les billets, AP, 24 mai 2002.

Page 299. Le porte-parole de la FIFA sur le choc éprouvé par Bin Hammam en apprenant que des billets portant son nom sont en circulation, AP, 8 juin 2002.

Page 301. Cooper renvoyé, PA, 10 juillet 2002.

Page 303. Tognoni éjecté, *Daily Mail*, 28 mars 2003.

Page 304. Blatter menace de suspendre le Brésil, agences de presse, 30 octobre 2000.

Page 306. « Un critique du régime marxiste attend son procès », AP, 12 août 1999.

Page 307. Marques menacé de ne pas voir son 40e anniversaire ; http://soros.org/whats new/rafael/background.html.

Page 312. L'antisémitisme de Grondona ; http://www.wiesenthal.com/site/apps/s/content.asp?c=fwLYKInN8LzH&b=2531162&ct=286023.

Chapitre 25

J'ai consacré une semaine à faire des recherches sur l'affaire Greene à Antigua, et ai pris connaissance d'un grand nombre de documents. J'ai profité des informations supplémentaires obtenues par la suite par Jens Weinreich. Le rapport du comité intérimaire est richement documenté.

Page 317. Blatter menace de sanctionner les revendeurs de billets au marché noir : « Le scandale des billets de la Coupe du monde prend de l'ampleur », AP, 19 juin 1998.

Page 317. La commande par Greene de 2 964 billets pour la Coupe du monde fut faxée à Blatter le 15 janvier 1998. L'auteur en a eu connaissance.

Page 318. Fax du bureau de Johansson à propos des billets, 10 juillet 1998.

Page 318. La dette de 57 526,70 francs suisses de Greene pour l'achat de billets en 1998 apparaît encore en 2002 dans les comptes d'Antigua auprès de la FIFA.

Page 318. Le fax de l'homme d'affaires « affamé » fut envoyé d'une adresse de Seattle le 27 février 2002.

Page 320. La correspondance entre Umbro et Admiral fut découverte dans les dossiers de la fédération après le renvoi de Greene.

Page 324. Lettres de Jérôme Champagne datées des 22 et 23 janvier 2003.

Page 326. Lettre de Warner, « en tous points exemplaires... », 3 février 2003.

Page 332. Crump contre-attaque, *Antigua Sun*, 1er mars 2004.

Page 333. Burrell renvoie Jamie Lawrence, *Jamaica Gleaner*, 1er juin 2000.

Page 334. Blatter se rend en Jamaïque pour soutenir Burrell, AP, 16 novembre 2003.

Page 337. Horace Reid prêt à mourir pour ses « principes », *Jamaica Observer*, 14 février 2005.

Chapitre 26

Page 343. Günter Netzer, un dirigeant de Kirch : « L'argent a été versé aux fédérations invitantes et non à des membres du comité exécutif de la FIFA », AP, 19 avril 2003.

Page 344. Warner invité au lodge Mala Mala, 1er juin 2000.

Page 346. Lettre de Warner à Dempsey, « L'hiver de votre carrière footballistique... », 10 juillet 2000.

Page 347. Al-Saadi Kadhafi dans le magazine *Super*, septembre 2003.

Page 348. Al-Saadi Kadhafi est testé positif, Reuters, 8 janvier 2004.

Page 349. L'histoire de Zagallo au Brésil – ISTOE São Paulo, 18 septembre 2002.

Page 351. Blatter félicite la Tunisie : « Vos infrastructures sportives sont impressionnantes », Tunisia Online, 19 novembre 2003.

Page 352. Sur le Maroc et le Sahara occidental, voir Toby Shelley, *Endgame in the Western Sahara* (ZED Books, Londres, 2004).

Page 353. L'hôtel qu'aimait Winston Churchill, *Daily Telegraph*, 11 mars 2004.

Page 354. « Ils savent que je suis juif... », Alan Rothenberg cité par le *New York Times*, 23 septembre 2003.

Page 355. Portrait du cheikh Saleh Kamil, *Der Spiegel*, juin 2003.

Page 355. « Si nous ne donnons pas du pain aux pauvres », *Al-Ahram*, 22 mars 2001.

Page 357. Warner dans le lit de Mandela, *Trinidad Guardian*, 26 avril 2004.

Page 357. Patrick Manning : « Cette visite est inutilement politisée », *Trinidad Guardian*, 23 avril 2004.

Page 358. « Il est notre invité. Nous n'en démordrons pas : c'est M. Warner qui accueillera M. Mandela », *Trinidad Guardian*, 23 avril 2004.

Page 361. Warner : « Malheureusement, la CONCACAF n'a toujours pas pris sa décision », *Cape Argus*, 14 mai 2004.

Page 361. Rothenberg : « Mandela n'est pas un homme de l'avenir. Cet homme appartient à l'Histoire », Reuters, 14 mai 2004.

Page 362. Ali el-Din Hillal affirma qu'on lui avait

réclamé des pots-de-vin d'un montant de 67 millions de dollars, *Al-Ahram*, 27 mai 2005.

Page 363. Mandela souhaite se retirer. Journaliste sud-africain, 2 juin 2004.

Chapitre 27

Page 369. J'ai pris des photos du site web ECN sur Hargitay avant que les pages soient effacées. Voir www.ecnltd.com.

Page 370. Allégations sur une escroquerie aux actions en Hongrie. *Blick*, 23 août 1995.

Page 371. Lettre de Michael Houlahan, directeur de l'US Information Service, *Jamaica Herald*, 21 mars 1996.

Page 372. J'ai pris des photos du site web Groupe Ad hoc pour les droits de l'homme d'Hargitay avant qu'il disparaisse : http://www.adhoc-group.org/

Chapitre 28

Page 374. Invitation d'ECN à la table ronde de Blatter. Sans date, autour de la mi-janvier 2003.

Page 382. L'histoire du short : *The Guardian*, 16 janvier 2004.

Chapitre 29

Page 384. Jens Weinreich était l'intervieweur pour le sujet télévisé.

Page 385. Reportage de l'auteur dans le *Daily Mail* révélant la prime secrète de Blatter et la menace immédiate de plainte sur fifa.com à Londres, 18 mars 2003.

Page 387. Siegler interdit à l'auteur l'accès au siège de la FIFA, courriel du 25 mars 2003.

Page 387. Cartier menace d'entreprendre une action en justice, 25 mars 2003.

Page 388. Lettre de dix pages de Cartier, datée du 19 mai 2003.

Cartier exige de voir mes articles avant publication, 21 novembre 2003.

Cartier : « Ce n'est pas à vous de décider de contourner mon cabinet et de contacter directement mes clients », 13 février 2004.

Page 390. Cartier : « Les règles qui prévalent dans un journalisme responsable exigent... », 17 septembre 2004.

Page 398. Mathier refuse de commenter son enquête sur le trucage des votes, 30 mars 2003.

Page 398. Le 11 juillet 2003, Cartier confirme que l'enquête suit toujours son cours.

Chapitre 30

Page 402. *Cent Ans de football : Le livre du centenaire de la FIFA*, Pierre Lanfranchi, Christiane Eisenberg, Tony Mason et Alfred Wahl (Weidenfeld & Nicholson, 2004).

Page 403. Arrestation de Weber et d'autres responsables d'ISL, Reuters, 19 novembre 2002.

Page 403. L'histoire étonnante de la bataille juridique entreprise par Thomas Bauer, le liquidateur d'ISL, pour obtenir le remboursement des pots-de-vin, du compte ouvert par Weber pour accueillir l'argent, le rôle de l'avocat Peter Nobel et les tentatives du juge d'instruction Thomas Hildbrand pour obtenir la liste des responsables du football qui reçurent lesdits pots-de-vin sont révélés dans l'extraordinaire jugement de la Cour fédérale suisse : http://wwwsrv.bger.ch/cgi-bin/AZA/Jump CG ?id=11.07.20051P.32/2005

Ce jugement fut pour la première fois rendu public par Jean-François Tanda dans le *Sonntags Zeitung* du 7 août 2005 sous le titre « Der lange Arm des Sepp Blatter [Le long bras de Sepp Blatter] ».

Page 409. Warner : « Je n'ai jamais été témoin d'une once de corruption... », *Trinidad Express*, 12 décembre 2004.

Page 411. Lettre de Linsi à Blatter, lui demandant le renvoi de Champagne, citée dans le *Sonntags Zeitung* du 16 octobre 2005.

Page 416. La perquisition d'Hildbrand au siège de la FIFA fut révélée dans le *Daily Mail* du 28 novembre 2005.

Chronologie

1904 : Fondation de la FIFA à Paris.

1954 : La FIFA emménage à Sonnenberg.

1961 : Sir Stanley Rous devient président de la FIFA.

1974 : Juin : Avec l'appui de Horst Dassler, d'Adidas, João Havelange remplace Rous à la tête de la FIFA. Coupe du monde en Allemagne.
Juillet. Le futur président du CIO fait pour la dernière fois le salut fasciste en public, à Barcelone.

1975 : Sepp Blatter rejoint la FIFA pour y organiser les programmes de développement, subventionnés par Coca-Cola.

1978 : Coupe du monde en Argentine.

1980 : Avec l'appui de Horst Dassler, l'ex-franquiste Juan Antonio Samaranch emporte la présidence du CIO.

1981 : Les hommes de Dassler hissent Primo Nebiolo à la présidence de la Fédération internationale d'athlétisme.
Septembre : Helmut Käser démissionne de son poste de secrétaire général de la FIFA.
Il est remplacé par Sepp Blatter.

1982 : Horst Dassler crée International Sport & Leisure

(ISL). Sa société remporte des contrats avec la FIFA jusqu'à 1998 compris, ainsi qu'avec la Fédération internationale d'athlétisme et le CIO.
Coupe du monde en Espagne.

1986 : Michel Zen-Ruffinen rejoint le département juridique de la FIFA.
Coupe du monde au Mexique.

1987 : Décès de Horst Dassler.

1989 : Les Etats-Unis l'emportent sur Trinité-et-Tobago et se qualifient pour la Coupe du monde.
Controverse sur le nombre de billets imprimés par Jack Warner, secrétaire général de la fédération.

1990 : Coupe du monde en Italie.
Lennart Johansson devient président de l'UEFA.
Warner devient président de la CONCACAF.

1993 : Décembre : A Las Vegas, Havelange exclut Pelé du tirage de la Coupe du monde.

1994 : Havelange et Weber mettent secrètement au point un plan qui lancerait la FIFA dans les paris sur les matchs de football.
Coupe du monde aux Etats-Unis.
Blatter se propose pour remplacer Havelange.
Août : L'homme d'affaires brésilien Matias Machline trouve la mort dans un accident d'hélicoptère, dans le New Jersey.

1995 : Michel Zen-Ruffinen est nommé secrétaire général adjoint de la FIFA.
Août : Eric Drossart, d'IMG, offre un milliard de dollars pour arracher à ISL les contrats de retransmission TV et de marketing.
Août : La police jamaïcaine découvre de la cocaïne sur un bateau appartenant à Peter Hargitay. Mis hors de cause, il deviendra, en 2002, conseiller particulier de Blatter.

Novembre : Havelange appuie le dictateur nigérian Abacha alors même que ses bourreaux préparent l'échafaud pour les Neuf d'Ogoni.
Décembre : le CIO annule son contrat avec ISL.
Havelange annonce sa retraite.

1996 : Juillet : La Jamaïcaine Vincy Jalal prend la place du délégué d'Haïti, absent, lors du congrès de la FIFA, à Zurich.
Juillet : Avec des fonds de Leo Kirch, ISL conserve les contrats TV de la FIFA pour 2002 et 2006.
Julio Grondona devient président de la commission des finances de la FIFA.

1997 : Septembre : Johansson annonce sa candidature à la présidence de la FIFA.
Décembre : ISL emporte les contrats de marketing de la FIFA pour 2002 et 2006.

1998 : Un pot-de-vin envoyé à un responsable de la FIFA arrive par erreur à Sonnenberg.
Janvier : l'officiel d'Antigua Chet Greene commande 2 964 billets pour la Coupe du Monde.
Mars : Blatter annonce sa candidature à la présidence de la FIFA.
Juin : Sepp Blatter l'emporte sur Lennart Johansson et devient président de la FIFA.
Neville Ferguson, de Trinité, prend la place du délégué d'Haïti, absent.
Coupe du monde en France.
Juillet : De retour à Sonnenberg après la Coupe du monde, Blatter impute les coûts de son élection sur la note de frais que lui accorde la FIFA.
Septembre : La FIFA exige qu'ISL lui rembourse les sommes versées par Globo pour les droits TV.
Pas de réaction.

Décembre : Michel Zen-Ruffinen est nommé secrétaire général de la FIFA.

1999 : Avril : ISL accepte de verser 1,2 milliard de dollars pour acquérir les droits des tournois de tennis de l'ATP. Début de l'hémorragie financière.

Juillet : Urs Linsi devient responsable des finances de la FIFA.

Le cabinet de conseil en management McKinsey prend en charge la restructuration de la FIFA.

Novembre : Blatter étreint le dictateur Charles Taylor en inaugurant les locaux du premier projet Goal, au Liberia.

Décembre : A la veille du jour où KPMG prend en charge l'audit de la FIFA, le comptable Guy-Philippe Mathieu convertit le remboursement des dépenses de Blatter en demande de frais pour 55 jours sur la base de 500 dollars/jour.

2000 : Février : Séance de thérapie à Bad Ragaz pour les employés de la FIFA.

Mai : On conseille à la FIFA de contraindre ISL à rembourser l'argent de Globo.

Elle n'en fait rien.

Juillet : L'Allemagne l'emporte sur l'Afrique du Sud pour l'attribution de la Coupe du monde 2006. Charles Dempsey s'abstient de voter.

Août : Le capitaine Horace Burrell, de la Jamaïque, reçoit l'ordre du mérite, la plus haute distinction décernée par la FIFA.

Décembre : Exaspéré par les exigences d'un membre du comité exécutif de la FIFA, Guy-Philippe Mathieu griffonne « il nous a escroqué l'année dernière », et « Arnaque » sur la demande de remboursement de frais de l'intéressé.

2001 : Mai : ISL est déclaré en faillite. La FIFA porte plainte auprès des autorités du canton de Zoug, affirmant que les responsables d'ISL auraient conservé frauduleusement l'argent de Globo.

Juillet : Thomas Bauer, liquidateur d'ISL, confirme à l'auteur qu'ISL aurait versé des pots-de-vin à des responsables du football et qu'il irait en justice en cas de besoin afin de récupérer l'argent au bénéfice des créanciers.

Juillet : Blatter triomphe au congrès de la FIFA, à Buenos Aires.

Septembre : Le championnat du monde des moins de 17 ans a lieu à Trinité-et-Tobago. Controverse sur l'attribution de contrats à des société appartenant à la famille de Jack Warner.

2002 : Printemps : Issa Hayatou défie Blatter en se portant candidat à la présidence de la FIFA.

Mars : Blatter accepte de mettre sur pied un comité d'audit interne. Il le fait fermer le mois suivant.

Mai : Michel Zen-Ruffinen, secrétaire général de la FIFA, prend publiquement position contre Blatter. Les autorités de Zurich sont saisies d'allégations de corruption à l'encontre de Blatter par des membres du comité exécutif.

Mai : Blatter est réélu au congrès de la FIFA, à Séoul.

Juin : Coupe du monde en Corée et au Japon. Blatter renvoie le secrétaire général Zen-Ruffinen et plusieurs cadres de la FIFA.

Novembre : Le magistrat zurichois Urs Hubmann décide de ne pas poursuivre Blatter pour « insuffisance de preuves ».

Novembre : Weber et d'autres responsables

d'ISL sont mis en examen par Thomas Hildbrand, magistrat instructeur à la cour du canton de Zoug.

Décembre : Urs Linsi est nommé secrétaire général de la FIFA, tout en gardant son poste de directeur financier.

2003 : Janvier : Peter Hargitay, conseiller particulier de Blatter, organise à Londres une table ronde pour les médias. Blatter s'engage à enquêter sur les allégations de trucage des votes lors des congrès de la FIFA de 1996 et 1998.

Mars : La FIFA annonce sur son site fifa.com qu'elle « poursuivra Andrew Jennings » le jour de la publication de son article révélant le montant (secret) de la prime de Blatter. Aucune suite.

Mai : Bauer, le liquidateur d'ISL, intente une action en justice auprès de la cour de Zoug contre les ex-dirigeants de la société, exigeant le remboursement des pots-de-vin versés aux officiels du football.

Mai : La FIFA suspend la fédération nationale d'Antigua-et-Barbuda.

Juin : Au cours d'une audience secrète à Paris, la commission de discipline de la FIFA confirme que les votes ont été truqués lors du congrès de Paris, où Blatter fut élu. Le verdict ne sera jamais rendu public.

Juillet : Grondona fait des remarques antisémites à la télévision argentine.

Novembre : Le capitaine Horace Burrell, président de la fédération jamaïcaine de football, est déposé par Crenston Boxhill.

2004 : Janvier : L'auteur interroge Blatter sur le

pot-de-vin adressé par erreur lors d'une conférence de presse à Tunis.
Février : L'avocat suisse Peter Nobel ouvre un compte en banque à Zurich au nom de l'ISL de Jean-Marie Weber afin d'y accueillir le remboursement des pots-de-vin, négocié par le liquidateur Bauer.
Avril : Mervyn Richards l'emporte sur Chet Greene pour la présidence de la fédération nationale d'Antigua-et-Barbuda.
Avril : Nelson Mandela et Desmond Tutu se rendent à Trinité à la demande de Warner.
Mai : La Coupe du monde 2010 est attribuée à l'Afrique du Sud.
Juin : La FIFA retire sa plainte accusant les dirigeants d'ISL d'avoir empoché les sommes payées par Globo pour les droits de télévision.
Août : L'émission de la BBC *Panorama* montre Ivan Slavkov, membre du CIO et allié de Blatter, sollicitant un pot-de-vin.
Août : Le magistrat de Zoug Thomas Hildbrand exige que Peter Nobel lui transmette les détails du compte en banque ouvert pour Weber, ainsi que les noms des officiels ayant remboursé les sommes indûment perçues.
Novembre : La cour du canton de Zoug ordonne à Nobel de transmettre les documents incriminants.

2005 : Janvier : Nobel fait appel du jugement de la cour de Zoug devant la Cour fédérale de Suisse, à Lausanne.
Février : Urs Linsi, le secrétaire général de la FIFA, exige que Blatter renvoie son adjoint Jérôme Champagne.

Mai : Le juge Hildbrand inculpe Jean-Marie Weber et d'autres responsables d'ISL pour leurs détournements présumés de l'argent de Globo.

Juillet : Linsi réitère sa demande de renvoi de Champagne.

Juillet : La Cour fédérale de Suisse entérine l'appel de Nobel. Celui-ci n'aura pas l'obligation de remettre à Hildbrand les documents concernant les pots-de-vin. Le jugement divulgue cependant la façon dont ceux-ci ont été remboursés.

Septembre : Congrès de la FIFA, à Marrakech. Jean-Marie Weber, dans l'attente de son procès pour détournement présumé de l'argent de la FIFA, est accrédité comme invité extérieur.

Septembre : Peter Nobel, avocat de Blatter, demande à une cour zurichoise d'imposer l'interdiction de publier ce livre.

Novembre : Hildbrand ouvre une nouvelle enquête concernant ISL et perquisitionne les locaux de la FIFA à la recherche de documents.

Décembre : L'avocat Karl Wüthrich remplace Bauer comme liquidateur d'ISL.

2006 : Mars : La cour de Zurich déboute la demande de Blatter d'interdire ce livre.

Liste des personnages cités

Farah Addo. Ancien arbitre international et vice-président de la Confédération africaine de football (CAF). Selon lui, des pots-de-vin auraient été distribués pour assurer l'élection de Blatter en 1998.

Flavio Battaini. Ex-avocat de la FIFA, aujourd'hui salarié d'International Sports and Entertainment, société détentrice du contrat d'hébergement pour la Coupe du monde 2006.

Thomas Bauer. Comptable chez Ernst & Young à Bâle. Nommé liquidateur d'ISL en 2001, il découvrit des preuves de versements illicites à certains responsables du football.

Mohammed Bin Hamman. Président de la fédération d'Asie, il a le soutien de l'émir du Qatar. Membre du comité exécutif et de la commission des finances de la FIFA, président du Bureau Goal. Puissant allié de Blatter, on pense qu'il sera candidat à la présidence de la FIFA après le départ de Blatter, à moins qu'il ne se contente du rôle de « faiseur de roi ».

Philippe Blatter. Neveu de Sepp Blatter, il démissionna en décembre 2005 de son poste au cabinet de conseil en management McKinsey pour devenir PDG d'Infront, société de marketing. Il contrôle les droits d'hébergement et les droits de diffusion TV pour la Coupe du monde 2006 en Allemagne.

Sepp Blatter. Président de la FIFA depuis 1998, son mandat court jusqu'en 2007. Ami proche et protégé d'Horst Dassler. Fit ses premières armes avec Havelange, dont il fut le secrétaire général durant dix-sept ans.

Chuck Blazer. Brillant entrepreneur allié de Jack Warner et secrétaire général de la FIFA. Dirige la CONCACAF depuis la Trump Tower, à New York.

Horace Burrell. Ancien président de la fédération jamaïcaine de football, membre de la commission de discipline de la FIFA.

Jérôme Champagne. Secrétaire général adjoint et chevau-léger de Blatter depuis les coulisses. En lutte ouverte avec Urs Linsi. Les connaisseurs de la FIFA estiment que Champagne lorgne sur la présidence de la FIFA – ou tout au moins sur un rôle de premier plan en soutenant une éventuelle candidature de Michel Platini pour le poste.

Keith Cooper. Ancien directeur de la communication de la FIFA, éjecté en juillet 2002.

Horst Dassler. Héritier d'Adidas, qu'il remodela de fond en comble. Fondateur d'ISL, la société de marketing sportif qui devint une puissance dominante dans le monde du sport. Brillant innovateur, architecte de la politique – et de la corruption – dans le monde du sport. Décédé en 1987. Ses méthodes, son éthique et ses protégés lui ont survécu.

Charlie Dempsey. Membre du comité exécutif de la FIFA. Il ne prit pas part au vote pour la désignation du pays hôte pour la Coupe du monde 2006.

Raymond Doorgen. Comptable d'Antigua qui eut la haute main sur les subventions de la FIFA à la fédération locale.

Eric Drossart. Cadre supérieur de la société IMG qui essaya d'obtenir les droits télévisuels et de marketing pour les Coupes du monde 2002 et 2006.

Neville Ferguson. Responsable du football à Trinité. Il occupa le siège d'Haïti lors du congrès de la FIFA de juin 1998 à Paris, qui élut Blatter président.

Chet Greene. Ancien secrétaire général de la fédération de football d'Antigua-et-Barbuda.

Julio Grondona. Président de la fédération argentine de football pendant un quart de siècle et doyen des vice-présidents de la FIFA. Fidèle allié de Blatter. Dirige la commission des finances.

André Guelfi. Affairiste français, il aida à financer Dassler dans les années 70. Fut condamné pour blanchiment d'argent dans le cadre de l'affaire Elf à Paris, en 2003.

Peter Hargitay. Spécialiste en relations publiques, spécialisé dans les clients ayant des problèmes d'image. Conseiller de Sepp Blatter. Producteur exécutif du film *Goal !*.

João Havelange. Président de la FIFA de 1974 à 1998. Il fit preuve d'un mélange efficace de charme, de menaces et de persuasion pour demeurer le grand maître du football durant des décennies.

Issa Hayatou. Président de la Confédération africaine de football (CAF).

Richard Herson. Assistant de Matias Machline.

Thomas Hildbrand. Juge d'instruction spécialisé dans les crimes économiques. Enquête sur les allégations selon lesquelles ISL aurait détourné de l'argent de la FIFA.

Vincy Jalal. Amie du Jamaïcain Horace Burrell, elle occupa le siège d'Haïti lors du congrès de la FIFA à Zurich, en 1996.

Lennart Johansson. Concurrent malheureux de Blatter pour la présidence de la FIFA en 1998. Critique occasionnel de Blatter, affaibli par les attaques des alliés de ce dernier. Vice-président de la FIFA et président de l'UEFA jusqu'en 2007.

Helmut Käser. Secrétaire général de la FIFA, contraint à démissionner par Havelange.

Leo Kirch. Magnat allemand du cinéma et de la télévision, détenteur des droits TV pour la Coupe du monde. Son empire s'effondra en avril 2002.

Jean-Marie Kyss. Ancien président de la fédération haïtienne de football. Ne fut pas en mesure d'assister aux congrès de la FIFA en 1996 et 1998.

Urs Linsi. Choisi par Blatter comme directeur financier en 1999. Aujourd'hui secrétaire général de la FIFA, il est engagé avec Jérôme Champagne dans une lutte de pouvoir.

Fredy Luthiger. Associé de KPMG, responsable de l'audit des comptes de la FIFA.

Matias Machline. Magnat brésilien qui essaya un temps de mettre sur pied le « FIFA Club », une sorte de loterie sur la Coupe du monde.

Christophe Malms. Associé par mariage à la famille Dassler, il devint l'un des responsables d'ISL.

Antonio Matarrese. Ex-membre du comité exécutif de la FIFA au titre de l'UEFA.

Guy-Philippe Mathieu. Longtemps comptable à la direction financière de la FIFA, responsable des notes de frais de Blatter et des membres du comité exécutif.

Chung Moon-Jong. Membre coréen du comité exécutif. Fait partie de la famille Hyundai.

Peter Nobel. Avocat suisse de renom représentant souvent Blatter et la FIFA.

Helen Petermann. Assistante personnelle de longue date de Blatter, à qui elle est entièrement dévouée.

Sir Stanley Rous. Président de la FIFA de 1961 à 1974.

Erwin Schmid. Directeur financier de la FIFA du début des années 1980 à 1999. Remplacé par Urs Linsi.

Markus Siegler et Andreas Herren. Fidèles porte-parole de Blatter et de la FIFA.

Ricardo Teixeira. Gendre d'Havelange, président de la fédération brésilienne de football, poursuivi par de sérieuses allégations de corruption. Membre du comité exécutif de la FIFA.

Darian et Darryl Warner. Fils de Jack Warner, impliqués dans plusieurs de ses affaires liées au football.

Jack Warner. Dirige la CONCACAF, division régionale du football s'étendant de l'Amérique centrale à l'Alaska, en passant par les Caraïbes. Poursuivi par des allégations (qu'il dénie avec force) de trafic de billets et de contrats de complaisance pour certains membres de sa famille. Adjoint de Julio Grondona à la commission des finances.

Jean-Marie Weber. Assistant personnel de Dassler. Weber prit en charge les activités « politiques » de Dassler, persuadant les responsables sportifs de transférer leurs contrats chez ISL. Instaura de solides relations personnelles avec Havelange et Blatter.

David Will. Avocat écossais, représente les quatre fédérations britanniques, qui disposent automatiquement d'une vice-présidence à la FIFA.

Michel Zen-Ruffinen. Secrétaire général de la FIFA de 1998 à 2002. Révéla certains secrets de la FIFA en 2002. Contraint de démissionner, il pratique désormais le droit en Suisse.

Composition et mise en pages : FACOMPO, Lisieux

Achevé d'imprimer sur les presses de

BUSSIÈRE

GROUPE CPI

à Saint-Amand-Montrond (Cher)
en avril 2006

N° d'édition : 7365. — N° d'impression : 061639/1
Dépôt légal : mai 2006.

Imprimé en France